근대 일본의 문화사 5 : 1920~1930년대 1

내셔널리즘의 편성

저자

고모리 요이치小森陽一 | 1953년생, 도쿄대학東京大学 교수

사토 겐지佐藤健二 | 1957년생, 도쿄대학東京大学 조교수

가와무라 구니미쓰川村邦光 | 1950년생, 오사카대학大阪大学 교수

이치노카와 야스타카市野川容孝 | 1964년생, 도쿄대학東京大学 교수

시마무라 테루島村輝 | 1957년생, 페리스조가쿠인대학フェリス女学院大学 교수

쓰시로 히로후미津城寛文 | 1956년생, 쓰쿠바대학筑波大学 교수

니시지마 히로시西島央 | 1968년생, 수토대학首都大学 준교수

쓰보이 히데토坪井秀人 | 1959년생, 나고야대학名古屋大学 교수

역자

한윤아(韓允娥, Yoonah Han | 동아시아영화 / 영상이론 전공), **윤광옥**(尹光玉, Kwangoak Yun | 한국문학 전공),
강현정(姜現正, Hyunjung Kang | 동아시아영화 / 영상이론 전공), **남효진**(南孝臻, Hyojin Nam | 일본학 전공),
정성필(鄭盛必, Seongpil Jeong | 한국사 / 역사이론 전공), **김연숙**(金淵淑, Yeonsook Kim | 한국문학 전공),
이현희(李炫熹, Hyunhee Lee | 일본 근대문학 전공), **엄미옥**(嚴美玉, Miok Eom | 한국문학 전공), **전미경**(全美慶,
Mikyung Jun | 가족학 전공), **허보윤**(許寶允, Boyoon Her | 현대 공예이론 전공)

한국과 일본의 근대 형성기에 관심을 가진 우리들은 옛 '연구공간 수유+너머'의 '일본 근대와 젠더 세미나'에서 만나 함
께 공부해왔다. 이 책의 번역 이전에 이와나미岩波 강좌의 '근대 일본 문화사' 시리즈 중 3권 『근대 지知의 성립』(소명
출판, 2010), 4권 『감성의 근대』(소명출판, 2011), 6권 『확장하는 모더니티』(소명출판 2007)를 번역했고, 현재 이 시리
즈의 9권에 해당하는 『냉전체제와 자본의 문화冷戦体制と資本の文化』를 번역하고 있다.

근대 일본의 문화사 5 : 1920~1930년대 1

내셔널리즘의 편성

초판 인쇄 2012년 9월 20일 **초판 발행** 2012년 9월 30일
지은이 고모리 요이치 외
옮긴이 한윤아, 윤광옥, 강현정, 남효진, 정성필, 김연숙, 이현희, 엄미옥, 전미경, 허보윤
펴낸이 박성모 **펴낸곳** 소명출판 출판등록 제13-522호
주소 서울시 서초구 서초동 1621-18 란빌딩 1층
전화 02-585-7840 **팩스** 02-585-7848 **전자우편** somyong@korea.com **홈페이지** www.somyong.co.kr

값 27,000원
ⓒ 소명출판, 2012

ISBN 978-89-5626-733-3 94910
ISBN 978-89-5626-540-7 (세트)

근대 일본의 문화사 5 : 1920~1930년대 1

내셔널리즘의 편성

The Formation of Nationalism (1920-30, I)

고모리 요이치 외 지음
한윤아, 윤광옥, 강현정, 남효진, 정성필, 김연숙, 이현희, 엄미옥, 전미경, 허보윤 옮김

소명출판

HENSEI SARERU NATIONALISM 1920~1930 NENDAI 1
Iwanami koza : Kindai Nihon no bunkashi, vol. 5
edited by Yoichi Komori
ⓒ 2002 by Iwami Shoten, Publishers
Originally published in Japanese by Iwanami Shoten, Publishers, Tokyo, 2002.
This Korean language edition published in 2012
by Somyong Publishing Co., Seoul
by arrangement with the Proprietor c/o Iwanami Shoten, Publishers, Tokyo

◆ 일러두기

1. 번역을 위한 텍스트는 이와나미岩波서점에서 2002년에 발행한 『岩波講座, 近代日本の文化史 5 編 成されるナショナリズム 1920~30年代 1』이며, 이 책의 편집위원은 고모리 요이치小森陽一, 사카이 나오키酒井直樹, 시마조노 스스무島薗進, 지노 카오리千野香織, 나리타 류이치成田龍一, 요시미 순야 吉見俊哉이다.

2. 저자의 원주는 미주를 사용하였고, 역자의 주는 각주를 사용하였다.

3. 단행본과 신문, 잡지는 겹낫표(『 』), 논문과 시는 홑낫표(「 」), 영화·연극·그림·노래 등은 꺾쇠(〈 〉)를 사용하였다. 또 원문을 인용한 경우는 큰따옴표(" ")를, 강조의 경우는 작은따옴표(' ')를 사용하였다.

4. 표기법
   • 일본어 인명 및 지명의 한글표기는 원칙적으로 「외래어 표기법」(1986년 문교부 고시)에 따 랐다. 따라서 어두에 격음을 쓰지 않았으며, 장음표기도 하지 않았다.
   • 일본의 인명 및 지명 등의 고유명사는 각 장마다 처음 나오는 경우에 한하여 한글 다음에 한자어나 일본어를 넣어 병기하고 그 다음부터는 한글만을 표기하였다.
   • 역자의 판단에 따라 이미 익숙해진 명사와 고유명사나, 일본어 발음 그대로를 살리는 것 이 좋다고 여겨진 경우에는 일본어 발음대로 쓰는 것을 원칙으로 하였다. 예를 들면, 『東 京日日新聞』의 경우 『도쿄니치니치신문』이라고 표기했다.

   20세기 마지막 사반세기 동안, 근대 역사와 문화를 재검토하는 일
이 세계적으로 이루어졌으며, 그에 관한 서사 방식 또한 새롭게 모색
되어왔다. 일본에서도 1980년대 이후 그와 같은 과정이 눈부시게 전
개되었다.

   '역사'의 개념 자체를 다양한 개인과 사회 집단의 역학관계 안에서
구성된 담론으로 새로이 파악하고, '역사'에 관한 지식들이 근대의 권
력관계를 둘러싼 투쟁의 장 속에 배치되어 있음을 깨달았다. 또한 '문
화'의 개념도 제각기 처한 역사적·사회적·정치적 맥락 속에서 만들
어지며 강요당하고, 강요당하면서 만들어지는 투쟁의 장으로 재인식
되었고, 실체적인 가치로서가 아니라 오히려 새로운 물음을 던지는
장으로서 재발견되었다. 그런 까닭에 우리가 '역사'와 '문화' 속에서
어떠한 주체로 구성되었는가를 문제 삼지 않을 수 없다.

   이러한 비판적 실천은 근대 학문 분야나 지식을 둘러싼 모든 영역
에서 전개되고 있다. 비판적 실천이야말로 근대적으로 제도화된 학문
분야를 근본적으로 비판하면서 자유로운 재편성을 모색하는 일이다.

3

우리가 지향하는 것은 종래 의미의 '근대사'도 '문화사'도 아니다. 각각의 학문 분야에서 탈영역적인 질문을 던지고 경계를 초월하여 공유할 수 있는 새로운 서사의 지평을 창출하는 일이다. 이를 위해 우리는 '문화'라는 창을 통하여 근대 일본을 재검토할 것이다. 근대 일본의 문화를, 끝없는 항쟁과 조정調整, 전략과 전술의 충돌과 교차 속에서 경계가 계속 변화하는 영역, 불안정하고 유동적인 그래서 동적인 매력을 가진 영역으로 보고자 한다. 근대 일본의 역사는 과거 사건들의 집적이나 현재의 시점에서 재구성된 서사가 아니다. 그것은 현재를 살아가는 것과 과거를 재정의 하는 것의 사이를 계속 왕복하고 횡단하는 운동이다.

근대의 학문 분야들이 은폐해온 역사와 문화의 정치성을 밝히기 위해 이 책에서는 '일본'의 근대를 문제 삼고 있다. 하지만 여러 나라의 연구자들에게 특별히 집필을 부탁했다. 그들의 글을 통해 세계 여러 지역에서 진행되고 있는 비판적인 지식의 새로운 흐름을 두루 살필 것이다. 동시에 이제까지 제각기 속해있던 학문 분야에서 빠져나와, 근대 일본의 역사와 문화에 관한 지적 담론의 경계를 돌파하고자 한다.

고모리 요이치　小森陽一

사카이 나오키　酒井直樹

시마조노 스스무　島薗進

지노 카오리　千野香織

나리타 류이치　成田龍一

요시미 슌야　吉見俊哉

내셔널리즘은 여러 가지 번역어를 가지고 있고, 다양한 맥락에서 쓰인다. 일본 근대사에서도 그러한 사례를 볼 수 있다. 메이지 유신 이후 1920년대 말까지, 일본은 서양 제국주의 국가들의 각축과 전쟁, 사회주의 혁명과 인터내셔널의 등장과 같은 세계사적 폭풍에 발 빠르게 대응해 나갔다. 일본은 '국가'를 전쟁 수행을 위한 효율적 생산 단위로 묶어내고, 정신적 무기인 내셔널리즘을 직조했다. 다른 한편으로 일본의 국내 정치 상황 내에서는 근대 주권 국가의 형식에 부합하는 민주주의에 대한 요구가 솟구치고 있었다. 전국적으로 발생한 민란과 소요의 이면에는 선거권을 얻어 주권을 행사하고자 하는 하층민들의 열망이 담겨 있었다. 하층민들의 민란과 소요는 이어서 일어난 지식인과 학생들이 주도한 헌정옹호운동과 함께 다이쇼 시기의 큰 흐름을 만들어갔다.

결국 다이쇼기의 내셔널리즘은 '근대국가'를 만드는 서로 다른 힘들의 방향과 모두 연결된다고 할 수 있다. 우선, 국가가 통치의 범위이자 다스림의 전략을 구사하는 장소로 정의될 때, 내셔널리즘은 이

5

데올로기적 국가 장치Ideological State Apparatus의 윤활유이다. 반면 국가가 '인민 주권'이 실현되고, 인민들 사이의 평등이 이루어지는 민주주의의 무대로 인식될 때, 내셔널리즘은 인민을 표현하는 구호가 된다. 이 시기, 언뜻 보면 대척되는 듯 보이는 두 개의 힘들이 실은 같은 원리로 설명될 수 있다. 그것은 보편성과 동일성의 원리이다. 통치자는 피통치자를 투명하게 들여다보고 식별하기 위해 동일성identity을 부여한다. 전제군주가 아닌 '민'이 권력의 행사자라는 민주주의의 명제에서, 그 주권의 소재지가 개인보다는 '다수의 의견'이라는 이름, 즉, '우리—국민'이라는 집합적 정체성으로 묘사되기 쉽다. 이 때 인민들 간의 평등을 이루기 위해서는 남자든 여자든, 유산자든 무산자든, 서로의 권리가 같은 값으로 매겨져야 한다는 전제가 필요하다. 다원적 민주주의의 원리는 아직 도래하지 않았고, 인민주권이 내셔널리즘의 틀 안에서 작동하고 있었던 그 때, 결국 보편성·동일성의 원리가 마침내 국가 전체를 이음새 없이 평평하게 만들었다. 그 속에서 (다니엘 벤사이드Daniel Bensaid의 표현처럼) "민주주의의 불길한 분신"인 전체주의가 꿈틀대기 시작했다. 근대 민주주의는, 권력이 인민들에게 편재한 듯 느끼게 하는 동시에 과거 전제군주의 자리였던 최종 권력의 자리를 텅 빈 장소로 상상하게 만들었다. 그리고 그 빈자리에 바로 실재하던 '천황'이 자연스럽게 기호로서 들어서게 된다. 이는 동아시아의 비극의 씨앗이 되었다.

본서의 총론에 해당하는 「마르크스주의와 내셔널리즘」은, 메이지기부터 다이쇼기에 이르기까지 '내셔널리즘들'의 양상을 다룬다. '국민'을 만드는 통치기술의 예는 「학교음악은 어떻게 '국민'을 만들었는가」에서 논한다. 소위 '국민적 심성'의 바탕이라 여겨졌던 일본 종교들이 사실 '정치'적 테마를 가졌다는 주장은, 「오모토교와 니치렌주의」라는 종교연구에서 볼 수 있다. 내셔널리즘을 뒷받침했던 학계의 담론들을 비판적으로 검토한 글은 「민속학과 향토사상」, 「황화론과 우생학」이다. 「군중, 민중, 대중」은 당시 미디어에 나타난 소요사건의 재현을 통해 사회학적 집합 개념들이 어떻게 형성되고 인식되었는지를 살핀다. 「일상성 / 이상성의 문화와 과학」과 「식민지의 표상」은 1920년대 대중문화와 국민문학을 상당히 흥미롭고 다채롭게 다룬다. 동시에 이러한 문화 현상이 만들어낸 내셔널 이데올로기의 명암을 조명한다. 각 글에 대한 조금 더 자세한 설명을 위해 역자들의 요약문을 덧붙인다.

고모리 요이치는 「마르크스주의와 내셔널리즘」에서 당시 내셔널리즘의 다양한 양상, 그리고 마르크스주의와 내셔널리즘의 관계를 자세하게 살피고 있다. 메이지 천황의 카리스마와 함께 청일, 러일전쟁을 거치며 형성된 국가주의적 내셔널리즘은, 러일전쟁 강화조약에 반대하는 반정부적 도시소요를 필두로 국민주의적 내셔널리즘 혹은 대중 내셔널리즘의 공격을 받게 된다. 또한 '헌정옹호운동'에 기반한 입헌주의적 내셔널리즘도 국가주의 내셔널리즘을 약화시키는 요인이 되었다. 그런데 러시아 혁명 이후 마르크스주의를 사상적 계기로 한 반제국주의 내셔널리즘이 조선과 중국에서 불타오르자, 일본은 다시 국가주의적 내셔널리즘의 함정에 빠져들기 시작한다. 다른 한편, 마르크스 · 레닌주의적 인터내셔널리즘이 반전과 평화에 입각한 국제연대를 주장하며 일본에 등장하자 당황한 정부는 반-내셔널리즘적 성격을 띤 이러한 운동들은 탄압하고, 탄압의 이데올로기로서 천황 = 국체 내셔널리즘을 탄생시킨다. 요컨대 고모리 요이치의 주장은 도시소요와 사회운동이라는, 지배세력을 공격하는 새로운 존재에 대응하기 위해 무리하게 '우리'의 상을 만든 것이 국체사상이며, 그것

7

이 폭력탄압의 근거로 장착되었다는 것이다. 더불어 그는 그러한 구조가 현재에도 마찬가지라는 사실을 경고한다.

흔히 야나기타 쿠니오의 일본 민속학 운동이 국민 창출을 위한 계몽 프로젝트였다고 하는데, 사토 켄지는 「민속학과 향토사상」 논고를 통해 이러한 기존의 인식을 재검토하고자 한다. 야나기타의 민속학이 '일본'이라는 틀의 자명성을 강화시켰다고 주장하는 기존 연구는 야나기타 쿠니오의 말을 '차용'하면서 자신들의 논거를 주장하지만, 이러한 차용을 통한 민속학이란 결국 야나기타 쿠니오의 진의와 거리가 먼 것은 아닐까 한다. 왜냐하면 야나기타가 사용한 '일국一國'은 동화나 국민통합을 위한 것이 아니라 생태학적인 경계를 의미하는 하나의 소재에 불과한 것이기 때문이다. 오히려 그는 '향토연구'를 통해 자료가 일부 유지자들에게만 머물게 되어 역사가 사유화되는 것에 반대하고, 향토자랑이나 문화상대주의에 대해 문제를 제기한다. 그리고 자신의 향토에 관한 이야기를 잡지에 적극 소개하는 행위 등을 통해 '향토'가 일상을 살아가는 독자의 실천 속에 존재하도록 함으로써 주체가 되도록 했다는 점에 주목한다. 다시 말해 그가 내린 결론은, 민속학이라 불린 향토연구는 주체에게 비판력을 요청했다는 점이며, 나아가 지금 우리의 연구도 이러한 방향이 되어야 한다는 것이다.

가와무라 구니미쓰의 「일상성 / 이상성의 문화와 과학」은 19세기 후반에서 20세기 초 일본에서 '뇌병', '변태', '엽기'라는 이상성異常性이 어떻게 문화와 과학담론 속에서 형성·굴절되면서 일상성을 구축해 갔는지를 고찰한다. 뇌병은 메이지기에 신체에서 두뇌가 특권적인 지위를 차지하면서 탄생한다. 이후 뇌병은 정치적·사회적 무능력자 또 성적 무능자를 표상하는 개념으로 확장된다. 변태는 다이쇼 시기

8

에서 쇼와 초기에 성적 일탈로 간주되는 현상이나 이상한 섹슈얼리티를 범주화하는 용어가 되었다. 여학생의 동성애가 변태성욕으로서 커다란 사회문제로 부각된다. 에로·그로·넌센스가 유행한 쇼와 초기, 잡지나 영화 등의 미디어를 통해 엽기의 시대가 출현한다. 다양한 '엽기 사건'은 일상세계 속에 침입하여, 사람들로 하여금 평화로운 일상을 확인시켜주면서 자극적인 오락으로 소비되었다. 그러나 엽기의 이미지가 점점 일상에서 스테레오타입화 되어 일상을 자극하는 힘을 잃게 되자 엽기의 극단화는 1930년대 전쟁으로 치닫게 된다.

이치노카와 야스타카의 「황화론과 우생학」은 제1차 세계대전에 즈음해서 나타난 '황화론'과 '우생학'이 당대 국제정치 동향 속에서 다양하게 등장했던 것에 주목하고 있다. 이 글은 우선 '황화론' 즉 아시아인 / 황색인종이 번성한다는 것에 대한 경계와 비판론이 1895년 처음으로 제기된 이래, 그것이 청일전쟁과 러일전쟁을 거치면서 어떻게 변모했는지 그 역사적 과정을 꼼꼼하게 살핀다. 이를 바탕으로 황화론과 우생학을 결합시켜 각 국이 사용했던 정치적 전략과 그 의미를 분석한다. 예를 들면 서양을 이기겠다는 일본의 경쟁적인 정치 전략, 유럽 각 나라들의 아시아—특히 일본—에 대한 경계 방안, 미국의 인종 논의와 이민문제 법안 처리 등이 대표적이다. 나아가 일본 국내에서도 사회복지와 후생이라는 측면에서 어떻게 우생학을 작동시켰는지를 살펴보면서 흥미로운 사례를 풍부하게 제공한다. 역사적인 사례와 고증에 충실한 만큼, 이 글을 통해 우리는 세기 초, 일본이 황화론과 우생학의 국제적인 동향에 대응하면서 국내적으로 근대국가의 통치전략을 수립해 나갔던 모습을 생생하게 읽어낼 수 있다.

시마무라 테루의 「군중, 민중, 대중」은 메이지 말기부터 다이쇼기에 일어난 이른바 민중폭동이 구체적으로 어떠한 미디어의 담론을

9

통해 다루어졌는지 여러 집합 개념들을 통해 고찰한다. 그가 주요하게 분석하는 세 가지 사례는 1905년 러일전쟁 강화 직후 강화반대를 부르짖는 '군중'의 폭동인 '히비야日比谷 소요사건', 1912년 수상 가쓰라 타로 의 헌정무시를 비판하며 일어난 '제1차 헌정옹호운동'시기 '공중'의 행동, 1918년 지방에서 자연발생적으로 일어난 실력행사가 '대중'적으로 확산된 '쌀 소동'이다. 미디어가 민중의 행동을 전하고 다시 민중을 더욱더 행동으로 이끌어가는 이러한 양상을 통해 그는 '매스미디어'와 '대중의 출현'을 설명하고 있다. 분량 상 히비야 소요사건에 많이 치우쳐있으며 다소 도식적인 분석도 있지만, SNS라는 미디어를 통해 새로운 '대중'의 출현을 목도하고 있는 현재 한국의 상황에 여러 시사점을 준다.

쓰시로 히로부미의 「오모토교와 니치렌주의」는 1920~30년대 일본 정치를 뒤흔든 민중종교, 오모토교와 니치렌주의가 나타난 시대적 배경과 양상, 그 의미를 '역사에 개입하는 신'이라는 개념을 통해 살펴본 글이다. 당시 외부에서 수입된 심령주의·심령연구라는 최신 과학으로 인해 신이나 영에 대한 리얼리티가 고양된 가운데 많은 지식인과 군인들이 이 두 민중종교에 빠져들었다. 이 글은 오모토사건과 만주사변에 초점을 맞추어 역사적인 이 두 사건의 당사자인 오모토교 교주 데구치 오니사부로, 니치렌주의자 이시하라 칸지, 실체가 불분명한 기타 잇키의 신앙을 고찰함으로써 오모토교와 니치렌주의가 국체론의 흐름 속에서 일본 근대의 공공종교(국교)를 지향하며 당시 정치에 직접적인 영향을 주었음을 보여 준다.

니시지마 히로시는 「학교음악은 어떻게 '국민'을 만들었는가」에서 메이지 유신 이후 국민국가 형성에 주력한 일본이 국민의 내셔널 아이덴티티를 만들어 내기 위해 학교 음악에 주목했음을 지적한다. 일상생활과 밀접한 관계를 가지는 창가를 통해 소위 '아래로부터'의 내셔널 아이덴티티인 '컨트리의식'을 만들어내고 국가적 행사 때 부르는 식가를 통해 소위 '위로부터'의 내셔널 아이덴티티인 '네이션의식'을 만들었다. 또한 이러한 창가와 식가는 모두 학교라는 공간에서 교사를 통해 '학교 지식'으로서 전달되었기 때문에 '국가'와 사람들 사이에 생겨날 수 있는 긴장감은 교사라는 매개에 의해 해소되어 버린다. 이렇게 근대 일본의 땅에 사는 사람들은 학교에서 교사의 지도를 바탕으로 창가와 식가의 제창을 반복 실천함으로써 신체를 포착당하고, 균일화된 '일본'의 생활이나 정경, 심정, 실체화된 '국가'를 학교 지식으로 수용해 나가면서 '국민'으로 편성되었다.

쓰보이 히데토의 「식민지의 표상」은, 일본 식민주의 담론에서 뒤로 밀려났던 '변경의 마이너리티'들을 주목하면서, 식민지의 표상을 재탐색한다. 구체적으로 '국민시인'인 기타하라 하쿠슈의 시가와 기행문들을 비판적으로 검토한다. 기타하라 하쿠슈와 동시대 일파는 자신들의 고향, 변경 지역(규슈, 오가사와라, 홋카이도, 가라후토, 타이완 등)을 여행하면서, 그 경험을 구라파인들의 눈을 내면화한 엑조틱한 남만 취미로 묘사하였다. 이러한 시가와 기행문들은 내용면에서 뿐만 아니라 단어의 구사, 표현 형식에 있어서도 이국성과 이질성을 강조하는 방식이었다. 이는 여행지에서 '야만'을 발견하고 이를 상대화하여 다시 소거하는 과정으로, 변경의 마이너리티들에게 '동화'의 전략을 구사하기 위한 방법론이 되었다고 할 수 있다. 이를 통해 '근대 일본'의 언어적, 감성적 동질성을 재구축하여 제국주의 일본을 지지하는 과정으로 수렴되었다는 것이다. 이는 기타하라 하쿠슈가 국민시인이 된 과정과 일치한다. 종국에 기타하라 하쿠슈는 타이완에 대한 지배를 찬양하는 노래에서, 야만적 언어를 모두 버리고 '순수하게 정

11

제된' 일본어의 고양으로 귀착했다.

이 책은 '일본 근대와 젠더' 세미나팀의 네 번째 공동번역서이다. 번역은 각 장의 책임 번역자가 1차 작업을 한 후, 여러 차례의 세미나를 통해 내용을 검토하고 토론하는 방식으로 이루어졌다. 뿐만 아니라, 완성된 번역 원고를 돌려가며 읽고 수정하는 과정을 거침으로써 말 그대로 '공동 번역'을 성취했다. 1차 번역에 참여했던 최성연(철학&종교학), 박미영(영화학)은 원고 수정 과정 중 해외유학을 가게 되어 최종 번역자 명단에 이름이 오르지 못했다. 하지만 함께 작업했던 시간과 노고가 우리의 기억 속에 고스란히 올라있다. 서로의 원고를 교정, 교열하는 검토의 과정을 여러 차례 거쳤지만, 작은 실수와 오류가 남아있을지 모른다. 미리 송구스러움과 양해를 구한다. 번역이란 언제나 미끄러지는 과정인 것 같다.

역자를 대표하여
한윤아

———{ 총설 }———

마르크스주의와 내셔널리즘

13

14

───{ 제2부 **대중의 발견** }───

황화론과 우생학
제1차 세계대전 시기의 생정치

군중·민중·대중
메이지 말~다이쇼기에 걸친 민중폭동

오모토교와 니치렌주의
근대 일본의 '공공종교를 지향한 종교'

──────{ 제3부 **문화의 모더니즘** }──────

학교음악은 어떻게 '국민'을 만들었는가

식민지의 표상

16

| 총 설 |

마르크스주의와 내셔널리즘

마르크스주의와 내셔널리즘[1]

고모리 요이치 小森陽一[2]

1. 제1차 세계대전과 내셔널리즘

제1차 세계대전의 발발과 일본의 참전은, 헌정옹호운동憲政擁護運動으로 궁지에 몰린 지배층에게 내셔널리즘을 동원해 위기를 타개할 수 있는 기회를 주었다. 러일전쟁 종결 이후 1910년대의 내셔널리즘은, 전쟁 수행 중에 촉발된 대외 전시戰時 내셔널리즘이 전쟁종결과 함께 국내로 전환된 것이었다. 그리고 러일강화조약(포츠머스조약) 반대운동이 보여주듯이, 이 시기의 내셔널리즘은 주로 반정부적 도시 소요騷擾 형태로 드러났고, 그것이 정변政變과 결부되는 특징을 가지고

---

1 이 글은 허보윤이 번역하였다.
2 1953년생. 도쿄대학 교수. 근대 일본문학을 전공했으며, 『일본어의 근대』(2000)를 포함한 다수의 저서가 있다.

있었다. 이런 의미에서 1920년대 정치 상황을 예비했던 것이 도시 소요형 내셔널리즘이었다는 점을 짚어둘 필요가 있다.

'히비야日比谷 소요사건'으로 불리는 탓에 극히 국지적인 에피소드로 인식되기 쉬운 러일강화조약 반대운동은 사실 전국적 도시 소요의 시대가 개막했음을 알리는 사건이었다. 1905년(메이지 38) 9월 5일 강화문제동지연합회講和問題同志聯合會의 주최로 히비야 공원에서 열릴 계획이었던 강화 반대 국민대회는 치안경찰법 제8조에 의해 금지되었고, 정부는 경찰대警官隊를 동원해서 히비야 공원을 봉쇄했다. 그러나 같은 날 정오에 3만 명이 공원 주변에 모였고, 오후 1시에 경찰대와 충돌했다. 울타리를 파괴하고 공원 안으로 난입한 군중은 고노 히로나카河野廣中를 좌장으로 대회를 강행했으며 강화조약 파기를 결의했다.

대회 후 군중의 한편은 궁성으로, 다른 한편은 강화 반대 연설회가 열리고 있던 신토미극장新富座을 향해 행진했는데 결국 양쪽 모두 경찰과 충돌했다. 고쿠민신문國民新聞사와 내무대신 관저가 습격당했고, 오후 7시에 군대가 출동했으며, 다음날인 6일 오후 11시에 도쿄시와 부하府下 5개 군에 치안 유지를 위한 최초의 행정계엄령이 내려졌다. 5일 밤에서 7일까지 "도쿄 전역의 8할에 달하는 258개소"의 경찰서, 경찰분서, 파출소가 "소실 또는 파괴되었다."1) 동시에 외무성, 미국 대사관, 수상 관저, 당시 수상이었던 가쓰라 타로桂太郞 첩의 집, 겐로元老들의 사저, 추밀원 의장 관사 등에까지 민중이 밀려들었고, 사망자 17명과 다수의 부상자가 발생했다. 이 사건에 호응해 전국에서 강화 반대 집회가 개최되었으며 고베神戶나 요코하마橫浜에서는 도시 소요로까지 발전했다.

'히비야 소요사건'의 구속자는 2천 명에 달했는데 그 중 311명이 기소되었으며 87명이 유죄 판결을 받았다. 그 대다수가 인부, 인력거꾼

車夫, 우유배달원, 직인, 직공 등 도시의 하층 노동자였고, 소상인이나 학생도 포함되어 있었다. 전시 하의 과도한 증세增稅와 물가상승에 불만을 품은 계층이 도시를 무대로 잇키一揆[3]를 일으켰던 것이다. 그들은 전장에 나가지 않은 남성들(병사는 직업계층상 이미 신민 = '국민화國民化'되어 있었다)로, 제국의회에 자신들의 대표를 내보낼 권리 즉, 선거권을 갖지 못한 저액 납세자들이기도 했다. 선거권이 없어서 '국민'이 되지 못한 남성들이 이미 '국민'이 된 '국권'주의자[4]들의 선동으로 도시 소요에 참가함으로써 스스로 '국민'이 되고자 했던 것이다. 도시 소요를 준비했던 '국권'주의자들은 "국가주의 내셔널리즘과의 긴장은 약하게 그리고 '국권'을 더욱 강하게 지향함으로써, 거꾸로 국가주의 내셔널리즘에 동조하게 될 위험을 지니고" 있었다.[2] 이는 자유민권운동 이래 '국권'주의가 가진 약점이기도 했다.

또 한 가지 주목해야 할 점은 대다수의 강화조약 반대 집회에서 강화조약 파기 결의와 함께 '비입헌 정부 문책'이 결의되었다는 사실인데, 이는 가쓰라 타로 내각이 '비입헌 정부'로 비판받았음을 의미한다. 그러므로 헌정옹호운동의 출발점에, 국민주의적 내셔널리즘의 계기가 된 '히비야 소요사건'과 같은 전도된 대중 내셔널리즘이 존재했다는 사실을 간과해서는 안 된다.

러일전쟁 후의 불황과 경제 위기 속에서도 일본정부는 군수 산업에 계속 자본을 투입했고, 제1차 사이온지 킨모치西園寺公望 내각은 군부의 강력한 요청으로 철도를 국유화했다(1906). 사이온지 내각은 강화조약 반대운동으로 궁지에 몰린 가쓰라 타로와 정우회政友會[5]의 하

---

3 지배자에게 저항·투쟁 등을 목적으로 한 무장봉기.
4 국가 권력을 대외적으로 확장해야 한다는 주장을 담은 국권론을 따르던 사람들. 국권론은 메이지 초·중기에 자유민권론과 함께 활발하게 논의되던 이념이다.
5 입헌 정우회立憲政友会의 약칭. 1900년(메이지 33) 이토 히로부미伊藤博文가 조직한 정당.

라 타카시原敬 사이의 밀약으로 탄생하였는데, 그 밀약이란 정우회가 강화조약을 지지하는 대신에 조약 성립 후 정권을 정우회 총재인 사이온지 킨모치에게 넘긴다는 내용이었다. 이후 가쓰라 타로와 사이온지 킨모치는 1912년(다이쇼 원년)까지 정권을 주고받으며 게이엔 시대桂園時代를 열었다. 또한 하라 타카시는 내무대신에 취임하여 도시 소요 시대에 걸맞게 경찰력을 재편성하였다.

정부가 국가 재정을 투입해서 군비 확장 정책을 얼마나 강도 높게 시행했는지는 해군의 군함 건조량에서 여실히 드러난다. 청일전쟁 개시(1894) 이후 10년 동안 국내의 군함 건조량은 1만 5,738톤으로 총 톤수의 7.7%에 불과했다. 그러나 러일전쟁 개시(1904)로부터 1913년까지 10년 사이에 그 16배에 달하는 24만 398톤으로 증가하여 국내 건조율이 80%에 달했다.3) 이 수치는 군 편성의 기초인 해군의 군함 정비가 구미 열강에 의존하지 않고 자체 조함 기술로 가능해졌음을 알려준다. 설계에서 축조에 이르는 과정과 필요한 재료를 모두 일본 스스로 조달함으로써 군함의 선체뿐만 아니라 무장 병기와 기관 설비까지 일본의 독자적 기술로 제작할 수 있게 되었던 것이다.

그러나 그 결과 메이지 말기 국가의 재정은 파탄 직전에 놓이게 되었다. 행정의 정비와 재정 문제의 해결책으로 감세 정책을 내놓은 제2차 사이온지 내각에게 일본 육군은 조선에 상주하는 2개 사단의 증설을 요구했다. 중국에서 발생한 신해혁명과 중화민국의 성립이 야기한 정세 변화에 대처하기 위해서 증설이 필요하다는 주장이었다. 일본정부가 이를 거절하자 1912년 12월 2일 우에하라 유사쿠上原勇作 육군대신이 사직했다. 이로 인해 사이온지 내각은 총사퇴의 위기에 몰렸고, 정권을 이어받은 가쓰라 내각은 천황의 칙어를 남발해서 12월 21일에 구성되었다. 그러나 이에 대해 조슈長州 출신 육군벌陸軍閥의

횡포라는 반발이 발생하면서[6] 12월 19일부터 '번벌閥族타파'와 '헌정옹호'를 표어로 내건 제1차 헌정옹호운동이 전개되었다. 이 운동은 다음해인 1913년에 더욱 조직화되어, 1월 12일 도쿄에서 18개 단체 연합회, 17일에 전국유지기자全國有志記者대회가 열렸고, 24일에 제2회 헌정옹호대회가 개최되었다. 오사카大阪에서는 12일에 정우회가, 그리고 다음날인 13일에는 정우회와 국민당國民黨이 연합해서 헌정옹호대회를 열었다. 가쓰라 내각은 의회를 정지시킴으로써 사태에 대응했지만, 2월 5일 의회 재개일에 수만의 민중이 국회의사당을 포위했다. 같은 날, 초대의회 이래로 중의원衆議院에 연속 선출되고 '헌정의 신'이라 일컬어지던 오자키 유키오尾崎行雄가 내각불신임안을 제출했다. 가쓰라 타로는 사이온지 킨모치를 통해 정우회를 회유하려 했지만 성공하지 못했다. 2월 10일 의회가 재개되자 수만의 민중이 다시 의사당을 둘러싼 상황에서, 중의원 의장으로부터 사직을 권고 받은 가쓰라 타로는 의회를 정지시켜 버렸다. 이 조치에 분노한 민중은 경찰과 폭력적으로 충돌했고, '히비야 소요사건' 때와 마찬가지로 경찰서와 파출소에 불을 질렀다. 대폭동으로 변한 도시 소요는 전국으로 확산되었고, 2월 11일 가쓰라 내각은 결국 총사퇴했다.

제1차 헌정옹호운동의 주도 세력은 게이오의숙慶應義塾 출신 산업자본가 모임인 고준샤交詢社,[7] 야당 정우회의 비주류파, 유력 신문 기자, 지식인 그룹이었다. 이 운동은 선거권을 보유한 '국민'을 중심으로 이루어졌으며 입헌주의적 내셔널리즘의 성격을 띠었다. 또한, 감세를 요구하는 광범위한 도시 중산계급이 이 운동에 지지를 보냈는데, 그들은 유권자와 비유권자 사이에 위치해 있었다. 게다가 오자키 유키

---

6   가쓰라 타로가 조슈번 출신의 육군 장성이었다.
7   1880년 후쿠자와 유키치福沢諭吉가 창립한 일본 최초의 실업가 사교 클럽.

오나 이누카이 쓰요시犬養毅처럼 대중적 명성을 누리던 초대 의회 출신 정치 지도자들이 운동의 살아있는 상징(헌정의 신)이 되면서, 이들을 향한 숭배의 마음이 도시 하층민을 포함한 대중을 움직여 결국 도시 소요로 이어졌고, 그 결과 정권타도가 이루어졌던 것이다.

요컨대 이 헌정옹호운동은, 메이지 천황(또는 그의 초상肖像)의 카리스마로 체현된 국가주의적 내셔널리즘이 천황의 죽음에 의해 약화되었으나 아직 다이쇼大正 천황의 카리스마는 구축되지 못한 시점에, 칙어 남발에 저항하는 지도자를 숭배하는 마음을 이용한 대중운동으로 조직된 것이었다. 이는 납세자로서 전쟁을 수행하는 국가를 지원하면서도 유권자로서는 정치에 참여할 방법이 없던 도시 중산계급을 '국민'으로 만든 '새로운 정치'4)의 성격을 분명하게 지니고 있었다.

제3차 가쓰라 내각이 와해되자 정우회의 하라 타카시는 사쓰마薩摩파와 결합하여 제1차 야마모토 곤베에山本權兵衛 내각을 성립시켰다. 여론의 힘으로 성립한 야마모토 내각은 제1당인 정우회의 지지를 받아 개혁을 단행하고 장기 집권할 것으로 기대되었지만, 지멘스Simens사와 일본 해군 간의 비리 사건으로 곧 위기에 직면했다.

독일의 지멘스사는 일본 해군에 군수품을 납품하고 있었다. 지멘스 도쿄 지점의 타이피스트였던 리히터Karl Richter는 해고에 불만을 품고 중요 서류를 훔쳐 달아나다 체포되었다. 재판에서 리히터는 일본 해군 고관이 지멘스로부터 뇌물을 받았다는 사실을 폭로했다. 1914년 1월 하순, 이 사실이 신문에 일제히 보도되자 해군의 세력 확장에 불만을 품고 있던 측에서 수상과 해군대신에게 책임을 추궁했다. 해군조사위원회는 지멘스가 해군의 군함 건조 관계자에게 미쓰이 물산三井物産을 통해 뇌물을 준 경위를 밝혀냈고, 그러자 2월 10일 히비야에서 내각 탄핵을 외치는 국민대회가 열렸다. 이때에도 역시 집회에 참가한 민중과 경찰이 충돌하면서 폭동으로 번지게 되었다. 결국 군대의 출동으로 진압되었으나 다수의 부상자가 발생했다. 지멘스 사건에서는 영업세 반대운동을 조직했던 6대 도시의 중소자본가들과 자영업자들이 주도적인 역할을 했다. 3월 24일 야마모토 내각은 결국 총사퇴했다.

유권자이자 '국민'이었던 정당인, 자본가, 신문기자, 지식인과 의식 있는 납세자였지만 모두가 유권자는 아니었던 도시 중산계급의 연합이 지속적으로 반정부운동을 전개했고, 아직 '국민'이 되지 못한 도시 하층민의 도시 소요형 폭동이 운동의 마지막을 장식하면서, 내각을 총사퇴로 몰아가는 양상이 다이쇼 정변과 지멘스 사건을 통해 창출되었던 것이다. '새로운 정치'가 지닌 힘은, 조슈벌 / 육군과 사쓰마벌 / 해군이라는 양대 권력중추를 패배시킬 만큼 강하게 성장했다. 따라서 그 때까지 유권자로서 '국민'이 되지 못했던 계층이 '보통선거'를 통해 스스로 '국민'이 되어야겠다는 필요성을 분명하게 깨닫고, 거기에 정치적 초점을 맞춰가는 상황이 무르익고 있었던 것이다.

1914년 4월 16일, 줄곧 번벌정치와 대결해왔다는 역사적 권위를 가지고 있던 오쿠마 시게노부大隈重信가 차기수상으로 취임했다. 그리고 식 달 보름 후에 유럽 대륙에서 제1차 세계대전이 발발했다. 이 전쟁은 사쓰마벌·조슈벌·군벌이라는 낡은 정치 주체에 의해 형성된 국가로부터 점점 이반해가던 국민을 재통합하기에 좋은 기회였다. 따라서 제2차 오쿠마 내각은 힘들이지 않고 거국일치를 이룰 수 있었다. 영국의 요청으로 제1차 세계대전 참전을 결정할 때, 의견을 제시했던 겐로 이노우에 카오루井上馨는 유럽의 전쟁을 "다이쇼 신시대에 일본의 국운 발전을 위해 도래한 하늘의 도움으로, 일본은 거국일치로 단결해서 이 기회를 붙잡지 않으면 안 된다"[5]라고 주장했다. 메이지 시대 정권의 중심에 있었던 이노우에 카오루에게 전쟁의 발발과 참전은 분명 '하늘의 도움'이었다. 돌이켜보면, 메이지기 최대의 외교 과제였던 불평등조약이 청일전쟁의 승리로 개정되었고, '한국병합' 즉 조선반도를 식민지로 삼으려던 야망도 러일전쟁으로 실현되었다. 그러므로 서구 열강과 대등한 위치에 서기 위한 근대 일본의 외교 정책은, 오로지 전쟁 외교뿐이었다고 해도 과언이 아니다.

전쟁에 돌입하면 의회의 입헌주의적 내셔널리즘이나 국민주의적 내셔널리즘을 국가 내셔널리즘으로 전환할 수 있다. 그럼으로써 국내 문제(이 시기는 폐감세廢減稅 문제가 중심)를 둘러싼 당파 논쟁을 멈추게 만들고, 외부를 향해 국론을 통일하는 것이 가능해진다. 동시에 전쟁에 편승함으로써 일본의 국익을 대외에 주장할 수도 있다. 그것이 바로 '하늘의 도움'이 가진 의미였다.

가토 타카아키加藤高明 외무대신은 이 기회를 잡아 아시아에서 독일의 근거지를 빼앗고 일본의 국제적 지위를 높이려 했다. 영국은 제1차 세계대전 참전 이틀 후인 1914년 8월 7일, 극동의 독일 무장상선 격파를 일본에 요청했다. 일본은 이를 참전 요청으로 받아들였고, 밤을 새운 각료회의 끝에 참전하기로 결정했다. 그리고 9일, 영국에 이 같은 결정을 알렸다. 그러나 영국은 참전에 대한 일본의 적극적 태도에 위기감을 느끼고 10일에 참전 요청을 취소했다. 일본이 참전 결정을 번복할 수 없음을 표명하자, 영국은 일본의 전투 구역을 제한하기 위한 교섭을 했지만 합의하지 못했다. 그 상태에서 8월 15일 일본은 독일에 최후통첩을 보내고 23일에 선전포고를 했다. 청일전쟁 종결 당시 '삼국간섭'으로 인해 독일에 빼앗긴 중국 산둥山東에서의 권익을 손에 넣는 것이 일본의 궁극적인 목적이었다. 이와 같은 국권적 내셔널리즘의 욕망이 단적으로 드러난 것이 '대중국21개조요구'이다.

1915년 1월 18일 일본정부는 주중국임시대리공사 히오키 에키日置益

를 통해 중화민국의 위안스카이袁世凱 정부에게 21개조 요구(1호 산둥성에 관한 요구 4개조, 2호 남만주와 동부 내몽고에 관한 요구 7개조, 3호 한야평공사漢冶萍公司에 관한 요구 2개조, 4호 중국 연안 불할양에 관한 요구 1개조, 5호 희망조항 7개조. 특히 제5호에는 중화민국 정부의 정치·재정·군사 고문으로 일본인을 임명할 것, 만주의 치안을 중일합동으로 할 것 등 중화민국의 주권을 침범하는 사항이 들어 있었다)를 강요했다.

외무대신 가토 타카아키는 극동에 대한 서구열강의 힘이 약해진 틈을 타서 중화민국에서 일본의 권익을 안정적으로 확보하려는 의도로 이와 같은 요구를 내놓았던 것이다. 그런데 거기에 군부·재벌 등이 여론을 조장하여 여러 가지 주문을 보탠 결과, '대중국21개조요구'는 노골적인 제국주의적 요구가 되었다. 중화민국 측에서는 당연히 이 '요구'에 난색을 표했고 5월에 교섭이 결렬되었으나, 일본 측은 최후통첩으로 위협해 억지로 '요구'를 관철시켰다. 그러나 5월 25일 조인 이후 중화민국은 끈질기게 반대행동을 취했고, 미국과 영국을 외교적으로 설득했으며, 일본의 제국주의적 야망을 폭로하기 위해 이 문제를 파리강화회의에까지 가져갔다. 결과적으로 '대중국21개조요구'는 제2차 오쿠마 내각의 실패 원인 중 하나가 되었다.

2. 러시아 혁명과 코민테른

제1차 세계대전 말기 러시아에서는, 전쟁에서 빠져나가려는 평화운동과 계급투쟁운동을 종합한 결과물인 10월 혁명이 일어나고, 혁명은 레닌의 지도로 승리한다. 사회주의 혁명이 성공한 직후 소비에트 러시아는 민족자결권이라는 레닌의 생각을 핵심으로 한 '평화에 관한 포고'를 발표한다.

무병합·무배상의 강화講和, 구舊러시아 제국이 지배했던 모든 민족이 독립할 자유 그리고 약탈했던 영토와 권익의 반환 등을 제창한 '평화에 관한 포고'는 제1차 세계대전의 전후 처리에 심대한 영향을 미쳤다. 이와 동시에 제국주의적 국제 정치의 흐름도 크게 변화했다. 파리(베르사이유)강화회의에서 미국 대통령 윌슨이 제안한 무배상, 무병합, 민족자결의 '신식외교' 노선도 러시아 혁명 후의 소비에트 정권을 강하게 의식한 결과였다.

그러나 야마가타 아리토모山縣有朋의 주선으로 오쿠마 내각의 뒤를 이은 데라우치 마사타케寺內正毅 내각은 표면적으로 중화민국에 중립 정책을 취할 것처럼 행동하면서도 러시아 혁명을 대륙 파병의 계기로 여기고 있었다. 물론, 데라우치 마사타케가 '한국병합' 후 초대 조선총독이었고 헌병경찰을 강화하여 조선의 독립운동을 탄압하고 언론과 결사의 자유를 억압했다는 점, 그리고 조선인들로부터 토지를 약탈하고 조선은행을 중앙은행화함으로써 조선의 식민주의적 '개발'에 중심 역할을 담당했다는 점도 간과해서는 안 된다. 데라우치 마사타케는 '만주와 몽골의 독립'을 돕는다는 명목으로 대륙 진출을 노렸으며, 조선을 이를 위한 기지로 간주했던 무단적武斷的 식민지 경영자의 전형이었다는 점에서 무단적 국가 내셔널리즘을 체현한 정치인이었다.

데라우치 내각은 위안스카이 사후 국무총리를 맡고 있던 돤치루이段祺瑞 내각에 많은 자금을 원조했다(니시하라 차관西原借款). 1917년 8월 14일 독일에 선전포고를 하고 제1차 세계대전에 참전하기로 결정한 돤치루이 내각에 대해, 데라우치 내각은 러시아 혁명 직후부터 '대중국21개조요구'의 제5호였던 중일병기동맹을 부활시키려는 노력을 기울였다. 일본정부는 중일병기동맹 구상과 시베리아 출병을 연결시키려는 의도를 가지고 있었던 것이다. 그리고 1918년 5월 16일 데라우치 마사타케 내각과 돤치루이 내각 사이에 '중일공동방적군사협정中日共同防敵軍事協定'이 체결되었다.

그러나 참전을 반대했던 중화민국의 화평파는 협정을 강도 높게 반대하면서 일본을 비판했다. 이 협정이 이전의 '대중국21개조요구' 중 제5호의 부활이며 중화민국을 일본의 군사 지배에 종속시키려는 것이라는 그들의 주장은, 반제국주의 내셔널리즘에 꼭 들어맞는 논리를 내포하고 있었다. 협정 내용을 알게 된 재일在日 중국 유학생들은 이에 항의하여, 중국 국내에서 반대운동을 조직하기 위해 2,492명 중 1,207명이 귀국했다. 귀국한 유학생들이 참여한 반일학생운동은 다음해 '5·4 운동'의 중요한 계기가 되었다. 이 시기에 러시아 혁명은 마르크스의 이론을 실천적으로 증명한 사건으로 이해되었고, 마르크스·레닌주의로 거듭나 세계적 규모로 확산되었으며, 반제국주의 내셔널리즘이라는 새로운 내셔널리즘을 주축으로 하는 운동을 조직하는 사상적 계기가 되었다.

연합국은 러시아 혁명에 대한 공동군사간섭을 획책했다. 1918년 1월 영국과 프랑스는 일본에 공동출병을 제안한다. 이에 외무대신 모토노 이치로本野一郎와 육군은 적극적인 태도를 보였으나, 임시외교조사회臨時外交調査會의 하라 타카시와 마키노 노부아키牧野伸顯 등은 강력하게 반대했다. 그러나 5월 중순, 귀국 중이던 독일·오스트리아 포로 부대와 체코군이 충돌하고, 사태가 체코군과 지방 볼셰비키 간의 군사 대립으로 발전하여 일명 '체코군단사건'이 터졌다. 그러자 지금까지 비개입 방침을 고수하던 미국이 노선을 바꿔, 7월 8일 체코군의 후방 지원을 위한 미일공동출병을 일본에 제안했다. 일본 육군은 이 기회를 틈타 미국 측이 제안한 한정 출병이 아닌 자주적인 출병을 꾀했다. 이 문제가 확정되지 않은 채, 일본정부는 8월 2일 시베리아 출병을 선언한다.

시베리아 출병이 있을지도 모른다는 정보가 유출되자 이미 전시 하에 크게 오른 쌀값이, 시베리아 출병을 기대한 쌀 매점에 의해 일시에 폭등했다. 이에 따라 사람들의 불만이 폭발했고, 1918년 7월 도야마富山현 우오즈漁津 어부 아내들의 봉기를 발단으로 한 '쌀 소동'이 전국적인 규모의 도시 소요로 발생했다. 노동자와 농민은 쌀가게, 부자집, 경찰서 등을 습격했고, 이를 진압하기 위해 군대가 출동할 수밖에 없었다. '쌀 소동'은 "아오모리靑森·이와테岩手·아키타秋田·오키나와沖繩를 제외한 전국 각 부현으로 퍼져, 38개 시市, 153개 정町, 177개 촌村에서 민중의 시위와 폭동이 발생하기에 이르렀다. (…중략…) 경찰력만으로는 진압이 불가능했기 때문에 전국 120곳에서 군대가 출동했다. 그러면서 군사력과 경찰력이 상호 보완하여 탄압하는 방법이 유효하다는 점을 확인"했다.6) '쌀 소동'에 의해 데라우치 내각은 전복되었고 하라 타카시 내각이 제1차 세계대전의 전후처리를 담당하게 되었다.

1919년 2월 8일 도쿄 간다神田의 조선기독교청년회관에 조선에서 온 유학생 600명이 모여 독립선언을 발표했다. 관계자는 체포되었지만 독립선언은 조선 내부와 상하이의 독립운동가들에게로 이어져 민족대회소집청원서가 일본 귀족원, 각국 대사관, 각 신문사로 우송되었다. 독립선언에는 "세계 개조의 일대 기운에 순응해서 그와 함께 나아가려 한다"라는, 러시아혁명 그리고 제1차 세계대전 후의 반제국주의적 독립 내셔널리즘과의 연대가 명기되어 있었다.

3월 1일 서울 중심부에 다수의 학생이 집결하고, 파고다 공원에서 독립선언서가 낭독되면서 대규모 시위가 일어났다. 이 운동은 조선 반도 전역으로 퍼져 노동자의 파업, 학생의 동맹휴교, 상점의 폐점운동, 농민의 시위로 확산되었다. 경찰과 군대가 진압에 나서자 경찰서나 관공서를 습격하는 민중 폭동이 발생했다. 일본정부는 4월 일본군 여섯 대대와 헌병 400명을 조선에 증파할 것을 결정함으로써 탄압의 강도를 높였다. 비슷한 무렵 미국, 러시아, 중국 등지의 재외 조선인이 연대하여 상하이에서 임시의정원회臨時議政院會를 열어 임시정부를 수립하고 국호를 대한민국으로 정했다. 그리고 5월 파리강화회의에 독립청원서를 제출했지만 성공하지는 못했다.

결과적으로 일본정부는 8월 조선총독부의 관제를 개편해서 군軍 지배였던 헌병제를 경찰제로 교체하고, '무단정치'에서 '문화정치'로 전환할 수밖에 없었다. 물론 식민지 지배의 내용은 조금도 달라지지 않았다.

또한 1919년 1월부터 개최된 파리강화회의에서, 일본은 '대중국21개조요구'를 베르사이유조약에 넣기 위해 중화민국의 주장에 반론을 제기하며 각국 대표와 외교적 교섭을 전개했다. 반면, 중화민국은 '대중국21개조요구'가 일본의 무력 위협에 의해 강제로 체결된 것이고, 산둥성의 독일 이권은 중국의 대독일전 참여를 고려해서 중화민국으로 반환되어야 한다고 주장했다. 이러한 논의가 일본 국내 신문에 보도되자 제1차 세계대전 중 독일을 향해 발산되었던 일본의 국가주의 내셔널리즘이, 중화민국의 주장을 지지하는 미국 쪽으로 방향을 틀기 시작했다. 한편 중화민국에서는 산둥 문제에 관한 자신들의 주장이 관철되지 않는 가장 큰 이유가 1918년 9월 24일 일본정부와 맺은 '산둥성 제문제 처리에 관한 교환공문'에 적힌 "흔쾌히 동의한다"라는 구절 때문이라는 사실이 밝혀지자, 중국 정부 내부에 있는 친일파와 일본을 향해 민중의 분노가 쏟아졌다.

1919년 5월 4일 베이징 대학을 비롯한 10여개 학교의 학생 3천 명이 천안문 광장에 모여 '대중국21개조요구'의 취소, 칭다오靑島 반환, 국권 양양發揚, 국적國賊(친일파) 응징을 외치는 집회를 열었다. 앞서 '중일 공동방적군사협정'의 체결에 항의하며 귀국했던 유학생들의 반일행동과 『청년잡지』(훗날의 『신청년』) 중심의 신문화운동이, 러시아 혁명 이후 마르크스주의를 주축으로 한 사회혁명운동으로 전환되면서 학생운동의 힘이 축적되었던 것이다. 운동의 핵심 주제는 국가주의 내셔널리즘이었지만 운동의 근원에 반제국주의적 요소가 일관되게 흘렀기 때문에 마르크스주의와 결합하는 것이 가능했다. 반대로 마르크스주의 측에서는 반제국주의적 내셔널리즘을 대중 사회혁명의 원동력으로 전략적으로 이용할 수 있었다.

집회에 참여한 학생들은 각국 공사관을 향해 시위를 전개했지만 군대와 경찰에 의해 저지되자 대표가 항의문을 공사관에 전했다. 그리고 시위대는 당시 교통총장의 집에 숨어있던 주일공사 장중샹章宗祥을 습격해서 중상을 입히고 가옥에 불을 질렀다. 이날 32명의 학생이 체포되었다. 이 사건이 보도되자 체포된 학생들의 석방과 친일파 매국노 관료의 파면을 외치는 시위가 전국적으로 전개되었다. 6월 3일과 4일에 대규모로 열린 학생 집회에서 다수의 학생이 체포되자, 노동자와 일반 시민이 참여하는 대중적 운동으로 발전했다. 노동자의 파업, 상인들의 폐점·폐시, 학생들의 휴업이 각지로 확산되었다. 결과적으로 베이징 정부는 6월 10일 장중샹을 비롯한 관료들을 파면했고, 중화민국 전권대표단은 파리강화회의에서 강화조약의 조인을 거부할 수밖에 없었다. 이후 1년 동안 일본상품 불매운동으로 일본 자본주의 시장에 큰 타격을 주는 등, 각지에서 끈질긴 반제국주의, 반군벌 운동이 일어났다.

그러나 일본 국내의 운동들은 '3·1운동'이나 '5·4운동'을 미국의 선동에 의한 것으로 보는 논조에 의해, 일본의 국위 선양을 요구하는 국가주의 내셔널리즘과 결합하고 있었다. 이러한 간극, 즉 제국주의 세력을 확장해가는 측의 국가주의 내셔널리즘과 반제국주의 내셔널리즘 사이의 간극은 러시아 혁명 이후 마르크스주의와 관계를 맺는 방식에서 질적 차이를 낳았다. 그러한 간극은 제2인터내셔널과 제3인터내셔널인 코민테른의 차이로 국제적으로도 드러나고 있었다. 이 같은 마르크스주의와 내셔널리즘의 비대칭적 관계는, 제국주의 국가인 서유럽과 러시아의 노동자·농민운동, 제국주의적 전쟁을 수행했던 러시아와 일본의 노동자·농민운동, 특히 혁명 후의 소비에트 러시아와 여러 아시아 지역에서의 노동자·농민운동과 같이 각기 다른 다양한 차원의 운동으로 표출되었다.

서유럽의 사회민주주의 정당에 의해 조직된 제2인터내셔널은 제1차 세계대전을 맞아 그때까지 반대해 온 제국주의 전쟁을 '조국수호'라는 명목으로 지지했고, 그렇듯 사회개량주의가 배외주의적 내셔널리즘과 결합하게 되자 결국 붕괴하고 말았다. 전쟁에 반대하는 '짐머발트Zimmerwald 좌파'에 속했던 레닌은, 제2인터내셔널 우파 지도자와 대립했고 러시아 공산당(볼셰비키)에 의한 혁명을 성공시켰다. 이 혁명의 실천성을 이론적 근거로 1919년 3월 모스크바에서 제3인터내셔널이 조직되었다. 다음해 1920년 여름 제2회 대회에서 채택된 규약 전문前文에는 조직의 성격이 다음과 같이 규정되어 있다.

> 공산주의 인터내셔널은 전세계 노동자의 해방을 임무로 삼는다. 공산주의 인터내셔널 대열에는 백색, 황색, 흑색 피부의 사람들, 전 지구의 노동자들이 형제와 같이 결합해있다.[7]

여기에는 명확하게 인종이나 민족을 초월한 인터내셔널리즘이 '전 세계 노동자'의 이름으로 선포되고 있다. 요컨대 코민테른의 인터내셔널리즘은 일면 레닌이 중시했던 민족자결권 논리와 대립적 구조를 이루며 드러난 것이었다. 내셔널리즘이 제국주의와 짝을 이루어 등장했다면, 마르크스·레닌주의적 인터내셔널리즘은 제국주의와 내셔널리즘의 이항대립 관계에 제3항으로 기능했다고 할 수 있다.

마르크스·레닌주의적 인터내셔널리즘의 원류인 공산주의자동맹(국제노동자협회)이 내건 "만국의 노동자여, 단결하라!"라는 표어는, 계급투쟁 이론에 따라 노동자 계급의 역사적 사명이 세계 자본주의 구조를 바꾸는 일이라는 점을 명확히 함과 동시에, 계급적 이해가 인터내셔널한 것임을 이론적 귀결점으로 삼고 있다. 그러나 당시 자본가 계급과 노동자 계급 간의 대립 격화나 계급투쟁은, 식민지를 가진 서유럽의 선진 자본주의 국가, 즉 제국주의적 식민지 종주국에서나 일어나는 일이었다. 따라서 자본주의화한 식민지 종주국과 그 외 지역은 비대칭적 관계였다. 물론 러시아 혁명을 출발점으로 하는 세계 혁명이라는 노선 속에서는 이 같은 비대칭성에 의한 모순을 은폐할 수 있었지만, 서유럽에서 소비에트형 혁명은 성공하지 못했다. 여기에 세계혁명당으로서 코민테른이 가진 이론과 실천의 괴리가 있었고, 그러한 괴리는 또한 계급투쟁 이론과 내셔널리즘을 이론과 실천의 대립으로 드러나게 만들었다.

레닌이 러시아 혁명을 성공시켰던 방식 즉, 직업혁명가를 중심으로 한 '전위前衛'형 정당 조직은 코민테른에 그대로 도입되었다. 앞서 인용한 규약 전문에는, "승리를 보다 신속하게 쟁취하기 위해서, 자본주의 폐지와 공산주의 창설을 위해 싸우는 국제노동자협회는 질서정연한 중앙집권적 조직을 지니지 않으면 안 된다는 점을 공산주의 인터내셔널은 알고 있다. 실질적으로 공산주의 인터내셔널은 단일한 세계 정당이어야 하며 각국에서 활동하는 정당은 이 세계 공산당의 개별 지부"라고 규정되어 있다. 이 점이 제3인터내셔널로서 코민테른이 지닌 가장 큰 특징이다. 단순화의 위험을 무릅쓴다면, 제1인터내셔널은 노동자 단체나 공산주의자 개인의 연합체였고, 제2인터내셔널은 유럽 각국의 일국 단위 정치와 연관된 사회민주주의 정당의 국제적 연합체였다고 말할 수 있다. 이에 반해 제3인터내셔널은 유럽, 아시아, 아프리카, 남북아메리카를 포함하는 세계적 규모의 단일 혁명 정당을 조직하려 했던 것이다. 하나의 중앙지도부 아래에 각국 공산당이 지부가 되는 조직 형태는, 제국주의적 자본의 국제화 속에서 규정되는 노동자 계급의 이해와 이데올로기를 정치 조직 차원으로 단일화시키는 구조를 가지고 있었다. 그러나 인터내셔널리즘을 바탕으로 세계 혁명을 수행한다는 이론이 유효했다고 해도, 일국 단위의 정치 투쟁과 각국의 자본주의 존재 방식의 차이, 그리고 특히 식민주의 지배와 피지배 관계에서 발생하는 실천 상의 비대칭성을 고려한다면, 코민테른이 단일한 조직이었다고 말하기 어려울 것이다.

35

3. 반反내셔널리즘으로서의 반전운동

제3인터내셔널 = 코민테른의 존재를 가장 일찍 일본에 알린 미디어 중 하나로 『씨 뿌리는 사람種蒔く人』(쓰치자키판土崎版)을 들 수 있다. 이는, 일본대사관에서 일하며 파리 대학 법학부를 고학으로 졸업하

고 파리강화회의 일본 전권단에서 촉탁직으로 일한 뒤, 1919년 말 귀국한 고마키 오우미小牧近江(본명은 오우미야 코마키近江谷駒)가 가네코 요분金子洋文, 이마노 켄조今野賢三, 오우미야 토모지近江谷友治, 하타케야마 마쓰지로畠山松治郎 등과 함께 고향인 아키타秋田현 쓰치자키土崎항에서 1921년 2월에 창간한 잡지이다. 3호로 휴간했지만, 같은 해 10월 무라마쓰 마사토시村松正俊, 사사키 타카마루佐々木孝丸의 참여로 도쿄에서 재간행되었다. 재간행 창간호의 '편집후기'에는 그간의 사정이 잘 드러나 있다.

『씨 뿌리는 사람』이라는 책이 올해 2월 쓰치자키항에서 출간되었다. 그것은 제3인터내셔널 연구나 이념적 문학의 성격을 지닌 것도 아니었는데, 3호로 중단되었다. 3호까지의 책자는 모두 품절되었다.

『씨 뿌리는 사람』은 우리와 주의主義를 함께하는 이들의 기고를 환영한다. 특히 지방의 실제 생활을 알리거나 단체와 연락을 도모하기 위해 지방란을 개설했다.

『씨 뿌리는 사람』이 널리 읽히도록 하는 것은 넓은 의미에서 씨앗을 뿌리는 행위이다. 『씨 뿌리는 사람』의 벗의 벗은『씨 뿌리는 사람』의 벗이다.

미야지마 스케오宮島資夫의 『히에이의 눈比叡の雪』의 일부가『민중民衆』5월호에 게재되었다. 이번에 그 후편과 함께 전편全篇을 발표하려 한다. 그는 다음 호를 위해 소설을 집필 중이다.

해외에 있는 본지의 친구들 대부분이 러시아 대회大會에 다녀온 것 같다. 프랑스에 체류 중인 하야시 시즈에林倭衛의 소식으로 그 분위기를 전한다.

씨 뿌리기 사社는 이 사업의 일환으로 해외 세계주의적 경향의 문학을 번역하고 있다. 첫 사업으로 무라마츠 마사토시와 사사키 타카마루가 앙리 바르뷔스Henri Barbusse[8]의 『빛Clarté』과 『지옥L'enfer』의 번역에 착수했다. 요시에 타카마츠吉江孤雁는 바르뷔스로부터 의뢰받은 『포화Le Feu』의 번역을 씨 뿌리기 사에 위임했다.

고마키 오우미는 파리 대학 재학시절부터 로맹 롤랑Romain Rolland[9]을 존경해서 그로부터 많은 것을 배웠다. 파리 대학을 졸업하던 해에 제1차 세계대전이 끝나기는 했지만, 앙리 바르뷔스 등이 주도한 국제평화운동, '클라르테Clarté(빛)'에 참가했다. 바르뷔스 등이 만든 잡지 『클라르테』가 로맹 롤랑과 고리키Maksim Gorkii 등의 글을 싣고, 인터내셔널리즘과 통일전선적 이념을 표방했던 것과 마찬가지로 『씨 뿌리는 사람』의 '이념'도 '세계주의'였고 '제3인터내셔널' 결성이라는 세계적 분위기와 깊이 연루되어 있었다.

창간호에는 소비에트 러시아의 기근에 도움을 요청하는 「사상가에게 호소한다思想家に訴う」라는 글이 게재되었다. 여기에서도 평화운동에 입각한 국제연대를 주장하고 있다.

러시아인의 고통은 어제 오늘의 역사가 아니다. 1세기 전부터 생혈을 빨리고 비실비실해질 때까지 채찍질당한 이 민중은 7년 동안이나 대외 전쟁과 내전을 겪으며 격렬하게 싸웠다. 거기에 더해 기근이라는 불가항력적인 시련이 닥쳤으니, 우리는 무엇을 하면 좋을까. 혁명의 고통이 부르주아 치하에서의 생활고보

---

8 1873~1935. 프랑스의 소설가. 『포화Le Feu』로 1916년 공쿠르상을 받았다. 처음에는 인도주의적 입장이었으나 곧 레닌의 사회주의 노선에 공감하여 소련에 자주 드나들다 모스크바에서 객사하였다.

9 1866~1944. 프랑스의 소설가, 극작가, 평론가. 1915년 노벨문학상 수상. 국제주의 입장에서 내셔널리즘을 비판하고 평화운동에 진력했다.

다도 더 비통하다는 사실을 우리도 언젠가 알게 될 것이다.

그런데 우리는 무엇을 했는가. 콜차크Aleksandr Kolchak나 세미오노프Grigory Semyonov 처럼 지금은 흔적도 없이 사라진 반혁명反革命 분자에 대해, 배부를 때까지 욕심을 부리는 재벌에 대해, 군벌에 대해, 우리는 무엇을 했는가. 유럽의 주의자主義者들 이 이번 전쟁에서 반역했던 것처럼, 우리는 이 모든 죄악에 대해 눈감아 버린 것은 아닐까.

드디어 침묵을 멈출 때가 왔다.

다른 곳에서처럼, 무산계급을 위해 싸워온 이들을, 또한 지금도 싸우고 있는 이들을, 세계 혁명의 선구자를, 외면해서는 안 되지 않겠는가.

드디어 침묵을 멈출 때가 왔다.

적색 러시아가 우리의 빛이라고 말하지 않은 자가 없었다. 그렇게 말했던 우 리의 선언은 허망한 것인가. 무산자를 위해 빵을 외쳤던 것도 모두 헛된 절규였 던가. 무산자는 앞으로 누구를 믿어야 한다는 말인가.

"드디어 침묵을 멈출 때가 왔다"라는 반복적 외침으로 시작하는 이 호소는 일본의 시베리아 출병을 비판하고 그 책임을 자각해서 나온 것이 분명하다. 1918년 11월 18일 서시베리아의 옴스크에서 쿠데타로 성립한 콜차크의 반혁명 정권과 만저우리滿洲里를 근거지로 삼았던 코사크의 반反볼셰비키 지도자 세미오노프에 대한 일본의 지원을 비 판하고 있다는 것에서, 이 점이 잘 드러난다. 콜차크 군대는 1919년 볼셰비키군을 패퇴시키고 모스크바로 진군해서 세력을 과시했고, 혁 명 저지를 위한 비장의 무기 역할을 맡아 연합국의 지원을 받았다. 그 러나 볼셰비키군의 반격에 의해 11월 옴스크에서 철수했고, 콜차크 는 1920년 2월 사회혁명당 세력에 체포되어 총살당한다. "유럽의 주 의자들이 이번 전쟁에 반역했던 것처럼, 우리도 이 모든 죄악에 대해

38

눈감아 버린 것은 아닐까"라는 물음은 러시아 혁명을 전후하여 유럽 "주의자들" 운동의 핵심 중 하나가 반전운동이었음을 인식했다는 사실을 보여준다.

결국 『씨 뿌리는 사람』의 동인들은 '러시아 혁명'과 더불어 '세계 혁명'으로 나아가는 것을 다름 아닌 '전쟁에 반역하는 것'이라고 파악했던 것이다. 전시 하에 자신이 속한 국가가 수행하는 '전쟁에 반역하는 것'만큼 반내셔널리즘적 운동은 없다. 계급투쟁 이론과는 다른 차원에서, 이들의 반전운동은 단순한 평화주의 운동이 아니었으며, 대중을 전장과 전쟁수행(군수생산이나 식량생산을 포함한)에 동원하는 총동원 전쟁 시대에 지극히 혁명적인 의의를 지니고 있었다. 반전운동은 우리와 그들을 우리 편과 적으로 양분하는 내셔널리즘의 폭력적 대립을 인터내셔널한 연대로 전환하는 힘을 지녔던 것이다. 제1차 세계대전 말 혁명성이 대중화될 수 있었던 가장 중요한 요인은, 사람들이 반전평화를 염원했기 때문이었다.

홉스봄Eric Hobsbawm은 『극단의 시대』의 「세계 혁명」 장에서 다음과 같이 말했다.

> 전쟁을 수행하던 유럽 사회는 대중 전쟁의 기이한 압력에 의해 붕괴되기 시작했다. 전쟁 발발에 뒤이어 고조된 애국심은 진정되었다. 1916년에는 전쟁에 대한 염증이 반전의식으로 변모해갔다.

> 1914년 전쟁이 발발했을 때에는 전쟁에 반대한 이들이 무력하게 고립되었다고 느꼈지만, 1916년에 이르자 다수를 대변한다고 느낄 수 있었다.

> 사회주의자는 1914년 이전 반전운동의 입장으로 점점 회귀했다. 전쟁에 반대

하는 태도를 결코 버리지 않았던 당도 몇몇 있었지만(예를 들면, 독립적으로 활동하던 러시아, 세르비아, 영국의 노동당), 사회당이 전쟁을 지지했던 국가에서도 사회당 인물들이 이제 가장 큰 목소리로 전쟁에 반대했다. 동시에 모든 주요 교전국에서 거대한 병기산업체의 노동 조직이 노사대립이나 반전운동에 가장 전투적인 중심세력이 되었다.

흑해에서 일어난 프랑스 해군의 반란이 1918~1920년 러시아 내전의 볼셰비키에 대한 프랑스의 간섭을 저지했다. 이렇듯 반전을 주장하는 저항이 초점과 주체를 얻었다.

10월 혁명으로 레닌의 볼셰비키파가 정권을 획득하자, 평화를 향한 염원과 사회혁명에 대한 기원이 통합되었다. 1917년 11월부터 1918년 3월 사이 검열된 편지(오스트리아–헝가리군 병사들의 편지–인용자 주) 중 3분의 1이 러시아가 평화를 가져다 줄 것이라는 기대, 3분의 1이 혁명이 평화를 가져올 것이라는 기대, 그밖의 20%가 러시아와 혁명을 연관 지으며 평화가 오리라는 기대를 담고 있었다.[8]

러시아 혁명을 단지 공산당의 지도로 성공한 최초의 사회주의 혁명으로만 평가하는 역사인식이 결여하고 있는 것은, 국제적 반내셔널리즘 운동이었던 반전운동과 혁명을 평화와 결부시켜 생각하는 사상이 존재했었다는 사실이다.

『씨 뿌리는 사람』의 운동을 프롤레타리아 문학 운동의 전사前史로 간주하는 것, 그리고 잡지 『씨 뿌리는 사람』을 이후의 『문예전선文藝戰線』의 예비단계로 여기는 것은 옳지 않다. 『씨 뿌리는 사람』이 보여준 유럽형 통일전선적 운동은 이후의 소련·코민테른형 프롤레타리아 문학 운동과 확실히 다르다. "굶주린 러시아를 구원"하자는 운동을 시작으로, 씨 뿌리기 사는 1922년 1월, 후일 치안유지법의 중요한 초석이 된 '과격사회운동단속법안'에 저항하는 운동, '시베리아 출병으로부터 손을 뗄 것'을 촉구하는 운동, 간디를 체포한 영국 정부에 항의하는 운동, 프랑스군의 루르Ruhr 점령에 항의하는 운동 등을 조직했다. 투쟁 과제는 인터내셔널한 것이었지만 국내의 주요문제에도 기민하게 대응했다.

동시에 씨 뿌리기 사는 운동에서 다양한 미디어의 활용을 실험했다. 호외 「날아간 씨앗飛びゆく種子」의 발간, 여성이나 아이를 대상으로 한 팸플릿의 발행, 세계 여성의 날이나 러시아 혁명 기념일에 호응하는 강연회, 순회 문예 강연회, 혁명극 상연, 적색 스포츠 인터내셔널이라 이름 붙인 야구 시합 등 이후 프롤레타리아 문화 운동의 영역들을 선구적으로 개척했다. 지식인의 문화예술운동과 대중운동을 결합해서 지금까지의 운동과는 다른(메이지 시대 자유민권파의 고단講談,[10] 연극, 엔카演歌, 운동회의 활용을 제외한다면) 도시 대중사회형 운동을 창출했던 것이다.

이론적으로도 1922년 8월호 『씨 뿌리는 사람』에 「로맹 롤랑 대 바르뷔스 논쟁」이라는 제목으로 두 사람 사이에서 오간 다섯 통의 편지를 전부 번역해 싣는 획기적 시도를 감행했다. 여기서 바르뷔스는 '정신노동자'의 보수적 경향을 문제 삼으며, 롤랑주의자가 롤랑을 이용해서 사회주의에 대한 편견을 부추기고 전쟁 방지에 대해서도 도덕적 논의를 제시할 뿐, 실천하는 입장에 서지 않는다고 비판했다. 이에 대해 롤랑은 러시아의 혁명 지도자 역시 다른 유럽 국가의 지도자들과 마찬가지로 (인민을) '국가의지'에 복종시키고 있다고 반격하면서, 공산주의 원리나 사상가가 지닌 '자유'의 중요성을 언급했다. 바르뷔

---

10 이야기에 가락을 붙여 재미있게 들려주는 만담과 유사한 연예 활동.

스는 여기에 '평등'을 대치시켰다. 이 번역은 로맹 롤랑과 앙리 바르뷔스 사이에서 논의된, 20세기의 가장 중요한 이론적 과제 중 하나인 '자유'와 '평등' 간의 모순을 일본에 소개했다는 점에서 중요하다.

롤랑·바르뷔스 논쟁을 실은 잡지의 권두언은 다음과 같이 주장했다.

> 무정부주의는 공산주의가 존재할 때 의미를 지닌다. 로맹 롤랑 대 앙리 바르뷔스 논쟁도 그 단계에 속하는 논쟁이다. 이를 혼동해서는 안 된다. 아직 그 단계에도 도달하지 못한 일본의 반동주의자가 로맹 롤랑을 내세워 스스로를 변호하는 것은 롤랑에 대한 모독이며 또한 스스로를 분명히 알지 못하는 일이다. 롤랑은, 일본의 '예술'을 위한 예술론자들보다 높은 곳에 있다. 마찬가지로 바르뷔스는 롤랑이 제시한 붕괴 원리의 기초 위에서 건설 원리를 생각했던 것이며, 결코 일본의 몇몇 계급문학자들처럼 몰이해에 빠져 있지 않다.

이 글은 '민중예술론' 논자들이 보여주던 로맹 롤랑에 대한 피상적인 이해를 비판할 뿐 아니라, 당시에 비로소 소개되기 시작했던 계급문학론까지 두루 염려하고 있다. 러시아 혁명 후 '정신노동자', 즉 지식인의 약점을 어떻게 극복하고 실천적 대중운동과 결합할 것인가가 『씨 뿌리는 사람』의 문제의식이었다.

이러한 실천성의 측면에서 『씨 뿌리는 사람』은 정보의 판단기준, 즉 미디어 리터러시를 제공하는 미니컴[11] 기능을 자각적으로 담당한 잡지였다. 알다시피, 데라우치 마사타케 내각은 '쌀 소동'이 전국적으로 확산된 직후인 8월 14일 밤에 '치안 유지의 필요'를 내세우며 '쌀 소동'에 관한 보도를 금지했다. 이에 대해 매스컴인 유력 신문사는 금지

---

11 매스컴mass communication에 짝이 되는 말로 일본에서 만들어진 개념. 비교적 소수의 독자를 대상으로 한 소규모 신문이나 잡지를 말한다.

명령 취소를 요구했고 오사카, 나고야, 도야마, 요코하마, 후쿠이福井, 이시카와石川, 후쿠오카福岡 등에서 합동신문기자대회를 열고 언론과 보도의 자유 옹호를 결의했다.

이 운동의 중심에 있던 오사카의 신문사가 저격을 받자, 8월 25일 오사카아사히大阪朝日, 오사카마이니치大阪毎日, 오사카시사신보大阪時事新報, 간사이일보關西日報, 오사카전보통신 5개사의 호소로 '언론옹호·데라우치 탄핵을 위한 간사이신문사통신사대회'가 개최되었다. 다음 날 『오사카아사히』는 이때의 오찬회에 대해, "식탁에 앉은 내방자들은 고기냄새에 취하지 않았다. 금구무결金甌無缺[12]한 긍지를 지닌 우리 대일본제국에게 두려운 최후 심판의 날이 다가오고 있는 것은 아닌가. '흰 빛깔 무지개가 태양을 꿰뚫는다'[13]라는 옛 사람들의 불길한 예감이 그 자리에 있던 사람들의 머리에 번개처럼 스쳤다"(강조는 인용자)라고 보도했다. 그런데 "흰 빛깔 무지개가 태양을 꿰뚫는다"라는 말이 당국의 표적이 되었다. 병란의 전조를 뜻하는 그 구절이 신문지법 위반으로 오사카 경찰에게 적발되어 검찰국에 고발되었던 것이다. 사회의 안녕과 질서 또는 국헌朝憲을 문란하게 했다는 혐의를 받으면 신문의 영구 발행 정지가 선고될 수도 있었다. 그래서 결국 『오사카아사히』는 '민본주의' 노선에서 이탈했고, 무라야마 료헤이村山龍平 사장이 우익에게 습격당한 사건을 보도하지 못한 채 탄압에 굴복했다. 이 언론탄압사건에 대해 다른 신문사들도 침묵을 지켰다. 매스 커뮤니케이션으로서의 신문 저널리즘은 "금구무결"한 "대일본제국", 즉 천황의 나라에 굴복했던 것이다. '쌀 소동'은 도야마 우오즈항에서 어

---

12 금이나 쇠로 만든 그릇이 단단한 것처럼, 국력이 강하여 다른 나라의 침략을 받지 않음.
13 고대 중국에서 나라에 병란兵乱이 발생할 것이라는 흉조를 상징. 하얀 무지개는 군대를, 해는 군주를 의미한다. 『사기史記』 「추양전鄒陽伝」.

부의 아내들이 쌀을 선적하던 홋카이도北海道행 배를 향해 "쌀을 가져가지 말라"고 요구하며 관청에 탄원한 일에서 비롯되었다. 이들은 전날 우물가에서 벌어진 논의를 바탕으로 행동했다. 유명한 쌀 산지임에도 불구하고 자신들은 먹지 못하고, 쌀을 현 외부로 파는 것에 분노했던 것이다. 요컨대 '쌀 소동'은 서민의 미니컴을 통해 발생한 전국 규모의 대폭동이었다. 매스컴이 보도하지 않는 정보를 철저하게 밝힌다는 『씨 뿌리는 사람』의 정보 전략은 같은 시대의 혁명적 상황을 예리하게 포착하고 있었던 것이다.

『씨 뿌리는 사람』의 운동은 「사상가에게 호소한다」라는 제목에서 잘 드러나는 것처럼 기본적으로는 '정신노동자'인 지식인을 주체로 삼았다. 이는 당시 노동운동 가운데 지식인 배척의 움직임이 강해진 것과도 연관이 있다. "노동운동은 노동자의 자기 획득 운동"이고 "인격 운동"[9]이라고 선언한 오스기 사카에大杉榮는 "지식인 계급 중 소위 이상가 또는 지도자들"이 "노동자에게 불이익을 가져올 뿐인 잡다한 요소"[10]를 운동에 끌어들이는 것을 비판했다. 노동조합 연합체인 우애회友愛會의 지식인 지도자나, '인민 속으로'라는 슬로건을 내세우고 노동운동, 농민운동, 빈민구제운동을 하던 도쿄대학 신인회東大新人會도, 오스기 사카에 입장에서는 "이지理智와의 협조"를 주장하고 지식인의 도움으로 자본가와 협조하는 쪽에 서있는 것으로 보였기 때문이다.

또한 야마카와 히토시山川均는 중산 계급인 지식인이 머지않아 독자적인 계급성을 잃고 자본가 계급이나 노동자 계급 중 어느 한쪽으로 편입될 수밖에 없다는 점을 지적하고, "자본가 계급 감소"라는 사회 발전 법칙에 따라 지식인이 곧 "일개 유식有識 무산자"가 될 수밖에 없다는 주장을 펼쳤다.[11]

도래할 일본의 혁명을 담당할 주체가 누구인지를 둘러싸고 지식인과 노동자 계급 = '무산자 계급' = 제4계급의 관계가 중요한 문제로 떠올랐던 것이다.

4. 지식인과 노동자 계급

혁명 운동의 주체나 그것을 문학으로 표상 / 표현하는 주체에 대해, 문단 내의 그치지 않는 논쟁을 불러일으킨 계기는 1922년 1월 잡지 『개조改造』에 발표된 아리시마 타케오有島武郎의 「선언 하나」였다. 아리시마 타케오는 제2차 『씨 뿌리는 사람』의 창간호 때부터 이 문제에 관해 기고하는 등, 깊은 관심을 가지고 있었다. 『개조』는 1919년 4월에 야마모토 사네히코山本實彦 일파가 창간한 종합잡지로, 발간 초기부터 노동문제나 계급문제를 특집으로 다루었다. 뿐만 아니라 1920년 1월부터 연재한 가가와 토요히코賀川豊彦의 소설 『사선을 넘어서死線を越えて』가 큰 인기를 얻자, 이를 개조사의 첫 단행본으로 출간하여 베스트셀러로 만들었다. 『사선을 넘어서』는 빈민층 속으로 들어가 구제 활동을 하면서 자기를 찾아가는 청년 니이미 에이치新見榮一의 이야기다. 가가와 토요히코는 소설가로서 신인이었음에도 불구하고, 시대 상황을 잘 파악해서 많은 독자들을 사로잡을 수 있었다. 이 베스트셀러 덕분에 개조사와 『개조』는 단숨에 명성을 얻었고, 나아가 시대를 상징하는 단어가 되었다. 바로 그 잡지에 지식인과 노동자 계급의 관계를 정면으로 다룬 아리시마 타케오의 「선언 하나」가 게재되었던 것이다.

사상과 실생활의 융합에서 발생하는 현상, 그 현상은 언제나 가장 순수한 형태로 인간 생활을 통일시킨다. 최근 일본에서 가장 눈길을 끄는 것은, 사회 문제로서 혹은 해결책으로서 운동이 소위 학자나 사상가의 손을 떠나 노동자의 손으로 옮겨가고 있다는 사실이다. 내가 말하는 노동자란, 사회 문제의 가장 중요한 위치를 점하고 있는 노동문제의 대상인 제4계급으로 불리는 사람들이다. 그 중에서도 특히 도시에서 생활하는 사람들을 말한다.

내가 생각하는 것이 맞는다면, 앞서 말한 의미의 노동자는 지금까지 학자나 사상가에게 자신을 지배할 수 있는 특권을 허락해 왔다. 학자나 사상가의 학설 같은 것이 노동자의 운명을 향상시킬 수 있을 것이라는, 이를테면 미신을 가지고 있었던 것이다. 그러나 그것은 실상 그렇게 보이는 것에 불과했다. 실행에 앞서 논의를 다투어야만 하는 시점에 노동자는 전혀 말주변이 없었기 때문이다. 일자무식인 그들은 대변인에게 의지할 도리밖에 다른 방법이 없었다. 뿐만 아니라 그것을 최상의 방법이자 유일한 방법으로 믿고 있었다. 여태까지 노동자는 학자도 사상가도 모두 자신보다 앞선 사람들이니 그들이 지도자인 것을 자랑스러워하는, 아무 생각 없는 태도를 가지고 있었다. 그러나 이제 조금 깨우쳐서 그들이 대변인에 지나지 않는다는 자각을 가지게 되었다. 또한 노동문제의 근본적 해결을 자신들의 손으로 성취해야 한다는 각오도 생겨나기 시작했다. 그동안 노동자는 마술에 걸려 있었다. 그러나 이제 미신으로부터 해방을 성취하려는 의지가 보인다.

이제 노동자는 인간의 생활 개조가 생활에 뿌리를 둔 실행에서 출발하지 않으면 의미가 없다는 사실을 깨닫기 시작했다. '생활'이라고 해도 좋고 '실행'이라고 해도 좋은 것이, 학자나 사상가에게는 완전히 결핍되어 있고, 문제 해결의 당사자인 노동자 자신에게만 있다는 사실을 알아차리기 시작했다. 현재 자기 눈앞의 생활, 그 자체가 유일한 사상이자 유일한 힘이라는 사실을 깨닫기 시작한 것이다.

여태껏 '학자나 사상가'를 '대변인'으로 삼아왔던 '노동자' 즉 '제4계급'이, 이제 '노동자 자신의 손'으로 '운동'을 탈취하려고 한다. '학자나 사상가'들에게 '노동문제의 대상'이었던 '노동자'들이 '운동'을 자신의 '운동'으로 만들고, '문제 해결'의 주체가 되고자 한다는 것이 아리시마 타케오의 상황 인식이었다.

그는 '학자나 사상가의 학설'이 '노동자의 운명을 향상시킬 수 있을 것'이라는 종래 '노동자'의 기대를 '미신'이라고 단정 짓는다. '노동운동'의 초기, 우선 '논의를 다투어야만 하는 시점'에 그때까지 훈련을 받아본 경험이 없어서 '전혀 말주변이 없는' '노동자'들은 어떻게든 '대변자'가 필요했다. 그러나 '노동운동'의 상황이 '논의'가 아닌 '실행'의 단계에 돌입한 지금, '노동자'들은 '생활에 뿌리를 둔 실행'을 통해서만 '생활 개조'에 다다를 수 있음을 자각하여 '미신'에서 깨어나고 있다는 것이 아리시마 타케오의 판단이었다.

일본의 노동운동에 대한 아리시마 타케오의 그 같은 판단은, 1922년에 이르기까지 수년간의 급격한 변화에 따른 것이었다. 1919년 8월 우애회는 대회를 개최하여 '대일본노동총동맹우애회'로 개명하고, 이전의 노사勞資 협조 노선에서 방향을 바꾸어 사회주의 쪽으로 보다 더 접근해갔다. 오스기 사카에 일파도 노사 협조를 주장하는 연설회에 대한 비판 활동을 강화했다. 노동조합은 직업별, 산업별로 재편성되었고, 그해 9월에 대일본광산노동자동맹회, 일본교통노동조합 등이 발족되었다. 또한 가와자키川崎 조선소, 무로란室蘭 일본 제강소, 도쿄의 인쇄공장, 도쿄시전東京市電 등에서 대규모 쟁의가 일어났고, 11월 10일에는 가마이시釜石 광산 쟁의가, 20일에는 아시오足尾 구리 광산의 쟁의가 폭동으로 번졌다. '실행'의 시대가 막을 올린 것이다. 1920년 3월에는 쟁의 중이었던 시바우라芝浦 제작소, 메이덴샤明電舍, 이케가이

池貝 철공소, 오사카大阪 철공소의 노조가 연대하여 제휴 투쟁을 벌였다. 이즈음 국제연맹의 한 기관으로서 국제노동기구(ILO)가 창설되었고, 기구의 일본 대표 선발을 둘러싸고 정부와 노동조합, 노동단체가 첨예하게 대립했다. 그리고 1920년 5월 2일에 일본 최초의 메이데이가 일만 명의 참가로 개최되었다. 우애회 내부에서는 오스기 사카에의 영향 하에 있던 정진회正進會가 "노동자 해방을 위해서는 어떠한 수단도 가리지 않는다"는 방침의 급진주의를 내세우면서 노사 협조주의 노선과의 대립을 심화해갔다. 이러한 와중에 주요 노동조합 대표들을 비롯하여 사카이 토시히코界利彦, 야마카와 히토시, 오스기 사카에와 같은 정치적 주장이 각기 다른 광범위한 사람들을 발기인으로 한 일본사회주의동맹 결성이 추진되었다. 사회주의동맹은 12월에 창립대회를 개최했지만, 다음해인 1921년 5월에 해산 명령을 받는다. 그 직전인 4월에 아시오 구리 광산 쟁의를 둘러싸고 일본노동총동맹우애회의 아소 히사시麻生久, 다나하시 코토라棚橋小虎와, 오스기 사카에의 영향을 받은 노동조합주의자들syndicaliste 사이에 대립이 발생하였다. 그러면서 노동조합주의자들이 주장한 지식계급 지도자 배척론이 간토關東 지방 일원에 널리 확산되었다. 사회주의동맹은 제2회 대회를 끝으로 해산 명령을 받았고(5월 28일에 동맹이 금지되었다) 그 여파로 분파 투쟁이 격화되어 결국 해체되었다. 그러한 상황이 우애회 도쿄 연합회에도 영향을 미쳐 그들 역시 지식계급 배척을 방침으로 삼는다. 그리고 1921년 10월 대일본노동총동맹이 10주년 대회에서 '우애회'라는 이름을 없애기로 결정하면서, 노사 협조주의 노선과의 결별이 가시화되었다. 요컨대 노동조합운동 가운데 지식인 배척은, 노자 협조 노선의 비판 그리고 무정부주의적 노동조합운동anarcho-syndicalisme 내부의 주도권 다툼에서 비롯된 일이었다.

지식인이 계급문학 즉 노동자 계급의 입장에 선 문학을 생산할 수 있을까라는 문단 내부의 물음으로서 아리시마 타케오의 「선언 하나」를 평가하는 경우가 일반적이다. 그러나 그의 글은 동시대 상황에서 매우 여러 갈래의 대상을 상정한 '선언'이었다고 할 수 있다.

　　우선, 「선언 하나」가 발표된 『개조』나 『중앙공론』과 같은 종합잡지에서 노동문제를 논하던 '학자나 사상가', 두 번째로 우애회를 중심으로 한 노동조합운동의 지식인 지도자, 세 번째는 신인회를 비롯하여 '인민 속으로' 노선을 채택한 학생활동가 그룹, 네 번째는 사카이 토시히코나 오스기 사카에와 같이 잡지 매체에서 발언하고 있던 사회주의 혹은 무정부주의 지식인, 다섯 번째는 노동문학이나 계급문학을 주장하는 문학가, 그리고 마지막으로 문단 내부의 기성 문학가들, 이들 모두가 '선언'의 대상이었던 것이다. 문학계 특히 프롤레타리아 문학 운동가들에게 「선언 하나」는, 지식인의 계급 이행이 불가능하다고 선언한 '패배의 선언' 혹은 '절망의 선언'으로 평가 받았다. 이는 아리시마 타케오의 최후가 자살이었던 것 그리고 아쿠타가와 류노스케芥川龍之介 역시 자살했다는 점에 비중을 둔 평가였다. 그러나 동시대의 상황을 잘 살펴보면 그러한 평가가 지극히 단편적인 것임을 쉽게 알 수 있다.

　　우선 『중앙공론』이나 『개조』 등에서 노동문제를 논하던 '학자나 사상가'들에게, 지도자로서 노동운동을 '지배'하는 '특권'을 가졌다고 생각하지 말라고 아리시마 타케오는 이야기하고 싶었던 것이다. 왜냐하면 『개조』나 『중앙공론』에 실렸던 '학자나 사상가'의 논의 대부분이 '지식인 계급 지도자론'과 '지식인 계급 조정자론'이었기 때문이다. 그러한 논의는 요컨대 자본가 계급과 노동자 계급의 중간에 위치한 지식인 계급이 노동자를 지도하여 자본가와 교섭하고 운동을 폭력적으로 몰아가는 폭도들을 교화시켜 평화적으로 조정한다는 발상에서 비롯된 것이었다.

학창시절 아리시마 타케오의 친구였던 모리모토 코키치森本厚吉가 『중앙공론』에 1921년 2월부터 4월까지 연재한 「중류계급 연구」는 이러한 지식인 지도자론 혹은 조정자론의 전형적 사례이다.

모리모토 코키치는 "지식 계급의 대부분을 차지"하는 "중류계급"이 "사회 발달"의 지도적 역할을 담당한다고 주장했다. 그에 따르면 "사회 개조"의 앞날은 "중류계급"이 "육체적 노동자를 중심"으로 한 "하류계급"을 "일본 표준" 생활, 즉 현재의 "중류계급 문화생활"로 "끌어올리는" 것에 달려있다. 또한 "중류계급"과 "하류계급"이 상호 "협력해서 상류 유산계급의 부당한 부의 획득이 잘못된 일임을 알고, 그것을 중지하지 않는다면 계급투쟁을 일으켜 상류계급을 국민 표준으로 끌어내려야 한다." 모리모토 코키치 역시 '계급'이라는 용어를 사용했지만, 아리시마 타케오가 바탕으로 삼은 마르크스주의적인 '계급'과는 거리가 멀었다. 자본주의의 착취와 피착취, 생산수단의 소유와 비소유 같은 문제를 전혀 고려하지 않고, 오직 부의 소유량만을 문제 삼아 "부당한 부의 획득이 잘못된 일임을 아는" 것과 같이 도덕적 차원에서 문제 해결을 기대할 뿐이었다. 논자의 주관적인 선의와 관계없이 이러한 주장은 자본제 타도라는 계급투쟁의 방향을 애매하게 만들뿐이었다.

같은 해 9월 『중앙공론』은 「프롤레타리아의 전제專制적 경향에 대한 인텔리겐챠의 솔직한 감상」이라는 특집을 실었다. 이 특집은 러시아 혁명 후 프롤레타리아의 독재 문제와 일본 노동운동 내부의 지식인 계급 배척 동향을 중첩시키고, 그에 대한 '학자나 사상가'의 자기옹호 발언을 게재한 것이었다. 와세다대학 교수 스기모리 코지로杉森孝次

郎[14]는 각기 '경제적 가치'와 '문화적 가치'를 창출하는 육체노동과 정신노동의 '분업分勞'이라는 관점에서 노동자와 지식인의 '협력'을 이야기했다. 또한 법학박사 호리에 키이치堀江歸一는 '전제專制'는 "어떠한 형태로든, 어떠한 계급에 의해서" 행해지든 "결코 칭찬할 수 없다"며, '인간성'과 '인도주의'에 기초한 '데모크라시'의 필요성을 강조했다. 그리고 일본사회주의동맹의 기관지 『사회주의』의 편집위원이었던 오가와 미메이小川未明는 '동정과 사랑'의 입장에서 "폭력에 의한 혁명의 무서움"을 자각하고, '인텔리겐챠'의 힘으로 "인생을 열화의 고난으로부터 구해내야 한다"고 말했다. 문학박사 미야케 세쓰레이三宅雪嶺는 "군중의 대다수가 통솔자와 동등한 품성과 지력을 갖출 때까지 적절한 통솔자가 있어야 한다"며, 노동자는 곧 우매한 군중群愚이라는 입장에서 지식인 통솔자론을 주장했다. 이러한 주장들은 도시 소요 시대에 '군중'으로 등장한 노동자 계급과 도시 '하류계급'에 대한 지식인들의 공포를 드러내고 있다. 동시에 자본가 계급과 노동자 계급으로 이분화될 것이라는 중산계급 멸망론에 위협을 느낀 지식인들이 지식인으로서의 독자적인 사회적 역할을 노동자 계급과의 관계 속에서 확보하려는 자기보신성을 드러내고 있다.

각 발언에서 역점을 둔 부분이 조금씩 다르다고 해도 '인텔리겐챠'들의 발상 기반에는, 노동자 계급과 자본가 계급의 화해를 위해서 이성과 지성을 갖춘 '인격'체가 양쪽 계급을 '교육'하고 '지도'하는 것이 지식인의 역할이라는, '인격'주의적 개인주의가 자리하고 있었다. 같은 특집에 신진 문예평론가 치바 카메오千葉龜雄의 글도 실려 있었는데, 그는 투쟁에 '폭력'은 필요치 않다며 '무산계급'은 "본연의 개성과

---

14 원서에는 杉本孝次郎로 나와 있으나, 杉森의 착오로 보인다.

합리성에 눈을 떠야하고", "정의를 주장하려는 사람은 단체 따위의 힘을 빌리지 말고 순수한 개인으로서 오라"고 강변했다. 그의 주장에서 소위 다이쇼 교양주의 안에서 발생한 '인격'주의의 특징적 언설을 발견할 수 있다. 도당을 조직하지 말고 '개인'으로 승부하라는 주장은, 바로 아리시마 타케오가 비판한 '학자나 사상가'와 '노동자'의 결정적 차이인 '생활에 뿌리를 둔 실행'의 격차를 드러내고 있다.

한편, 다이쇼 '인격'주의에서 형성된 '개인'이라는 개념이 특히 '노동운동'에서 주장될 때 혹은 우애회와 같이 일본형 노사 협조주의로서 주장될 때, 그 개념은 근대 천황제와 깊이 연관된 특이한 사상적 형태로 변모했다.

"노동자도 같은 일본인이다. 야마토大和 민족의 피를 받아 일본혼을 가진 이상, 국체國體를 더럽히는 일은 없어야 한다."12) "지구에서 무슨 일이 일어나도 태양이 빛나고 있다는 이치가 달라지지 않는 것과 같이, 앞으로 일본에서 중의원이 생산자의회로 대체되고 귀족원이 없어지는 일이 일어나도 국체는 결코 바뀌지 않을 것이라는 사실을 가슴에 새겨둘 필요가 있다."13) "고귀한 지위를 가진 후작도, 대신大臣이나 대장大將도, 부자도, 가난한 자도, 인력거꾼도, 마부도 모두 폐하의 백성임에는 다름이 없다. 특히 우리 노동자는 폐하를 위해서 법률에 따라 교육의 의무를 다하고, 직접적인 방식으로는 나라를 수호하고, 간접적인 방식으로는 3엔 이상의 세금을 내며 부지런히 전체의 생산에 종사하고 있다"14) 등등. 모두 노동조합 기관지에 실린 글이다. 천황 아래 '일군만민'이라는 사상을 바탕에 깔고 그 위에서 모두 평등한 노동자 '인격'이 주장되었던 것이다.

이와 같은 천황 아래 '일군만민'의 평등관, 즉 만세일계의 천황이 통치하는 '국체'가 불변임을 전제로 한 노동자의 '인격'적 평등이 자본가를 상대로 주장되었던 것이다. 종합잡지에서 '학자나 사상가'들이 전개한 지식인 지도자론이나 조정자론의 배후에는 이 같은 '국체'론적 내셔널리즘이 항상 존재하고 있었다. 뿐만 아니라, 1920년대 초 노동운동 내부의 언설 역시 지배 권력층보다 더 강하게 '국체'에 의존하는 내셔널리즘을 주장했다. 뿐만 아니라, 거의 동시대에 요시노 사쿠조吉野作造의 민본주의를 주축으로 삼아, '헌정옹호', '정당내각제', '보통선거'를 요구하면서 크게 번성한 보통선거운동도 이러한 내셔널리즘을 공유하고 있었다. '데모크라시democracy'를 '민주주의'로 번역하면 대일본제국헌법이 명시한 천황 주권과 대립하게 된다. 반면 '데모크라시'를 '민본주의'로 번역하면 주권의 소재를 건드리지 않고 제도의 운용 측면에서만 민주화를 실현하는 '국체' 용인의 정치 논리를 담을 수 있었다. 물론 '국체'는 대일본제국헌법 제1조 "대일본제국은 만세일계의 천황이 다스린다"는 규정에 근거한 개념이지만, 분명히 말하건대 1920년대 전반에는 '국체'가 아직 법적으로 규정된 개념이 아니었다. '국체'가 법적으로 규정된 것은 1925년 치안유지법에서였다.

'국체'론적 노동운동론은, 마르크스주의 계급투쟁론의 특징인 인터내셔널리즘을 일본 내부에 한정시켜 모두 같은 '천황의 백성'이라는 신민론臣民論의 울타리로 몰아넣은 논리였다. 유럽 대륙이나 영국, 러시아의 군주제는 프랑스 혁명을 필두로 제1차 세계대전에 이르는 일련의 혁명들 가운데 붕괴되었다. 그러나 대일본제국의 '국체'는 '만세일계'의 특이한 군주제로서, 유일하게 현재까지도 살아남아 있다. 다른 나라에서 계급투쟁은 노동자 계급에 의한 자본가 계급의 타도라는 방식으로 자본제를 타도하고 '프롤레타리아의 전제專制'를 이루는 것이었지만, 일본에서는 그렇지 않았다. 잠시 '비신민非臣民'으로 분리되었던 노동자 계급은 보통선거권을 획득하면서 유산계급이나 중류계급과 같은 '신민'이 되었고, 얼마 지나지 않아 모두 같은 대일본제국 '신민'으로서, 똑같은 '천황의 백성'으로 결합되었다. 지식인 지도자론을 지탱해준 것도 바로 조정자로서의 천황, 즉 '국체'였다.

종합잡지에서 '학자나 사상가'들이 주장한 지식인 지도자론, 지식인 조정자론은 '인격'주의적인 '개인의 개조'를 출발점으로 삼았기 때문에, 결과적으로 계급투쟁의 과제를 애매하게 만들 뿐이었다. 그런데 「선언 하나」에서 아리시마 타케오는, '개인의 자제自制'라는 해결법으로부터 벗어나 계급투쟁에 의한 '사회개조'로 사상을 전환한 가와카미 하지메河上肇까지 무리하게 '학자나 사상가'의 사례로 거론했다. 아리시마 타케오는 가와카미 하지메와 직접 만났던 일을 회상한다. 가와카미 하지메가 웃으며 "어떤 이는 내가 고타쓰[15] 안에 들어가서 재잘대기만 한다고 평하는데, 그 말이 틀리지 않소. 당신 역시 난로불을 쬐면서 말만 하는 사람 같구려"라고 했다는 일화를 떠올리며, 그때에도 '수긍'했지만 "지금도 나는 가와카미 하지메 씨의 말을 이렇게 이해한다"고 한다.

정도의 차이는 있지만 가와카미 하지메 씨도 나도 똑같이, 제4계급과는 전혀 다른 세상에서 살아온 사람들이다. 가와카미 하지메 씨가 그런 것처럼 나 역시 제4계급과는 어떠한 접점도 가지지 못했다. 내가 제4계급의 사람들에게 어떤 암시를 줄 수 있다고 생각한다면 그것은 나의 그릇된 생각이며, 제4계급의 사람들이 나의 말에서 어떤 영향을 받는다고 생각한다면 그것은 제4계급 사람들의 오산이다. 제4계급과는 동떨어진 생활과 사상 속에서 성장한 우리들은 결국 제4계급 이외의 사람들을 상대로만 교섭할 수 있다. 난로불을 쬐면서 말만 하고 있는

---

15 일본의 실내 난방장치의 하나. 나무틀에 화로를 넣고 그 위에 이불 등을 씌운 것. 그 속에 손, 발을 넣고 몸을 녹임.

것이 아니다. 말 자체를 할 수 없는 것이다.

　"제4계급과는 전혀 다른 세상에서 살아온 사람"이 자신의 의도와
상관없이, 노동자 계급의 운동을 순화시키거나 계급투쟁의 철저한
수행을 방해하고 지연시킬 수 있다는 사실을 아리시마 타케오는 경
고했던 것이다. 그러나 절망하여 투쟁을 포기하자고 했던 것이 아니
다. "제4계급과는 동떨어진 생활과 사상 속에서 성장한 우리" 지식인
이 해야 할 역할은, "제4계급 이외의 사람들을 상대로만 교섭"할 수 있
기에 자신이 속해있는 계급을 상대로 독자적으로 투쟁을 진행하는
것이 바람직하다는 말이었다. 노동자 계급의 지도자나 조정자가 아
닌, 자신이 속해있는 계급의 해체자가 되어야 한다는 뜻이었다. 아리
시마 타케오는 「선언 하나」를 둘러싼 논쟁에서 이 점을 명확히 한다.
더욱이 논쟁 과정에서 그는 "당연히 소멸되어야 할 부르주아 계급의
한 사람으로서" 그 "소멸"을 앞당기기 위해 "부르주아에게 호소"하고
"운동의 대상을 중류계급을 한정하고 거기에 전력을 다해야 한다"[15]
는 결의를 표명한다.

　요컨대 노동조합이나 노동운동의 지도자였던 지식인 혹은 빈민구
제 등에 몸담은 학생들에게 오히려 자신이 속해있는 "중류계급"을 향
한 투쟁과 "부르주아에게 호소"하는 투쟁에 "전력을 다하자"고 부르
짖었던 것이다. 이는 통일전선론으로서도 매우 흥미로운 주장이다.
왜냐하면 투쟁을 공통 과제로 통일시키지 않고 각각의 계급이 각기
다른 과제를 가지고 계급 내 투쟁을 전개하면서 서로 연대하는 노선
이기 때문이다. 우애회의 노사 협조노선에 반대하면서 조합운동에
'아나·보르 논쟁'[16]이라는 분파투쟁을 일으킨 마르크스주의자나 무
정부주의자를 염두에 두고, 아리시마 타케오는 「선언 하나」에서 크

55

로포트킨이나 마르크스의 이름을 거론하며 다음과 같이 말했다.

내 생각에 크로포트킨과 마르크스의 중요한 공적은, 크로포트킨이 속한(크로포트킨 자신은 그 사실을 싫어했지만, 태어나면서부터 필연적으로 속해있던) 제4계급 밖의 계급자에게 어떤 관념과 각성을 갖게 해주었다는 점이다. 마르크스의 자본론도 마찬가지이다. 노동자와 자본론이 무슨 관계가 있을까. 사상가로서 마르크스의 공적은, 마르크스 자신과 같이 자본왕국이 건설한 대학을 졸업한 계급이 감상적인 관념의 눈으로 자신들의 입장을 바라보지 않게 만들었다는 점에서 가장 두드러진다.

요컨대 크로포트킨의 사상은 그가 속한 귀족계급에게 "어떤 관념과 각성"을 일으켜 다수의 혁명적 지식인을 만들었다는 점에서 의미가 있다. 또한 마르크스의 자본론도, "자본왕국"이 국가적 이익을 위해 만든 "대학"을 졸업한 지식계급이 자신들의 계급적 "입장"이 무엇인지를 자각하는 계기를 만들었다는 점이 가장 큰 "공적"이라는 것이다. 그러므로 「선언 하나」에서 아리시마 타케오의 주안점은, 무정부주의나 마르크스주의를 지식인의 문화운동 혹은 중산계급 내부의 사상 투쟁에 한정시키고, 실제 노동운동이나 대중운동의 '실행'은 '제4계급'의 "생활에 뿌리를 둔 실행"에 맡겨야 한다는 것이었다.

아리시마 타케오는 1922년 8월 홋카이도 가리후토狩太에 있던 아리시마 농장을 농민에게 무상으로 나눠줌으로써 지주 계급에서 벗어나고, 10월에 개인잡지 『샘泉』을 발간하면서 일개 문필노동자가 된다. 하지만 그렇게 하면 '제4계급'이 될 수 있다는 단순한 생각을 한 것은

---

16 다이쇼 시대에 무정부주의적 노동조합운동(아나르코 생디칼리슴)과 볼셰비즘의 논쟁.

아니었다. 「선언 하나」에서 그는, "나는 제4계급 밖의 계급에서 태어나 자라고 교육받았다. 그러므로 나는 제4계급과 인연이 없는 중생"이라고 간결하게 말하는데, 이는 '교육'이 문화자본으로 기능함을 자각한 것이었다. 「선언 하나」를 둘러싼 논쟁 가운데 아리시마 타케오는 "내가 지금 가지고 있는 것들을 다 버리고 무일푼의 무산자가 된다고 해도 나에게는 여전히 오랜 세월 유리한 환경에서 배운 지식과 사상이 남아있다. 그것은 내가 버리려고 해도 결코 버려지지 않는 것"[16]이라며, '교육'에 의해 형성된 '지식과 사상'이 지식인의 '생활수단'임을 분명하게 밝힌다. 지식인이라는 계급은 대학에 진학하여 고등교육을 받을 수 있을 정도의 유산계급이기 때문에, '생활수단'이 되는 문화자본, 즉 '지식과 사상'을 획득할 수 있었던 것이다. 그러나 '지식과 사상'은 머릿속에 있는 자본이므로 농장처럼 버리려고 해도 "결코 버려지지 않는 것"이다.

5. 일본공산당과 치안유지법

동시대의 지식인 중에서 아리시마 타케오의 문제 제기를 가장 정확하게 이해한 사람은 후쿠모토 카즈오福本和夫였다. 그는 아리시마 타케오의 사고방식을 동시대 인물 요시노 사쿠조나 가와카미 하지메와 비교하여 그 독자성을 평가했다. 요시노 사쿠조는 "**노동자의 입장**"이 "항상 옳지만" "노동자의 입장이 옳기 때문에 그들이 하는 일 모두가 좋은 것은 아니다"[17](강조는 후쿠모토 카즈오. 이하 마찬가지)라고 했고,

가와카미 하지메는 "인간의 도덕적 완성"이나 "인생의 근본 목적"과 같은 기준에서 지식인의 노동자 지도를 정당화했다. 그에 비해 아리시마 타케오는 노동자 계급의 역사적 사명을 명확하게 제시했다고 후쿠모토 카즈오는 말한다.

"부르주아 사회는 사회봉사에서 출발하여 실은 자기를 위하는 것으로 귀결되고, 프롤레타리아는 자기를 위한 것에서 출발해서 기실 사회봉사의 결과를 낳는다"라는 아리시마 타케오의 문장을 인용하면서, 후쿠모토 카즈오는 "무산계급이 자신의 계급 이익을 철저하게 주장하는 일은 동시에 계급 이익을 지양하는 일이 된다"고 해설한다. 그러므로 "인간의 자기 소외"로부터 완전한 해방을 추구하는 노동자 계급의 "역사적 사명"을 "증명"함에 있어 아리시마 타케오의 글은 "정곡을 찌르고 있다"[18]고 평가한다.

자본가 계급과 노동자 계급은 자본제 아래에서 모두 "자기 소외" 상태에 놓이며, 그러한 인간 소외의 상황을 의식하여 철저하게 계급적 이익을 추구한다. 그러면서 "모든 계급의 이익 지양", 즉 계급 사회의 근절이라는 "역사적 사명"은 저절로 노동자 계급 담당이 된다. 그러한 "사회·역사적 특성 때문에" 노동자 계급의 "자기 인식"이 바로 "사회 전체의 객관적 인식이 된다." 따라서 "노동자 계급은 인식의 주체임과 동시에 객체이며, 또한 그렇게 되어야만 한다."[19] 후쿠모토 카즈오는 아리시마 타케오의 다분히 윤리적인 발언을 마르크스로부터 끄집어낸 '소외'라는 새로운 개념을 통해 명확한 논리로 만들었다.

그러나 구리하라 유키오栗原幸夫는 후쿠모토 카즈오의 논리가 '인텔리겐챠가 "복권하는 길을 열었다"고 말한다. 그는 「선언 하나」 이래, 인텔리겐챠가 가진 '제4계급'에 대한 죄책감 혹은 인텔리겐챠가 노동계급 운동에 불필요한 존재라는 의식은 후쿠모토주의福本主義가 출현함으로써 결정적으로 변화했다"20)고 한다.

후쿠모토 카즈오는 계급투쟁의 장에서 '인텔리겐챠'에게 특별한 위치를 이론적으로 부여했다. 그는 노동자 계급의 투쟁이 "조합주의"를 극복하고 "무산계급의 정치행동"으로 "발전적 전환"을 하기 위해서는 "외부의 힘"21)이 필요하다고 주장했다. 노동자 계급이 "진정한 무산계급 의식에 이르기까지 발전적으로 전환하기 위한 절대 조건"으로서 "새로운 요소이자 힘(유물변증법적 비판, 마르크스주의적 저항의 근간)을 물질적 생산과정의 외부 즉 경제 투쟁의 외부에서 획득하지 않으면 안된다"는 후쿠모토 카즈오의 주장은 지식인에 대한 아리시마 타케오의 논리는 완전히 전도시켰다. 아리시마 타케오는 지식인의 운동과 투쟁을, 노동자 즉 '제4계급'의 투쟁과 질적으로 다른 것으로 '분리'시키려했으나, 후쿠모토 카즈오는 혁명적 지식인을 무산계급의 '정치의식' 자리에 두어 무산계급과 매개 없이 결합시켜버렸다.

지식인은 의식 혁명을 통해 노동자 계급을 뛰어넘는 혁명성을 획득하고 전투적 유물론을 외부에서 주입받는 형태로 계급투쟁을 지도하며, 계급투쟁을 담당하는 전체적 주체는 조직 = 당이라는 도식을 후쿠모토주의가 창출하면서, 일본의 마르크스주의는 지식인의 문화운동으로 경도되었다. 구리하라 유키오가 말했듯이, 문학과 예술의 영역에서는 "아오노 히데요시青野秀吉의 목적의식론, 구라하라 코레히토藏原惟人의 프롤레타리아 예술운동의 볼세비키화 이론", 고바야시 타키지小林多喜二의 "가장 혁명적인 '작가' = 당원"이라는 도식, 미야모토 켄지宮本顯治의 "당의 정치적 임무와 결합한" "프롤레타리아 문학"과 같이 지식인들은 "정치적 우위성"에 "일직선으로 연결"되어 있었다. 이는 아쿠타가와 류노스케가 말한 "나의 앞날에 대한 막연한 불안감"을 뛰어넘을 수 있는 하나의 초월성으로서 "사상의 우위성"22)을 획득한 것이었다.

후쿠모토 카즈오가 만약 자신의 주장을 지식인 운동 이론으로 한정했다면, 일본의 마르크스주의는 다른 전개 양상을 보였을 것이다. 그러나 후쿠모토 카즈오의 주장은 창립, 탄압, 해당解黨으로 빠르게 진행된 일본공산당 조직과 직결된 것이었다. 1922년 7월 15일, 사카이 토시히코, 야마카와 히토시, 곤도 에이조近藤榮藏 등을 준비위원으로 일본공산당이 결성되었다. 사카이 토시히코가 초대위원장이었고, 만장일치로 코민테른 가맹을 의결했다. 그리고 그해 11월 코민테른 제4회 대회에서 일본공산당은 코민테른 일본 지부로 승인을 받았다. 코민테른 집행위원회 간부위원으로 선출된 가타야마 센片山潛을 중심으로 일본공산당의 강령 초안이 마련되었고, 그것이 1923년 2월 4일 제2회 당 대회에서 논의되었다. "이 초안은 먼저 일본 자본주의 발전을 지적하고, 일본 국가 권력 구조나 사회 제도에서 봉건적 잔존물의 역할을 중시하고 '천황(미카도)[17] 정부 전복 및 군주제 폐지'를 주요 내용으로 하는 부르주아 민주주의 혁명을 완성시키고, 이어서 사회주의 혁명으로 전진한다는 혁명의 방향을 분명하게 밝힌다"[23]는 내용으로 알 수 있듯이, 그때까지 천황주권론이라는 틀 내에 있던 정치당파와는 완전히 이질적인 정당, '군주제 폐지'를 전면에 내건 비합법적 정당으로서 공산당이 탄생했던 것이다. 이에 입각하여 야마카와 히토시는 1922년 8월, 합법적 기관지인 『전위前衛』에 「무산계급 운동의 방향 전환」이라는 글을 발표했다.

그러나 1923년 6월부터 정부는 일본공산당을 탄압하기 시작하여, 사카이 토시히코를 비롯한 당의 지도자 및 유력 당원 80명을 검거하고 29명을 기소했다. 마침 당시에, 훗날 치안유지법으로 연결되는

---

17 일본의 천황이나 황실을 일컫는 과거 문어체 용어.

「과격사회운동단속법」, 「노동조합법」, 「소작쟁의조정법」의 삼법 반대운동으로 노동조합, 농민조합, 지식인들이 광범위하게 결집한 상황이어서 탄압의 강도가 더 높았다. 이 공산당 탄압 사건은, 대중선전책의 일환으로 신문과 잡지에 '제2의 대역사건'으로 보도되었다. 뿐만 아니라, 9월 1일 간토대지진의 와중에 자경단 등이 재일在日 조선인과 중국인을 학살한 사건, 이를 용인한 경찰과 군이 결탁하여 가메이도龜戶 경찰서에서 노동운동 활동가인 가와이 요시토라川合義虎와 히라사와 케이시치平澤計七를 학살한 가메이도 사건(9.4), 오스기 사카에, 이토 노에伊藤野枝 등의 무정부주의자를 참살한 아마카스甘粕 사건(9.6)과 같이, 권력에 의한 테러가 자행되었다.

간토대지진 시기에 '자경단'이 저지른 재일조선인과 중국인 학살은, 1920년을 전후한 도시 소요 시대의 대중운동 에너지에 오비나타 스미오大日方純夫가 말한 "경찰의 민중화"와 "민중의 경찰화"[24] 정책이 스며든 결과로, 미증유의 재해로 인한 공포가 배외주의적 폭력으로 나타난 것이었다. 배외주의적 폭력은 재일 외국인뿐만 아니라 사회운동가에게로도 향했다. 그러면서 '국체' = 천황제의 폭력 내셔널리즘이 대중화되기 시작한 것이다. 오비나타 스미오는 이 시기의 문제를 다음과 같이 정리했다.

한편, 1920년대 전반에 사회운동의 고양에 맞서는 '힘있는 경찰'이 강조되기 시작했다. 이어서 1925년 치안유지법이 제정되고, 1928년 특고特高경찰[18]이 크게 확대되면서 국민의 정치적, 사회적인 권리를 압살하는 체제가 확립되었다. 이후 독재의 기운이 높아지고 전시 체제가 심화되면서 경찰은 권한을 극한까지

18 특별고등경찰, 일본의 구 경찰제도에서 정치, 사상 관계를 다루던 경찰.

확장시켜 자생적 사회공간을 압살했다. '경찰국가'는 사회를 폐색시켰고, 권력의 말단 조직에 편성된 국민은 모두 '경찰화'되었으며, 상호 감시와 이단 적발에 전념하여 지역을 '자위자경自衛自警'화했다. 결국 경찰은 '민중화'되지 않고 민중이 '경찰화'되었던 것이다.[25]

여기에서 짚고 넘어가야할 것은, '1925년 치안유지법의 제정'에 이를 때까지 공산주의 특히 공산당의 존재에 대한 당국의 인식과, '국체'의 법적 개념화가 거울관계에 있었다는 점이다. 이는 '국체' = 천황제 자체가 이 시기에 위기를 맞은 사실과 불가분의 관계를 맺고 있다. 1920년 3월에 다이쇼 천황이 병으로 공식석상에 '나오는 일出御'이 어렵다고 보도되고, 1921년 11월에 장기 안정 정권으로 보였던 하라 내각의 하라 타카시原敬가 암살당하고, 곧이어 궁내성은 다이쇼 천황의 상태를 "기억력, 판단, 사고 등 천황의 모든 뇌력이 점차 쇠약해졌다"고 발표했다. 그리고 11월 25일, 군함으로 구미를 여행하고 돌아온 황태자 히로히토裕仁가 약관 20세에 섭정의 자리에 올랐다. '천황 친정親政'을 둘러싼 '소문'들이 "국민 대중의 마음에 커다란 충격을 주었다." 예를 들어, "이미 판단력, 사고력을 잃었다고 공표되었음에도, 현재 섭정 중인 황태자에게 인롱印籠(可, 閱, 覽의 도장을 넣어두는 함)을 넘겨주는 것을 거부하는 등 자신의 병세를 자각하지 못하고 있던" 다이쇼 천황이었는데, 갑자기 자신의 이름으로 "짐이 오랜 병으로 친정하는 것이 어렵다"는 이유를 들어 섭정을 임명하니, 사람들은 "무엇으로도 설명하기 어려운 모순"과 "천황제, 군주제가 내포한 필연적 문제점"[26]에 주목하게 되었던 것이다. 그리고 1년 후 1923년 12월 27일, 섭정을 하고 있던 젊은 히로히토가 제국의회 개원식에 참석했을 때, 중의원을 아버지로 둔 난바 다이스케難波大助가 섭정 황태자 히로히토를 저

격한, 소위 '도라노몬虎の門 사건'이 발생했다. 난바 다이스케는 그 해 간토대지진 후에 발생한 조선인 학살, 아마카스 사건, 가메이도 사건과 같은 일련의 탄압을 행한 최대의 적이 천황이라고 판단하여 암살을 결행했다고 진술했다. '국체' = 천황제라는 폭력적 내셔널리즘에 기반한 테러에 저항하는 테러가 발생한 것이었다.

1922년의 '과격사회운동단속법안' 법조문 중에 '국체'라는 용어는 존재하지 않았다. 그러나 1923년에 내무성이 준비한 치안입법인 '신단속법' 안에는, "국헌國憲을 문란하게 만드는 사항" 중에 "국체 또는 정부를 무너뜨리려는 사항"이 포함되어 있었다. '국체' 개념이 크게 흔들리자 1924년 12월부터 1925년 2월에 걸쳐 논의된 여러 가지 '치안유지법안' 중 내무성 법안에 제1조 "국체를 무너뜨리려는"이라는 규정과 제2조 "사유재산제도를 무너뜨리려는"이라는 규정을 마련했다. 그러한 치안유지법안이 제국의회의 심의를 통과하면서 '국체' 개념이 전면에 부상했고 그 불가침성이 주장되었다. 그 때의 상황을 상세한 자료 조사를 통해 검증한 오기노 후지오荻野富士夫는 다음과 같이 말했다.

치안유지법 성립 경위를 통해 알 수 있는 것은 두 가지이다. 하나는, 1928년 3.15사건과 그 후 치안유지법 '개정' 무렵에 '국체' 변혁의 주동으로 간주되었던 것이 공산당 혁명 운동이었던 것과 달리, 1925년의 시점에서 '국체'의 변혁은 주로 무정부주의와 결부되어 있었다. 보다 엄밀하게 말하면, 이 시점의 '국체' 변혁은 일반적으로 일본공산당이 아니라 공화제나 소비에트적 사회체제를 지향한 행동으로 이해되었다. 당국은 치안유지법안의 입안 작업을 본격화한 1924년 후반에 이미 일본공산당이 해체되어 존재하지 않음을 잘 알고 있었다. 일부 조직이 잔존해 있기는 했어도 일본공산당이 해체된 것은 사실이었다. 1922년 공산당 설립 당시의 강령 초안에 '군주제 폐지'가 들어있었지만, 그에 관해 구체적으로 어떤 정책을 취할 것인가에 대한 결정은 유보된 상태였다. 당국은 소비에트 연방과의 국교 성립에 따른 '공산주의 실행에 관한 선전선동'에 대해 위협을 가하기는 했어도, 이 시기에 일본 국내에 '국체' 변혁을 목적으로 하는 결사단체가 존재한다고는 생각지 않았다.

다른 하나는, 끊임없이 대상의 범주를 확장하면서 탄압과 통제를 가능하게 만든 '국체'관을 치안유지법이 이미 시작 단계에서부터 내포하고 있었다는 사실이다. 즉 치안유지법의 20년 역사는 '국체'의 변혁이라는 명목을 내세워 반국가적, 반사회적이라고 간주된 사상이나 사회운동을 탄압하고 통제하는 일의 누적이었던 것이다. 그것은 앞서 언급한 1925년 시점에 공산주의 운동을 제1의 단속 대상으로 상정하지 않았던 '국체' 변혁의 한정적 의미 해석과 모순되지 않는다. "국체의 문제는 절대적인 것으로 시비의 논의 밖에 있다"고 단정된 순간, '국체'는 '교육칙어'에 연원을 둔 최고의 도덕적 관념인 동시에 법률상의 절대불가침성을 획득하게 되었다. 게다가 "그 변경에 완급 또는 정도의 차이를 생각할 수 없다"고 함으로써 모든 "반'국체'"적 언동은 이제 배격의 대상이 되었고, 이것이 그대로 현실이 되었던 것이다. 시작 단계에서부터 이미 '국체'에는 '마력'이 부여되었던 것이다.[27]

여기에서 중요한 것은 다이쇼 말기 천황제의 위기, 즉 다이쇼 천황이 메이지 천황과 같은 카리스마를 발휘하지 못하여 국민 통합의 이데올로기적 장치로서 근대 천황제가 기능부전에 빠졌을 때, 천황제 = '국체'가 도시 소요나 사회운동에 맞서는 형태로 절대주의화한 역사과정이다. 절대주의적 천황제는 그냥 주어진 제도가 아니다. 메이지기 절대주의적 천황제는, 자유민권운동의 저항과 대외 정책의 위기 상황에 직면하여 뒤늦게 민중을 국민 = 신민臣民으로 동원하는 장치로 작동했다. 이제 국민 = 신민이 보통선거제를 통해 새로운 정치적 주체로 등장한 상황을 맞자, 앞서와 마찬가지로 뒤늦은 권력 강화로서 '국체'론이 등장한 것이었다. 또한 천황제 자체가, 위기 상황에서 내셔널리즘에 의한 국민＝신민의 통합 장치로 교묘하게 기능해왔다고도 말할 수 있다.

1925년 4월의 치안유지법에 이어서 5월에 보통선거법이 공포되었다. 그와 함께 총동맹이 분열하고, 제명된 좌파조합은 '일본노동조합평의회'를 결성했다. 또한 보통선거를 목표로 삼았던 통합 노농勞農무산정당의 결성도 우익 반공 단체의 배제를 둘러싸고 분열하여 1926년에 노동농민당, 사회민중당, 일본노농당, 일본농민당 등으로 분립했다. 그리고 1926년 12월 4일, "방향전환의 위험성"[28]을 들어 당 해체를 주장했던 야마카와 히토시 등을 비판하면서 일본공산당이 재건되었다. 또한 1927년 7월 15일, 도쿠다 큐이치德田球一, 와타나베 마사노스케渡辺政之輔, 후쿠모토 카즈오 등의 일본공산당 대표와 협의하여 코민테른 상임집행위원회는 '일본문제에 관한 결의'를 발표했다. 소위 '27년 테제'였다. 27년 테제는 당면한 혁명의 성격을, 사회주의 혁명으로 빠르게 전환될 부르주아 민주주의 혁명으로 규정하고 '군주제 폐지'를 강령으로 삼았다. 대외적으로는 소비에트연방 수호, 중국혁명에 대한 간섭 반대, 식민지의 완전 독립을 내걸었고, 국내적으로 '군주제 폐지'와 함께 남녀 18세 이상 보통선거, 8시간 노동제, 대토지 몰수 등을 주장했다. 아울러 야마카와 히토시의 해당解黨주의와 후쿠모토 카즈오의 분파주의를 비판하면서, 대중적 전위당의 건설을 제기했다. 그리고 1928년 2월 보통선거제로 치루는 최초의 총선거에 비합법정당이었던 일본공산당은 11인의 당원을 노동농민당으로 입후보시켰다. 당시 선거운동 전단지에 '천황제 타도'라는 말이 사용되었다. 왕정의 개념이 다른 나라의 '군주제'와 다른 '천황제'로 번역되었던 것이다('천황제 타도'라는 말이 공식적으로 표명된 것은 일본공산당의 '31년 테제' 초안). 1928년 3월 15일의 탄압은 '국체'라는 법 개념에 따라 치안유지법을 행사한 최초의 탄압이었다. 그 안에서 '국체'와 '천황제'라는 완전히 다른 두 개의 개념이 거울관계로 동시에 탄생했다고 할 수 있다. 이로써 1920년대부터 30년대에 걸쳐, 마르크스주의와 내셔널리즘 사이에 일본만의 특이한 관계가 만들어진 것이다.

1927년은 근대의 '천황제', 특히 '천황제' 내셔널리즘이 문자 그대로 기사회생한 해였다. 1926년 12월 25일에 다이쇼 천황이 사망했다. 섭정 히로히토는 곧바로 황위를 계승하고, '쇼와昭和' 시대의 문을 열었다. 다이쇼 천황의 복상服喪 때문에, 1927년 전반에는 히로히토가 국가 행사에 등장하는 일이 없었다. 천황으로서의 처음 대권을 발동한 것은 그해 5월 말 제1차 산둥山東 출병에 대한 재가였다. 그것은 장제스蔣介石의 '북벌'에 대해 '거류민 보호'를 구실로 벌인 간섭 전쟁이었다. 일본공산당은 '27년 테제'를 내세우며 마르크스주의적 인터내셔널리즘에 기반하여 중국혁명에 대한 간섭을 반대했고, 그것은 이제 막 탄생한 대원수大元帥 쇼와 천황 히로히토의 주권과 정면으로 대립하는 일이었다. 그리고 "1927년 후반이 되자, 천황의 군무軍務는 반년 간의 공백을 뒤로 하고 빽빽한 일정으로 짜여졌다." "계속되는 군무" 속에서 히로히토는 "측근이나 군부 상층의 기대에 잘 부응하고, 기실 정신적으로 대원수로서의 역할을 잘 수행했다."29) 막 즉위하여 아직 카리스마가 부족했던 히로히토는, 우선 할아버지인 메이지 천황의 이미지를 '천황제' 내셔널리즘의 대중적 동원장치로 이용했다. 그 해에 11월 3일을 메이지 천황의 탄생을 기념하는 '메이지날明治節'로 정하고, 메이지 신궁에 수십만 명의 대중을 동원하여 일대 국가 이벤트를 벌였다. 대일본웅변회 고단샤講談社는 이미 100만부를 돌파한 대중잡지 『킹』에 80페이지짜리

메이지대제 기념 부록을 붙여 단번에 140만부를 판매했다.

이어서 다음해인 1928년에는 히로히토 스스로의 이미지를 대중적으로 유포시켰다. 새로운 쇼와 천황과 황후의 '어진영'이 관공서나 학교에 하사되었고, 각 신문사는 하사받은 '어진영'을 "특별 상질지上質紙, 고급 화보 인쇄"로 대량복제하여 "'기원절' 특별부록으로 정기 구독자에게 나누어주었다."30) 처음으로 보통선거가 시행될 즈음에 육군 대원수 복장을 한 쇼와 천황의 초상이 전쟁 내셔널리즘을 대량으로 유포시켰던 것이다. 물론 그 해 11월에 즉위 대례가 준비되었고, 경찰은 대례 경비 체제를 강고히 하기 위해 유례없는 규모의 단속을 시행했다.

1928년 3월 15일의 일본공산당 탄압은, 이렇게 쇼와 천황 히로히토가 매스 미디어를 교묘히 이용하여 '복제 시대'에 '천황제' = '국체' 내셔널리즘의 스펙타클화를 준비하는 과정 중에 행해진 것이었다. '국체'라는 실체 없는 개념은 일본공산당을 "악역불령惡逆不逞의 무리"로 그려내는 거울의 역할을 했으며, 또 '우리'라는 동일성을 종교적 감정의 형태로 동원하는 기능을 수행했다. 오기노 후지오는 '3 · 15사건'과 '국체' 개념과의 관계를 다음과 같이 설명했다.

> 3 · 15사건의 1도 3부 27현에 달하는 유례없는 규모, 약 1,600명 검거, 구속자 취조와 가택수사 그리고 압수에 의한 엄청난 증거물에 의해, 일본공산당은 '국체' 변혁을 목적으로 한 비밀결사로 규정되었다. 예상을 뛰어넘는 조직의 광대함 그리고 '군주제 철폐'나 노농계급의 독재 등을 강령으로 내걸은 것에 정부는 경악하면서, '국체' 변혁 범죄의 중대성을 강조했다. 사건의 보도 해금에 즈음하여, 수상, 내무대신內相, 법무대신法相, 문부대신文相은 각각 성명을 발표했는데, 모두 한 목소리로 공산당을 '국체'의 존엄을 모독한 악역불령의 무리라고 주장했

다. 예를 들어 다나카田中 수상의 성명에는 "이 사건의 내용은 금구무결金甌無缺한 국체를 근본적으로 변혁해서 노농계급의 독재 정치를 수립하는 것이자, 노농 러시아를 옹호하고 각 식민지의 완전한 독립을 이뤄 공산주의 사회를 실현하는 것을 당면 정책으로 삼아 혁명을 수행하는 것"이라고 했다. 그러나 공산주의 운동과 결부되어있기 마련인 '사유재산 제도'의 부인에 관한 내용은 별반 강조되지 않았다. "적어도 황실 국체에 관해서는 단호하게 용서하지 않을 것"이라는 다나카 수상의 언명대로 검거되거나 구속된 자에게 가차 없는 고문이 가해졌을 뿐만 아니라, 노농당 등의 결사 금지, 대학이나 고교의 사회과학연구회 해산, 가와카미 하지메 등 '좌경 교수'의 추방과 같은 탄압이 계속되었다.[31]

국가 형태를 둘러싼 이데올로기인 '국체'론은 결코 훌륭한 철학자나 사상가의 심모원려深謀遠慮로부터 탄생한 것이 아니다. 사람들을 폭력으로 지배할 수밖에 없는 권력자는, 그 지배 구조의 중심부를 표적으로 삼아 공격하는 새로운 적의 존재를 갑자기 발견하고, 대처 방법을 알 수 없는 새로운 적인 '그들'의 등장에 당황하여 어찌할 바를 몰랐다. 그러한 상태에서 허둥대며 대책을 세우는 와중에, '우리'의 상像을 무리하게 만들려던 바로 그 순간에, 치안유지법의 성격을 지닌 '국체' 이데올로기가 제대로 된 논의를 거치지 않고 어영부영 형성된 것이다. 동시에 그것이 위기의 산물이었기 때문에, 확대 해석하는 일이 잇따르면서 강력한 폭력 발동의 근거가 되는 언설로서 장착되었던 것이다. 이러한 구조가 현재에도 계속되고 있다는 사실에 유의해야 한다. '3·15사건'에 대한 기사 해금이 이례적으로 매우 빠른 4월 10일에 행해지면서, 공산당과 공산주의에 대한 공포가 매스 미디어를 통해 확산되었다. 바로 그 와중에 치안유지법의 개악이 도모되었다. 개악 법령이 심의불충분으로 폐안되자, 긴급 칙령이라는 강제 수단으로 먼저 공포하고 다음해인 1929년 3월 5일 제56제국의회에서 사후 승인을 받았다. 이를 반대한 야마모토 센지山本宣治는 그날 밤 우익 테러리스트 구로다 호쿠지黑田保久二의 칼에 찔려 죽었다. 그리고 4월 16일 두 번째 대탄압으로 일본공산당 간부 대부분이 검거되었다. 이 시기가 1927년 3월의 금융 공황으로부터 1929년 세계 공황에 이르는 세계 자본주의 위기와 일치하는 것도 우연이 아니다. "금구무결의 국체"라고 해도 세계 자본주의의 흐름 속에서 특권적 위치에 있는 것은 아니었다. 그리하여 내부의 새로운 적을 확대 재생산하는 반공 '국체' 내셔널리즘으로, 세계적인 경제 위기에 대한 정부의 무대책을 무마하려 했던 것이다. 이어서 공산당의 외곽 단체라는 명목으로 합법적인 문화 단체나 문학 단체 그리고 일본노동조합 전국협의회 등이 단속의 대상이 되었다. 그리고 당국은 '국체 변혁'이라는 '반역불령의 사상'을 청산하고 개전改悛시키기 위해 공산주의자의 완전 전향을 강요했다.

사회민주주의자와의 투쟁을 중시한 '사회파시즘'론이 정식화된 소위 '32년 테제'가 발표된 후, 1933년 7월 『개조』에 사노 마나부佐野學와 나베야마 사다치카鍋山貞親는 「공동 피고 동지에게 고하는 글」을 발표했다. 그들은 "황실을 민족적 통일의 중심으로 생각하는 사회적 감정이 근로자 대중의 가슴 깊이 새겨져 있다"며, '32년 테제'의 주요 임무였던 '천황제의 전복'을 반대한다. 그러나 그들이 말한 "사회적 감정"은 원래부터 "가슴 깊이" 있었던 것이 아니다. 전향 책동을 추진했던 특별고등경찰이 스스로를 '천황의 경찰'이라 하고, '민중의 경찰화' 현상을 '국체' 사상으로 무장시켜 이용하는 방식으로, 분명 현재진행형으로 형성되고 있던 '감정'이었다. 위기를 벗어나기 위한 구체적인 방책이 없었고, 현상 타개에 대한 무력감으로 냉소주의와 허무주의가 깔려있었으며, 거기에 상황에 대한 판단이 정지된 상태, 즉 삼위일체와 같은 여건이 조성되었던 것이다. 그리고 실체가 없기 때문에 폭력과 결합하기 쉬운, 종교적 성격의 특이한 내셔널리즘이 그 가운데로 파고든 것이었다.

제1부 **모더니즘과 과학**

민속학과 향토사상
일상성 / 이상성의 문화와 과학

민속학과 향토사상[1]

사토 켄지 佐藤健二[2]

1. 민속학의 정치성

일본 근대의 문화연구에서 민속학이라는 지知의 움직임과 내셔널리즘의 관계, 이 밀접하면서도 어긋난 관계를 어떻게 정리할 수 있을까. 이 글에서 논하고자 하는 것은 그 방법에 대한 것이다. 이 미묘한 어긋남을 밝히기 위해 1920년대 신조어인 '향토연구'에 담긴 의미와 내용을 검토하고자 한다.

---

1 이 글은 전미경이 번역했다.
2 사회문화·문화자원학연구 전공. 1957년생. 도쿄대학東京大学 조교수(문화부·대학원 인문사회계 연구과). 『독서공간의 근대─방법으로서의 야나기타 쿠니오読書空間の近代 : 方法としての柳田国男』(弘文堂, 1987), 『역사사회학의 방법─전후사회과학 비판歴史社会学の作法 : 戦後社会科学批判』(岩波書店, 2001) 등의 저서가 있다.

기존의 연구에서 '일본인', '평민', '향토', '고유 신앙', '민족', '국어', '방언'이라는 일련의 용어를 복잡하게 사용하여, 민속학 운동에 내재된 내셔널적인 것을 '일본 이데올로기'라고 지적하는 것은 이미 지루할 정도로 반복되었다. 이러한 연구의 기본 명제를 한마디로 요약하면, 야나기타 쿠니오柳田國男[3]의 학문을 핵심으로 한 일본 민속학 운동은 국민 창출을 위한 계몽의 프로젝트였다는 인식이다. 물론 이 명제를 구성하는 용어 각각의 함의와 해석에는 무시하기 어려운 간극이 있다. 하지만 민속학의 정치성을 끈질기게 추적해야 한다고 생각한 사람들 대부분은 국민 총동원이라는 역사적 현실에 대한 비판과 중첩시켜 자신들의 논점을 설정하였다. 야나기타 쿠니오의 '일국민속학一國民俗學'을 문자 그대로만 보면 국내의 다양성도 그리고 세계를 향한 개방도 배척하는 것처럼 받아들여졌고, 바로 이 점이 민속학의 정치성을 비판하는 표적이 되었다.

이러한 비판의 핵심은 이 학문이 이미 잃어버린 일본의 연속성과 국민 통합을 날조했다는 것이다. 민속학은 얼핏 보면 지배자의 정통성을 지지한 문헌사학의 역사인식에 저항하고 역사학의 연구방법을 문자기록 이외의 기억의 장으로 나가게 한 것처럼 보인다. 그러나 민속학은 문자의 영향력이 미치지 못한 영역에서 유지되어온 민간의 다양한 실천을 '전통'이라 이름 지어 '고유 신앙'의 패러다임으로 회수시켜버렸다. 이를 통해 '민족'이라는 관념을 연년이 내려온 실체인 것처럼 표상하여, '일본'이라는 틀의 자명성을 강화시켰다. 그것은 동시에 국민국가 내부의 핵심이라고 할 수 있는 문화적 동일성을 창조하는 시선이었다. '기층문화'로 설정된 '일본'적인 것을 망각된 기원 또는 거

---

3   1875~1962. 관료, 문학자, 언론인. 도쿄제국대학 법과대학 정치과 졸업. 민간전승회와 민속학연구회를 설립하였고, 흔히 일본 민속학의 확립자로 일컬어짐. 귀족원 서기관장을 역임.

의 무의식적인 관습이라는 본래의 의미로 내세웠다. 그렇게 함으로써 정체성의 기초가 되는 동일성은 아득하게 먼 과거로부터 이어진 것처럼 여기는 상상 속의 상식을 만들어 낸 것이다. 그 결과 "그때까지 자신을 한 국가의 국민으로 자각하지 못하고 있었던 사람들을 국민화했다"[1])는 점에 크게 공헌하였다고 한다.

이러한 언설이 등장한 배경에서 오늘날 내셔널리즘 인식의 변모를 읽을 수 있다. 말할 것도 없이 토속·토착적인 것에 대한 민속학의 관심은 자문화 애호라는 민족적인 것에 치우쳐 있으며, 바로 이 점은 꽤 이전부터 '국학國學'이나 '낭만주의'의 계보와 결부되어 논해졌다. 파시즘과 맞닿아 있다는 우려를 감안하더라도, 자문화에 대한 반성적인 인식이 필요하다는 원론적인 측면에서 볼 때, 야나기타 쿠니오의 민속학은 오히려 근대의 제도화된 여러 학문의 지적 편향을 드러내는 중요한 매개체이다. 그렇기 때문에 위로부터의 내셔널리즘 즉 국가가 작동시킨 통합에 대항하고, 아래로부터의 내셔널리즘 즉 민중이라는 주체가 참여함으로써 변혁에의 전망을 담보했던 전후 사회과학은 야나기타 쿠니오의 사상을 민간학民間學의 선구로 평가하는데 그쳤다. 이것은 제국의 식민지 정책을 비판하는 시각에서 민족독립운동을 해방의 주체형성으로 평가해 온 역사인식과 어딘가 흡사하다.

포스트콜로니얼리즘은 '제국'과 '국민국가' 사이에 작동한 지배와 동원 방식이 본질적으로 유사하다는 점을 근대의 문제로 심도 있게 질문하기 시작했다. 그러나 이 같은 포스트콜로니얼리즘의 자각과 함께 내셔널리즘의 평가는 다음 단계로 넘어가지 않을 수 없다. 민속학의 정치성 비판이 보다 더 예리한 기술記述의 실천을 요구하는 쪽으로 나가고 있는 것은 바로 이 때문이다. 여기서는 방법 그 자체가 원리주의적인 비판을 받았다. 방언주권론方言周圈論[4]이나 중출입증법重出

立証法[5]에 내재된 내셔널적인 성격 즉 일본지도형日本地圖型의 시야 설정은 물론, 문자 이외의 것으로 방법론적인 확장, 채방採訪[6]이라는 현지조사, 또는 '동향인 채집'(『야나기타 쿠니오 전집柳田國男全集』 8권, 14면, 筑摩書房, 1997. 이하 全⑧14라고 표기)[2]) 등을 수단으로 기존의 역사인식에 대항하려 한 조사 전략 그 자체가 권력 작용이라고 비판하는 논리가 수입되기 시작했다.[3])

이러한 논리에서 본원적인 단절과 균열이 함축된 관계성의 문제를 일찌감치 무시해버린 정치적 실천으로써 민속학의 시선이 단죄되었다. 단절과 균열은 이 학문의 시선이 첫째, 도시의 시선이며 둘째, 지식인의 시선이었다는 사실과 관계된다. 보는 자와 보이는 자 사이에는 도시 공간과 비도시 생활영역, 지식인과 민중이라는 역사적 관계의 불평등성이 존재한다. 그런데도 기층문화나 잊혀진 일본 혹은 상민常民이라고 논점을 설정하는 것은 그 계급성으로도 유추할 수 있는 차이를 은폐해 버리는 것은 아닐까 하고 의심받기 시작하였다. 민속학이 현재 일어나고 있는 것을 꿰뚫어 보며 '여러 개의 일본'을 지향하고 다의성을 추구하는 것처럼 여겨졌으나, 사실은 과거의 공통성을

---

4 방언주권설은 어떤 방언이 언제 어디에서 어떻게 전해지며, 또 그 과정에서 어떻게 바뀌어 가는가에 대한 탐구와 학설을 일컫는다. 야나기타 쿠니오(1930)가 『달팽이고蝸牛考』에서 처음 제기했다. 그는 달팽이라는 말의 방언을 조사했는데, 그 결과 간사이를 중심으로 간사이에서 멀어지면 멀어질수록 달팽이의 고어가 남아있다고 하면서 이를 방언주권론이라 했다. 이는 시간에 의해 간사이의 교토문화가 지방에 영향을 미쳐, 각 지방에는 교토의 문화가 남아있다는 것이 된다. 그 후 다른 연구자에 의해 방언뿐만 아니라 민속 전반에 적용 가능하다 하여 민속주권론으로도 제기되었다. 이 이론은 일본이라는 국가의 틀 안에서 민족이 동질하다는 전제하에 성립한다.

5 각 지역의 민속은 그 지역차가 크지만 공통되는 부분도 있다. 이런 공통점에 주목하면서 각 지역의 민속을 모아 겹쳐보면, 다르다고 생각했던 것이 하나로 이어지는 것처럼 보인다. 이와 같이 지리적 차이를 시간적 어긋남으로 파악하여 생활문화의 역사를 밝히려 하는 것이 중출입증법이다. 이 역시 일본문화 동질론을 전제로 하고 있다.

6 역사나 민속 등의 자료를 채집하기 위해 어떤 지방을 방문함.

탐색하는 '일국민속학'에 불과했다는 이야기가 전면에 부각되었다.[4] 그리고 민속이나 방언 등 지역차가 있는 문화에 흥미를 갖고 행해진 민속 조사의 호기심도, 그 지적 행위 자체가 지역 문화를 국가 문화의 하위 문화로 위치지운 계몽의 프로젝트에 불과한 것이라는, 앞서 언급한 비판적 언설의 한 형식이 확립되었다.

2. 내셔널리스트의 식민지주의

앞의 이야기를 전제로 할 때 야나기타 쿠니오의 '민족'이나 '일본'에 관한 텍스트를 내셔널리즘의 한계를 노출시킨 정치적 실천이라고 그럴듯하게 인용하는 것은 쉬운 일이다. "매우 조심스러워 말꼬리를 잡히는 일이 없는 지극히 신중한"[5] 야나기타도 '민족'이나 '일본'이란 말을 예를 들면 '평민'이나 '향토연구'에 비해 무방비 상태로 사용했다는 느낌이 강하게 든다. 오늘의 관점에서 보면 민족이라는 미분화된 집합적 표상을 사용한 것이다. 여하튼 일본 민속학 운동의 한계가 민속학의 정점에 선 야나기타 쿠니오 그 자체에 내재되어 있다는 주장을 끌어내는 것은 그다지 어려운 일이 아니다. 관련 핵심어가 『정본 야나기타 쿠니오 전집定本柳田男集』[7] 별권 색인어에 있는 말이라면, 그 색인을 이용해 광범위한 사용 예를 이 전집에서 찾는 것도 가능하고, 두

---

7 지쿠마서점筑摩書房에서 발행한 야나기타 쿠니오의 모든 글을 모은 전집으로, 본권 31권과 별권 5권으로 구성되었다. 1964년 본권 31권과 별권 4권을 간행하였으나, 야나기타 전 저작의 색인을 정리한 별권 5권은 1970년에 발행되었다. 이후 1997년부터 개정판이 『야나기타 쿠니오 전집柳田国男全集』이란 이름으로 발행되었다.

세 편의 논문에서 비판의 구도에 딱 맞는 표현을 찾는 것도 쉬운 일이다. 필요한 표현을 인용할 때 특정 단어를 강조한다면 보다 분명한 인상을 줄 것이다.

예를 들면 다음과 같이 쓸 수 있다.

학문은 "세상을 이롭게 하고 국은에 보답"6)(全⑩375)해야만 한다고 생각했던 국가 관료에게 향토연구는 어디까지나 민족적인 동일성 창출이 목적이었다. 이것은 "일본인의 생활, 특히 일본 민족의 일부로서의 과거 경험이었다"7)(全⑭145)고 한 주장을 보아도 분명하다. 의식주나 신앙·의례 등 민중 일상의 다양한 습속은 제각각 "오랜 기원을 가졌다"(全⑭159)는 사실을 지적하고, 그 의미에 대해 "하나의 민족 사이의 수많은 일치, 유사, 차이를 통해 조금씩 해석되고 있다"(全⑭150)라고도 했다. 이렇게 말한 것을 보더라도 일본 민족을 단일한 과거로 거슬러 올라갈 수 있는 역사적인 연속체로 규정한 것은 분명하다. 사실 "우리가 시도한 것은 향토인으로 하여금 스스로 그 구석구석에서 나라의 과거를 깨닫게 하는 것이다"(全⑭146)라고 말하면서, "국민 총체의 생활지를 조사했다"(全⑭154)라고도 했기 때문이다. 국가를 하나의 문화적 통합체로 본 것은 일견 지방 문화의 다양성을 논한 것처럼 보이는 향토연구에서도 확인할 수 있는데, "일본이라는 대향토"(全⑭149)라고 말하는 방식에서 일본이 향토의 연장선에 위치하고 있음을 알 수 있다. 이런 방식이 한층 더 팽창해 소위 '대동아민속학'8)이 주장된 것은 필연적인 결과가 아닐까. 더욱이 일본의 특수성을 특권화하는 경향은, 외국은 "일본 만큼 자료가 잘 보존되어 있지 않다"(全⑭169)라든가, "우리나라라면 연구할 만하다"(全⑭169)라고 말한 부분에서도 잘 알 수 있다. 또 한편으로는 근대화·산업화가 진전됨에 따라 "일본이 아니라면 관찰이 불가능한 것이 점점 더 흐릿해져서 포착하기 어려워지고 있"(全⑭370)기 때문에, 힘을 모아 향토연구를 서둘러야 한다고 호소했다. 그리고 바로 이 호소가 일본 근대에서 향토연구 혹

78

은 민속학이라는 민간 지식인의 운동을 일으켰던 것이다. 다만 여기에서도 일찍이 농정農政 관료였던 야나기타 쿠니오는 향토연구의 단순한 융성에만 만족하지 않고 "제각기 자신들의 향토에서 **적절한 자리를 지켜 일해야 한다**"(全⑩371)고 하며, 분담해서 일하는 자들 즉 국민의 조직화를 설파했다. 이와 같은 중앙의 시선을 가진 기술관료technocrat는 내부의 통합과 동시에 외부와의 단절을 꾀하는 정치가였다. "백인이 여러 차례에 걸쳐 **이인종**異人種들의 과거를 친절하게 설명한 것 같지만, 백인이기 **때문에** 깨닫지 못하는 것도 있고 이해할 수 없는 것도 있다"(全⑭146)고 연구주체의 이해력에 대해서까지 민족과 인종의 구분선을 끌고 들어왔다. 이러한 구분으로 인한 단절은 내셔널리즘의 본질을 구성하는 배외주의排外主義로 비판받아야만 하는 것이 아닌가. 이들 모두를 살펴볼 때 일국민속학의 정치성은 분명하다. 계속해서 야나기타 쿠니오의 사상 안에서 '일본'을 추적해 가면, 결국 숙명적으로 천황제가 부상한다. 그는 "특히 기념해야 할 **교육칙어**의 선포를 통해 가장 중요한 국민 도덕인 천황제가 전 국토에서 공고해졌다"(全⑭166)라든가, "오늘날 국가를 위하여 **충성스러운 신민**을 양성하는 방책은 이미 확립되어 착착 진행되고 있다"(全⑭168)고 반동적인 것을 노골적으로 말했다. 이것은 "일국의 통일, 존귀하고 **유일한 중심**으로 우러러 보아야 한다는 의식의 시선"(全⑭167)으로 언급한 것이기에, 이 일본 민속학 창시자의 정치적 체질은 실로 유감스러운 일이다.

물론 위의 예시는 하나의 목표를 향해 억지로 긁어모은 조악한 짜집기에 불과하다. 논지의 문맥과 상관없이 가져와서 이를 순서 없이 인용했다는 점을 밝혀 둔다. 하지만 출전을 첨부해 인용한 표현 모두는 야나기타 쿠니오가 남긴 말이다. 그렇기 때문에 언설 비판이라고 강변하면서 야나기타의 사상적 본질이 예리하다고 논한 단락이나, 명쾌한 설득력을 가진 오독이 있을 수도 있다. 말꼬리를 잡으면서까지 언설 비판을 하려 한 것은 아니었기 때문에, 여기서 문제 삼고 싶은 것은 자료조작에 대한 것이다. 어떤 점이 불성실한 왜곡인가에 대해서는 내가 다시 해설하기보다는 오히려 인용된 원문을 살펴보면서 원래 문맥과의 어긋남을 스스로 확인해보기 바란다.[9]

여기에서 강조하고 싶은 것은 해석의 옳고 그름이 아니다. 이와 같은 방식으로 야나기타 쿠니오와 민속학의 '본질'을 구축하는 것은 매우 간단한 일이며 비슷한 사례는 얼마든지 만들어낼 수 있다. 읽는 이가 해석 하면서 이야기를 만들어내기 때문에 마음만 먹는다면, 설령 그 정도까지는 아니더라도, 이론적 요청에 딱 들어맞게 인용하는 것은 사실 어렵지 않다. 그렇기 때문에 적지 않은 경우 틀에 맞춰 발췌된 인용은 원래 텍스트 내에서의 표현 자체가 모색하려고 한 힘을 잃어버리고, 인용자가 원하는 맥락에 잘 들어맞게 된다. 따라서 자신들의 논지를 우세하게 만들기 위하여 다른 사람의 존재나 말의 복잡함을 논하기 쉽도록 멋대로 잘라 가져다 쓴 인용은, 토론에서는 정석이라 하더라도 비평이나 연구에서 바람직한 것은 아니다. 만약 이 인용만으로 야나기타 쿠니오가 주장했다고 하는 향토연구를 상상한다면, 확실히 민속학은 국민국가 음모 속의 어릿광대였다는 인상만을 남길 뿐이다. 이렇게 논한다면, 그 음모는 도대체 누가 만든 것인가. 그리고 이를 비판하는 사람들의 생각을 모으는 것만으로 이들의 교묘한 음모를 단죄하는 것이 무슨 의미가 있겠는가.[10]

『라이팅 컬쳐*Writing Culture : The Poetics and Politics of Ethnography*』(1986)[8]가 나온 이래 인류학에 대한 근원적인 문제 제기와 야나기타 쿠니오를 식민주의자로 고발하는 논고가 1990년대에 거듭되어 문화연구자 사이에서 받아들여진

---

8   이기우 역, 『문화를 쓴다—민족지의 시학과 정치학』, 한국문화사, 2000.

것은 결과적으로 볼 때 다소 불행한 부합(符合)이었을지도 모른다.

소위 '언어론적 전환' 혹은 '실천론적 전환' 이래 인류학은 주체와 대상, 자신과 타자, 관찰과 저항 사이의 권력문제로 인해 근원적인 어려움에 처했다. 마찬가지로 국민국가 내부에서 성립된 근대를 식민지주의와 관계 지어 비판적으로 검토하는 작업은 압도적인 글로벌리즘 시대에 꼭 필요한 문제 제기였다.[11] 인류학이 제국주의의 시녀라고 불리는 것이 고전적인 인식이긴 하지만, 학문과 권력, 조사연구와 제국주의·식민지주의와의 관계를 묻는 것 그 자체는 지(知)의 구축을 둘러싼 물음으로써 기본적으로 올바르고 유효하다. 여러 논자들이 제각각 설정한 개념의 혼란과 논리 구성의 어려움, 또 문제 해결의 난항에도 불구하고 그러하다. 그렇다면 불행한 부합이라고 부를 수밖에 없는 문제는 대체 어디에 있는가? 단적으로 말해 심리적 메커니즘에 식민지 상황을 끼워 넣는 것에 불과한 '남도 이데올로기', '일국민속학', '대동아민속학'에 대한 비판과, 자신들의 문화인식이나 기술 방법 그 자체를 반성적으로 고찰하려한 인류학 비판 사이에는 인식론적 문제설정에 있어 커다란 간극이 있다. 근대국가 비판이나 주체 비판의 수사가 여러 번 겹치면서 그 깊이의 차이가 간과되었다는데 그 첫 번째 불행이 있다. 소위 야나기타 민속학 비판의 유행도 대부분이 야나기타라는 사상가의 인격만을 문제 삼아 '식민지주의' 이데올로기를 폭로한 것에 불과할 뿐, 지(知)를 지탱하는 테크놀로지가 고민해야 할 지식생산의 과제로서 그 시대의 학문이 직면한 현실의 불균등한 발전, 중앙집권, 역사인식의 자폐성, 자료의 결락과 같은 문제를 공유한 것은 아니었다.

81

3. '일국민속학—國民俗學'이라는 말

1910년대에서 1930년대에 걸쳐 향토연구의 필요성을 주장했던 야나기타 쿠니오는 민속학의 학문 구축이 직면한 어려움을 오늘날의 비판자가 생각하는 것 이상으로 잘 알고 있었다. 비록 그것이 '민속학의 좌절'12)로 끝났다 하더라도 민속학에 내재된 정신적 결함이 학문의 실패를 낳았다는 이데올로기론으로만 보는 것은 어디까지나 숙명론에 굴복하는 것이며 결국 사후 합리화에 불과하다. 민속학의 재검토는 오늘날에도 여전히 문제만 제기 된 채 아직도 해결되지 못한 어려움만 부각시킬 수도 있다. 이 논고에서는 그것을 규명하고자 한다.

이 때 '일국민속학'에만 초점을 두어서는 안 된다. 야나키다 쿠니오 정본의 색인定本索引13)을 살펴보면, 이 말의 최초 용례는 1932년(쇼와 7) 1월 『시나노교육회信濃教育會』 잡지에 게재된 「음식물과 심장食物と心臟」 이란 논문에서 찾을 수 있다. 계속해서 『민간전승론民間傳承論』(1934.8) 제1장 제목에 나타났으나 본문에서는 단 한 번만 사용되었을 뿐이다.14) 그 뒤 「호비각狐飛脚」(1939.11), 『음식과 심장食物と心臟』의 서론 (1940.4), 「체읍사담涕泣史談」(1941.6), 『국사와 민속학國史と民俗學』의 「서론」 (1944.3), 「팥 먹는 날小豆を食べる日」(1949.9), 「일본을 이해하기 위하여 日本を知る爲に」(1949.11), 『해상의 길海上の道』에 정리된 「보패宝貝のこと」(1950.10), 「해신궁고海神宮考」(1950.11), 「쥐의 정토鼠の淨土」(1960.10)로 이어진다. 그 밖에 정본의 색인에 따르면 「행기고行器考」라는 연대미상의 초고에도 '일본 민속학'이란 용례가 있는데, 연보 등과 대조해 볼 때 1943년 3월의 국민학술협회 강연에서 사용한 것이 아닐까 한다. 그러나 이를 포함해 살펴보더라도 용례는 10여 회에 불과하다. 또 그 대부분이 1940

82

년대 이후에 사용되어, 오히려 전후戰後에 더 많이 사용되었다. 후기 저작에 더 자주 등장한 이 용어의 표상에만 기대어 소위 민속학 저작만을 보더라도,15) 1909년 3월에 발행한 『후수사기後狩詞記』부터 1961년 7월에 발행한 『해상의 길』에 걸친 방법론을 일괄적으로 취급하는 것은 문제가 있다. 야나기타 쿠니오 학문의 명칭을 살펴보면, '향토연구', '향토지론鄕土誌論', '향토생활의 연구법', '민간전승론' 등이 오랫동안 사용되었을 뿐만 아니라 그 의미의 저변도 넓다. "루럴 이코노미 rural economy", "농촌생활지", "루리오그라피ルリオグラフィー" 등 시시콜콜한 것까지 그 용례를 헤아린다면 더욱 상세하다. 이런 것과의 관련을 완전히 끊은 채, 일국민속학으로만 문제를 설명하려는 것은 논의가 편향되는 결과를 초래한다.

이러한 논의를 판단내리기 전에 시기에 따라 검토해야 한다는 주장은 표면적이고 일반적이라며 받아들여지지 않을 수도 있다. 향토에 대한 검토를 하기 전에 먼저 '일국민속학'을 말한 텍스트를 살펴보자.

> 쇼와 6년(1931)을 회고하면 우리 학문에도 상쾌한 인상이 오래 남을 것 같다. 무엇보다 감사한 것은 지금까지의 일시적이고 단편적인 채집에 만족하지 않고, 새로운 체계를 세운 관찰과 기록을 시도하려는 계획이 전국 각지에서 예기치 않게 나타나고 있다는 사실이다. '일국민속학'이란 명칭은 내가 몇 번이나 주장하고 싶었으나 망설인 것이다. 그런데 금일에 이르러서는 대담하다거나 주제 넘는다고 평해질 염려 없이, 이 이름의 신학문이 장래 일본 땅에 크게 번영할 것을 기원하고 희망할 수 있을 것 같다.
>
> —『음식과 심장』, 全⑩367

넓은 의미의 인류학에서 현재 우리 민간전승론의 분야는 어디까지이며, 또한 그 역할을 어디까지 맡아야 적당한가라는 것은 불행히도 아직은 서로 다른 별개의 두 문제이다. 우리의 연구가 착실하게 한걸음씩 나아가기 위해서는 특히 먼저 일국민속학의 확립을 기하고, 이를 바탕으로 장래에는 세계민속학의 밑바탕을 다져, 이 분야에서 일할 사람들을 수련시키는 것이 순서이다. 그러나 그 서막에서조차 이미 여러 가지 어려움에 직면하고 있다. 이를 전 세계 인류 연구로 무리하게 확장시킬 수 없는 방법이 민속학의 이름을 점유하고 있다.

—『민간전승론民間傳承論』, 全⑧25)

　『음식과 심장』에서 인용된 일국민속학을 이해할 때 중요한 것은 "일본 땅에 크게 번영함을" 축사하는 마음이 아니라, "새로운 체계를 세운 관찰과 기록을 시도하려는 계획이 전국 각지에서 예기치 않게 나타나고 있다"는 사실과의 대응이다. 이것이 '향토교육'이라 불리는 운동을 의미한다는 사실은 이후 다시 다루고자 한다. 오히려 이 향토교육이 "우리의 학문"이라 불린 것과 동일한 것을 가리키지 않는다는 점을 고려해야 한다. 거의 동시기에 행해진 "향토연구와 향토교육"[16]이라는 강연에서 이미 조금씩 문부성 주도로 이루어진 향토교육과의 차이가 좀 더 명확하게 논해졌다. 마찬가지로 두 번째 인용문의 "우리의 민간전승론"은 "일국민속학의 확립"에 그치는 것이 아니다. 텍스트가 말하고자 한 핵심은 '민속학'의 이름을 점유하는 "전 세계의 인류 연구로 무리하게 확장시킬 수 없는 방법"에 대한 비판에 있음을 간과해서는 안 된다. 결국 불행은 일국민속학이 확립되지 않았다는 것이 아니라, 일국민속학과 "광의의 인류학"이 "서로 다른 별개의 두 문제"였다는 것이다.[17] 동시기에 출판된 『향토생활의 연구법』에서는 비슷한 내용을 다음과 같이 쓰고 있다.

독일인이 발명한 이 서로 다른 두 개의 학문은 실제로 적절한 번역어를 찾기 어렵다. 나는 예컨대 '폴크스쿤데Volkskunde'를 '일국민속지학—國民俗誌學', 또는 '일본민속지학日本民俗誌學'으로, 또 하나의 '펠케르쿤데Völkerkunde'를 '만국민속지학萬國民俗誌學', 또는 오해의 여지가 없다면 '비교민속지학比較民俗誌學'이라 이름 붙이되, 훗날 더 좋은 이름이 있다면 바꾸려고 한다. (…중략…) 우리들은 기록문서의 역사를 갖지 못한 세상의 여러 야만족들의 과거를 이 향토연구의 방법으로 모두 찾아 연구하여, 자타가 평등하게 민속학의 한 대상이 될 수 있는 날이 필경 도래한다는 사실을 믿고 또 희망한다. 그러나 오늘날의 상황은 유감스럽게도 그런 날과는 거리가 너무 멀다.

—『향토생활의 연구법』, 全⑧233

텍스트를 차분히 살펴보면, '일국'은 하나의 소재로 사용되어 생태학적인 경계를 말하는 것으로 동화나 국민통합에 대한 평가가 직접적으로 함의되어 있지 않다. 1930년대에 '일국'이란 용어의 사용은 매우 단순해서, 일본어 발음이 같은 두 개의 '민조쿠가쿠'[9] 즉 민속학과 민족학을 소리로라도 구별하기 위함일 뿐,[18] 그것이 의미하는 범위는 생각보다 넓지 않다. 직접적으로는 독일어의 폴크스쿤데와 펠케르쿤데의 단수와 복수의 차이를 표현하는 번역어로 고안된 것이다. 여기에 영어의 민속학folklore과 민족학ethnology의 차이가 중첩되어 전자를 '일국', '일본'이라고, 후자를 '만국', '비교'로 번역한, 한정된 범위 안에서 의미를 선택한 것에 불과하다. 물론 독일어권 문화연구에서 이 두 분류 자체가 국민국가의 각인을 받았다는 사실을 간과하는 것은 아니다. 더욱이 이들 인용에서 강조한 "향토연구의 방법"이나 "전 세

---

9   일본어에서 민속학과 민족학은 모두 '민조쿠가쿠'로 발음된다.

계 인류 연구로 무리하게 확장"할 수 있는 "방법"이 어느 한 쪽으로 종속되지 않았다는 것은 분명하다. "세계민속학"이나 "자타가 평등하게 하나의 민속학[19]의 대상이 될 수 있는 날"이라고 쓴 것을 보면 확실히 알 수 있다.[20]

따라서 '일국민속학'의 한계를 민속학의 전체로 확장시켜 마치 야나기타가 선물거래에 실패한 것처럼 확대 해석하고 그 사상의 파산을 선고해버리는 것은 과장된 탄식이거나 단순한 착각에 불과하다. 왜냐하면 비판을 하든 평가를 하든 주목해야 할 것은 오히려 '향토연구'의 방법론이기 때문이다.

4. 실천을 부여하다

야나기타 쿠니오의 '향토연구'에 관한 논고들을 살펴보면 문제 제기가 비교적 활발하게 이루어졌던 시기가 있다.[21] 하나는 잡지 『향토연구』가 편찬된 1910년대이고, 다른 하나는 향토교육이 세간의 주목을 받은 1930년대이다. 기본적인 틀에서는 두 시기의 주장이 거의 이어진다. 다만 당시의 상황과 설명해야만 하는 상대가 달라서 역점을 두는 지점이 다를 뿐이다.

야나기타 쿠니오는, '향토연구'라는 말이 다카기 토시오高木敏雄와 함께 간행한 잡지 『향토연구』에서 사용되기 시작했고, 이 잡지가 하나의 흐름을 만들어 냈다고 여러 번 말했다.[22] 실제로 '향토'는 새로운 느낌을 주는 용어로, 그 이전에 간행된 서적이나 잡지에서는 제목으로 거의 사용하지 않았다. 이 말을 사용한 대부분의 출판물은 쇼와 초기 이후에 간행된 것이다. '고향'을 생각나게 하는 향토와 연구라는 딱딱한 느낌의 용어가 합해진 이 신조어는 어딘지 모르게 신선한 어감을 주었다. 편집자는[23] "솔직히 말해 우리는 향토연구라는 말만이라도 가능한 한 널리 유포시키고 싶다"[24](全⑳486)고 했다. 그리고 "설령 우리들의 정의와 완전히 부합되지 않은 상태로 사용해도 괜찮다. 용어가 먼저 사용된다면 다음에는 내용의 옳고 그름을 검토하는 자가 나타날 것이다"[25](全⑳524)라고 하면서, 말의 유포에 대해 낙관적으로 전망했다. 어떤 의미에서 향토에 대한 관심은 취미나 도락道樂처럼 간주되었고, 찬동자라 해도 그 흥미나 관심은 잡다했다.[26]

1930년대에 이르면 겉으로 보기에도 상황은 크게 달라진다. 향토연구는 향토교육의 유행 속에서 주목받았고, 직접 도움을 주는 영역인 것처럼 이해되었다. 앞서 서술한 「음식물과 심장」이 시나노교육회에서 발행한 잡지에 게재된 것은 바로 이 시기이다. 1931년 9월에 단행본으로 출판된 『향토과학강좌鄕土科學講座』의 '발간사'에는 다음과 같이 쓰여 있다.

> 향토연구·향토교육이라는 말이 꽤 오래 전부터 사용되었지만, 이전에는 단지 극소수의 제한된 사람들 사이에서만 중요하게 여겨진 것에 불과합니다. 그러던 것이 최근 놀라울 정도의 시운을 타서 각지에 선전되고 있으며, 문부 당국도 금년도부터는 각 사범학교의 향토실 시설 보조비를 배가시켜 점점 더 장려할 계획이라고 합니다. 그밖에도 각 부현府縣에 향토연구회라 이름 붙인 모임이 셀 수 없이 많아 다양한 사업이 계획되고 있습니다.[27]

이미 십여 년 동안 향토연구 추진자였던 야나기타 쿠니오는 당시 향토교육의 유행28)을 환영하는 한편, 자기가 원하는 방향의 향토연구를 위해 '향토'와 '연구'가 결합될 때 갖추어야만 하는 조건들을 주장했다. 이렇게 함으로써 여기에 관련된 주체 자신이 심사해야 하는 논의의 지점으로 되돌아갔다. 정확히 말해 향토연구가 정치적 실천이라는 데에 나 역시 동의한다. 그러나 이러한 주체가 '상민'이라는 이름으로 설정되어 때로는 '국민'이나 '민족'이라는 말로 표상되는 범위와 서로 중첩된 것처럼 보인다 하더라도, 그 부합을 확인하는 것에만 그친 채 별도의 비판 틀로 나아가는 것은 경솔하다. 왜냐하면 텍스트의 해석은 주체에게 어떤 이름을 붙였는가가 아니라, '향토'라는 말이 갖는 의미가 어떤 실천을 그 주체에게 부여했는가라는 관점에서 행해져야하기 때문이다.

5. 역사의 사유화에 저항하다

향토연구는 역사의 사유화에 대항해 역사를 공유하는 실천으로서 각각의 주체에게 비판적 자료 읽기를 요구하였다.

『향토총서 이야기郷土叢書の話』29)(全⑦358~385)는 역사인식을 구축하고 검증하는 장이 성립되어있지 않는 현 상황에 대해 날카롭게 비판하는 동시에 민속학이라는 민간학이 가져야 할 비판력에 대한 기대를 드러내고 있다. 이 논고는 『이와테마이니치신문岩手毎日新聞』에 기고된 오하라 토시마루小原敏丸가 말한 고서적 '보존'에 대한 의견30)을 정면으로 반대하는 입장에서 기술되었다. "이와테현의 애향심이 쓸데없이 고무되거나, 또는 기념비식의 광영에만 열중한 나머지, 고서의 가치를 객관적으로 감별할 수 없거나, 혹은 보존의 참된 취지를 등한시 하는 사람이 많아질 수 있음을 염려"(佐⑦358)해서 굳이 어려운 이야기를 꺼내니 한 번 생각해 주길 바란다고 했다.

오하라 토시마루는 사람들이 연구나 소송을 구실로 유서 깊은 가문의 서적이나 고문서 자료를 빌려간 후 이것이 얼마나 더럽혀지고 손상되었는지를 설명한 후, 애서가愛書家, 장서가藏書家로서 현대인의 서적에 대한 태도만큼 불쾌한 것도 없다고 했다. 첫째 충분한 독해 능력이 없기 때문에 그 가치를 알지 못하고, 둘째 무단으로 도용해 다른 곳에 발표하고, 셋째 향토에 남아있는 사범학교 출신의 어중이떠중이들이 향토지를 편찬하고 있다는 것이다. 이러한 상황에서 '고서와 진서珍籍가 산실散失, 오염'되고 '도난과 화재'라는 재앙을 당하게 된다. 따라서 이를 피하기 위해서는 『남부총서南部叢書』 수록을 거절하고, 대대로 내려온 자료가 집 밖으로 나가지 못하도록 해야 한다는 것이다. 오하라 토시마루는 이 글의 결론을 다음과 같이 맺고 있다.

> 야나기타 쿠니오 씨는 동의하지 않겠지만, 귀중한 고사본은 나중에 자비출판을 할 수 있을 때까지 그것을 사회에 제공하는 것을 보류해야만 한다고 생각한다. 화재라도 나면 어떻게 하느냐는 이야기가 나올 수도 있지만, 집 안의 진서珍書가 이리저리 손상되는 참상을 보는 것보다는 불속에서 일거에 사라지는 것이 차라리 낫지 않을까.31)

그러나 야나기타 쿠니오는 진귀한 서적을 소장한 명문가 유력자들이 소위 역사를 사유화하려는 욕망과 연구에 대한 권위주의적 자격 심사가 한데 뒤섞여 비판의 논리가 혼동된 것에 대하여 강하게 반론하였다.

다른 사람의 소중한 고서적을 빌려가 그것을 부주의하게 더럽히거나 파손시킨 다거나 하는 것의 악덕함을 인정하지 않는 자는 한 사람도 없다. 하물며 증거가 없다고, 또는 차마 돌려 달라는 말을 못하는 상대방의 태도를 이용해 책을 가로 채려고 하는 놈은 사람도 아니다. 마을의 유지가 그 지위를 이용해 억지로 빌리 거나 강탈하였다면 오히려 북을 울려 그 죄를 물어야 함에도, 낡은 악습에 얽매 여 분노를 참는 자를 경멸해야 한다. 그러나 그런 범죄와 학문을 위해 서적을 제 공하는 것은 별개의 문제다. 나는 도대체 이 둘이 무슨 관계가 있냐고 묻고 싶다.

—『퇴독서력退讀書歷』, 全⑦381

유서 깊은 가문이 소장한 대부분의 고문서는 단순한 기록 이상의 의미를 갖고 있다. 그것은 역사를 알기 위한 자료 이상의, 선조로부터 내려온 '가보'라는 자부심이 강하게 담긴 신앙의 대상이었다. 자부심 의 원천이기에 그 가치를 자유롭게 평가하여 판정을 내린다거나, 총 서로서 공간公刊할 때 취사선택을 한다거나 하는 것은 마찰을 일으킬 소지가 있다는 것도 무시할 수 없는 사실이다.

솔직한 내 희망은 그 집 서고의 책을 자유롭게 보면서, 학문적 측면에서 가치 비판을 한 뒤, 두세 가지 유익한 것을 이용하고 싶을 뿐이다. 하지만 그것이 종종 유서 깊은 가문의 자존심을 상하게 만든다는 사실을 경험했기 때문에 일찌감치 단념할 수밖에 없었다. 따라서 오하라 씨가 자비 간행을 주장하면서 협조를 거절 하는 것도 의외는 아니다. 다만 아직까지 검증되지도 못한 책들이 모두 한 치의 의심도 없이 유용한 것으로 여겨지거나 혹은 그것이 빠졌을 경우 『남부총서』가 완전할 수 없는 것처럼 믿게 만들어버리는 상황은 바람직하지 않다. 총서가 처음 부터 어떤 범위 안의 고서를 모두 망라해야 하는 것은 아니다. 오히려 먼저 유익 하고 유의미한 것부터 간행을 꾀해야 하지 않을까. 세상을 이롭게 하는 학문에 의의를 둔다면, 왜 빨리 기회를 잡아 지방에 유포시키지 않는가라고 묻게 된다. 여하튼 자비 출판은 단순한 보존 행위에 불과하다.

—『퇴독서력』, 全⑦380

즉 향토연구라는 민속학은 단순한 보존사업이 아니다. 군이 말하자면 알려지지 않은 지식을 공유하는 사업이며, 이러한 공유를 통해 비판을 교류하는 작업이다. 그렇기 때문에 자료의 가치를 중시해 선택한다는 방침을 세우고 문자 이외의 텍스트로 확대한다는 전략적 효과에 대한 자각은 필수적인 것이다.

야나기타 쿠니오는 비아냥거리는 투로 "일본과 같은 복사본 천국"(全⑦362) 즉 글을 베끼는 것을 취미로 즐기는 글쟁이들이 부지런히 복사본을 만들어 내는 사회에서는 오히려 텍스트가 너무 많아 어려움을 겪을 수 있다고 말했다. 그렇기 때문에 지방 사본의 가치를 판단할 수 있는 간단한 판별법이 하나 있는데, "중앙의 학풍을 추종해 소위 이세 사다타케伊勢貞丈, 오쓰카 요시키大塚嘉樹[10] 등을 떠받드는 사람들은 대개 지방 현실에는 냉담"하기 때문에 "지방에 소재되어 있으면서도 그 지방 일을 다루지 않는 사본이라면, 대체로 그 가치를 낮게 평가해도 문제가 되지 않는다"(全⑦363)고 쓰고 있다. 이러한 판별법의 배경에는 문화연구를 행할 때 피하기 어려운, 불균등한 발전에 저항하는 상황에 관한 인식이 있다. "일본처럼 문헌의 중앙통일이 완벽하게 행해지고 있는 국가도 드물다"[32](全⑦352)라는 권력관계에 대한 인식이[33] 여러 번 말을 바꾸어 강조된 것도 이것과 관련해서 이해할 수 있다. 자료 공개를 거절하고 배제하는 오하라 토시마루의 태도에는 어떤 의미에

---

10 이세 사다타케(1717~1784)와 오쓰카 요시키(1731~1803)는 에도 후기의 고실가故實家. 특히 이세 사다타케는 무가고실武家故実 연구에 한 획을 그은 인물.

서 일종의 조상 숭배가 내재되어 있지만, 야나기타가 구상한 학문은 그것을 용인하지 않았다. 따라서 향토연구에서 향토에 대한 자부심까지 반성적으로 극복해야 한다는 논리는 신앙 비판의 논리로 이어졌다. 여기서 요구되는 것은, 향토연구는 이러한 자문화중심주의의 자폐성을 비판할 수 있는 비교력과 논리력을 갖추어야 한다는 점이다.

야나기타 쿠니오는 『향토지론鄕土誌論』에서 "최근 2, 30년 사이"(全③115)에 실제로 많이 제작되었고 때로는 공식적으로 간행된 향토지의 서문을 지루함을 참고 읽은 후, 다음과 같은 유형을 설정하였다. 첫째 관광 유치를 위하여 업자들이 만든 것에 지나지 않은 유람 안내, 둘째 애향정신의 함양을 목적으로 한 향토 자랑, 셋째 풍류가나 수필가가 한가롭게 편찬한 안내기, 넷째 교육회 등에서 발간한 지지地誌[11]와 같은 두꺼운 책이 있다. 그 중에서 향토를 자랑하는 책자에 대하여, "애향심과 같은 멋진 말은, 어찌되었든 그 의미는 전해집니다. 따라서 향토의 어떤 점을 어떤 사람들에게 사랑받게 할 것인가. 만약 향토를 자랑하는 책자가, 촌사람이라 불리는 것을 불쾌하게 여기는 사람들에게 자신의 지역에 대한 일종의 자부심을 심어주는데 머문다면"(全③116) 가치가 없다고 한다. 그러므로 비교가 필요하다는 주장은 『향토지론』부터 『국사와 민속학國史と民俗學』까지 실제 너무 많아서 인용하는 데 어려움이 없다. "향토연구는 결코 독점할거獨占割據의 학문이 아니며, 오히려 그 반대의 작업인 것이다."[34](全㉘343)

이것이 비판하는 바는, '각각의 향토는 있는 그대로 가치를 가진다'고 보는 태도는 존중 할 만하나 문화상대주의라는 이데올로기에 포섭되기 쉽다는 것이다. 오늘날의 문화연구가 날카롭게 비판하는 것

---

11 그 지방의 자연, 인문 등에 관한 책.

은, 평등과 불간섭을 주장하는 '문화상대주의'가 그 지역에 내재하는 억압과 차별의 역사를 은폐하는 자문화중심주의·현재중심주의의 자폐성을 초래하기 쉽다는 점이다. 이런 의미에서, 국민국가론 입장이라고 상투적으로 비판 받아 온 '주권론周圈論'이나 '중출입증법重出立証法'도 비교라는 사고의 기술技術 중 하나에 불과하다. 이 두 이론은 '민속'이나 '방언'을 향토에 대한 자부심으로 가둬버리는 개별주의적 인식의 배타적인 독점을 비판한 것이다. 역사인식의 자폐성을 비판하는 계기가 되는 실천을, 결국 국민의 역사가 된다는 식으로 대충 얼버무린다면 그 폐해는 오히려 더 커진다. 결과론적으로 도출된 논리의 형식화는 종종 폭력적인 성격을 지닌다. 자신만큼은 항상 사유 독점의 과오를 저지르지 않았다고 생각하는 바로 그 독선의 부산물이다. 혹은 관계가 없는 먼 곳까지 선회해 내린 판결이기 때문에, 그 혼동과 일반화는 공공성을 위해 에고이즘의 한계를 깨뜨리려고 하는 모든 행위를 불가능하게 만든다.

93

이 향토 자랑과 문화상대주의에 대한 비판은 향토연구가 주체에게 단순히 통합에 동조하도록 요청한 것이 아니었다는 것을 분명하게 밝혔다. 그것은 무엇보다도 문제 제기며, 반성이며, 다른 관점에서 말하면 주체화35)의 정치였다. 향토를 신체수준에 설정된 무의식까지 뿌리를 내린 주체성으로 읽는다면, 그 의미는 문자라는 권력에 의해 조직된 기존 사료 이외의 텍스트로 확대되어야 한다고 주장하는 방법적 전략과 짝을 이룬다고 말해도 좋을 것이다.36)

6. 비판력 공유의 장

잡지라는 미디어 광장에 참여하여 자료나 관찰에 대한 비판력 공유를 구축하려고 한 이상理想도 향토연구가 주체에게 요구했던 실천으로 민속학 운동의 가능성을 파악하는 데 중요한 역할을 했다.

야나기타 쿠니오는 『향토지론鄕土誌論』(향토연구사, 1922.3)에서 처음으로 '향토연구'의 방법론을 최초로 정리했다. 이 책의 핵심이 되는 스가누마 카니히코菅沼可兒彦(야나기타 쿠니오)의 논문은 『향토연구』가 창간된 지 1년 정도 지나 야나기타 쿠니오 단독 편집으로 바뀐 무렵에 나왔는데, 이 글이 미나카타 쿠마구스南方熊楠가 기고한 잡지와 민속학 비판을 의식한 것이라는 사실은 그다지 논해지지 않았다. 특히 "향토지 편찬자의 주의"(全③115~123)는 미나카타 쿠마구스가 3회에 걸쳐 게재한 서간이 완결되는 호의 권두 논문으로 게재되었는데,[37] 그 비판을 바탕으로 '향토연구'론을 정립했다.

미나카타 쿠마구스와 야나기타 쿠니오가 서신을 통해 벌인 논쟁은 여러 측면에서 읽을 수 있다. 지금까지는 주제의 순서나 글의 길이를 조금도 신경 쓰지 않고 마구 써내려간 미나카타 쿠마구스와 성행위나 잔혹함의 직접적인 표현을 기피한 야나기타 쿠니오의 검열관·편집자적인 체질을 대립적으로 해석했다. 또는 제도 분석이나 수량적인 실태를 파악하지 않은 채 '지방경제학'이라 운운하는 민속학과 설화학說話學은 잡지에서 삭제해야 한다고 주장하는 입장에 반대해, 무녀나 승려도 '루럴 이코노미rural economic', '농촌생활지' 분석의 훌륭한 대상이 될 수 있다고 맞받아친 대립적인 구도에서 논해져왔다.[38] 그러나 미나카타 쿠마구스의 비판 「'향토연구'의 기자에게 주는 글(완결)'鄕

土研究'の記者に与ふる書(完結)」의 말미에는 무기명無記名 편집자 부기로 '기자의 말'이 덧붙여져 있다. 여기에서 야나기타 쿠니오는 적어도 두 개의 논점을 강조하였는데, 이 논점들에서 그가 향토연구라는 실천에 적극적으로 의미를 부여하고자 했다는 사실을 알 수 있다.

첫째, 기술記述의 역할을 중시했다. "경제에도 기술의 측면이 있는데, 지금 사용되는 지방경제라는 용어는 개량론만을 말하는 것처럼 오해의 소지"(全㉔464)가 있다고 한다. 지방개량운동이 위로부터의 정책으로 이상만을 강요해, 경제가 실태를 설명하는 것이 아니라 목표 설정처럼 되어 버린 것은 그 전제가 되는 기술이 불충분하기 때문이라고 비판했다. 그런 까닭에 "단지, '평민은 어떻게 생활하는가', 또는 '어떻게 생활해 왔는가'를 기술하여 여론의 근거를 확실하게 한다"(全㉔465)는 것이 향토연구의 목표라고 말했다. 그러나 이것을 기술과 분석, 실태와 해석이라는 이항 대립적인 구도로 파악해서는 안 된다. "상황을 분명하게 기술하는"(全㉔464) 데에 힘을 쏟으면 모든 기술은 해석될 수밖에 없기 때문에 결국 표상의 정치 효과에 불과하다는 교리만을 순진하게 반복하는 자에게는 이것이 어정쩡한 타협처럼 보인다. 그러나 엄밀하게 말해, 기술이 이미 해석을 포함하고 있다는 사실은 기술을 모으고, 축적하고, 정리하고, 비교하고, 공유해야 한다는 기반 구축의 실천을 조금도 방해하지 않는다.

둘째, 잡지라는 형식과 학문을 결합시키려는 적극성이 나타난다. 미나카타 쿠마구스가 "지방경제학"과 "민속학"을 분리한데 반해, 야나기타 쿠니오는 오히려 교류와 공유의 장을 옹호하는 쪽으로 나아갔다.[39]

잡지의 목적을 단순하게 하고 윤곽을 명료하게 하라는 주문입니다. 그러나 이는 잡지이기 때문에 불가능합니다. 특히 이 잡지가 황야의 개척자이기 때문에

가능하지 않습니다. (全㉔464)

마찬가지로 무기명의 「향토연구의 휴간鄕土硏究の休刊」(제4권 제12호, 1917.3)에서도 야나기타 쿠니오는, 책은 고인 물이지만 잡지는 "한 줄기 흐르는 강"(全㉕230)이라고 하면서 다음과 같이 말한다.

지난달에 올바르다고 믿어 발표한 의견이 이 달의 비평, 주의, 새로운 보고에 의해 추가 정정되고 보충되면서 나아가는 것은 급조로 인한 불완전을 보상하고도 남을 만큼 가치가 있다. 이것이 우리가 기대했던 잡지의 묘용이다. (全㉕230)

이 글에서는 잡지라는 형태와 커뮤니케이션 즉 잡지에 참여하여 보고하고, 가르침과 비판을 받고, 공유 자료로 이용하는 독자의 운동이 새로운 학문의 실천과 깊이 호응하도록 배치되어 있다. 다시 말해 잡지는 광장이어야만 한다는 것이다. 잡지가 개방된 상태를 계속 유지하는 것은 단순히 편집자에게만 모든 책임을 지우는 것이 아니라, 관련된 주체 각자에게도 그 책임을 묻는 것이다. "오히려 가능한 한 우리는 자신이 익숙하지 않은 것에서 자료를 찾는데 힘쓰고 싶다"(全㉔464)는 이상이 편집자만의 각오는 아니었다.

"기자의 말"에서 강조한 위 두 가지 점에 호응하는 형태로, 창간 이후부터 게재되었던 '삼가 알림謹告'(全㉔239~240)란의 예시가 바뀌고, 제2권 제8호(1914.10)의 「사고社告」(全㉔ 481~482)(〈그림 1〉)에서는 "독자의 자료 수집과 보고를 간절히 희망"이라고 항목별로 세세히 요청하였다. 이것은 "지상문답"40)을 통해 커뮤니케이션 정신을 철저하게 만들고, 더 나아가 미나카타 쿠마구스 같은 지방 거주자들과의 편지 네트워크의 연장선에 잡지라는 공간을 위치 지었다고 말할 수 있다. 이런 의미에

社告

我々の雑誌に於いて殊に讀者の採集 報告を切望する事項は ○村々に於いて現に行はるゝ珍しき年中行事 ○農業 林業商工業 勤植鑛物の採取等に關する特色ある慣行又は ○一族一郷又は部落間の交際往來に關する昔からの作法 ○生死婚姻 其他重大なる人事に伴なふ現在の風習 ○忌み嫌ひと稱して人のせぬ事及び其理由 ○まじなひと名けて 新禱以外に災害を避くる手段 ○大小の神樣佛樣に對する 新禱願掛け御禱詣りの有樣 ○妖恠など 昔びて神佛以外に人の怖るゝ物の種類名稱 ○老人などのする昔の話 ○山川 淵谷森森古木巖石城跡佛閣敷跡乃至は鳥獸草木其他の天然物に關する言ひ傳へ ○村に昔あつた事さして老人などの珍しきもの ○昔からある土地の唄の類なり

大小の神樣佛樣に對する
妖恠などゝ昔びて神佛以外に人の怖るゝ物の名などゝ
之を本欄又は小篇欄に掲ぐべし

或問答欄に付て他の地方の讀者と智識を交換せんとせらるゝ諸君は紙上問答欄を利用せらるべし質問に對しては親切なる教示を求む 地方に於ける郷土研究の事業之に關する著書の刊行 新聞雑誌の記事の有益なるものあるときは之を本誌の記者に注意せられたし 寄贈の原稿又は寄贈雑誌は本社へ 宛てられたし又直接 柳田國男へ 送らるゝも可なり

東京小石川區音羽町三丁目十一番地
郷土研究社

사고社告

우리 잡지는 다음의 사항에서 독자의 자료 수집과 보고를 간절히 희망합니다. ○ 마을마다 현재 행하고 있는 진귀한 연중행사 ○ 농업, 임업, 상공업, 동식물·광물의 채집 등과 관련된 특색 있는 관행이나 의식 ○ 일족一族 일향一鄕 또는 마을 간의 교제나 왕래에 있어 옛날부터 내려온 방식 ○ 생사혼인과 기타 중요한 인사人事에 관한 현재의 풍습 ○ 사람들이 금기시하는 일과 그 이유 ○ 신비 주술 등 재해를 피하는 기도 이외의 방법 ○ 크고 작은 신이나 부처에게 지내는 제사·기도·참배 양상 ○ 신불 이외에 요괴 등, 사람이 두려워하는 것들의 종류와 이름 ○ 노인들이 말하는 마을의 옛날 일 ○ 산, 강, 깊은 못, 골짜기, 숲, 무덤, 고목, 암석, 성터, 집터 또는 새, 짐승, 풀, 물 등에 관한 전설 ○ 물건 이름 따위의 신기한 것 ○ 옛날부터 전해 오는 그 지역 노래 책으로 발행하면 오래 남고, 알 만한 사람이 보면 그 진위도 분명해집니다.

사람들이 잘 아는 향토에 대한 것들을 드러내 말하지 않으면 눈앞에서 곧 사라지게 됩니다. 주민과 여행자들이 주의를 기울여 힘쓰지 않으면 이를 세상에 전할 수 없습니다. 우리는 독자 제군이 우선 이것에 대해 의심하지 않기를 바랍니다.

위에서 말한 사회현상에 대해 각자 의견을 제시하면, 이를 본란本欄 또는 소편란小篇欄에 게재하고자 합니다.

특정 문제에 관해 다른 지방의 독자와 지식을 교환하려는 독자는 지상문답란紙上問答欄을 이용하시고, 또 질문에 대해서는 친절한 가르침을 구합니다. 지방의 향토연구 사업, 이에 관한 저서의 간행, 신문잡지에 실린 유익한 기사 등이 있을 때는 본지 기자에게 알려주시고, 기증하려는 원고 또는 서적과 잡지는 본사 앞으로 보내거나 야나기타 쿠니오 씨에게 직접 보내주시기 바랍니다.

도쿄東京 고이시카와小石川구 오토와音羽정 3정목 11번지
향토연구사鄕土研究士

97

서 민속학은 출판 테크놀로지와 더불어 우편 시스템에 의해 뒷받침된 관찰과 기록의 운동이었다.

운동으로서의 잡지 발행은 관찰의 공유, 비판의 공유를 목표로 했을 뿐 아니라, "향토연구"라는 실천에 있어 빠질 수 없는 임상 진단의 장을 제공했다. 이 공간이야말로 '지방'이나 '지역'과 다른 '향토'라는 개념의 가능성이 성립하는 장이다. 물론 말할 것도 없이 잡지는 어떤 의미에서도 '향토' 그 자체는 아니며, 향토는 제각각의 일상을 살아가는 독자의 실천 속에서만 존재한다. 이미 내가 『독서공간의 근대讀書空間の近代』에서 논한 것처럼, 향토는 어디까지나 개인의 신체 차원으로 설정되었기 때문이다. 상민이라는 용어와 마찬가지로 단순한 공통 문화의 추출이 아니라, 비교나 비판의 공유 없이는 성립할 수 없는 개념이기도 하다. 민속학이라 불린 향토연구는 이런 의미에서 주체에게 비판력을 요청했다는 것이 이 논고의 결론이다. 이것이 옳다면 두 개의 과제가 남는다. 첫째 왜 이러한 민속학 구성이 실현되지 않았는가, 즉 비판의 주체가 성공하지 못했는가 하는 점이다. 또한 이러한 역사연구가 단죄주의나 수정주의로 빠지지 않기 위해서는 또 하나의 과제 수행이 필요하다. 다시 말해 오늘날 우리들의 방법은 이러한 향토연구의 기준을 만족시키고 있는가라는 것이다.

마지막으로 한 번 더 강조하고 싶다. 이 논고에서 설명한 향토연구도, 야나기타 쿠니오도, 결국 하나의 해석에 불과하다. 2절에서 비판한 예시처럼 막 잘라 붙여 인용한 형식과 나의 주장은 차이가 없다고 말할 수도 있다. 그리고 잘라서 인용할 자격이 누구에게는 있고, 누구에게는 없는 것이 아니다. 그러나 자격을 따지기 시작하면 어떤 해결도 할 수 없고, 어떤 시작도 불가능하다. 이 글이 다루고 있는 것은 민속학이라는 학문이 무엇을 원했는가라는 소위 "본원本願"41)에 관한 것

98

이다. 그러나 야나기타 쿠니오가 정말 이렇게 생각했다는 교의教義를 다시 말하려는 것은 아니다. 하물며 이단을 심문하려는 신학神學과 같은 입장은 더욱 아니다. 어쩌면 실제로 야나기타 쿠니오는 식민지주의 비판자가 폭로한 것 이상으로 철저한 악의적 음모가였을지도 모른다. 또 오랫동안 지방에서 연구한 민속학자들이 추앙한 것 이상으로 동정과 자비를 가진 사람이었을 수도 있다. 그러나 나는 목소리 큰 비판자보다 훨씬 더 텍스트의 왜곡과 치밀하게 맞서왔고, 또 순진한 찬미자보다는 정확하게 텍스트를 읽었다고 생각한다. 그러나 누구나 그런 것처럼 야나기타 쿠니오의 본의를 대변하는 것은 불가능하다. 그렇기 때문에 소위 '복수複數의 야나기타 쿠니오'42)가 갖는 적극성을 살리고 싶다. 역사적 한계를 고발하거나 변호하기 위함이 아니라, 해결되지 않은 채 망각되고 있는 중요한 질문을 재차 묻기 위함이다.

일상성日常性/ 이상성異常性의 문화와 과학[1]

뇌병·변태·엽기를 중심으로

가와무라 구니미쓰 川村邦光[2]

들어가며 – 심신관心身觀의 변화

19세기 후반 일본에서는 사고방식과 생활양식, 크게 보아 세계관의 변화가 일어났다. 예를 들어 1873년에 몇몇 현에서는 단발을 장려하는 포고가 있었다. 아오모리青森현의 포고에는 "사람의 두뇌는 정신이 깃든 장소로서, 모발로 이를 보호하는 것은 조물주가 그렇게 하도록 하는 바이다"[1]라고 기록되어 있다. 두뇌 = 두부頭部는 정신이 존재하

---

1 이 글은 엄미옥이 번역했다.
2 1950년생, 오사카대학 교수. 저서로『소녀의 기도─근대여성 이미지의 탄생オトメの祈り─近代女性イメージの誕生』(紀伊國屋書店, 1993),『소녀의 신체オトメの身体』(紀伊國屋書店, 1994),『섹슈얼리티의 근대セクシュアリティの近代』(講談社, 1996),『소녀의 행방オトメの行方』(紀伊國屋書店, 2003) 등이 있다.

는 장소이므로 존마게丁髷[3]를 묶고 두부의 앞면을 깎아 올린 사카야키月代[4]와 삭발한 중머리는 불건강하고 비위생적이며, 서양의 문명사회에서 이를 야만과 누습으로 간주했기 때문에, 단발을 해야 한다고 장려했던 것이다. "사람의 두뇌가 정신이 깃든 장소"라는 이러한 담론이 쉽게 민중에게 널리 받아들여졌던 것은 아니다. 뿌리를 내리기까지 상당한 시간이 필요했다. 하지만 1874년에 출판된 가토 유이치加藤祐一의『문명개화文明開化』[2]에서는 다음과 같은 내용이 이미 주장되었다.

> 머리頭는 몸 전체의 십분의 일도 안 되지만 이목구비가 있으니 몹시 중요하다. 사람의 혼이 두뇌에 있다고 하는 말은 흥미롭다. 옛날부터 혼이 가슴에 있다고 했기 때문에 가슴에 있는 상태로 여겼는데, 두뇌에 있다고 하는 말을 들으니 과연 그렇다고 생각된다. 그렇기 때문에 머리만큼 중요한 것은 없다. 그 크기는 작아도 중요한 것은 중요한 것이다. 바로 일본이 이 지구의 머리와 같은 것이 아닐까.

여기에서 말하는 혼은 정신을 가리키는 것으로, 심신관의 변화를 뚜렷하게 드러내고 있다. 혼과 정신이 존재하는 장소는 가슴에서 두뇌로 이동했다. 새로운 신체와 정신이 출현한 것이다. 이는 지금까지의 신身이나 체体도, 혼魂이나 심心도 아니다. 이 혼＝정신은 생명을 키우고 사람이 죽은 후에도 계속 존재하는 혼＝영혼과는 다르다. 또한 느낌과 사고, 생각의 근원이 되는 심心과도 다르다. 이는 머지않아 출현하는 '야마토타마시大和魂'나 '일본정신'을 탄생시키는 내셔널리즘적인 관념이 된다. 에도시대 후기의 니시키에錦繪인『음식양생감飮食養生

---

3 에도 시대의 남자 머리 모양의 한 종류로, 이마 위의 머리를 밀고 후두부에서 머리를 모아 틀어 올린 것.
4 헤이안 시대에 남자가 관冠이 닿는 이마 언저리의 머리털을 반달 모양으로 밀었던 것 또는 에도 시대에 남자가 이마에서 머리 한가운데에 걸쳐 머리털을 밀었던 일.

鑑』)[3]에 따르면 사고의 중추는 '간'이고 마음을 움직이는 중추는 '콩팥'이었다. 그리고 '심(심장)'은 '인간의 생명을 지키는' 중추인 동시에 '한 사람의 정신, 그 부분이 머무는 곳'으로 설명되듯이 '정신'이 머무는 장소였다. 이 정신은 생명의 원천이 되는 영혼이라고 바꿔 말할 수 있다. 그러나 두뇌가 혼＝정신이 머무는 장소라는 사상이 나타나 받아들여지게 된다.

신체의 일부인 두뇌 속에 정신이 가장 높은 지위를 획득하기에 이른 것이다. "머리만큼 중요한 것은 없다"라는 사고가 생기고 두뇌, 그리고 '뇌력腦力'(能力의 옛표기)이 인간의 존재 상태를 규정하게 된다. 신체에서 두뇌가 특권적 지위를 차지하게 되자 심신이 분화하여 정신과 육체 혹은 영과 육이라는 이원적인 인간관의 구도가 사회·문화적으로 생기기 시작했다. 그렇다면 가슴이 답답하다, 가슴이 두근거리다, 기분이 나쁘다, 마음이 괴롭다, 마음이 아프다, 마음에 걸리다 등의 표현은 단지 비유적인 것이라고 간주해야 할까? 단순히 비유적이라고만 할 수 없다. 그런 점에서 일본이 근대적 심신관의 구도를 전면적으로 수용한 것이 아니라, 뒤틀린 상태로 대처해왔다고 할 수 있다.

또 한 가지 예를 들어보자. 여우에게 홀리는 것狐憑き[5]은 '사실'이라 할 수 없게 되었다. 이는 '미신'으로, '신경'이나 '뇌'의 병 즉 신경병·뇌병으로 간주되었다. 라쿠고가落語家인 산유테이 엔초三遊亭円朝가 『신케이가사네가누치眞景累ヶ淵』(1888)에서 "괴담은 개화 선생이 싫어하는 일입니다. (…중략…) 여우에게 홀리는 것은 있을 수 없으므로 신경병이고, 또 덴구天拘[6]에게 끌려가는 것도 있을 수 없는 일이기 때문에 신경병입니다. 무엇이든 두려운 것은 모두 신경병이라고 여기게 되

---

5   여우에게 홀리는 정신이상.
6   상상 속의 괴물.

었습니다"라고 말한 것은 획기적이었다. 신앙이나 종교라는 개념이 생겨나 정신正信과 미신迷信이 구별되어 지금까지의 신심信心의 세계에 균열이 생긴 것이다. 영혼이나 정령이라는 존재 자체가 부정된 것은 아니다. 영혼이나 정령에 식별이 행해졌다. 동물과 산천초목 등에는 영혼과 정령이 없고 인간에게만 영혼이 있다고 생각했다. 그리고 인간에게는 이성이 있어, 동물 등에 의해 속임을 당하거나 정신을 흐리게 되거나, 조종당하거나 빙의되는 일이 없다고 생각했다. 이로부터 자연스럽게 인간중심주의의 생활방식이 출현했다.

이매망량魑魅魍魎의 세계는 존재하지 않게 되었다. 아니 존재하지 않는다고 간주되었다. 이 세상만이 세계가 되었다. 저 세상은 소홀히 다루어지고 이계異界는 축소 혹은 소멸될 것으로 예측되었다. 즉 음영과 농담이 있는, 두께를 지닌 세계를 잃어 갔다. 이성에 의해 포착된 투명한 세계가 출현한 것이다. 일상에 비해서 초자연, 비일상의 영역은 소멸되어 갔다. 한편으로 미신의 세계는 착오를 일으키는 이상異常의 영역으로 일상세계의 주변부에 자리매김 되었다. 이성에 부합하지 않는 이상성異常性을 드러내면서 거꾸로 정상성이 규정되었다. 정상성은 의심할 여지가 없는 명백한 상태, 혹은 '자연'의 상태이며 이상성을 배제한 나머지로서 성립된 개념이다. 이상성으로부터 정상성이 추출된 것이다. 이상성에 비추어 정상성이 부각되면서 일상성이 구성되었다. 근대라는 합리적인 세계가 발생한 것이다. 여우에게 홀리는 것은 이차원적異次元的 현상이 아니라 미신이라는 착란과 이상異常의 현상으로 규정되었고, 정상성이 규범화되고 일상세계가 구축되면서 그 속에 포섭되었다.

신불神仏을 믿지 않게 되었다는 것은 아니다. 신불의 세계는 '현세의 이익'을 주기 때문에 이 세상과 연결되어 있다. 신불은 결코 초월자가 아니라, 극히 인간적인 존재로서 존속했다. 다만 기독교가 들어와 초월자가 나타났다고 할 수 있지만, 광범위하게 신도를 모으는 데에는 성공하지 못했다. 메이지 시대 이후 기독교를 모델로 한 (교조, 교의, 교회를 중심적인 구성요소로 하는) '종교'라는 개념이 나타났는데, 이를 일본의 신불신앙, 미신으로 간주된 민간신앙에는 적용하기 어려웠다. 신불의 세계 혹은 이상異常의 세계는 초자연의 세계가 아닌, 일상세계의 주변부로 위치지어 졌으며 과도하게 신심信心에 사로잡힌 미신가는 이상異常으로 간주되었다.

1. 1921년의 시작 – 뇌병의 내력

1921년 11월 궁내성은 황태자의 섭정취임과 더불어 '성상병력聖上病歷'을 신문지상에 공표했다. 메이지 천황이 죽은 지 10년, 다이쇼 천황은 42세, 아직 메이지 천황의 모습이 선명하게 기억되어 끊임없이 다이쇼 천황은 '메이지 대제大帝'와 비교되고 있었다. 천황의 병은 곧 국가의 위기였다. 국민에게는 청천병력이었다.

> 애써 요양하시어도 회복되지 않으시고 뇌력이 갈수록 쇠퇴하신 용체를 뵙기에 이르렀다. 자세나 그 밖의 외형의 증상은 말초기관의 고장 때문이 아니었다. 뇌력이 쇠퇴한 까닭이었다. 뇌력이 쇠퇴한 것은 유·소년기에 번민에 시달린 뇌병이 그 원인이었다. 이것이 진단의사들의 공통된 의견이다.
> ─『도쿄니치니치신문東京日日新聞』, 1921.11.26

이 '성상병력'에 의하면 다이쇼 천황의 병력은 다음과 같다. 태어난 지 얼마 되지 않아 '뇌막염과 같은 큰 병'에 걸리고 난 후, 항상 병색이 짙고, 감기는 떨어지지 않고, 그 외에 장염, 기관지염, 백일해, 장티푸스, 흉막염 등에 걸렸다. 성인이 되어 12~13년간은 건강했다. 천황이 된 후부터 격무에 시달려서인지 일상생활이 이전만 못하고, 자세는 흔들리고 걸음걸이는 불안정해지고 말하기가 힘들어졌다. 처음에는 경미했지만 점점 심해졌다. 이 때문에 제국의회 개원식 등에 출석하지 못하고 피서나 피한避寒 기간을 연장하여 요양에 힘썼다. 그렇지만 '뇌력'은 날이 갈수록 쇠퇴했다. 이런 증상이 말초신경장애에 의한 것은 아니다. 모두 유소년기의 '뇌병'에 의한 '뇌력'의 쇠퇴 때문이다.

천황은 태어나면서부터 '뇌병'으로 인해 병약했다는 것이 궁내성의 발표였다. 뇌가 시달리고 있는 것 같다는 항간의 소문은 있었다. 하지만 민중에게는 발표내용이 경악 그 자체였을 것이다. 궁 밖에 모습을 자주 드러내어 인기가 있던 황태자의 섭정보도가 있었기 때문에 천황의 병을 국가의 쇠퇴로 인식하지는 않았지만, 그럼에도 위기의 상황이라고 느꼈을 것이다. 이 '성상병력'은 천황의 병에 관한 다섯 번째 공표였다.

1920년 3월, 궁내성 주치의인 미우라 켄노스케三浦謹之介의 진단서에는 "유소년기의 뇌막염 때문에 이상이 생겨 뇌에 영향을 주었다"라며, 다이쇼 천황의 병이 유소년 시기의 뇌막염(현재는 뇌수막염으로 개칭)에서 유래하는 '뇌'의 병이라고 기록되어 있다.[4] 그러나 1920년 3월, 궁내성의 첫 번째 발표에는 구체적으로 병명이 언급되지 않았다. 두 번째 발표는 1920년 7월에 있었는데 역시 마찬가지였다. 이 무렵에 다이쇼 천황이 '뇌'에 문제가 있다고 하는 소문이 이미 퍼져 있었다. 하라 타카시原敬 수상은 1920년 12월 11일에 "폐하의 병에 관한 일들이 점점 국민에게 알려졌기 때문에, 천황이 별궁 또는 후시미^{伏見} 저택으로 행차를 해도 천황의 병환이 육체에는 없고 뇌에 있다는 정도는 국민도 알고 있을 것"5)이라고 일기에 쓰고 있다. 세 번째 발표는 1921년 4월, 네 번째 발표는 10월에 있었다. 그리고 11월에는 다섯 번째 발표가 있었다. 여기서 처음으로 '뇌병'이라는 병명이 분명하게 공표되었다.

천황의 곁에서 시중을 들던 사다코^{節子} 황후는 1916년 무렵부터 천황이 "신경을 많이 썼다. 그 결과 육체적으로는 그다지 변화가 없었지만 정신적으로 피로가 나타나 그 능력이 쇠약해진 것을 알 수 있었다"6)라고 말한다. 다이쇼 천황이 앓은 '뇌병'은 오늘날에는 전혀 사용하지 않는 병명이다. 이렇게 국가적인 병이 된 '뇌병'이란 어떤 병일까?

위에 서술했듯이, 여우에게 홀리는 것은 신경병 혹은 뇌병으로 바뀌었다. 단지 명칭을 바꾸는 데에 그치지 않았다. 관점이나 사고방식, 생활방식이 바뀐 것이다. 이상^{異常}의 세계는 일상세계의 다른 차원으로 이미 존재할 수 없게 되었다. 여우에게 홀리는 것은 일상세계에서 뇌와 신경의 착란 즉 이상, 정신적인 부조화로 병의 범주 속에 들어온 것이다. 이와 같은 상황은 메이지 초기 문명개화 시대에 시작되었다. 쓰다 마미치^{津田眞道}는 『메이로쿠잡지^{明六雜誌}』(25호, 1874)에 실린 「괴설^{怪說}」7)에서 '뇌와 신경의 감응착란'에 의해 귀신, 요괴, 망령을 보는 몽유병자나 '미치광이'는 뇌병에 걸렸다고 과학적, 의학적으로 설명한다. 그는 또한 "천지사방에 요괴는 없다. 요괴라는 것은 특별히 우리가 그 형상을 보고, 이치를 알지 못하는 데에 있을 뿐"이라고 역설한다. 요괴나 영혼은 '뇌의 작용'이며 '뇌학'이나 '물리학'에 의해 해명될 수 있다고 한다.

1876년에 핸리 모슬리^{Henry Moseley}가 쓴 『정신병약설^{精神病約說}』(간베분사이^{神戶文哉} 역)이 간행된 이후, 정신의학이나 정신병리학의 번역서가 계속 나오고 1894년에 구레 슈조吳秀三가 『정신병학집요精神病學集要』를 저술하여, 일본에 정신의학의 기초가 형성되었다. 이 사이에 여우에게 홀리는 것은 '호빙병狐憑病'이라는 정신병의 하나로 명명되고 분류되어 임상적인 연구, 이를테면 실제조사의 대상이 된다. 일본 정신의학은 여우에게 홀리는 것에 대한 임상연구에서 시작된 것이다. 가도와키 마사에門脇眞枝가 『호빙병신론狐憑病新論』(1902)을 저술하여 여우에게 홀리는 것은 일본인 정신병의 상징적인 위치를 차지했다. 뇌병이라는 용어가 정신의학의 전문용어로 채택되지는 않았다. 그렇지만 정신병이라는 병명이나 개념이 널리 알려진 후에도 정신병원이 '뇌병원'으로 불린 것처럼, 뇌병은 민간에서 통속적으로 정신병을 표현하는 단어로서 계속 사용되었다. 그러나 뇌병의 개념이 일정했던 것은 아니다. 폭넓은 외연을 지닌 의미를 띠고 있었다. 즉 뇌와 신경착란에 한정되지 않고, 다양한 병이나 심신의 부조화가 뇌병이라는 범주로 묶여졌다.

꽤 이른 시기에 뇌병을 다룬 소설로 쓰보우치 쇼요坪內逍遙의 『당세서생기질當世書生氣質』(1886)이 있다. 여기서 묘사된 뇌병은 여우에게 홀리는 것과는 전혀 다른 양상이다. 소설의 주인공은 본래 신경질적으로, 사소한 일에도 걱정을 하는 성격인데, 상사병戀煩에 의해 '브레인(뇌수)'이 악화되어 '병든 브레인(뇌병)'이 된다. 러브 즉 연애의 번민과 상사병은 학습능력의 저하와 창백한 안색이라는 증상으로 나타나고 '도리를 분별하는 힘 즉 이성'을 어지럽히고 '브레인(뇌수)'을 나빠지게 만든다. 또 공부를 지나치게 했기 때문에 안색이 나빠지고 우울해지기 쉬운 증상이 나타나고 뇌병이 재발될 위험이 있다. 즉 여기서는 연애의 번민과 과도한 공부가 뇌병의 원인이 되고 있다. 청년과 학생에게 전형적인 '뇌력'의 병, 나아가 도시의 병으로서 뇌병이 출현한 것이다. '머리가 아프다'라는 관용어는 지식인층뿐만 아니라 민간의 일상세계 속에도 뇌병이라는 단어와 함께 통속화하여 정착된다. 이미 여우가 아니라 '뇌력'에 의해 정신이상이 된 청년들의 뇌병 이야기가 생기기 시작한 것이다.

히구치 이치요樋口一葉[7]는 『나 때문에われから』(1896)에서 과도한 공부로 미쳐서 죽은 서생의 뇌병 이야기를 다루고 있다. 너무 놀아도 곤란하지만, 지나치게 열심히 공부해도 위험하다. 과도한 공부가 뇌병을 일으킨다. 이와 같은 소문 혹은 전설이 도시에서 시골로 퍼져갔다. 이 이야기에 나오는 뇌병에 걸린 서생도, 하숙집의 처녀가 말을 거는 청년학생도 시골 출신이다. 부모나 친족 또 고향의 기대를 한 몸에 받고 도쿄라는 대도시에 있는 학교에서 학업을 쌓고, 관직에 올라 입신출세하기 위해 맹렬히 공부에 매진하지만, 끝내 뇌병에 걸려 미쳐서 죽는다는 이야기 또는 전설이 뇌병이라는, 두뇌와 '뇌력'의 병을 통속화시키면서 이 시기에 형성된다. 히구치 이치요의 『나 때문에』는 이를 형상화하고 있다.

뇌병에 걸린 청년은 미쳐서 죽어버리거나 혹은 중도에 졸업을 포기하고 '폐인'이 되어 귀향하여 고향사람들에게 소문의 대상이 된다. 도시의 병으로서, 비참한 뇌병 이야기는 도시에서 시골로 전해졌다. 이 뇌병 이야기는 고향에 비단 옷을 입고 금의환향하는 입신출세 이야기의 음화로서, 가난한 사람의 아들에게 학문은 필요 없고 욕망을 펼치려 하지 말고 가업에 전념해라, 도시는 몸을 망치고 기를 소진시키니 도시로 나가지 말라는 말이 지방에서 퍼져갔다.

다이쇼 천황의 병은 '유소년기에 뇌막염 같은 질환'(네 번째 발표), '유

---

7 히구치 이치요樋口一葉(1872~1896). 일본 근대소설의 개척자로서 여류 소설가. 주요 작품으로는 『키재기たけくらべ』(1895), 『탁한 강にごりえ』(1895) 등이 있다.

소년기 번민에 시달린 뇌병'(다섯 번째 발표)에 기인한다고 했다. 여기서 뇌병은 뇌막염과 동일시되었다. 하지만 이 뇌병이 치명적인 병이라 고는 생각되지 않았다. '뇌병'을 폐제廢帝의 근거로 궁내성에서 사용했 을 때에는, 신체적인 뇌·신경질환과 정신적, 성적인 장해를 막연하 게 표상했던 뇌병의 개념이 정치적·사회적인 무능자, 또 성적 무능 자를 표상하는 개념으로 확장되었다. 일상세계와 경계가 분명치 않 는 주변부로 사회적인 무능력자를 억지로 밀어 넣어 격리하는 것을 정당화하는 과학적이고 의학적이지만 통속적인 개념으로서 뇌병이 라는 병명이 사용되었다.

1874년 경시청에서는 "광병狂病에 걸린 자는 그 가족이 엄중히 감호 해야 한다"는 포고를 내렸다. 정신병자의 간호나 요양이 아니라, 감독 과 보호 혹은 감시와 관리를 의미하는 '감호'를 가장에게 맡겼다. 정 신병원은 아직 존재하지 않았던 것이다. 1875년 난젠지南禪寺 경내에 교토부 전광원癲狂院이 개원되었다. 또 같은 해에 도쿄 양육원에 전광 실癲狂室이 설치되었는데, 이것이 독립하여 1879년 도쿄부 전광원으로 발족되었다.8) 1900년에는 '정신병자 감호법精神病者監護法'이 제정되었 다. 이 해는 훗날 다이쇼 천황이 된 요시히토嘉仁황태자가 결혼한 해 였다. 이 법률은 '소마가相馬家의 소동'으로 불리는 옛 소마번의 번주 소마 토모타네相馬誠胤가 정신병자('전광증癲狂症', '시발성정성편광時發性情性 偏狂', '시발성조폭광時發性躁暴狂')로서 자시키로座敷獄8에 감금된 '소마相馬사 건'9을 계기로 제정되었다. 이 법률에 의해 사택 감치, 즉 자택 감금이

---

8 광인 등을 밖으로 나가지 못하도록 가두는 다다미방 감옥.
9 메이지 시대에 가장권 상속이나 권력 다툼 등으로 일어났던 분쟁의 하나이다. 옛 나카무 라中村 번주인 소마 토모타네相馬誠胤가 통합실조증統合失調症으로 추정되는 병이 악화 되어 1879년에 궁내성에 자택감금을 신청, 이후 자택에 감금되고 후에 전광원癲狂院(지 금의 정신병원에 해당)에 입원한다. 1883년 옛 번사의 니시고리 다케쿄錦織剛清가 군주

오히려 크게 늘었다고 이야기되듯이9), 위생행정을 담당하고 사택감치를 감시한 경찰이 정신질환으로서 뇌병이라는 말을 퍼뜨렸다고도 할 수 있다.

다이쇼 천황은 뇌병을 근거로, 비합법적이지만 하야마葉山나 닛코 타모자와日光田母澤, 누마즈沼津에 있는 황실의 별장에 감금 혹은 연금되었다. 천황 자신은 병에 대한 자각이 전혀 없었다고 전해진다. 1925년에 천황의 은혼식이 행해졌는데, 궁성 안의 호메이덴豊明殿에서 열린 오찬회에 천황도, 황후도 나타나지 않았다. 천황은 뇌동맥경화증으로 아프고, 뇌빈혈 발작을 일으켜 기절을 반복하여 보행이 거의 불가능했다. 1926년 11월이 되자 궁내성이 계속 천황의 병을 발표하고, 니주바시二重橋 앞 광장에는 천황의 병이 낫기를 바라는 기도를 하는 사람들이 나타났다. 더불어 "도쿄에서는 유언비어가 성행했다"10)라고 내內대신 비서관장(후에 시종차장)인 가와이 야이치河井弥八가 자신의 일기에 썼듯이 천황의 병의 상태나 기교한 행동이 이야기되면서, 사후에도 '망원경 사건遠眼鏡事件'10처럼 다이쇼 천황의 뇌병에 관한 전설은 계속되었다.

111

의 병상에 의심을 가져, 가족에 의한 부당감금이라고 하여 집사, 시가 나오미치志賀直道(시가 나오야의 조부)등 관계자를 고발함으로써 사건이 표면화되었다. 고발을 행한 니시고리에 대해 세간에서는 충의자忠義者로서 동정이 모아졌다. 당시에는 정신병원의 진단도 미숙하여, 유명한 대학교수 등에 의한 정신병의 진단이 각기 달랐다. 1887년에 니시고리가 소마 토모타네가 입원한 도쿄부 전광원에 침입하여 소마토모타네의 신병 탈취에 일단은 성공하지만 일주일 사이에 체포되고 니시고리는 가택침입죄로 금고 처분을 받음과 동시에 편집인 행동을 비판받는다.

1892년 소마 토모타네가 병사하자 니시고리는 이를 독살에 의한 것이라 하고, 1893년에 다시 소마가의 관계자를 고소, 유체를 발굴하여 독살설을 증명하려고 했다. 그러나 최종적으로 사인이 독살로는 판정될 수 없었다. 1895년 니시고리가 소마가측으로부터 고소당해 후에 유죄가 확정되며 사건은 끝난다. 이 사건이 계기가 되어 정신병자의 감호에 대한 구속에 대한 문제의식이 높아져 1900년에 정신병자 감호법이 제정되었다. 이는 정신병자의 인권에 대한 보호나 치료를 목적으로 하는 게 아니라, 정신병원에 있어서의 감치를 법에 따라 규정한다고 하는 격리를 주목적으로 하는 것이었다.

10 망원경사건遠眼鏡事件이란 다이쇼 천황이 뇌병 때문에 제국 의회의 개원식에서 조칙을

1910년부터 1916년에 걸쳐 도쿄제국대학 의과대학 정신병학 교실의 정신과 의사들이 감옥 감금의 실태조사를 한 보고서가 나왔다. 구레 슈조吳秀三, 가시다 고로樫田五郎의 「정신병자 사택감치의 실황 및 통계적 관찰精神病者私宅監置ノ實況及ビ統計的觀察」(1918)[11]이 그것이다. 구레슈조는 조사를 통해 "참담한 감치의 광경, 불완전한 민간요법의 실태"를 직시하고 "병원 밖 처치는 매우 비참하여, 보는 사람의 마음을 아프게 한다"라고 하면서 시급히 '정신병자 감호법'을 개정하고 국립정신병원과 공사립 정신병원을 설립할 것을 호소했다. 이 법률이 강조한 것은 '치료가 아닌 감금'이었다. 게다가 '사회의 안녕과 질서'를 어지럽히는 자를 합법적으로 감금하는 치안유지법이었다. 구레 슈조와 가시다 고로는 결코 정신병자의 감금을 반대했던 것이 아니다. 이들을 정신병원에 수용하여 치료와 간호를 할 것을 요구했는데, 이는 "사회의 안녕과 질서를 유지하고, 병자의 위험과 범죄행위를 막을 수 있는 이점이 있다"라고 했다.

'정신병자 감호법'은 '불법감금의 악폐'를 없애는 것을 목표로 했다. 하지만 오히려 합법적인 구속과 감금을 장려하게 되어 경찰관, 의사, 행정의 연대에 의한 순시와 감시 아래, 사택감치 즉 자택 유폐가 크게 늘었다. 또 정신병원이 증가해도 치료와 간호가 등한시되어 감금시설과 다름이 없었고, 정신병자의 격리와 배제를 더욱 촉진시켰다. 1903년 『요미우리신문讀賣新聞』에 「인류 최대 암흑계 풍전癲癲[11]병원」이라는 제목으로, 정신병원의 내막을 폭로하는 기사가 게재되었다. 정신병원은 거액의 경비가 요구될 뿐만 아니라, 쇠사슬에 묶여 살아

읽고 그 칙서를 둥글게 말아 망원경으로 만들어 의원석을 바라본 일이다. 이것에 관련되는 다양한 풍설이 유포되어 "다이쇼 천황은 어리석었다"라고 잘못 평가받는 요인의 하나가 되었다.
11 메이지 시대에 쓰이던 말로서 정신병, 미치광이를 뜻함.

서는 돌아올 수 없는 감옥이라는 불신이 널리 번져갔다. 때문에 아직
은 자택유폐가 구속과 감금의 측면에서 느슨하고 회복에 대한 기대
를 주었다. '사회의 안녕과 질서'를 위해서는 정신병자를 격리하고 감
금하지 않으면 안 된다는 사회적인 의식이 생겨나기 시작했다. 지역
사회의 행정과 경찰이 정신병자를 감금하는 조직망을 만들었던 것이
다. 뿐만 아니라 지역주민을 교사하고 선동해서 정신병자를 자발적
으로 고발하도록 했다. 정신병자는 '사회적으로 위험한 행위'나 '공안
에 위험한 행위'를 범하기 쉽고, '정신병은 불치'라는 강고한 이미지가
자택 감금을 통해 뿌리 깊게 형성되었다. 이와 동시에 다이쇼 천황의
뇌병에 관한 소문이 민간인들 사이에 은밀하게 확산되면서 정신병자
는 일상세계 속에 정상과 이상의 경계선을 분명하게 긋는 가시적인
신체로 추출되었다. 자택 유폐와 정신병원의 어둡고 음산한 이미지
는 추리소설이나 탐정소설 등에 묘사되면서, 그 이미지가 보다 강고
해졌다. 쇼와 시대가 되자 앞서 예를 든 소마사건을 모델로 한 '엽기'
적인 소설도 출현했다. 예를 들어 유메노 큐사쿠夢野久作[12]의 『광인은
웃는다狂人は笑う』(1932)가 있다. 이는 정신병자를 금치산자로 날조하여
감금하고 재산을 횡령하는 이야기로서 자택 감금실태를 폭로하고 있
는데, 엽기적인 내용이다. 유메노 큐사쿠의 잘 알려진 『도구라마구라
ドグラ・マグラ』(1935)는 정신병원의 상황을 고발하고 있다. '정신병자에
대한 아무 의식이 없음'을 노래한 『광인지옥외 도제문ー일명 광인의
암흑시대キチガイ地獄外道祭文――一名狂人の暗黒時代』(1935)에는 전형적인 정신
병자의 이미지가 그려져 있다. 정신병원은 '수갑, 족쇄, 책형, 침대'가
있는 '쇠창살 감옥'으로서, "극도의 악인이라도 부들부들 떨게 만드는

---

12 유메노 큐사쿠夢野久作(1889~1936), 탐정소설가, 『소녀지옥少女地獄』(1936) 등 기괴미와
   환상성의 색채가 농후한 작품으로 유명하다.

고문도구"라고 묘사된다. 정신병원에 수용되는 과정은 "허우대가 아무리 멀쩡해 보여도 가족이나 담당의사가 관청에 정상적인 입원절차를 마친다면 모두가 정신병자가 될 수 있다. 불법감금도 꺼릴 것이 없지. 법률상 문제없는 허가증을 들이대고 정정당당 끌고 가니까, 의사는 고생할 필요도 없다. (…중략…) 전공서를 펼쳐 비슷한 병명을 붙이면 그것으로 진찰완료, 붉은 벽돌집에 가둬버리면 그만"이라고 묘사되어 있다. 게다가 "한 번 발광한 사람이라면 아무리 태연한 얼굴을 해도 느닷없이 난폭해지거나, 사람을 찌르거나, 방화를 하거나, 적대감이나 이상한 행동을 사방팔방에 숨김없이 드러내므로 사람의 모습을 한 개와 같다. (…중략…) 그것은 혈통이다, 그러니 무섭다, 무언가에 대한 숭배이거나 응보다라며 흘겨보고 손가락질 하는 것이 세상이다. (…중략…) 한 번 광인으로 낙인찍히면 끝이다. 대대손손 혈통에 지장을 준다. 아들과 딸의 혼인이 힘들어지고, 주변 이웃이나 아랫사람들에게까지 도에 어긋난, 돈에 대한 숭배요, 무리한 출세에 대한 응보라고 계속해서 백안시당하고 비난 받는다. 뒤에서 손가락질을 당하는 괴로움"이라는 정신병자에 대한 세상의 시각이 있는 그대로 예리하게 묘사되었다. 유메노 큐사쿠는 세상이나 대중매체의 시각이 도저히 '치유할 수 없는 병'이 든 정신병자를 만들어 냄을 「제문」을 통해 말하고 있다. 민간에서 숭배나 응보, 혈통과 같은 정신병자를 둘러싼 담론이 생겨난 것이다. 그 위에 의학적, 과학적인 설명이 덧붙어 한 층 세련된 담론이 되었다. 혈통은 선조로부터 전래된 핏줄이나 혈연관계가 아니라 유전학에 의해 뒷받침 된 개념이 되었다. 초자연적·종교적인 병인론은 힘을 잃고 열성이나 악질, 병리 등의 의학적이고 과학적인 병인론이 우세해졌다. 불치의 유전병이라는 정신병에 대한 관념이 민간의 일상세계 속에 구축된 것이다.

2. 변태의 시대 – 변태성욕과 '동성애' 이야기

이제 이인異人은 저 멀리 산이나 바다 너머에서 행복을 가져오기 위해 찾아오는 것이 아니다. 이인은 일상 세계 속에 숨어서 우리 옆에 잠재하고 있다. 유메노 큐사쿠의 『광인지옥외도제문』이 말하듯, 아무리 태연한 얼굴을 해도 느닷없이 난폭해지거나, 사람을 찌르거나, 방화를 하거나, '적대감이나 이상한 행동'을 사방팔방에 숨김없이 드러내고, 불행을 가져오는 이웃으로 존재하고 있는 것이다. 이 이인은 '겉으로 보기에는 보통사람과 다르지 않기 때문에 외면에서가 아니라, 내면에서 탐색되어야 한다. 내면에 숨겨진 이상異常의 흔적을 발견하고 적발하지 않으면 안 된다. 이인의 '정체' 찾기가 시작된 것이다. 발견하고, 적발하고, 생산하자며 세상은 부추기고 선동한다. 이인의 '정체', 그것은 '목표물을 지목하는 것'에서 시작된다.

1917년에 『변태심리變態心理』(나카무라 코쿄中村古峽 주간, 일본정신의학회日本精神醫學會)라는 이름의 잡지가 창간되었다. 이 '변태'라는 말은 지금은 '이상異常'의 의미에 가깝지만, 다이쇼 시기에서 쇼와 초기까지는 신체나 행동, 섹슈얼리티를 표상하는 키워드였다. 좀 더 이 단어의 내력을 찾아보면, 모리 오가이森鷗外의 『비타 섹슈얼리스ヰタセクスアリス』(1909)[13]에 다다르게 될 것이다. 이 책에는 "도대체 성욕이라는 것이 인간의 일생에서 어떤 순서로 발현되어, 그 일생과 어떤 관계를 맺고 있는가에 대한 답을 구할만한 문헌은 매우 적은 것 같다. 예술에 외설적인 그림이 있듯이 포르노그래피는 어느 나라에나 있다. 음란한 책도 있

₁₁₅

---

13 라틴어로 성욕적 삶.

다. 그러나 그것은 진지한 관심을 가지고 쓰여진 것이 아니다. (…중략…) 재판의 기록이나 의사가 쓴 글에서도 소재가 되고 있기는 하지만 그것 역시 대부분 성욕의 변태뿐이다"라고 기록하고 있다.

주인공 가나이金井는 성욕이 인간의 일생과 어떤 관계가 있는지에 대해 쓰고 싶다고 생각했다. 그러나 포르노와 음서는 많지만 그런 관계를 다루는 경우는 거의 없다는 것을 깨달았다. '성욕의 변태만' 있을 뿐이다. 이는 성범죄에 관련된 재판기록, 정신의학자・정신병리학자에 의해 변태성욕(이상성욕)에 관한 책이나 논문을 말하는 것이다. 지극히 '보통'의 '정상'적인 '바람직한' 성욕/성은 언급되지 않는다. 변태라는 이상한 성욕/성이 언급되고 고발되는 것이었다. 모리 오가이는 『비타 섹슈얼리스』를 집필하면서 미셸 푸코Michel Foucault의 테제를 발견하였다고 볼 수 있다. 성은 억압되어 있는 것이 아니라, 말해지는 것이다. 그러나 모리 오가이는 자신이 '성욕의 변태'를 자기 주변에서 탐색하고, 적발하고, 생산해내면서 푸코의 테제를 실천적으로 수행하고 있었던 것이다.

이상・일탈로 간주되는 '변태성욕'이 적극적으로 이야기되었다. 성욕통제, 성 위생, 성 관리와 함께 이런 테마가 무엇보다도 흥미로운 것이 되었다. 19세기 후반 문명 개화기에서 20세기 초에 출판된 『통속조화기론通俗造化機論』 등의 '조화기론'[14] 붐을 계기로 신체나 정신에 악영향을 끼치는 일탈적인 섹슈얼리티의 여러 양상이 뚜렷이 나타났다. 그것은 섹슈얼리티의 일탈을 별나게 보거나 특권화하지 않는, 심신에 대해 주의를 기울이는 근세의 양생론과는 완전히 다른 것이었

14 『조화기론』은 1875년 일본에 수입된 성과학서적으로 메이지초기 성 담론 형성에 영향을 미쳤다. 철저한 리얼리즘을 바탕으로 하여 남녀의 결합, 임신 등에 관해 생물학적・생리학적으로 설명하고 있다. 이 책이 번역된 이후로 일본에서는 조화기론에 관한 담론이 상당한 영향력을 지니게 된다.

다. 모리 오가이가 사용한 변태라는 말이 바로 퍼지지는 않았다. 『비타 섹슈얼리스』에서 1908년 데바카메^{出齒亀} 사건[15]이 발생하여 '데바루^{出齒る}(훔쳐보다)'라는 동사가 생겨나 유행했다고 썼지만, 당시 범인은 변태성욕자가 아니라 '색정광'이라고 불렀다. R.크래프트 에빙^{R.Krafft Ebing}이 쓴 『성적 정신병^{Psychopathia Sexualis}』(1886)이 『변태성욕심리^{変態性欲心理}』로 1913년에 번역·출판되면서 변태라는 말이 쓰이기 시작했다. 그것은 1894년에 출판되어 판매 금지되었던 크래프트 에빙의 『색정광편^{色情狂篇}』을 다시 번역한 것이었다. 모리 오가이는 이 크래프트 에빙의 원서를 읽었을 것이다. '성욕학자'로 등장한 하부토 에이지^{羽太鋭治}와 사와다 준지로^{澤田順次郎}에 의해 1915년에 『변태성욕론―동성애와 색정광^{変態性慾論―同性愛と色情狂}』이 간행되었고, 1917년에 『변태심리^{変態心理}』가 창간되어 변태라는 용어가 널리 퍼지게 되었다. 1922년에 『변태성욕^{変態性欲}』(다나카 코가이^{田中香涯} 주간), 1926년에는 『변태자료^{変態資料}』(우메하라 기타아키^{梅原北明} 주간)라는 이름의 잡지도 창간되었다.

변태라는 용어를 제목으로 쓴 책을 살펴보자. 하부토 에이지의 『변태성욕연구^{変態性慾研究}』(1921), 기타노 히로미^{北野博美}의 『변태성욕강의^{変態性慾講義}』(1922), 다나카 코가이의 『변태풍속연구^{変態風俗研究}』(1927), 나카무라 코쿄^{中村古峡}의 『변태성격자잡고^{変態性格者雑考}』(1928), 다카타 키이치로^{高田義一郎}의 『변태성욕과범죄^{変態性慾と犯罪}』(1929), 모리타 아리아키^{守田有秋}의 『변태성욕비화^{変態性慾秘話}』(1930), 다카타 키이치로의 『변태성욕고^{変態性慾考}』(1931), 사와다 준이치로의 『변태성의학강화^{変態性醫學講話}』(1934) 등. 1920년대부터 1930년대에 걸쳐, 변태는 성과학^{sexology}이

---

15 데바^{出齒}는 일본어로 '뻐드렁니'를 의미한다. 도쿄 신주쿠에서 뻐드렁니의 정원사 이케다 카메타로^{池田亀太郎}가 여탕을 상습적으로 엿보다가 엽기적 살인 사건을 일으켰다. 이는 데바카메^{出齒亀} 사건으로 불리게 되었으며 '데바카메'라는 말은 훔쳐보는 변태치한이라는 의미로 쓰였다.

나 정신의학·정신병리학에서 성욕과 밀접하게 연결되어 쓰였고, 변태성욕이라는 한 단어로도 사용되었다. 그것은 성적 일탈로 간주되는 현상, 이상한 섹슈얼리티를 해석하여 카테고리화 하는 용어로 하나의 키워드가 되었다. 나아가 풍속·문화연구에서 '성적'이라는 의미를 띠게 되어 성적인 풍속이나 문화를 지시하는 용어로도 쓰이게 되었다.[12]

크래프트 에빙의 영향을 그대로 받아들인 하부토 에이지의 『성욕 및 생식기 연구와 질병요법性慾及生殖器の研究と疾病療法』[13]에 의하면, 변태성욕은 '성욕의 하나로, 부자연스러운 성욕'이며, '전도적顚倒的 동성간 성욕', '색정광', '준색정광' 등 세 가지로 분류된다. '성욕학자'라 불렸던 하부토 에이지에 필적하는 사와다 준이치로와 다나카 코가이도 이 분류를 따르고 있다. 전도적 동성간 성욕에는 남성간 전도성욕과 여성간 전도성욕이 있다. 색정광에는 '색정에 장애를 가진 정신병자'로 ① 이성의 신체의 일부, 예를 들면 유방, 엉덩이, 손, 발에서 성적 감정을 느끼는 성적체부숭배性的体部狂崇, ② 리본, 빗, 비녀, 속저고리, 속저고리 깃, 장갑, 손수건, 지갑, 반지, 부채, 게다, 구두, 양산 등의 성적 물건숭배, 즉 페티시즘, ③ 사디즘·마조히즘, ④ 음부노출증, ⑤ 수간獸姦, ⑥ 시간屍姦, ⑦ 우상간偶像姦, ⑧ 초상간肖像姦을 들고 있다. 준색정광은 '색정광과 다르지만, 생리적으로 유사한 것'이라 한다. 여기서 사회적 문제로 부각된 이른바 여성간 동성애를 언급하는 언설과 사례들을 살펴보자.

전도적 동성간 성욕은 '동성애'라고도 불렸다. '인간의 이성에 대한 감정, 즉 색정은 성욕의 가장 일반적이면서 동시에 자연스러운 것', 다시 말해 남녀 간의 이성애야말로 '자연'스럽고 정상적인 것으로 간주되었다. 한편 '동성애'는 '병적성욕 중 가장 신비화된 것'이지만, '동

118

성에게서 쾌감을 얻는 것은 몹시 부자연스러우며, 성욕의 본지本旨를 거스르는 감정을 가진 것'이라고 규정되었다. 여기서 말하는 '성욕의 본지'는 '생식에 대한 욕망, 다시 말해 생식욕'이다. 그렇지만 그것으로 끝나지 않고, 남녀양성에 '내재'하는 '필연적인 욕구'이며, '자기의 본능을 만족시키려는 자연성', '지극히 숭고순미崇高純美한 것으로 인간에게 활력을 주고 활동하게 하는 커다란 동기'이기도 하다. 따라서 아주 철저한 보수주의자가 아닌 이상, 성욕은 역겨운 것으로 간주되지 않으며, 부부간에 한정되지만 '이성과 친밀감을 느끼고 쾌감을 얻는 정'은 부정되지 않았다. 그러나 성욕은 이성간에만 한정된다. 성욕이 보통 이성에 의해 생겨나고 동성 간에 생기지 않는 것은, 동성과는 상반되고 이성과는 끌어당기는 원칙에 의한 것이다. 따라서 이성은 성욕의 근원이며, '성욕은 이성을 멀리하면 생기지 않는다'라고 정상적인 성욕을 설명한다. 이 성욕의 근원, 자연성이 전도된 것이 "동성애"이며, 이는 일상세계의 사회문제 중 '성욕문제'로서 가장 위험시되었다.

1920년, 나라奈良여자고등사범학교에서 '동성애' 사건이 일어났다. 기숙사에 있는 두 명의 여학생이 외출시간이 지난 후, 음악 여교사를 방문하고 학교의 붕괴된 토담을 넘어 기숙사에 돌아온 것이 발각되어 퇴학당했다는 것이 이 사건의 전말이다. 이 퇴학처분 사건은 신문이나 잡지에 '동성애' 스캔들로 보도되어 세간을 떠들썩하게 했다. '동성애'는 그저 여학교라는 폐쇄된 장소에서 이성과 교제할 기회가 없기 때문에, 또는 이성에 대한 공포심으로부터 생겨난 것이 아니었다. 여성들 사이의 때 묻지 않은 '영과 영의 교제', '혼과 혼의 교제'야말로 궁극의 사랑을 보여주는 것이다. 그것은 여학교 시절의 짧고 덧없는 교제에 불과한 경우도 많았지만, 드물게는 이후 거론될 요시야 노부

코吉屋信子와 같이 일생을 함께 한 경우도 있었다. 여학생들은 고뇌에 찬 청춘을 보내면서 동급생이든 상급생이든 하급생이든 혹은 연상의 여교사이든 이상적인 여성상을 동경했다. 영적인 사랑, 혹은 궁극의 사랑으로서 '동성애'는 로맨틱하게 꿈꾸듯이 실행되고, '동성애' 전설은 소녀ォトメ문화에서 은밀하게 전해지고 있었다.

이런 세계를 그려낸 사람이 소녀소설『하나모노가타리花物語』(1916~1924)로 유명한 요시야 노부코이다. 이 소설에서는 소녀들의 섬세한 '동성애' 이야기가 펼쳐진다. 또한『다락방의 두 처녀屋根裏の二處女』(1919)에서도 요시야 노부코는 기독교여자청년회YWCA의 기숙사를 무대로 자신의 체험에 기반하여 '동성애'를 열정적으로 그렸다. 두 여자는 '동성애'로 인해 기숙사에서 쫓겨나게 되지만, "우리 두 사람은 강한 여자가 되자. (…중략…) 세상의 규범에서 벗어난들, 인간의 길에 역행한들 그게 무슨 상관인가. 우리 두 사람의 살아가는 방식은 우리 두 사람에게만 부여된 인생행로인 것이다"14)라며 두 사람만의 '인생행로'를 걷고자 한다.

메이지 말 '신여성'이 출현하고, 다이쇼 데모크라시를 겪으면서, 남자의 노예가 되는 현모양처주의를 부정하고, 여성의 자립적인 삶을 경영하려는 움직임이 나타났다. 예를 들면, 다무라 토시코田村俊子와 나가누마 치에코長沼智惠子, 히라츠카 라이쵸平塚らいてう와 오타케 고키치尾竹紅吉, 이치가와 후사에市川房枝와 야마다카 시게리山高しげり, 나카조(미야모토) 유리코中條(宮本)百合子와 유아사 요시코湯淺芳子, 후카오 스마코深尾磨子와 하기노 아야코萩野綾子 등이 있다.15) 저명한 여성들이 함께 살면서 자극적인 풍문에 불을 붙이고, 세간의 이목을 끄는 일이 적지 않았다. 세간에서는 '동성애'를 자연에 반하는 불건전하고 이상한 성욕, 변태성욕·병적성욕이라는 비난을 멈추지 않았다. 비밀스럽게 키워 온 '동성애'는 결코 세상 속으로 들어오지 못했다. 이상한 병리적 행위로서 정신적으로뿐만 아니라 신체적으로도 끊임없이 비난받았다. 요시야 노부코는 『돌이킬 수 없는 날返らぬ日』(1927)에서 "가츠미의 그것은, 동성에 대한 거부할 수 없는 기원에 가까운, 사모와 불타오르는 연정이었기 때문에 (…중략…) 과학자들은 냉정하게 '아브노말 abnormal'이라고 부르겠지. 이 사랑의 감정이여!"16)라고 '동성애'를 표현하고 있다. 주인공 가츠미는 '동성애'에 대한 아브노말의 낙인에도 불구하고 '사랑의 감정'을 관철시키고자 했다.

　하부토 에이지는 『현대여성의 성욕생활現代女性の性慾生活』17)에서 "동성애에 빠질 위험"을 걱정하면서 그것은 "최근 여학생 사이에서 시스터sister라고 부르는 것"이라고 썼다. 『부인공론婦人公論』(1933.9)의 마치노 키이치町野木一의 「기만당한 처녀僞れる處女」라는 제목의 기사에는 불량한 여학생 다섯 명이 찻집에서 "올해 들어온 요시미라는 아이 굉장히 귀엽네. 그 아이를 우리의 S로 결정하자", "그녀를 둘러싼 다섯 명의 여자들이 되겠군"이라는 대화가 적혀있다. 이 'S'라는 은어는 적어도 쇼와 초기부터 사용되었을 것이다. 이와 같은 자매관계를 시스터의 준말 'S'라고 불렀다.

　하부토 에이지는 여성의 성적 문제로서 '자위행위'와 함께 '동성애에 빠질 위험'을 들면서, "자위와 마찬가지로 한 번 그런 생활에 빠지면 쉽게 개선되지 않고 점점 무서운 생활로 빠져 드는 경우가 적지 않기" 때문에 "그 해악이 큰 것은 물론, 마침내 여성으로서의 천성마저 잃게 된다"고 엄하게 경고하고 있다. 여성의 '천성'은 아이를 낳는 것, 생식밖에 없다. 당시 빈곤층의 "가난한 사람에게는 자식도 많다"라는 말과는 대조적으로, 중간층을 중심으로 피임·산아제한이 성행하여 사회문제로 부각되고 국가적 인구문제로 까지 확대되었다. 『주부의

벗主婦之友』(1937.8)의 부록으로 나온『딸, 아내, 그리고 어머니의 위생
독본娘と妻と母の衛生讀本』에는 당시 여성들의 동반자살사건이 매스컴을
장식하는 것을 문제 삼으면서, 여학교의 기숙사나 여공의 기숙사가
동성애의 소굴이라고 고발했다. 그리고 "동성애를 하는 두 사람은 처
녀인가"라는 질문에 대해 정신적으로 처녀가 아니라고 지적하면서,
'정신변질 등의 병적 소질'[18)]을 가진 여성이 '동성애'에 빠질 위험이
있다고 역설했다.

　당시, '동성애'가 발단이 된 자살이나 동반자살이 빈발했다. 그 시초
가 되었던 것은 1933년 미하라산三原山 사건이었다. 여학생 A가 미하라
산의 분화구 근처에서 구조되어, 그 사정을 물으니 같은 학교 친구 B
가 분화구에 뛰어들었다고 말했다. 처음 신문에서는 "미라하산 분화
구에서 / 여학생 동성애로 동반자살 / 짓센實踐 여학교 전문부 2학년 /
한 명은 간신히 구조"(『도쿄아사히신문東京朝日新聞』, 2.14)라고 내보냈고,
뒤이어 다음날에는 "여학생 엽기자살", "탐미주의자로 / 결혼도 부인 /
이전부터 죽음을 희망"이라고 보도하였다. 살아남은 여학생 A는 자살
할 뜻이 없었다. 그 뿐만 아니라, 그 여학생은 1개월 전에도 같은 학교
친구 C가 미하라 산의 분화구에서 투신자살을 할 때도 옆에 있었다.

　이 사건은 '엽기자살', '대자연 탐미자살' 등으로 명명되었고, 매스
미디어의 취재전쟁이 계속되었다. 『부인공론』(1933.4)에는 「미하라산
사건의 진상三原山事件の眞相」이라는 제목의 특집이 꾸려져 「소녀들과
죽음의 좌담회」를 열고, 자살한 두 명의 부모와 친구들의 수기, 학교
친구들의 단가 〈친구의 죽음을 슬퍼하는 노래〉, 사이조 야소四條八十
의 〈미하라산 애가哀歌〉 등, 그리고 「미하라산 사건을 소재로 한 소설
용암의 길」이라는 것까지도 게재되었다. 다음 호에는 자살에 입회한
'죽음의 안내인'이라고 불린 여학생 A의 독점수기를 실었다.

두 명의 여학생 A와 B는 각각 '동성애'라고 말할 수 있는 정도의 친밀한 친구가 있었지만, B의 자살은 그 파탄으로 인한 것이 아니었다. B는 생전, 몇 명의 친구에게 "자살이라고 말하기보다 오히려 자신이 죽는 것이 꽤 당연한 것처럼 말하고" 또 "시체를 남기며 죽고 싶지 않다"[19]라고 말했다. 또한 "남녀의 차별적 대우를 개탄하면서, 그 사회를 저주했다. 남성의 방자함, 여성의 복종이라는 사회현상을 어떻게 해명하더라도" 소용없으므로, "이 세상에 자신의 이상적인 배우자는 없다. 따라서 자신은 결혼을 부인 한다"[20]고 말했다는 것을 B의 친구는 수기에 쓰고 있다. 자살한 여학생들이 이 세상의 번뇌에 대하여 어떻게 대처했는가에 대해서는 각각 다르게 이해하고 있었다. 그렇지만, 보통 죽음에 대한 동경이 자살의 길로 인도했다고 해석한 점은 공통적이었다. 그 여학생들은 이 세상의 여자 공동체 수립을 꿈꾸면서도 그것을 이룰 수 없다는 사실을 뼈저리게 깨달았다. 그렇기 때문에 '동성애'는 말하자면, '청순한 로망'에 지나지 않았으며, 또한 그럴 수밖에 없었다.

1933년에 여교사와 여학생의 '동성애'를 그린 〈제복의 처녀制服の處女〉가 개봉되었다. 이 영화를 모방한 사건도 발생했다. '동성애' 상대인 여교사에게 버림받았다고 믿어 여학교를 막 졸업한 19세의 여성이 자살한 사건이었다. 자살한 여학생도 여교사도 〈제복의 처녀〉를 보지 못했겠지만, 그에 관한 이야기 정도는 들었을 것이다. 1933년 10월호의 『부인공론』에서는 「왜 동성을 사랑할까なぜ同性を変するか」라는 제목 아래 이 사건에 관한 특집을 다뤘다. 도요타 하루키豊田春樹의 「동성애에 흔들리는 처녀同性愛に散り行く處女」, 스기다 나오키杉田直樹의 「동성을 사랑하는 마음同性を戀するこころ」, 고라 도미코高良富子의 「'여자교육과 동성애'라는 문제'女子教育と同性愛'の問題」 등이 거기에 실렸다.

〈제복의 처녀〉나 미하라산 사건을 계기로 '동성애'가 여학생·여학교의 문제로 폭로되면서 공공연하게 언급되기 시작했고, 현대의 병리로 지목되었다. "여학생 동성애에 관해 모 여교사는 '동성애에 빠져 있는 학생들이 전혀 없다고 공언할 수 있는 학교는 하나도 없습니다'라고 필자에게 말한 적이 있다" 또 "여학교의 선생과 제자의 관계에서 생기는 동성애 문제는 독일의 명화 〈제복의 처녀〉의 제재로서도 굉장히 흥미진진하게 다뤄지고 있습니다"[21]라고 말했듯이, 여학생과 여교사의 '동성애'는 자명한 것으로 언급되었다. 앞에서 언급한 미하라산 사건은 이러한 맥락에서 '동성애 동반자살'로 재빨리 이름 붙여졌던 것이다.

도요타 하루키는 서두에서 〈제복의 처녀〉의 스토리를 말하면서 "근대 인텔리 여성의 애정생활을 반영하는 것으로 인기가 대단했다"고 평했다. 그리고 "과학은 동성애를 연애의 착각이며 자위행위라고 단언하지만, 젊은 여성들에게는 성에 대한 인식이 없기에 동성애의 비극이 매일 신문을 장식하고 있다"고 말하고, 이 사건을 "왜곡된 사회생활의 복잡함에 따른 여러 가지 변태적 동향을 찾아 헤매는 근대 여성의 성생활 폭로"라고 비판했다. 왜곡된 근대 사회생활에 따른 근대여성의 성생활의 '변태적 동향', 즉 '동성애'는 그저 단죄되었을 뿐이었다. 그러나 특별히 쇼와 초기의 에로·그로 시대에 '동성애'가 빈번했던 것은 아니었다. 이렇게 동성애를 문명이 무르익음에 따른 도덕적 부패라고 말하는 근대비평의 언설은 쉽게 모성주의나 근대의 초극 = 일본정신의 부흥이라는 언설에 포섭되었다.

스기다 나오키는 자기애-동성애-이성애에 이르는 '성욕심리'의 발달·성숙단계를 설정하고, '동성애'에서 남녀교제와 성교육의 결여를 지적한다. 고라 도미코도 동성애를 여성의 심신발달과정의 '소아

병'으로 보고, 여학교의 실태를 비판한다.22) 소위 진보 교육자나 지식인의 눈으로 볼 때, 여학교라는 제도가 이미 피폐 혹은 부패의 극단으로 치달은 것이었다. 단순히 여학교나 그 기숙사가 '동성애'의 전통적인 온상이었다는 것이 아니다. 여학교가 사회에서 격리되어 현모양처주의라는 '부덕이나 수양을 주입하고 육성하는 기관으로 전락했다는 생각이 상당히 광범위하게 퍼졌다. 매스 미디어도 이런 생각을 부각시켜 보도했다. 아직 받아들여질 여지는 없었지만, 남녀교제, 남녀공학, 성교육의 추진이 제창되었던 것은 모가・모보モガ・モボ가 횡행하는 시대의 추세에 따른 것이었다. 여학생들은 여학교라는 '동성애'의 온상에서 잠시 정신을 잃었다. 오히려 그것을 선택하게 된 것이라고도 말할 수 있다. 여학생 중에서는 신문뿐만 아니라, 『부인공론』의 독자도 많이 있었다.23) 그렇다면 스기다 나오키나 고라 도미코의 목소리가 전달되었을까. 그렇지 않다. '변태성욕', '전도성욕', '소아병' 등으로 언급되거나 낙인찍히는 것에 개의치 않고 오히려 '동성애'의 주체로서 이단시되는 시선을 교묘히 주고받으면서 '동성애' 문화를 키웠다.

요시야 노부코의 『돌이킬 수 없는 날』에는 "저…… 가츠미 씨, 저는, 가츠미 씨 당신이 그대로가 좋아요. 당신을 사랑하고 끝까지 사랑하고 싶어요……. 가츠미 씨, 우리 저 관습적이고 평범한 자연에 대해 반역의 횃불을 들고 싶지 않나요?"라고 속삭이고 있다. "관습적이고 평범한 자연"이라 함은 '정상적이라고 규정된 이성애'다. 그 반역이라 함은 "동성에 대한 거부할 수 없는 기원祈願과 같으며, 사모로 불타오르는 연정"24)이다. 그것은 과학자뿐만 아니라, 세간에서도 변태라든가 "아브노말"이라고 냉정하게 불리거나, 이인異人으로 이단시되는 것을 감수하겠다는 결의이다. 이 소설의 첫머리에는 "이런 시간을 보낸 사람들에게 바친다"라는 헌사가 첨부되어있다. 향수적인 '동성애'가

125

아니다. 요시야 노부코는 지극히 도발적인 말을 젊은 여성들에게 던졌다. 즉 '동성애'를 단순히 청순한 로망으로 꿈꾸는 것이 아니라 '동성애' 바로 그것을 현실 속에 존재하게 하라는 메시지를 보내고 있었던 것이다.

3. 엽기獵奇는 달린다 – '엽기왕獵奇王'과 '엽기여왕獵奇女王'

미하라산 사건은 '여학생의 엽기자살' 같은 식의 틀에 박힌 제목으로 보도되었다. '엽기'가 특별히 강조되고 있다. 이 사건이 엽기라는 선정적이고 자극적인 단어에 어울리는 것인지 적잖이 의심스럽다. 자살 동기가 "연애나 동성애 동반자살이 아니라 탐미주의에서 나왔다"고 간주하고, "국문과에 적을 둔 만요슈万葉集[16]적 탐미주의자였던 그녀는 시체를 남기는 것을 혐오했을 것"('시체'는 커다란 활자로 강조)이라고 분화구에 뛰어든 요인을 추측하면서, 엽기성을 찾아낸 것은 아닐까. 여기서 '만요슈적 탐미주의'라는 것은 흔히 "대장부 기질"이라고 일컬어지는 만요조万葉調[17]에 대한 것은 아닐 것이다. 단지 이 사건이 로맨틱한 문학소녀가 부패해 가는 시체를 남겨놓는 것을 싫어했던 것이라면 그것은 엽기와는 상당히 거리가 멀다. '동성애 동반자살'이라면 엽기라고 말할 수 없는 것도 아니지만. 이 사건은 엽기라는 개

---

16 현존하는 일본 최고最古의 가집歌集으로 귀족뿐만 아니라 서민 등 다양한 인간상을 화려한 기교 없이 표현한 것이 특징이다.
17 만요슈의 특징적인 가풍歌風, 가조歌調로서 생활에 밀착된 감정을 소박하고 솔직하면서도 종종 웅대하고 장중하게 표현한다.

넘이 독자노선을 걸으면서, 엽기를 기대하는 독자를 위해 엽기를 찾아내고 어떤 것에라도 엽기의 레테르를 붙여두고 싶어 했던 것에서 비롯된 것이다. 어찌 되었든 변태는 엽기를 끌어들였다.

이 엽기라는 말은 언제부터 사용된 것일까. 1920년대 말 쇼와 초기 즈음이라고 생각된다. 1928년에 간사이關西 지역을 중심으로 추리소설 잡지 『엽기獵奇』가 창간되고, 1929년에는 『엽기화보獵奇畵報』(후지사와 모리히코藤澤衛彦, 일본풍속연구회日本風俗研究會)가 창간되었다. 또한 1931년 에로·그로·넌센스의 최고조기에 신조사新潮社에서 『현대엽기첨단도감現代獵奇尖端図鑑』이라는 제목으로 금박을 입힌 호화로운 하드커버의 두툼한 책이 출판되었다. 대부분이 화보였고, 「엽기·첨단의 고찰獵奇·尖端の考察」이라는 제목의 부록이 첨부되어, 10명의 기고문이 게재되었다. 글은 부록이었고, 비주얼을 강조한 도판 중심의 구성이었다. 그것은 현대문화로 이어졌으며, 시각 미디어가 압도하고 비대해진 비주얼 문화로의 매개 역할을 했던 역사적 기념비라고 할 수 있다.

쇼와 초기 에로·그로·넌센스가 유행어가 되고, 시대의 상징이 되었다. 그것은 불황과 흉작에 허덕이는 상황에서, 분명 제국의 수도 도쿄, 그것도 긴자銀座라는 일각에서 돌출된 "열매 없는 꽃"같은 현상이며 매스 미디어가 날조한 유행일 수도 있다. 그러나 엔본시대円本時代[18]를 맞이하여 저변이 확대된 대중적인 독서시대의 소산이라고도 말할 수 있을 것이다. 이 에로·그로·넌센스는 대중적인 출판문화 속에 나타나 당시의 세상 속에서 발견되고 만들어져 대중적으로 향유된 것이다.

엽기의 시대는 상업주의에 영합한 출판 저널리즘에 의해 만들어

---

18 쇼와초기 한 권에 1엔으로 균일한 전집이나 총서류가 유행한 것을 말한다.

져, 주로 제국의 수도에 있는 지식인층에 한정되어 융성했다. 노동자나 농민·소작인이 빈곤에 허덕이는 피폐한 쇼와공황의 세상과는 무관했다. 그러나 엽기는 실제로 폭넓은 장르를 포함하고 있었다. 그뿐만 아니라, 엽기를 평범한 자기 주위에서도 발견할 수 있다고 잡지나 영화 등의 미디어를 통해 알게 됨에 따라, 자신도 엽기의 주체가 될 수 있음을 발견했다. 엽기라는 단어·개념은 사람들을 엽기의 장으로 유혹하고 부추겼다.

아케치 코고로明智小五郎[19]가 엽기사건을 찾아 제국의 수도를 달리고 있었다. 1925년 에도가와 란포江戸川亂歩는 『D언덕의 살인사건D坂の殺人事件』에서 "아사히야旭屋의 주인은 사디즘에 영향을 받은 대단한 참학 색정자慘虐色情者로, 무슨 운명의 장난인지 한 집 건너 이웃에서 여자 마조히스트를 발견했다. 헌책방 집 아내인 그녀는 그에 못지않은 피학 색정자였다"라며 사디즘과 마조히즘의 결과로 발생한 살인사건을 그렸다.[25] 이런 SM살인사건은 단순히 허황된 이야기가 아니라 실제로 일어났다. 1918년 고구치 스에키치小口末吉 살인사건이 그것이다. 코구치 스에키치는 아내 요네의 등과 팔에 달군 부젓가락으로 자신의 이름을 새겨 넣고, 요네는 자신의 손가락과 발가락을 잘라냈다. 또한, 엉덩이와 대퇴부 등 그녀의 전신은 상처로 덮여있었으며, 상처가 곪아 패혈증으로 죽음에 이른 사건이었다. 말 그대로 "사실은 소설보다 기이했다." 그렇지만 엽기사건을 목격하거나, 더욱이 이를 행동으로 옮기는 것은 실제로 거의 일어나지 않는다. 엽기사건의 '사실'은 이야기에서 생겨난다. 활자나 전파를 매체로 엽기사건이라 이름 붙여진 사건의 보도가 범람하면서, 평범한 생활자에게 희열을 느끼게 해 주었다.

---

19 에도가와 란포 소설 속 인물 이름을 말한다.

엽기사건이라 불렸던 것을 살펴보자. 1926년 오니쿠마鬼熊 사건, 1928년 설교강도說教强盜 사건 1930년 이와노사카岩の坂의 양자살인 사건, 1932년 타마노이玉の井 토막살인 사건, 마스부치 쿠라요시增淵倉吉의 목 없는 시체 사건, 사카다坂田山 정사 사건('하늘이 맺어준 사랑' 사건), 1933년 미하라산 사건, 1935년 청산가리 살인 사건, 오모토교大本教(고도 오모토皇道大本) 탄압 사건, 1936년 아베 사다阿部定 사건 등.26) 여기서는 엽기라는 레테르가 붙여진 두 가지 큰 사건인 오모토교 사건과 아베 사다 사건을 다루도록 하겠다.

1935년 12월 8일 새벽, 오모토교는 불경죄 혐의로 수색당하고, 성사聖師인 데구치 와니사부로出口王仁三郎 외 30명이 넘는 간부급 신자가 일제히 검거되었으며, 150명이 구속되었다. 그 후 검거된 인원은 987명에 이르렀다. 8일의 『오사카아사히신문大阪朝日新聞』 호외에서는 커다란 제목으로 「오모토교에 다시금 대규모 수사투입大本教に再度の大手入れ」이라고 보도했다. 1921년에 오모토교는 '다이쇼 유신'에 따라 '세상을 바꾸고 바로 세운다'는 슬로건을 내세우고 신계神界·유계幽界·현계現界의 삼계의 개조를 목표로 활동하여, 불경죄와 신문지법위반의 혐의로 탄압받았다. 이 호외의 주요 내용은 "대검거의 원인은 / 악질적인 불경사건폭로 / 망상적인 존재를 설파 / 신자에게 허황된 믿음을 강제", "극단적으로 기이한 말을 선전" 등이었다.

불경하다는 것은 '망상적 존재'를 설파했다는 것인데, 그것은 데구치 와니사부로가 자신을 천황이라고 하고, 거처인 가메오카龜岡의 천은향天恩鄉을 궁성이라고 부르게 한 것이었다. 기사에는 "폭력적인 행동을 계획했던 흔적은 불분명하다"라고 쓰여 있지만, 폭력혁명, 혹은 군사 쿠데타의 음모가 암시되어 있었다. 또한 "굉장히 기이한 말을 선전"했다고 하는 것은 '파쇼적'이라고 간주되는 오모토교의 외곽단체

'쇼와신성회昭和神聖會'의 활동을 말한다. 쇼와신성회는 1934년에 설립되어, 니조 모토히로二條基弘 공작을 총재로, 와니사부로를 총관으로, 흑룡회黑龍會·대일본생산당大日本生産堂을 창립한 우치다 료헤이內田良平를 부총관으로 하여, "남녀 모두 제복을 입고, 군사 훈련을 했다"고 한다. 쇼와신성회의 회원은 200만 명을 넘었고, "토지국유화, 농민부채 삭감 (…중략…) 물물교환 등 기이한 정책을 제창"하고, "황도경제皇道經濟로서 지폐 1천억 엔을 발행하여 5, 6년간은 전 국민의 세금을 면제하고, 술, 담배류도 모두 세금을 면제 하는 등 놀랄 만큼 기괴한 주장을 하고 있다"고 보도되었다. 애초부터 국체변혁國体変革 단체 혐의로 치안유지법 위반을 적용할 의사가 확고했다고 전해지듯이, 상당히 정치적인 색채가 농후한 보도였다.

　9일의 『오사카아사히신문』에는 "크게 철퇴 맞은 오모토교大鐵槌下の大本教", "'신정회의'의 비밀'新庭會議'の秘密 / 내정척결에 날카로운 메스內情剔抉へ鋭いメス", "폭풍 속의 오모토교嵐の大本教 / 위축되어 가는가萎れて開いて / 떨어질 것인가 괴이한 종교·매화꽃散るか怪敎·梅の花 / 근대의 괴물―와니사부로近代の怪物 王仁三郎 / 요사스러운 신자 장악의 힘妖しい信者把握の力", "'빙의'라고 발뺌憑靈の言逃れ / 이번에는 결코 용서받을 수 없어今度は斷じて許されぬ / 사교절멸에 당국 고심邪教絶滅へ當國苦心", "신의 시련을 어떻게 풀어나갈까神の試鍊はどう解く / 수수께끼 인물 '와니사부로'의 정체는謎の人間'王仁三郎'の正體は / 과연 괴물인가 걸물인가果して怪物か傑物か"라는 제목이 나열되어 있다. 불경죄라고 말한 정치적인 문장에서 '사교邪教', '요교妖教', '괴교怪教'로 이단시 되거나, 음사사교淫祠邪教 혹은 오컬트Occult적인 수식어, 그리고 '요사스러운 신자 장악의 힘'이라는 단어에 에로틱한 수식어까지 더해지면서 점차 엽기적으로 이행하고 있다. 데구치 와니사부로는 '근대의 괴물'이자 '수수께끼의 인물'로 간주

되는 한편, '과연 괴물인가 걸물인가'라는 질문과 함께 다소 애매한 위치에 놓였다. 그렇지만 기사에는 "위대한 스핑크스－오모토교의 '와니사부로'는 여전히 현대에서 엽기흥미를 더하고 있는 존재"라며 의문에 가득 찬 엽기적인 인물로 자리매김하고 있다.

11일이 되니 "카메오카츠키궁전에서龜岡月宮殿から / 2만 엔과 일지二万円と日誌", "수상한 그림과 음란편지 발견怪しげな畵や桃色レター現る / 신자도 놀란 와니사브로의 방信者も驚く王仁の自室", "폭풍의 오모토교嵐の大本敎 / 요교의 교묘한 착취妖敎の巧みな搾取 / 촉매자 와니사부로의 지휘로觸媒者王仁三郎のタクトで / 천은향에 그려진 백일몽天恩鄕に描く白日夢"이라는 기사 제목이 발견된다.

12일의 기사는 "교조전에서敎祖殿から / 황금 지팡이黃金の延俸 / 수만 엔의 현금도 압수數万円の現金も押收"라는 제목이었다. 기사에는 카메오카의 천은향에도 아야베綾部의 총본부에도 "종교적 엄숙함은 티끌만큼도 없고 음탕하고 퇴폐적인 기운의 소용돌이", "올해 64세의 노인인 와니사부로는 절륜한 정력으로 가까이 있는 미녀들에게 닥치는 대로 손을 댄 결과 심각한 화류병에 걸리게 되었고……"라고 전하고 있다. 또한 "그의 방에서는 기이한 그림이나 음란편지, 화류병 치료 기구 등이 엄청나게 발견되어, 오모토교를 모시는 사람조차 눈살을 찌푸렸다"고 보도하면서, 와니사부로라는 '엽기적 흥미를 지닌 존재'의 핵심이 돈과 에로에 있다는 것을 강조하는 글을 요란스럽게 써대고 있다.

게다가, "영원한 청년 와니사부로"는 하루에 100수 가까운 단가를 읊고, 남화南畵나 유화油畵를 그리며, 오모토교의 "선전문"을 만들고, "여전히 피로함을 모르는 기름진 64세의 체력은 다카마高天 누각의 깊숙한 곳에서 요상한 백일몽의 분출구를 찾아내고 있다. (…중략…) 말 그대로 초괴인超怪人의 생활"을 하면서, 이 "초괴인의 매혹"에 빠져든

131

신자들에게는 "천은향은 틀림없이 현세의 유토피아"로 여겨져 "요교의 교묘한 착취기구"에 돈도 육체도 빨려 들어가게 된다며 "초괴인"의 엽기성을 강조하고 있다. 와니사부로가 먹고 남긴 감은 "불로장생의 서왕과西王果"로, 와니사부로가 피우던 담배 "시키시마敷島"의 꽁초를 피우면 "법열에 취하고", 와니사부로가 들어갔던 욕탕의 "더러워진 물"을 나누어서 "중병의 환자가 기사회생하는 영약으로 머리부터 끼얹으면 기쁨의 눈물을 흘린다"며 "초괴인의 매혹"의 실태도 상세하게 전하고 있다. 절대적인 카리스마는 사기꾼에 불과한 엽기의 시대의 "엽기왕"27)으로 추대 받는 언론의 희생양이 되어 낱낱이 파헤쳐졌다.

엽기사건의 여주인공, "엽기여왕"으로 세간의 주목을 한 몸에 받았던 것은 아베 사다였다. 1936년 5월에 일어난 일이었다. 2·26사건으로부터 약 3개월 후, 아직 계엄령 상태인 제국의 수도에서 벌어진 일이었다. 『오사카아사히신문』(5.19)은 "미녀의 엽기살인美女の獵奇殺人 / 남자의 시체에 의문의 선혈문자男の死體に謎の鮮血文字 / 탐닉 일주간·여관에서 여자 사라짐耽溺一週間·待合から女消ゆ"의 제목으로 보도하였다. 기사는 "가는 줄로 목을 매, 하복부를 칼로 잘라 살해, 요 위에는 선혈로 2촌 크기의 해서체로 '사다키치 두 사람定吉二人'이라고 쓰고, 또 이 네 글자를 다시 남자의 왼쪽 허벅지에 썼다. 또한 왼쪽 팔에는 '사다定'라는 글자가 칼로 새겨 피범벅이 되어있었을 뿐만 아니라, 편지지에는 '마馬'라고 쓰여 있는 등 / 엽기로 채색된 처절한 정경이었다"('엽기'는 커다란 활자로 강조되어 있다)고 전한다.

다음 날 기사는 "그날 아침 남자와 산책, 변장하고 달아나다その朝男と散步變裝して途ぐ / 제국의 수도에서 엽기살인帝都獵奇殺人 / 괴미녀는 나고야의 게이샤 출신怪美女は元中京の藝妓 / 피해자는 정부·요릿집 주인被害者は情夫·料理屋の主人", "수면제를 먹이고 허리띠로 교살眠り藥をのませ戰慄扱帶で

絞殺す / 경계망을 교묘하게 빠져나가다警戒網を巧みに潜りぬける / 악마 같은 '살인미녀'魔の如き'殺人美女'"라는 제목이었다. 21일 『오사카아사히신문』 2면에는 "수사망을 교묘히 빠져나간搜査網を巧みに潜り / 변신의 여괴 줄행랑変化の女怪高飛? 여기저기에서 다른 사람인양 연기하다随所に人違いの喜劇を演ず", "오사카 난바 신치의 괴녀에게大阪難波新地の怪女に / 의문이 점점 깊어지다疑雲ますます深む / "'교태스러운 웃음'을 밝히는데 애를 쓰다媚笑の究明に躍起"라는 제목의 기사가 나왔지만, 같은 신문 15면에는 아베 사다의 체포가 보도된다. 『오사카아사히신문』의 체포기사 제목은 "'살인요녀殺人妖女 / 시나가와에서 체포되다品川で捕わる / 형사가 덮치자刑事に踏込まれ '아 그래요'라는 이상야릇한 웃음'あらそう'怪奇な妖笑 / 숨어 있던 역 앞 여관에서潜んでいた駅前旅館から / 대담하게 웃으면서 경찰서로不敵·笑いなから警察へ / 괴녀의 고백怪女の告白 / 치정에서 참살로情痴から惨殺へ / 악행으로 인도하는 최면제兇行に導く催眠剤 / 전율! 악마의 장난戦慄! 悪の戯れ / 내가 잠들면 목을 조르겠지俺が眠ったら絞めるだろう / 그럴지도 모르죠そうかもしれないわ"였다. 또한 『도쿄아사히신문』의 체포기사 제목은 "요부 아베 사다 드디어 포박妖婦お定遂に就縛", "다이와 다나오라는 가명을 써大和田直偽名した / 엽기살인 여주인공獵奇殺人主人公"('엽기살인' 양쪽에 줄을 그어 강조), "부부관계는 아님添われる仲でない / 잠든 얼굴을 보면서 살해寝眠みつつ殺害 '사랑하기 때문에'라고 고백愛するが故にと告白", "형사에게 웃으며 응대刑事に笑で應對 / 체포되었던 당시의 순간捕われた時の瞬間", "자신의 생각대로 죽이고 살리는 여자活殺自在の女 / 휘감는 무당거미[20]絡む女郎蜘蛛" 등이었다. '미녀의 엽기살인'으로 제국의 수도가 에로와 그로로 한데 얽힌 엽기의 거리가 되었다고 보았던 것이다. 아베 사다는 '괴

133

---

20 일본 각지에 전해져오는 이야기 속에서 무당거미는 아름다운 여인의 모습을 한 요괴로 등장한다.

미녀', '살인미녀', '살인요녀', '엽기살인 여주인공', '무당거미' 등으로 칭해졌다. 미인이었던 것과 더불어 그 살해의 방법이 엽기적이라는 개념을 불러일으켰던 것이다. 아베 사다 자신과는 상관없이 매스 미디어와 당시 사람들은 엽기적 망상으로 달렸던 것이다.

『요미우리신문讀賣新聞』(5.20)에는 범죄심리학의 권위자인 경시청 위생부 기사 가네코 준지金子準二의 코멘트가 실려있다. 가네코 준지는 범죄 동기설로 '성욕이상에서 오는 국소숭배증', '복수', '동반자살'의 가능성을 들면서, 질투심이 높아져 '변태적'으로 변하여 '국소에 독점욕을 집중하고' 급소에 대한 증오로 그것을 절단했다는 '질투심'설을 제창했다. 아베 사다의 체포 후, 『요미우리신문』(5.21)에는 아베 사다가 이시다石田의 남근과 고환을 탐내어 잘라내고, 이시다의 '셔츠와 팬티' 그리고 혈흔이 묻은 윗 속옷에 집착하여 그것을 몸에 지니고 있었다는 점에서 '이상하고 변태적인 애정을 보여주고 있다'며 '희대의 그로범죄'로 보도했다. 엽기에서 변태성·그로테스크성을 부각시켰던 것이다.

'예심신문조서予審訊問調書'28)에서 아베 사다는 "이시다와 헤어지는 것이 서운해서 이시다의 셔츠를 입거나, 남근을 자르는 등 이상한 짓을 해버렸는데, 그로 인해 변태라고 불리는 것은 억울합니다"라고 진술하고 있다. 또한 "세간으로부터 변태로 취급받는 것은 정말 유감입니다"라고 말하듯, '변태'라는 말에 대한 혐오감을 노골적으로 보이고 있다. 아베 사다는 "세간에서 나를 색광으로 오해하고 있지만" "내가 변태성욕자인지 아닌지는……" 등과 예심판사의 말과 함께 생각해볼 때, '변태'나 '변태성욕자' 또는 '색광'이라고 불리는 것을 거부하고 있다. "여자가 좋아하는 남자의 물건을 탐하는 일은 당연한 것" 또 "사랑 때문에 멈출래야 멈출 수 없이" 끌렸다며 아베 사다는 변태 혹은 변태성욕자, 성적이상자로 보이는 것을 단호히 거부하고 있다. 아베 사다 사건은 일상세계 속에서 엽기를 발견하게 만들었다. 엽기는 일상성 속에 잠재해 있다. 그것은 혈흔이나 핏덩어리, 시체 썩은 냄새 등 육체감각을 환기시키는 핵심이자 개념이 되었다.

1930년대에는 엽기사건이라 이름 붙여진 일이 계속 발생했다. 아베 사다 사건이 한창 중 일 때에도 『오사카아사히신문』에는 "감상적인 여학생感傷の女學生 / '죽음의' 약을 먹다死ヘ'の服藥 / 꽃을 따며 놀고 난 다음 날花摘みに樂しんだ翌日 / 머리맡 유서에 '안녕히'枕元の遺書に'さよなら'(5.19), 깔려서 목 잘리다轢く·刎ねる / 오테츠키타다 근처에서 어린 학생즉사大鐵北田辺では學童卽死 / 잇따른 참화의 거리相次ぐ慘禍の街"(5.19), "죄는 운명을 폭로한다罪は運命を發く / 20년간 철석같이 믿어왔던 '부모'는二十年間信じ切った'實の親'は / 수양 관계로 판명되어 슬픈 눈물義理の仲と判って悲しい淚 / 구형 3년의 방화범 딸求刑三年の放火娘"(5.19), "어머니가 세 살배기 아이를 교살母親三兒を絞殺 / 목에 끈을 묶어 광란頸に紐を卷いて狂亂 / 대낮에 모자 5명의 동반자살白晝母子五人心中"(5.20), "기가 막힌 파계승呆れ果てた破戒僧 / 불교 잊고 과학 탐닉仏忘れて科學に耽溺 / 닥치는 대로 기계 훔쳐手當り次第器械を盜む"(5.20), "창기를 참살娼妓を慘殺 / 범인은 철도에서 자살犯人は鐵道自殺"(5.21) 등이 보도되었다. 경찰과 매스 미디어의 합동 혹은 경합에 의해 엽기사건은 일상세계 속에 침입하여, 안전하고 평화로운 일상생활을 확인시켜주면서, 방관자적 입장에서 세상에 둘도 없는 자극적인 오락으로 수용되고 소비되었다.

괴기·이상을 표상하는 엽기는 일상세계 속에 잠재하는 것으로 여겨져 그 출현이 기대되었다. 엽기는 매스 미디어나 대중문화의 중심에 자리 잡았다. 이인異人의 등장을 기다리면서, 사람들은 상상하거나 망상하고, 매스 미디어는 선동하고 때로 창출했다. 하지만 그때까지 주변부로 배제·격리되었던 엽기의 이미지는 약해지고 불분명해지면서 일상 속에 길들여졌다.

뒤죽박죽 섞인 엽기의 도가니는 거의 차이 없는 잡다한 괴기나 이상의 총출연이 되었다. 즉, 그로테스크의 향연에서 엽기 전체가 이물로서의 차이가 없어지고 균질화·스테레오 타입화되어 일상성을 자극하는 힘, 또는 비판하는 힘을 빼앗겼다. 엽기를 찾아 헤매는 방관자적 입장은 언제나 불안정하고 흔들렸다. 그리하여 또다시 "엽기는 달린다", 어디로 향할까. 예를 들면, 대륙으로, 만주로, 남양南洋으로, 북쪽으로. 그리고 전쟁이다. 전쟁이야말로 자극적이고 일상을 능가하는 엽기의 실천을 권한다. 1930년대 엽기의 시대는 전쟁의 시대를 준비하고, 촉발했으며 보완했다. 일상세계를 탈출하여 축제와 살육에 취한 전쟁의 실천, 그것의 일상화 과정, 그것을 출현시킨 것은 일상성 속에서 나타났던 엽기를 바라보는 시선이었다.

136

나가며 – 엽기의 끝에서

앞서 말한 『현대엽기첨단도감』의 부록으로 게재된 아카가미 료조赤新神良讓의 「첨단의 심리학尖端の心理學」은 "대량 생산화 된 후기자본주의 현대사회에서 '첨단' 그것이 바로 훌륭한 상품이 되는 것이 아닌가 (…중략…) 오늘날 노심초사하며 첨단을 추구하는 것은 첨단 그 자체의 추구보다도 오히려 상품으로서의 첨단을 추구하는 것으로, 첨단 숭배를 상품화시키는 자본주의 사회의 기제에 의한 것이다. (…중략…) 따라서 강렬한 자극으로 가득 찬 사회가 한층 더 강렬한 자극을 요구하면서, 엽기적이든, 변태적이든, 그로적이든, 테러적이든, 범죄적이든, 살인적이든, 악마적이든 결국 현대사회를 극단으로 몰고 간다"[29]라는 문장으로 끝나고 있다.

어쩌면 오모토교 탄압사건과 아베 사다 사건은 이 '극단화'의 종착지였다고 말할 수 있을 것이다. 그렇지만 1937년 노구교盧溝橋 사건이 발발하고 중일전쟁(북지사변·지나사변)이 개시되면서, 찬란한 '첨단숭배'의 상품화, 열매 없는 꽃의 에로·그로·넌센스, 엽기의 시대는 끝에 다다른 것일까. 다카하시 테츠高橋鐵에 의하면, 2·26사건 이후 험악해진 세태를 바꾸려는 민심 때문에, 아베 사다 사건에 대해 온 나라가 흥분하고, 위정자도 "엽기여왕" 아베 사다를 의식적으로 이용했다고 볼 수 있다. 하지만, 거리에서는 아베 사다를 "다이묘진大明神"으로 불렀고, 남자든 여자든 호의적으로 화제 삼았다고 했다.[30] 또한 전후 아베 사다와 대담했던 사카구치 안고坂口安吾는 "그 일은 사람들의 인상에 긍정적으로 남아있으며 (…중략…) 따라서 지금도 아베 사다가 여러 가지로 화제가 되고 있는 것은 아마도 그녀가 사람들의 구원이 되었다는 의미가 있다고 생각 합니다"[31]라고 말한다. 아베 사다는 귀자모신鬼子母神[21] 혹은 보살 같은 구원의 여신으로 변모했던 것이다.

한편 "엽기왕" 데구치 와니사부로는 말 그대로 구세주처럼 여겨졌다. 1943년 야마가타山形현의 오모토교 남성 신자에 의해 "성사님께서 밖으로 나가시어 신령이 내려 대국란을 구하시고, 닭의 해인 쇼와 20년(1945)에는 전쟁이 종료되어 세계를 통일하시어 미륵의 세계를 건설

---

21 해산과 유아 양육을 맡은 신. 만 명의 자식을 두고도 늘 남의 어린아이를 잡아먹으므로 석가모니가 그의 막내아들을 숨겨 놓고 훈계하여 귀의하도록 하였다. 어린아이를 품고 석류를 쥐고 있는 모습이다.

하신다" 등의 소문이 퍼졌다. 1944년 구마모토熊本시의 오모토교 여성 신자가 데구치 와니사부로의 예언이 적중했다고 굉장히 흥분하며, "데구치 와니사부로는 구세주로서 현인신이다. 곧 땅이 열리면서, 성사님은 현인신으로서 세계를 구원할 것이다"[32]라고 말하고 다녔다. 전시 중, 항간에는 데구치 와니사부로가 미륵의 세계를 건설하기 위해 '구세주', '현인신' 혹은 '미륵보살'로서 출현했다는 소문이 유포되었다. 데구치 와니사부로는 이런 유언비어에 의해 진짜 '요괴', '대괴물'이 된 것은 아닐까.

엽기의 '극단화'는 '테러적이든, 범죄적이든, 살인적이든, 악마적이든' 대살육의 전쟁으로 나타났다. 세계 어느 곳이든 전쟁터가 되고, 말 그대로 세계는 엽기의 거리가 되었다. 엽기라는 개념은 이제는 무의미하다. 모든 것이 엽기가 되고 변태가 되었다. 그것의 일면으로 엽기의 '극단화'는 메시아 출현의 환각을 낳았다. 엽기의 종착지는 세상을 바로잡고자하는 환상·상상력을 키워갈 가능성도 있었던 것이다. 즉, 엽기가 그때까지 없던 새로운 변혁이나 유토피아를 가져온다는 환상, 창조와 해방의 이미지를 만들기 시작한 것이다.

138

황화론黃禍論과 우생학

제1차 세계대전 시기의 생정치biopolitics[1]

이치노카와 야스타카 市野川容孝[2]

들어가며 — 두 개의 정치politics

제1차 세계대전 발발 직후인 1914년 7월, 독일 우생학(인종위생학)의 일인자 빌헬름 샬마이어Wilhelm Schallmayer는 「유럽의 미래에 관한 반시대적 고찰」이라는 글에서 즉각적인 정전停戰과 강화講和를 강력히 주장했다.1) "우리들이 지금 고찰대상으로 삼아야만 하는 것은, 유럽의 영구

---

1 이 글은 김연숙·이현희가 번역했다.
2 사회학자, 1964년생, 도쿄대학 사회학 박사, 도쿄대학 종합문화연구과 교수. 의료사회학·생명윤리학 전공. 주요 저서로『신체 / 생명身体/生命』(2000),『사회社会』(2006)가 있으며, 공저로『우생학과 인간사회 — 생명과학의 세기는 어디를 향하는가優生学と人間社会 — 生命科学の世紀はどこへ向かうのか』(市野川容孝·米本昌平·松原洋子·ぬで島次郎, 講談社, 2000年),『변성하는 사고 — 글로벌·파시즘에 대항해서変成する思考 — グローバル·ファシズムに抗して』(市野川容孝·小森陽一·守中高明·米谷匡史, 2005),『난민難民』(市野川容孝·小森陽一, 2007) 등이 있다.

평화에 도달하는 길이다. 그것은 선택지 중 하나가 아닌, 오직 유일한 길이다." 즉, 유럽은 지금 당장 정전·강화의 길로 나가야 한다는 것이다. 같은 해 8월 4일에 정부가 제안했던 거액의 전시공채를 우파 정당뿐 아니라 사회민주당을 포함한 전체 정당이 승인하게 되면서, 독일은 거국일치의 총력전체제를 갖추게 되었다. 이런 상황에서 빌헬름 샬마이어의 위와 같은 주장은 확실히 '반시대적'이라고 부를 만하다. 카를 리프크네히트Karl Liebknecht, 로자 룩셈부르크Rosalia Luxemburg 등 사회민주당 내의 소수 좌파가 반전을 내세우면서 당 주류파에 반기를 든 것이 다음해인 1915년 말 이후이기에, 반전평화라는 측면으로 한정해보아도 빌헬름 샬마이어가 이들 세력에 앞서 있었지 결코 뒤쳐진 것은 아니었다.

하지만, 왜 반전평화인 것인가.

우선 빌헬름 샬마이어가 철두철미하게 **우생학자**의 입장에서 말하고 있다는 사실에 주목해야만 한다. 우생학은 때때로 강병책, 총력전체제의 문맥에서만 언급되는 경향이 많은데, 이는 사태의 한 면만 보는 것이다. 또 사람들은 많은 우생학자들이 반전평화를 강력하게 주장했던 것을 쉽게 간과하는 경향이 있다. 우생학자에게 전쟁은 생물학적으로 '우등'한 존재를 대량으로 사멸시키는 한편 '가치가 낮은 자'의 인구비율을 높이는, 최악의 '역도태'와 같다. 빌헬름 샬마이어는 다음과 같이 말한다.

> 종種의 측면에서 보자면 우등한 남성들의 대부분이 전사하거나 중증의 장애와 불치병 때문에 국민의 재생산(생식)과정에서 이미 탈락하였다. 전쟁이 한창인 지금 그 양상이 점점 더 심해지고 있다. 그에 반해 병역에도 부적합한 자가 차세대 육성에 참여하는 비율은 거꾸로 높아지고 있다. 그 결과 종의 평균적인 질은 저하되고 게다가 이런 경향은 쭉 계속된다.

그래서 조금이라도 빨리 전쟁을 그만두지 않으면 안되는 것이다.

그러나 빌헬름 샬마이어의 반전론을 순수한 우생학적 입장으로만 볼 수는 없다.

두 번째 이유는 국제정치적인 관점에서 행했던 유럽의 방위防衛때문이다. 1차 세계대전으로 유럽 각국이 여러 가지 의미에서 피폐해지더라도 "세계의 다른 민족에 대한 유럽의 우위가 반드시 사라지지는 않을 것이다." 그리고 빌헬름 샬마이어는 아시아에 주목할 것을 촉구한다. "최근 아시아의 한 국가, 일본이 열강대열에 진입했다. 또 대부분 예상하는 바이지만, 중국이 눈앞에 직면한 위기를 극복한다면 군사적으로도 경제적으로도 일본을 능가하는 대국이 될 것이고, 이런 중국에 비하면 유럽 여러 나라도 제2위의 세력이 되어버리고 말 것이다." 빌헬름 샬마이어가 아시아의 위협을 언급한 것은 이번이 처음은 아니다. 1908년의 「육종자育種者로서의 전쟁」이라는 글에서 그는 '황화黃禍'[3]라고 분명하게 언급하고 있다.[2] 그는 우생학적으로 보자면 전쟁은 바람직한 도태를 가져오는 것이 아니라 오히려 그 반대이지만, 공동의 적에 직면하여 국민도 하나가 되고, 서로 적대시하던 나라들도 하나로 결집시킨다는 역설적인 효과―적대에서 출발했지만 연대로 나간다는 효과―가 있다고 생각했다. 그러면서도 빌헬름 샬마이어는 보불전쟁과 그 외 과거 분쟁을 넘어서 현재 "급속하게 성장하고 있는 미국이라는 대국"에 대항하기 위해서 "유럽연합국"을, 나아가 이런 미국과도 손을 잡는 "유럽―미국 연합국"을 창설해야만 하고, "눈앞에 드러난 황화 때문에 백인종인 민족들

---

3   황화黃禍 또는 황화론黃禍論은 황색인종이 번창하여 백인종에게 화를 입힌다고 주장하는 데마고기demagogy이다. 이 말을 처음 한 사람은 1895년 청·일전쟁 당시의 독일 황제 빌헬름 2세로, 그는 과거의 오스만투르크와 몽골민족의 유럽 원정에서 보듯 황색인종이 발흥하면 유럽 기독교문명에 큰 위협이 될 것이라 주장, 유럽 열강이 공동대처할 것을 제의했다.

은 필연적으로 그것을 따라가야만 한다"고 주장한다. 그러나 '유럽―미국 연합국'의 가능성은 1914년의 글에서는 사라졌다. 오히려 빌헬름 샬마이어는 그때까지도 세계대전에 휩쓸리지 않았던 미국을, 피폐해져 가는 유럽을 무시한 채 자신들의 경제적 번영과 독자적인 세력권을 구축하고 있는 위협으로 간주했다. 빌헬름 샬마이어는 그렇기 때문에 더더욱 세계대전을 즉시 중지하고, 제1회 헤이그 평화회의(1899) 이후 맥이 빠져버린 '유럽연합'을 실현시켜야 한다고 역설한다.

빌헬름 샬마이어의 '반시대적'인 반전론은 '역도태'로서의 전쟁이라는 순수한 우생학적인 우려 그리고 유럽이 '황화'와 미국이라는 두 개의 위협에 노출되어 있다는 국제정치의 지형도, 이 두 가지가 교차하는 곳에 놓여있었다.

미셸 푸코Michel Foucault는 '생生―권력'을 구성하는 하나의 축으로 집합적인 생명인 '인구'에 초점을 맞춘 '생정치biopolitics'라는 것을 제시했다(『앎의 의지』). 그러나 주의할 것은 앞서 언급했던 빌헬름 샬마이어의 반전론이 암시하고 있는 것처럼 우생학을 일례로 하는 생정치는 결코 일국一國 내에서 완결되지 않고, 인터내셔널(혹은 글로벌) 정치와 불가분의 관계 속에서 그 구체적인 형상이 완성된다는 사실이다. 푸코 자신은 이런 점을 상세하게 설명하지는 않았다.

이 글에서는 '황화'를 하나의 단서로 삼아, 20세기 전반의 국제정치 동향과 그 가운데에서 일본의 위치를 개관하고, 또한 그것과 중첩시키면서 근대 일본의 생정치의 한 단면을 보고자 한다.

144

1. 제1차 세계대전 이전의 동향

1) 독일의 '세계정책'과 황화론

독일황제 빌헬름 2세를 '황화'라는 말 혹은 그 개념의 창조자라고 보기는 어렵지만, 선행연구들을 살펴보면 그가 '황화'의 보급에 큰 역할을 했다는 사실은 분명하다.[3]

빌헬름 2세는 '황화' 그림을 여러 장 그리게 했다. 그 중 특별히 배포하려던 그림 한 장을 완성시키기 직전, 그는 러시아 황제 니콜라이 2세에게 편지를 보낸다(그림 참조). "친애하는 닉키Dear Nicky[4]"로 시작하는 편지(1895.4.26)—니콜라이 2세가 방일訪日 중 부상당한 일, 즉 오쓰사건大津事件[5]은 4년 전인 1891년에 일어났다—에는 다음과 같이 씌어 있었다.

일본에 대항해서 유럽의 이익을 지키고자 공동행동을 취했던 그 뛰어난 방식에 대해, 나는 당신에게 깊이 감사한다. (…중략…) 우리들이 서로 협력하는 일은 중요하다. 또 프랑스가 우리 두 사람의 우군이 된 것에서도 알 수 있듯이 모든 유럽의 나라들이 유럽 전체의 안녕을 위해 연대하고 행동할 수 있다는 사실

4　니콜라이 2세Aleksandrovich Nikolai II(1868.5.18 ~ 1918.7.16 / 17)의 애칭. 러시아의 마지막 황제(재위 1894~1917). 왕비인 알렉산드라 표도로브나가 독일 황제 빌헬름 2세와 사촌지간이다. 재임 당시 적극적인 극동진출로 러일전쟁을 초래하여 국내에서는 혁명이 일어났으며 2월혁명(1917)으로 제정帝政이 붕괴되었다.

5　1891년 5월 11일, 일본인 순사가 일본을 방문 중이던 러시아 황태자의 머리를 일본도로 내리쳐 상처를 입힌 사건. 황태자의 상처는 가벼운 찰과상에 불과했지만, 러시아의 보복을 두려워한 일본은 천황 주재로 어전회의를 열고, 이토 히로부미는 계엄령을 선포하고, 천황이 교토로 문병을 가는 등 갖은 노력 끝에 사건은 무마되었다. 범인 쓰다 산조津田三蔵는 황태자가 천황을 문병가지 않고 유람만 즐기는 것에 분노해 범행했다고 자백했다. 그는 살인미수범으로 무기징역에 처해졌으나, 복역 중이던 같은 해 9월 옥사했다.

빌헬름 2세가 고안한 황화(용의 모습으로 피어오르는 화염 위에 앉아있는 부처와 그 앞에 몰려든 서양 여러 나라)

과 공통의 이해기반이 존재하고 있다는 것은 분명한 사실이다. (…중략…) 나는 유럽의 평온을 유지하고 또 극동에 대한 당신의 행동을 누구에게도 방해받지 않도록 하기 위해, 즉 러시아의 배후를 지키기 위해 온갖 일을 다 할 셈이다. 왜냐하면 아시아 대륙을 개발하고 또한 대★황인종의 침입으로부터 유럽을 지키는 것이 금후 러시아의 위대한 임무이기 때문이다.[4]

이 글에서 "일본에 대항해서 유럽의 이익을 지키는 공동 행동"이란 말할 것도 없이 '삼국간섭'을 가리킨다.

이와 같이 빌헬름 2세는 여러 가지 형태로 '황화'를 선동했는데 그 배경으로 비스마르크와 결별한 이후에 세운 '세계정책'이라는 구상이 있었다. 외교의 초점을 유럽내부에 맞추었던 비스마르크와 달리 빌헬름 2세는 영국, 프랑스, 러시아의 제국주의를 따라잡기 위해서는 독일도 해외식민지 획득에 적극적으로 나서야한다고 주장했다. 이는 독일 부르주아계급이 지향했던 바와도 일치했으며 이 연장선상에서 함대법艦隊法 제정(1898)을[6] 시작으로 해군증강정책이 전개되었다. 또 삼국간섭 후의 자오저우만 조차膠州灣租借는[7] 독일이 이러한 '세계정책'으로 한 발 크게 내딛는 첫 사건이었다.

그러나 독일이 식민지획득경쟁에 적극적으로 나선다면 동시에 다른 유럽 나라들과 지금보다 더 크게 대립할 위험이 있었다. 빌헬름 2세의 황화론은 이런 위험을 회피하기 위한 하나의 방책이었다. 즉 황화에 직면하여 "모든 유럽이 그 안녕을 위해서 연대하고 행동해야한다"라는, 러시아에 보낸 편지에 쓰인 주장은 독일을 유럽제국주의의 대열에 자연스럽게 끼워 넣으려는 메시지를 담은 것이다. 또 모든 시선을 황화로 향하게 함으로써 유럽의 다른 나라들 사이에 잠재해있던 대립을 강력하게 막아버리는 효과를 기대했다. '세계정책'에 적극적이었던 빌헬름 2세와 독일이 인식했던 '위험'이란, 일본을 비롯한 아시아이기 전에 우선 유럽의 다른 나라들이었다.

하지만 독일의 '세계정책'은 인접국들 이외에 또 하나의 위협을 강하게 의식하고 있었다. 빌헬름 샬마이어도 감지하고 있었던 또다른 위협은 미국이다. 빌헬름 2세의 '세계정책'을 지지하는 단체 '전全 독일연맹'(1894년 결성, 그 전신은 1891년 발족한 '범 독일연맹')의 폴 덴Paul Dehn은

147.

6　독일제국 의회가 1898년 4월10일 의결한 함대법Flottengesetz의 핵심은 7년간 의회의 동의 없이 4억 890만 마르크의 예산을 지출해서 전함 19척, 대형 순양함 12척을 건조한다는 것이다. 이는 빌헬름 2세가 식민지 확대를 위해서 해군력 증강이 가장 중요한 과제라고 판단, 영국에 맞서기 위한 해군력 증강계획을 정치적·재정적으로 구체화시킨 결과이다. 이후 1900년 2차 함대법에서는 건조 목표를 두 배로 늘렸고, 1906년과 1908년에는 함령 15~20년을 넘은 함정은 퇴역시킨다는 내용까지 포함됐을 만큼 그 당시 영국을 따라잡겠다는 독일의 의지가 강했다고 한다.

7　중국 산둥山東 반도 남쪽 연안, 황해로 이어진 만. 1897년 독일군이 자오저우만을 침입한 후 1898년 독일이 자오저우만의 조차권을 얻어 칭다오 조계지租界地가 설치되고, 이후 칭다오는 중국의 주요 무역항으로 부상했다.

『세계정책에 따른 쇄신』이라는 책에서 주로 '황인종문제'를 논의하는 동시에 '백미화白米禍'의 문제도 언급하였다.5)

폴 덴에 따르면 미국은 경제적으로 급성장했을 뿐만 아니라 스페인과 전쟁(1898)에서 손쉽게 승리했고 필리핀이나 괌을 차지한 것에서도 볼 수 있듯이 군사적으로도 강대해지고 있었다. 또한 종래의 먼로주의를 폐기한 이후 해외 특히 아시아 진출을 적극적으로 모색하고 있었다. 이런 미국이 독일의 '세계정책'에서 무시할 수 없는 위협이 되었다는 것이다.

독일은 미국의 위협을 줄이기 위해서도 황화론을 동원했다. 황화 특히 일본의 위협이 있다고 부추김으로써, 미국의 주의를 대서양이 아닌 태평양 건너편으로 돌리고 '세계정책'을 전개하는데 발생할 장애를 가능한 한 없애려고 했던 것이다.6) 빌헬름 2세는 루즈벨트 대통령 앞으로 보낸 편지(1905.9)에서 황화에 직면해있는 독일(또는 유럽)과 미국의 연대를 암시하고 있다. "예상컨대 앞으로는 '백인종'과 '황인종' 사이에 생존을 건 생사生死의 투쟁이 펼쳐지게 될 겁니다. '백인종'에 속한 여러 국민은 이 사실을 이해하고 소리 없이 다가오는 위험에 대비해 공동의 방위조치를 취하는 것이 빠르면 빠를수록 사태는 좀 더 좋은 방향으로 전개될 것입니다."7) 결국 제1차 세계대전이란, 독일이 '황화'라는 카드를 내세워 유럽의 다른 나라들 그리고 미국과의 긴장관계를 완화·억제하면서 '세계정책'을 추진하려던 시나리오가 완전히 어긋났다는 것을 의미한다. 이 시나리오가 어긋나기 시작하면서 독일이 유럽에서 서서히 고립되고 있던 1912년 경, 황화선동의 장본인인 빌헬름 2세는 영일동맹을 교란할 목적으로 대일협조정책으로 노선을 전환한다.8) 이런 노선이 워싱턴 체제에 대한 일본의 불만을 흡수하면서 1930년대 이후에는 또다시 더 강력하게 독일 외교의 주축이 되고, 그로써 제2차 세계대전이 준비되었다.

2) 러일전쟁

황화는 청일전쟁 직후에 빌헬름 2세가 선동하기 시작했고, 러일전쟁에서 일본이 강국 러시아를 물리치면서 보다 현실감을 띠고 구미 여러 나라로 퍼져나갔다.

그렇다면 도대체 '황화'란 무엇인가.

미국 육군소장이었던 제임스·H·윌슨James Harrison Wilson은 러일전쟁이 종국으로 향해가던 1905년에 다음과 같이 말했다.9) 러일전쟁에서 승리함으로써 일본은 중국대륙으로 침략·진출했고, 그 결과 동아시아의 세력균형이 크게 흔들렸다. 왜냐하면 일본의 승리가 "전체 아시아 인민에게 용기를 불어넣었기" 때문이다.

그것은 아시아인을 위한 아시아를, 이제는 백인이 황인을 지배하지 않는다는 것을, 그리하여 약탈 시대가 종언되었음을 의미한다. 이를 일본이 자각했다는 것이다. 마지막으로 중국도 이 사실을 자각해야한다. 결국 이 둘이 전체 아시아인을 자각시키게 될 것이다. 나는 지금까지 황화라는 것은 무시해도 좋을만한, 꾸며낸 이야기라고 생각해왔고, 이런 판단이 나름대로 이성적인 것이라고 생각했다. 그러나 그것은 황인종이 제각각 흩어져 있고, 지도자가 없다는 전제 하의 이야기이다. 1895년 일본의 승리에 따라 이 같은 상황은 종결되었고, 러시아에 대한 승리는 이런 종언을 더욱 확실하고 강고한 것으로 만들었다. 일본은 승리자, 아시아의 여러 인종을 다스릴 민족이 되어 자신에게 향하는 모든 불만의 요소를 교화와 지도로 유리하게 바꾸어갈 것이다.

윌슨의 말은 '황화'의 본질을 적확하게 표현하고 있다. 즉 '황화'란 그때까지 서로 고립되어 서양제국주의의 생각대로 난도질당했던 아시아가, 일본을 중심으로 하나로 합쳐질 것이며, 더 나아가 서양에 대항할 것이라는 공포를 의미했다. 황화론이란 '아시아 여러 나라의 연대(침략을 수단으로 하든 말든 따지지 않고)를 지향하는'[10] 아시아주의의 다른 이름이다.

윌슨은 아시아의 '자각'을 강조한다. 명확하게 언급하지는 않았지만, 어쩌면 그는 1904년 뉴욕에서 출판된 오카쿠라 텐신岡倉天心의 『일본의 자각The Awakening of Japan』을 읽었을 지도 모른다. 오카쿠라 텐신은 캘커타에서 쓴 『동양의 자각東洋の目覺め』(1902) 초고에서 다음과 같이 호소한다.

> 아시아의 형제자매여! 우리 조상들의 땅은 엄청난 고난에 처해 있다. 바야흐로 동양은 쇠퇴와 동의어가 되고 그 민족은 노예를 의미하게 되었다. (…중략…) 우리들은 상업의 이름 아래 호전적인 무리를 환영하고, 문명의 이름 아래 제국주의자를 포용하고, 기독교의 이름 아래 잔혹 앞에 넙죽 엎드려 왔다. (…중략…) 우리들이 그러한 생활을 긍지로 삼는 동안 다함께 고립되어 왔다. 그렇다면 공통의 고난이라는 큰 바다 속에 녹아버린 것은 아닌가. '황화'의 유령은 서양의 죄책감의 산물이리라. 따라서 동양의 조용한 응시를 '백화白禍'로 향하게 해야 한다. (…중략…) 유럽의 영광은 아시아의 굴욕이다! (…중략…) 유럽의 협박 그 자체가 아시아를 채찍질해서 자각적 통일로 이끌고 있다. (강조는 인용자)
> ─『일본의 명저 39 오카쿠라 텐신日本の名著 39 岡倉天心』, 중앙공론사

그렇지만 러일전쟁 당시 일본에서 황화론과 짝을 이루는 '아시아주의'는 결코 지배적이지 않았다. 물론 1930년대 이후에는 달라지지만, 그 당시에는 봉해져야할 이단사상이었다. 왜 그랬을까. 일본정부

150

는 영국과의 동맹만을 확보한 상황에서, 러일전쟁이 황화론─아시아 주의에 겹쳐져서 '서양' 대 '동양'의 전쟁이라는 양상으로 드러나게 될 경우, 다른 서양 여러 나라가 러시아에 가세해 일본의 승산이 줄어드는 것이 가장 두려웠기 때문이다. 실제로 일본정부는 러일전쟁 개시 직후, 스에마쓰 켄초末松謙澄와 가네코 켄타로金子堅太郎를 유럽과 미국으로 각각 파견해서 아시아주의를 내포한 황화론의 불씨를 철저히 꺼트리는 선전활동을 담당하게 했다.11)

앞에서 언급한 월슨의 글이 실렸던 잡지의 같은 호에는 가네코 켄타로가 쓴 「극동에서 일본의 위치」라는 제목의 글이 게재된다. 이 글에서 가네코 켄타로는 다음과 같이 이야기한다. 러시아는 삼국간섭에서 청나라의 독립보장을 내세웠지만 그럼에도 불구하고 그 직후에 뤼순旅順과 다롄大連을 조차租借하고 북청사변을 계기로 만주를 침략했다. 러일전쟁은 이런 러시아의 행동을 '국제적인 정의'에 비추어 심판하는 전쟁이고, 월슨이 염려했던 '황화'도 결국 러시아가 날조했던 허구에 지나지 않는다고 주장했다.

러시아가 자신은 기독교 국가의 일원으로서 일본이라는 이교도 국가와 싸운다고 선언하면서, 편견을 부채질하는 온갖 짓을 다 했다는 사실을 이미 우리도 알고 있다. 러시아가 전체 기독교도들에게 '황화'라는 터무니없는 슬로건을 퍼트린 것도 우리는 알고 있다. 이러한 편견에 마주친 우리는 이 전쟁을 휴머니티의 원리에 따라서 싸워야한다고 결의했던 것이다. (…중략…) 이 전쟁에서 일본은 자국민의 생존뿐만 아니라 국제 정의와 보편적인 휴머니티를 위해, (미국이 1899년 이래 요구해왔던) 중국의 '문호개방정책'을 유지하기 위해, 또한 중국의 부당한 분할을 저지하기 위해, 그리고 앵글로 색슨 문명을 극동에 옮겨놓기 위해 싸우고 있는 것이다.12)(강조는 인용자).

한편 스에마쓰 켄초도 유럽에서 황화 반대의 선전활동에 종사했다. 예를 들면 '중국의 팽창을 역사적으로 재검토한다'는 제목의 런던 강연(1905.1)에서 다음과 같이 말했다.

> 최근 황화론이라든가 범아시아 결속의 가능성이라든가 하는 여러 가지 소문이 돌고 있습니다. 이미 다른 곳에서 여러 번 말한 것처럼 이것은 무의미하게 희롱하는 선동일 뿐입니다. (…중략…) 일본은 자국의 일을 하고 있을 뿐입니다. 아시아의 여러 민족─공통의 이해관계도 또 사고방식이나 감정에 어떤 유사함도 없는 민족들─을 일본의 신념으로, 그리고 일본의 동료로 받아들여야 한다는 범아시아적인 움직임을 조직하려 한다니, 도대체 누가 상상이나 할 수 있겠습니까. (…중략…) 동아시아의 몇몇 민족들은 정치적으로 독립해 있지만, 나머지는 유럽 강국의 지배하에 있습니다. 그들을 하나의 기획으로 연결시키려는 것은 비현실적인 희망으로 보입니다.[13]

가네코 켄타로도 스에마쓰 켄초도 일본의 '탈아입구脫亞入歐'라는 종래의 자세를 견지했다. 러일전쟁도 서양문명 때문에 일어난 전쟁인데, 이 서양문명이라는 이름의 제국주의에서 일본을 배척하는 황화론은 전적으로 사실무근이라고 주장했다. 황화론을 반박하고 그 근거없음을 설명하는 것으로 모리 오가이森鷗外의 『황화론개요黃禍論梗槪』(1904) 등이 있다. 그러나 중요한 것은 황화라는 '본질'은 없으며, 다만 '구성'된 것에 지나지 않는다는 말 자체가 러일전쟁을 정당화했다는 점이다(오늘날 유행하는 '구성주의'와도 유사하다). 이는 승리를 위해 빈틈없이 준비하고, 나아가 일본이 아시아의 제국주의적 침투를 촉진한다는 특수한 정치적 의도에 따라 **구성되었다**는 것이다.

3) 인종개량론과 황화론

앞서 거론했던 제1차 세계대전 전의 황화론은 일본에서 생정치의 편성에 어떤 영향을 미쳤던 것일까.

일본에서 우생학이 정책으로 실천된 것은 국민우생법이 제정(1940)된 무렵이지만 우생학적인 담론은 아주 일찍부터 일본에 이입되었다.[14] 예를 들어 후쿠자와 유키치福澤諭吉는 『시사소언時事小言』(1881)에서 프랜시스 골턴Francis Golton의 『유전적 천재Hereditary Genius』를 언급하면서 유전의 중요성을 설명한다. 나아가 『후쿠옹백화福翁百話』(1897)의 「인종개량」에서는 여기서만의 '가벼운 말曼語'이라고 미리 양해를 구하면서 다음과 같이 쓴다.

> 인간의 혼인법도 가축개량법을 모방해서 좋은 부모를 골라 우량아를 출산하게 하는 신풍조가 있어야 한다.

또한 "강약지우強弱智愚 간의 잡혼의 길을 끊어야 한다. 체질이 약하고 마음이 어리석은 자는 결혼을 금지시키거나 피임하게 해 자손의 번식을 막는" 것을 제안한다. 나아가 "선이 선이 되는 자[8]"에 한해서는 일부일처제 원칙을 넘어 "한 남자에게 여러 여자를 접하게 하는 것은 물론 배우자의 이해 아래 한 여자가 여러 남자를 만나는 것도 가능하다"라고까지 서술하고 있다. 1884년에는 후쿠자와 유키치의 제자인 다카하시 요시오高橋義雄의 『일본인종개량론日本人種改良論』이 출판되었다. 여기에서 제시되었던 '황백잡혼론黃白雜婚論' 즉 백인과 일본인과의 혼혈을 촉진함으로써 일본인종을 개량한다는 주장을 둘러싸

---

8 『손자병법』에 나오는 말.

고, 그렇게 한다면 일본인종이 절멸해버리고 말 것이라고 염려했던 가토 히로유키加藤弘之 등과 논쟁이 벌어지기도 했다.

운노 코토쿠海野幸德의 『일본인종개조론日本人種改造論』(1910)은 유럽의 우생학을 체계적으로 정리해서 소개한 책으로, "1880년대 이래 인종개량론의 집대성"[15]이라 할 수 있다. 그 책의 참고문헌에는 서두에서 언급했던 빌헬름 샬마이어의 주요 저작도 들어 있다. 운노 코토쿠에 따르면 '생존경쟁'은 '신체적' '정신적' 그리고 '사회적'이라는 세 가지 방식이 있는데, 일본은 지금까지 독자적인 '집단정신'과 '가족적 국가주의'를 바탕으로 청일·러일전쟁에서 승리했다고 한다. 또한 일본이 '사회적 경쟁'의 측면에서는 서양의 여러 나라에 뒤떨어졌다는 것을 인정하지 않지만, 그 외 '신체적 경쟁' '정신적 경쟁'의 면에서는 주눅이 들었다고 인정한다. 따라서 '일본인종의 개조'가 필요하다. 이를 위해서는 "불구자나 병자, 죄인을 구제하고 나아가 거국적으로 불구자, 병자, 죄인을 단체로 모아 놓는다"라는 식의 "무익無益한 소극적 자선"에서 탈피해야만 한다(『일본인종개조론日本人種改造論』 20면).

운노 코토쿠의 주장에 대해서는 더 이상 거론하지는 않겠지만, 그가 우생학을 적극적으로 받아들인 배경에는 역시 황화론이 있다는 것만은 강조해두어야 할 것이다. 운노 코토쿠는 이렇게 서술하고 있다.

> 일본의 발흥은 이미 열강의 주목을 받고 있어 **황화론**이 세상에 널리 퍼지는 지경이 되었다. 장래 일본이 더욱 더 발전하고 융성하면 이러한 폭력적 담론들은 계속 되풀이될 것이다. (…중략…) 일본은 돌연 열강에 속하게 되어서 홀로 동양을 웅시雄視하는 상태이기 때문에, 다른 열강들이 일본을 질시하는 것도 결코 이상한 일이 아니다(강조는 인용자).
>
> ─『일본인종개조론日本人種改造論』, 341~342면

황화론에서 보이는, 일본에 대한 서양 여러 나라의 적대에 대항하기 위해서라도 '일본인종의 개조'가 필요했던 것이다.

당시 내무성 위생국의 우지하라 스케조氏原佐藏는 『민족위생학民族衛生學』(1914)에서 운노 코토쿠와 마찬가지로 구미의 위생학을 자세하게 소개하면서, 유럽의 우생학이 전적으로 '백인종'의 향상을 목적으로 하는 것을 비판적으로 언급하고 있다.

> 민족위생학의 목적은 인종개량이고 그 논의를 발전시켜보면 한 민족의 우량을 기대하는 것이고 더 구체적으로 말하면 현재 백인종 가운데 우량종족의 생산을 도모하는 것이다. (…중략…) 그들(백인종)은 한편으로는 민족위생학의 입장에서 발걸음을 착착 앞으로 내디디며, 인심을 교묘하게 조종해서 이 학문의 발달을 계획하고 '앞으로 우량민족이 사실상 세계의 정복자'라는 자신감과 주장을 실현하려고 노력한다(강조는 인용자).
>
> ─『민족위생학』, 11~12면

결국 구미의 우생학은 '황화'에 대항하기 위한 지知이고 그에 따라 구미 여러 나라는 인종개량을 위해 적극적으로 힘쓰고 있다는 것이다. 이에 대항해서 일본도 우생학을 도입하지 않는다면 머지않아 구미의 지배에 굴복하게 될 것이라고 한다. 또 후쿠하라 요시에福原義柄의 『사회위생학社會衛生學』(1915)도 "구미사람들이 주장하는 민족위생은 백인위주의 색채를 띠고 있으며 황화론의 악취를 떼어 내지 못했다"고 지적했다(『사회위생학』, 472면). 서두에서 언급했던 빌헬름 살마이어의 주장에 비추어보더라도 이와 같이 구미 우생학의 배경에 황화론이 있다는 것은 틀림없는 사실이다.

생정치의 하나인 우생학은 물이 높은 곳에서 낮은 곳으로 흐르는 것처럼 문명화의 한 과정으로 일본에 자연스럽게 들어온 것이 아니다. 그것은 황화로 상징되듯이 국가 간 혹은 인종 간에 원한을 품고 서로 싸우는 가운데 나타났고 이런 충돌 속에서 일본에 도입된 것이다.

그러나 제1차 세계대전 전前 일본의 인종 개량론 혹은 우생학은 앞에서 후쿠자와 유키치가 "가벼운 말漫語"이라고 상징적으로 표현했던 것처럼 단지 담론에 지나지 않았다. 그것이 실천으로 수용되는 데에는 더 많은 시간과 복잡한 과정이 필요했다.

2. 제1차 세계대전 후의 동향

황화론의 절정은 청일전쟁 후 1895년 즈음부터 러일전쟁 후인 1907년경에 걸친 시기였고 제1차 세계대전 무렵에는 황화를 둘러싼 시끄러움은 확실히 사라졌다.[16] 그렇지만 제1차 세계대전 종결부터 제2차 세계대전에 이르는 시기에는 황화론을 기반으로 하여 파악해야 하는 몇몇 사건이 일어났다. 그 가운데 두 가지에 주목해보자. 하나는 파리강화회의(1919)의 인종평등 규약을 둘러싼 문제이고 또 다른 하나는 미국에서 1924년의 신이민법으로 확고해진 일본인 이민 배척 문제이다.

1) 파리강화회의와 인종평등 규약

교토대학 졸업 후 내무성에서 견습을 시작한 약관 27세의 고노에 후미마로近衛文麿는 1919년 1월에 시작한 파리강화회의에 일본전권대사日本全權大使로 파견된 사이온지 킨모치西園寺公望를 수행했다. 고노에 후미마로는 강화회의로 향하기 직전에 「영미본위의 평화주의를 배척한다英美本位の平和主義を排す」라는 제목의 글을 잡지『일본과 일본인日本及日本人』(1918.12.15)에 발표한다. 파리강화회의가 국제 연맹의 설립, 민족자결권의 보장, 군비제한 등을 중심으로 하는 윌슨 미국대통령의 14개조에 의거하여 열리게 되자, 일본은 여기에 어떻게 대응할 지 갈피를 잡지 못했지만 꼼꼼하게 검토했다. 고노에 후미마로의 글은 당시 일본정부의 방침을 꽤 정확하게 반영하고 있다.

고노에 후미마로는 윌슨주의를 따르는 강화회의에 대해 시기심과 의심을 숨기지 않았다. 또 그는 국제연맹에 의한 평화 구축이라는 방침은 결국 영미본위의 것이고 그것이 과연 일본의 이익이 되는지에 대해 신중히 생각해보아야만 한다고 말한다. 영미가 주장한 "소위 민주주의나 인도주의의 배후에 잠재해있는, 자각되지 않은 또는 자각된, 수많은 이기주의를 통찰하지 못하고, 스스로 일본인이라는 입장을 잊어버리고, 무조건적이고 무비판적으로 영미본위의 국제연맹을 좇아가고 도리어 그것이 정의이자 인도人道라고 생각하는 취지"에 고노에 후미마로는 다른 주장을 폈다. 그는 "일본인의 정당한 생존권을 확인하고 이 권리에 대해 부당하고 부정한 압박을 가하는 경우에는 식음을 전폐하고서라도 싸울 것을 각오해야한다"고 주장한다. 동시에 패전국 독일을 동정하면서 다음과 같이 말한다.

"독일뿐 아니라 후진국들은 획득할 토지도 없고, 팽창 발전할 만한 여지를 발견할 수도 없는 상태이다. 이런 상황은 실로 인류기회평등의 원칙에 어긋나고 각국 국민의 생존권과 평등권을 위협하므로 정의인도를 배반하는 매우 심각한 것이다." 고노에 후미마로가 이 글에서 되풀이해서 강조하고 있는 것은 일본인의 "정당한 생존권" 보장이고, 파리강화회의에서 무엇보다도 이것을 우선해야만 한다고 하면서 다음과 같이 결론 내린다.

> 다가올 강화회의에서 국제평화연맹에 가입하는 문제에 대하여 적어도 일본이 주장해야만 하는 선결 과제는 경제적 제국주의의 배척과 황인과 백인의 차별 없는 대우이다.

고노에 후미마로의 주장에서 알 수 있는 확실한 사실은, 러일전쟁 당시 가네코 켄타로나 스에마쓰 켄초가 황화론이 잠잠해졌을 즈음에 취했던 자세 즉 구미 여러 나라에 줄을 대는 일본, 구미 여러 나라의 편에 있는 일본이라는 태도가 거의 사라져가고 있다는 것이다. 이에 비해 "영미본위의 평화주의"와 일본 사이에는 깊은 균열과 골이 생기기 시작했다.

첫 번째 "경제적 제국주의 배척"에 관해서 말하면, 고노에 후미마로는 구미의 제국주의에 한 걸음이라도 뒤쳐지는 것을 따라잡아야만 한다고 주장하고 있다. 그러나 이는 누워서 침 뱉기일 뿐이다. 일본은 청일전쟁 후에 타이완을, 러일전쟁 후에 관동주關東州, 만철滿鐵, 사할린(가라후토樺太)을, 나아가 1910년에 조선을 "병합"해서 식민지로 만들었다. 그리고 1915년에는 21개조 요구에 따라 중국 산동성을 실질적으로 할양割讓할 것을 주장했다. 제2회 헤이그 평화회의(1907)에 밀사를 보내서 일본에 의한 식민지화 저지를 호소했던 조선과 파리강화회의에서 21개조 요구의 철회를 촉구했던 중국에게, 이런 일본은 가장 먼저 "배척"해야 하는 "경제적 제국주의"였음에 틀림없다. 더욱이 일본은 파리강화회의에서 독일로부터 남태평양 여러 섬의 위임통치령을 획득했다. 그러나 고노에 후미마로는 이러한 일본의 제국주의 정책을 "생존권"이라고 주장하면서 정당화했다.

두 번째 "황인과 백인의 차별 없는 대우"도 "일본인의 정당한 생존권" 보장으로 이어지는 요구이다. 고노에 후미마로는 "미국을 비롯해서 영국 식민지인 호주, 캐나다 등이 백인에게는 문호를 개방하면서 일본인을 비롯한 일반 황색인을 열등시하고 그를 배척하고 있는" 상황을 타파하고 일본인 이민의 통로를 무리하게 열려고 했다.

일본인 이민 문제에 대해서는 다음에 논하고 여기에서는 파리강화회의의 인종평등규약 문제의 전말을 살펴보고자 한다.

일본정부는 고노에 후미마로가 앞에서 개진했던 것과 같은 방침을 채택한다. 그것을 받아들여서 전권대사인 마키노 노부아키牧野伸顯는 국제연맹규약에 인종평등규약을 포함시키기 위해 강화회의에서 적극적으로 활동한다. 우선 최초로 일본측은 윌슨 기초 규약안 중에서 '종교의 자유'에 관한 조항에 다음 한 문장을 추가할 것을 제안했다.

여러 국민의 평등은 국제연맹의 기본원리이기 때문에 조약국은 연맹에 귀속한 나라의 모든 외국인에 대해서, 가급적 신속하게 모든 면에서 평등하고도 공정한 대우를 부여하고, 법적으로도 실제적으로도 인종이나 국적을 이유로 어떠한 차별도 하지 않을 것에 동의한다. Equality of nations being a basic principle of the League of Nations, the High Contracting Parties agree to accord as soon as possible to all alien nationals of states, members of the League, equal and just treatment in every respect making no distinction, either in law or in fact, on account of their race or nationality.

— 외무성, 「일본외교문서 · 파리강회회의 경과

개요日本外交文書 · 巴里講和會議經過槪要」 203면

그러나 이 제안에 대해서 중국위원을 제외한 다른 위원 전원이 반대했다.

일본측은 단념하지 않았고, 마키노 노부아키는 국제연맹위원회의 최종회의 자리에서 이미 확정했던 국제연맹규약의 전문前文에 "여러 민족의 평등과 그 국민의 공정한 대우의 원칙을 승인 한다 by the endorsement of the principle of equality of nations and just treatment of their nationals"라는 구절을 끼워 넣자고 제안했다(외무성 「일본외교문서 · 파리강회회의 경과 개요」, 607면). 이 제안에 대해서는 이탈리아, 프랑스, 그리스, 중국 등의 위원들이 찬성하고, 표결 결과 출석자 16명 가운데 11명이 찬성해서 목표를 이루었지만, 의장인 윌슨 대통령은 '만장일치'의 원칙이라고 하면서 마키노 노부아키의 제안을 '부결'시켰다.

결국 일본의 요구는 이렇게 해서 실패로 끝나버렸지만 마키노 노부아키는 1919년 4월 28일 총회 자리에서 연설하면서 "일본정부 및 인민"의 "오랫동안 계속되어온 불만을 해결"하기 위한 인종평등규약이 채택되지 못한 것은 "몹시 유감"이며, "앞으로 연맹에서 동일한 주의主義가 받아들여질 때까지 노력을 계속 하겠다"고 끝맺었다(외무성 「일본외교문서 · 파리강회회의 경과 개요」, 772~774면).

1901년, 가타야마 센片山潛 등의 '사회민주당'은 설립과 거의 동시에 활동이 금지되었지만 그 이상理想을 필두로 "인종과 정치의 차이에도 불구하고 인류는 모두 동포라는 주의를 확장할 것"을 내걸고 인종평등을 호소했다(「사회민주당선언서社會民主黨宣言書」, 『노동세계勞動世界』, 1901.5.20 임시 발간호). 그러나 파리강화회의가 한참 진행되고 있을 때 조선에서는 3·1운동이, 중국에서는 5·4운동이 일어났다는 것에서도 알 수 있듯이, 이런 일본의 인종평등규약에 대한 제안은 앞서 고노에 후미마로의 주장과 마찬가지로 기만적인 것이었다. 중국은 확실히 이런 인종평등규약에 대해서 찬성을 표명했지만, 산동성 문제에 관한 일본측의 태도에 대해서는 철저하게 이의를 제기했다.

파리강화회의가 한참 진행되고 있을 때 요시노 사쿠조吉野作造는 『중앙공론中央公論』(1919.3)에 「인종차별 철폐운동에 관하여人種差別撤廢運動に与える」라는 제목의 글을 기고하면서(『요시노 사쿠조 저작집吉野作造著作集』 제6권(岩波書店)에 재수록) 일본인에게 과연 인종평등을 주장할 자격이 있는가라고 질문한다.

작금의 인종차별 철폐운동자들은 조선통치책이 불합리하다는 사실에 주목하기를 바란다. 오늘날 우리의 법제를 조선인에게 적용하면서 현저하게 차별 대우를 하는 것은 감출 수 없는 사실이다. (…중략…) 바야흐로 인종차별 철폐운동이 일어나고 있다. 종래 이러한 종류의 운동을 일으킨 사람은 갑에게는 정의와 공평을 요구하면서, 을에게는 정의와 도리에 어긋난 일을 일삼는 무리였다. 이번만큼은 그와 같은 무리들의 이기적인 운동이 아니기를 기대하고, 또 이런 일을 다잡지 않으면 안 된다고 생각한다.

요시노 사쿠조는 기타 잇키北一輝와 관계 등을 고려해볼 때 아시아주의에 대한 공명을 가지고 있다고 볼 수 있다.[17] 그러나 요시노 사쿠조가 생각하는 것은 최소한 아시아 여러 민족에 대한 일본의 일방적인 침략과 강권지배는 아니었다.

2) 미국의 일본 이민자 문제

이미 기술한 바와 같이 독일(특히 빌헬름 2세)은 황화를 선동하는데 커다란 역할을 했다. 그러나 독일에서 황화는 결국 강 건너 불구경이었으며 '세계정책'을 전개하기 위한 외교상의 도구에 지나지 않았다. 하지만 미국의 사정은 달랐다. 이민으로 인한 중국인, 일본인, 조선인의 유입은[18] 눈앞에 존재하는 '황화'로 인식되었기 때문이다. 그리고 황화에 대한 대항조치로 신이민법을 제정(1924)하였고, 이는 일본인을 포함한 아시아인의 배척을 의미했다. 시대를 조금 거슬러 올라가 이 문제를 살펴보자.

1849년 캘리포니아 금광 발견을 계기로 미국에서 중국인 노동자의 본격적인 유입이 시작되었다.[19] 그 후 금광노동자, 대륙횡단철도 건설노동자, 나아가 농업노동자로 많은 중국인들이 미국으로 건너왔다. 1870년 1년 동안에만 6만 3천 명이 새롭게 미국으로 들어왔다. 그러나 이러한 저임금 중국인 노동자는 미국 내 백인 노동자들을 실업자로 전락시키는 원인이 되어 결국 배척대상이 된다. 결국 1882년 '중국인이민금지법'에 의해 먼저 노동자의 이민이 금지되고, 1888년에는 그 법이 강화되어 (중국정부관계자, 상인, 유학생, 여행자 등을 제외한) 모든 중국인의 이민이 금지된다.

일본인의 미국 이민은 입국을 금지당한 중국인 노동자의 빈자리를 메우는 형태로 1880년대부터 조금씩 늘어났다. 그러나 그전에 일본인의 하와이 이민을 먼저 살펴보아야 한다. 1898년 미국에 합병되기 전까지 하와이는 독립국이었다. 일본인의 하와이 이민은 하와이가 미국으로 합병되기 이전인 1885년부터 본격적으로 시작되었으며, 그 수는 미국본토의 이민에 앞서 급속하게 증가했다(표 참조). 미국 이민도 실은

표 연차별로 본 각 지역의 재류일본인수21)

	하와이	미국	조선	타이완	관동주	만주국	가라후토	남방제도
1885	1,949	1,090	4,521					
1892	20,145	5,754	9,137					
1897	27,354	7,640	13,615	16,321				
1902	64,929	31,511	22,471	47,062				
1907	72,082	20,080	98,001	77,925	37,885		18,281	
1912	85,800	76,573	243,729	122,793	73,568		39,811	
1917	102,359	111,197	332,456	145,232	99,724		71,731	
1922	116,169	130,635	386,493	177,953	196,976		118,407	5,203
1927	129,387	138,958	454,881	202,990	236,076		219,016	9,979
1932	146,764	102,895	523,452	248,539	272,482	135,507	290,950	25,766
1937	151,850	114,642	630,000	299,000	174,587	411,995	326,946	61,723

하와이로 이민한 일본인이 다시 미국본토로 옮겨간 경우가 많았다.

일본인의 미국본토이민은 앞서 말한 바와 같이 입국을 금지당한 중국인 노동자의 빈자리를 메우는 형태로 늘어났다. 그러나 얼마 안 있어 중국인에 대한 배척의 움직임이 일본인에게도 향하기 시작한다.20)

1898년 하와이를 합병한 미국정부는 급증하는 일본인 이민에 관한 조사를 실시한다. 이 보고서는, 아직 일본인의 이민이 많지 않은 지금 이 시기에 "미국노동자를 위해 이들의 침입을 막는 것이 재앙을 미연에 방지하는 일"이라는 의견을 내놓았다.

1906년 샌프란시스코 시당국은 일본인 아동의 공립학교 통학을 거부하고 일본인 아동을 중국인과 같은 아시아인 학교로 보내 분리 교육하자는 취지의 결의를 한다. 그런데 일본인 아동 배척이 문제가 된 것 자체가 실은 일본인이 중국인에 대해 보였던 차별의식 즉, 일본인은 중국인과 다른 대우를 받는 것이 마땅하다는 의식을 드러내고 있다. 이 문제는 미국이 러일전쟁 이후 일본의 만주 진출을 문제시한 것과 연관되어, 미일관계를 전쟁 직전으로까지 악화시켰다. 그러나 다음해 1907년 루즈벨트는 대통령령으로 하와이를 경유하는 일본인의 미국본토 이민을 금지하는 대신 샌프란시스코 시의 결의안을 파기시키며 이 문제를 마무리했다.

1908년에는 미일정부 간에 '신사협약紳士協約'[9]을 맺고, 미국이주를 목적으로 하는 일본인의 미국입국을 정지시키게 된다. 이 신사협약은 태평양지역 및 중국에서 미일양국의 평화를 결속하려고 같은 해 맺은 '루트-다카히라 협정Root-Takahira Agreement'[10]과 함께 악화된 미일관계를 회복시키기 위한 것이었다.

1913년에는 캘리포니아 주에서 일본인의 토지소유 및 3년 이상의 토지임대를 금지하는 '배일토지법排日土地法'이 가결된다. 이는 농장 경영을 염원했던 일본이주민에게 커다란 타격을 주었다. 1920년 이 법은 더욱 강화되어 토지임대마저도 전면적으로 금지된다. 그리고 마지막으로 1924년 신이민법이 등장한다. 이미 1917년 이민법 제3조의 변경과 함께 일본 이외 아시아 지역에서 온 미국이민은 전면적으로 금지되었다. 그러나 1924년 신이민법은 마지막으로 남은 일본인을 "미합중국의 귀화권이 없는 외국인은 이민자로서 미국 입국을 불허한다"라는 규정으로 배척하였다. 1918년에 제1차 세계대전 중에는 임시특례로서 미군의 군사적 업무와 관련된 일본인의 일시적 귀화권이 인정되었지만 1922년 연방대법원은 '코카서스인종(백인종)'에 속하지 않는 일본인에게 귀화권이 없다는 판결을 내렸다.

신이민법이 제정된 직후 『도쿄니치니치신문東京日日新聞』(1924.6.6 석간)에는 「대미對美국민대회에 3만 명, 미국의 반성을 촉구한다」라는

---

9   일본이 특정사업이나 전문직 종사자를 제외한 모든 미국행 이주민에게 여권을 발행하지 않는 데 동의한 미국과 일본 간의 협약이다.
10 1908년 11월 30일 체결된 미국과 일본 사이의 조약이며 정식 명칭은 '태평양 지역에 대한 미·일 교환공문'이다. 루트-다카히라 협정은 만주와 한반도에서 일본의 우위를 인정하기는 했고, 양국 간의 전쟁을 미연에 방지하였다.

기사가 실렸다. 이 부분을 인용해보면 다음과 같다.

> 양국 국기관兩國國伎館에서 열린 대미국민대회는 5일 오후 1시에 시작했다. 우국憂國의 청년들도 개회 3시간 전인 오전 10시부터 빵이나 도시락을 준비해서 속속 입장하는 등 열성을 보였다. (⋯중략⋯) 주최 측에서는 오전 8시경부터 도야마 미치루頭山滿, 오다케 칸이치大竹貫一, 우치다 료헤이內田良平, 고이즈미 마타지로小泉又次郎, 다나카 젠류田中善立 등 일기당천의 늠름한 무사들이 대회장으로 달려왔으며 (⋯중략⋯) 1시 정각에는 3만이 넘는 참석자가 모였다. 대회장이 떠나갈 듯한 박수로 맞이한 제국대학 교수 우에스기 신기치上杉愼吉박사가 대미국민대회를 개최할 수밖에 없었던 취지에 관한 연설을 하면서 대회는 시작되었다. 이어 오시카와 마사요시押川方義를 좌장으로 추대하여 선언 및 결의를 하였으며, '미국의 배일행동의 횡포는 더욱 심해져서, 인류적 반목의 화단禍端을 촉발할 뿐만 아니라 실로 국제적 도의를 무시하고, 제국의 면목을 유린한 점은 매우 유감스러우며 일본국민은 이를 결코 간과할 수 없다. 우리는 정의, 공도公道에 입각하여 끝까지 미국의 반성을 촉구하고, 제국의 위신을 지킬 것을 결의한다'라는 선언과 미국의 '배일법에 대한 절대 반대'라는 결의를 만장일치로 가결하였다. 그리고 이를 구리하라 히코자부로栗原彦三郎가 낭독하고, 천황폐하만세 삼창을 한 뒤, 드디어 연설회가 시작되었다.

대미국민대회가 열리기 5일 전인 『도쿄니치니치신문』 6월 1일자 석간에는 「배일법에 분격한 청년 할복자살」이라는 기사가 실렸다. "면도칼로 목 오른쪽을 자르고, 단도로 복부를 가로로 가르자 대장이 튀어나와 절명"한 이 남성은 "나는 이름 없는 신민의 한 사람이다. 항상 정의를 표방하는 미국민이 배일이민법안을 가결시킨 것에 분개하지 않을 수 없었다"라는 내용이 담긴 「미국민에게 호소함」, 「일본 동

165

포국민에게 바친다」라는 제목의 유서를 가지고 있었다.

파리강화회의에서 인종평등규약 제안이 각하되었을 당시에는, 사이온지 킨모치와 마키노 노부아키, 양 전권대사의 무능함을 비난하는 논평이 신문에 실렸을 뿐, 이전처럼 3만 명이나 모였던 대집회는 열리지 않았다. 이에 항의하는 자살도 일어나지 않았다. '참석자 3만 명'이라는 신문보도가 정확하다면, 이는 소요사건의 발단이 되었던 히비야日比谷공원에서 열린 러일강화반대 전국집회(1905.9)—이 사건에도 도야마 미치루 등이 관여했다—와 동일한 규모의 대집회였다. 미국 신이민법이 당시 일본인에게 큰 충격을 주었던 것은 분명하다. 많은 일본인들은 신이민법을 통해 '황화론'이 여전히 살아있고 더욱 첨예해지고 있음을 뼈저리게 느꼈다. 그것은 동시에 파리강화회의에서 인종평등규약 제안이 좌절된 이래 축적된 불만을 표출시키는 도화선이 되었다.

미국의 신이민법은 제정된 직후인 1924년 7월 1일에 시행되었다. 시행일인 7월 1일에는 도쿄의 조조사增上寺에서 흑룡회黑龍會[11] 등의 주최로 항의집회가 열렸고, 도쿠토미 소호德富蘇峰의 『국민신문國民新聞』은 다음 날인 7월 2일자 석간의 「촌철시평」에 다음과 같은 내용을 실었다.

> 7월 1일, 일본외교정책이 동에서 서로 커다란 포물선을 그린 날, 미국과의 관계를 끊고 아시아의 형제들과 손을 잡은 날.[22] (강조는 인용자)

'황화론'과 쌍을 이루는 '아시아주의'는 전자를 강하게 의식시키는 미국의 신이민법에 비례해서 동시에 확장되었다. 더욱이 이는 상당

---

11 1901년 2월 23일, 한반도를 주 무대로 하는 천우협天佑俠의 일원인 우치다 료헤이内田良平 등이 한반도, 만주, 시베리아 일대의 낭인들을 모아 만든 국가주의 우익단체.

히 넓은 범위까지 퍼져나갔다. 그 일례로 6월 5일의 집회에 출석한 우에스기 신키치와 '국체'문제나 헌법해석에 관해 정면으로 대립하고 있던 미노베 타쓰키치美濃部達吉조차도, 신이민법은 강대한 국력을 배경으로 한 미국의 '일본국민에 대한 멸시'의 표현이며, 일본은 "국가의 백년 대책大策으로 결국 아시아 민족의 협력 일치를 도모할 수밖에 없다"며, 정부와 외교관뿐만 아니라 "일반의 국민감정으로 그 문제를 다루어야 할" 과제라고 기술했던 것이다. (「대미잡감對米雜感」, 『개조改造』, 1924.5, 강조는 인용자)

3) 이민문제와 미국의 우생학

다른 나라의 우생학과 달리 미국의 우생학이 이민문제와 깊은 관련을 맺고 있다는 점은 여러 차례 지적한 바이다. 실제로 이민심사 등에서 우생학적인 고려가 강하게 작용했는데, 그 예로 1891년 이민법 개정에서는 지적장애·정신장애가 의심되는 자, 공적부조대상이 될 것이 분명한 자의 입국을 금지했다. 그러나 이민과 관련해서 '우생학 = 인종주의'라는 도식을 일반화할 수는 없다. 당시 미국에서도 이와 같은 도식은 적합하지 않았다.

원래 미국에서 중국인을 배척한 것은, 중국인의 끈질긴 생명력 때문에 백인이 '생존경쟁'에서 버티지 못하고 패할 것을 우려했기 때문이다. 아시아인 배척의 중심지인 캘리포니아 주의 상원의원인 퍼킨스G. Perkins는 중국인 배척에는 나름대로 근거가 있다면서 다음과 같이 말했다.

미국인과 중국인 간의 생존경쟁에서는 압도적으로 중국인이 유리하다. (…중략…) 중국인은 수천 년 동안 최소한의 생계수단으로 생활해왔다. 그 결과 최적자만이 살아남아, 다른 문명국 사람들보다도 가혹한 생활환경을 견딜 수 있으며, 조악한 먹을거리로도 살아남을 수 있고, 입을 것도 살 곳도 그다지 필요로 하지 않는다. 사치를 부리지도 않고, 검소한 생활에 만족하는 인종이 탄생한 것이다. 그들은 세계 어느 인종과도 대결할 수 있으며, 나아가 그들이 절대적으로 우월하다.[23]

우생학적으로 보면 중국인이야말로 가장 이상적인 인종이라는 것이다. 이렇게까지 극단적인 중국인관(혹은 아시아인관)을 가지고 있지 않았다고 해도, 분명한 것은 미국의 많은 우생학자들이 인종이나 국적만을 이유로 이민심사를 하는 것은 의미가 없다고 생각했다는 점이다. 사실 미국 우생학의 중심인물인 찰스 대번포트Charles Benedict Davenport는 1882년 중국인 이민금지법을 간접적으로 비판하면서 다음과 같이 기술한다.

이민문제는 인종이나 출신국을 기준으로 선별해서는 해결되지 않는다. (…중략…) 슬로바키아인이든 루테니아인[12]이든 터키인이든 그리고 중국인이든 어느 인종이나 그 자체로 위험하다거나 부적격이라는 것은 있을 수 없다.[24]

즉 우생학적 관점에서 보면 인간의 우열은 인종이나 국적과는 아무런 관계가 없다는 것이다.

이어서 대번포트는 "유전형질로 예상할 수 있는 결과를 근거로 이민

---

12 고대 키예프·러시아 주민을 가리키는 라틴어 명칭.

자를 선별해야 한다"고 말한다. 그러나 이는 실제로 상당히 어려운 문제로 당시 시행된 신체검사 등으로는 충분히 밝힐 수 없다고 말한다.

신체적·정신적인 검사에서 정상으로 판정된 사람도 정신적 발달에 필요한 인자가 결여된 생식세포를 보유하고 있을 수도 있다.[25]

즉 이민당사자들은 전혀 문제가 없어도 그 이민자로부터 태어날 아이들에게 유전적인 문제가 생길 수 있다는 것이다.

대번포트는 이러한 보이지 않는 유전적인 부분을 장악하지 못한다면 이민심사는 우생학적으로 보았을 때 완전한 것이 될 수 없다고 기술했다. 따라서 이민희망자가 미국으로 들어오기 전에 그 당사자의 나라에서 개개인의 가족사, 개인사를 상세하게 조사하고 난 뒤 이민의 가부를 결정해야 한다고 제안했다. 그러나 이것이 어떻게 현실적으로 가능할까. 이는 "**방문조사원**field worker을 통해서 가능하다. 이곳 미국에서 실행하고 있는 것처럼 방문조사원이 이민자의 출신국에서 문제의 소지가 있는 사람의 친척들을 방문하고 그 사람의 개인사나 가족사를 조사하게 하면 된다."[26] 즉, 미국이 이민자의 출신국에 조사원을 상주시켜 이와 같은 조사를 실시하는 것이다. 이는 "연간 총 51만 달러라는 비용이 든다. 하지만 결함자의 관리를 위해 당국이 매년 지출하고 있는 1억 달러에 비하면 미미한 것이다."[27]

우생학은 단순한 인종차별이 아니다. 대번포트의 '방문조사원'을 동원한 이민심사라는 제안은, 우생학이라는 생정치biopolitics가 단순한 담론에 그치지 않고 하나의 실천이 되기 위해 무엇이 필요한 지를 알려준다. 그것은 한 개인에 대해 그 가족적 배경을 포함하여 철저하게 조사하는 것, 그리고 그를 위해 조사원을 사회 곳곳에(여기서는 이민자의 출신지) 배치하는 것이었다. 사실 이와 상당히 비슷한 기능을 한 것이 1918년(다이쇼 7)에 시작된 일본의 '방면위원제도方面委員制度'이다.

4) '생명선生命線'으로서의 만주

미국의 신이민법제정 이후 일본의 상황으로 되돌아가보자.

1931년 당시 중의원 의원이었던 마쓰오카 요스케松岡洋右는 『움직이는 만몽動く滿蒙』(1931.7.14 인쇄), 『동아전국의 동요東亞全局の動搖』(1931.9.20 인쇄)의 저서들을 계속해서 출판하여 일본의 만주진출을 크게 고무시켰다. 만주사변은 같은 해인 1931년 9월 18일에 일어났다.

일본의 1930년대는 마쓰오카 요스케를 대표로 하는 대외강경론의 시대였다. 이는 워싱톤 체제를 감수하면서도 영국 및 미국과의 유화宥和유지에 힘쓴 시대라 키주로幣原喜重郎등의 협조론을 압도했다.

워싱톤 회의(1921~1922)에 주미대사로 참석한 시데하라 키주로는 회의기간 중에 「일본의 솔직한 공식성명」이라는 논고를 미국 잡지 『커런트 히스토리Current History』(1921.12)에 실었다. 이 글에서 그는 이전의 가네코 켄타로, 스에마쓰 켄초와 마찬가지로 '황화'를 허망하다고 하면서, 미국에게 일본은 어떠한 위협도 되지 않음을 강조했다. 그리고 시데하라 키주로는 다음과 같이 말했다. 미국은 일본이 필리핀을 침략할 것이라고 생각하고 있다. 그러나 "적어도 일본은 필리핀을 원치 않는다. 홍콩과 프랑스령인 인도차이나를 비롯해 그 외의 서양 다른 나라가 영유하고 있는, 동양의 각 지역에 대해서도 마찬가지이다. (…중략…) 그런데도 미국의 반일비평가는 일본이 광대한 황화계획 속에 중국을 포함시킬 의도가 있다면서 일본을 공격하고 있다."(幣原平和財団 編, 『시데하라 키주로幣原

喜重郎』, 239면, 강조는 인용자) 결국 시데하라 키주로는 '황화'라는 것이 일본과 미국을 반목시키기 위해 빌헬름 2세가 선동한 허상이며 제1차 세계대전에서 이런 책동의 어리석음이 확실하게 나타났다고 말했다.

한편 일본 국내에서는 미국의 신이민법을 둘러싼 과격한 반응을 잠재우려고 노력했다. 신이민법 시행 직후, 외무대사였던 시데하라 키주로는 제49의회(1924)에서 "이번 이민법은 일반이민의 입국을 엄중하게 제한하고자하는 것이 목적이므로, 특별히 일본이민배척이라고 생각할 이유는 없었습니다"라고 연설했다. 그는 다음과 같이 강조했다. (1) 미국은 일본인이 미국에 동화되지 않는 것을 문제 삼고 있으며, 결코 일본인이 '열등인종'이라고 생각하지 않는다. (2) 미국이 주권국가로서 자국 내 이민을 제한하는 것은 당연한 것이다. (3) 미국 측에서도 신이민법을 문제삼는 움직임이 있었으며, 교섭에 따라 개선될 여지가 크다(幣原平和財団 編,『시데하라 키주로』, 262~266면).

마쓰오카 요스케는 1931년 1월, 제59의회 중의원 본회의 및 예산총회의 자리에서 황화론을 잠재우기 위해 노력하는 시데하라 키주로를 규탄했다. 의사록에 의하면 "**마쓰오카 요스케 씨**.(속續) 유감스럽게도 우리 국민이 세계 여러 나라로 이민 갈 길은 막혔습니다. 겨우 브라질만 만여 명의 이민을 허가해주고 있습니다. (…중략…) 이런 상태로는 80만 명에서 매년 늘어만 가는 일본내지의 인구문제에 크게 도움이 되지 못합니다. 그 외에는 어찌할 방도가 없습니다. 시데하라외상은 길이 막힌 것은 어쩔 수 없다, 조용히 깊은 관심을 가지고 추이를 주시하고 있다고 말하고 있습니다만(박수), 이와 같은 상황에 대해 어떠한 타개책을 내놓을 것인가(박수). (…중략…) 시데하라외상의 방침으로 예상되는 것이라고는 수수방관, 절대무위이며 이는 굴종이며 퇴보입니다. (…중략…) 국내를 살펴보아도 국외를 살펴보아도 답답

하기만 합니다. 우리들은 생명체로서 최소한을 요구합니다. 즉, 삶을 원하고 있으며 숨을 쉴 수 있을 만큼의 여지를 원하고 있는 것입니다. 바꿔 말하면 야마토大和민족은 최소한의 생존권을 주장하고 있는 것입니다(박수). 일본국민은 세계 평화를 염원하는데 있어서 다른 어떤 국민보다 뒤지지 않습니다. 그러나 일본인이 질식사에 이르게 된다면 세계평화가 무슨 소용입니까. 그런데도 세계평화를 빙자하여 스스로의 생존권조차도 주장할 수 없다고 공공연히 말하는 것이 오늘날의 외교입니다."(『움직이는 만몽動く滿蒙』, 116~119면) 이에 대해 시데하라는 미국의 이민문제도 앞으로 교섭하여 개선해나갈 여지가 있다는 등의 변명을 했고, 마쓰오카 요스케는 그것으로는 문제를 근본적으로 해결할 수 없다면서 그를 더욱 공격했다. 게다가 마쓰오카 요스케의 시데하라에 대한 공격은 "관료적 전통을 타파하고" "국민과 더불어 외교를 한다"는 말(『움직이는 만몽』, 203면)을 포함하는 일종의 포퓰리즘에 입각한 것이었다.

시국은 마쓰오카 요스케가 주장하는 방향으로 움직였다. 1930년대 시데하라 외교에서 마쓰오카 외교로 전환이 시작되고, 이윽고 고노에 후미마로近衛文麿내각에서 '동아협동체東亞協同體'28)가 등장했다. 이 시대는 국내외에서 '황화론'을 크게 의식하게 만든 미국의 신이민법에 비례하여 국내정치와 외교에서 이단으로 여겨졌던 '아시아주의'를 정통의 지위로 끌어올렸으며 그로인해 구미국가들과 사이가 벌어졌다. 다시 말하면 구미 여러 나라에서 황화에 대한 우려가 다시 대두된 시대라고 할 수 있다. 기요사와 키요시淸澤洌식으로 말하자면, 19세기 말부터 20세기 초기에는 구미각국이 황화론으로 일본에 일방적인 '싸움을 걸었던' 것에 반해 1930년대 이후에는 일본 측이(이탈리아와 독일을 아군으로 삼아) 스스로 구미 각국, 그중에서도 특히 국제연맹에 황화로

써 '싸움을 걸었던' 것이다.[29]

야나이하라 타다오矢內原忠雄는 미국의 일본이민배척문제가 결국 미일 양제국주의의 충돌에서 유래하는 것으로 보고 이는 미국과 일본 간의 만주 이권분쟁과 얽혀있다고 분석했다. 그리고 해결책의 하나로 "국제 단체의 규율에 복종할 것"을 요청했다(「미국의 일본이민배척에 대해 米國の日本移民排斥に就いて」, 『식민정책의 신기조植民政策の新基調』, 1927, 113~138면). "제국주의적 식민정책은 정체상태에 있다"라고 진단한 야나이하라 타다오는 (『식민정책의 신기조植民政策の新基調』, 1면) 원래 이민문제를 국가 이기주의의 틀에서 해결하고자 하는 것에 문제가 있다고 기술한다. 야나이하라 타다오는 국제기구의 조정으로 이러한 정체상태가 극복되리라 기대했지만, 마쓰오카 요스케는 국제기구 특히 국제연맹에 직접 절연장을 내던진다(1933.2).

한편 1930년대에 정통주류에 있었던 '아시아주의'는, 쑨원이 '대아시아주의'(1924) 강연에서 일본을 향해 던진 질문, 즉 '공리강권功利强權'으로 내달린 '서양패도西洋覇道'인가 아니면 '인의도덕仁義道德'에 의거한 '동양왕도東洋王道'인가라고 하는 물음에 답하자면 전자가 분명하다.[30]

그리고 마쓰오카 요스케가 거듭하여 일본민족의 "생존권"이라는 단어 그리고 "일본 내지의 인구문제"를 언급한 것이 시사하듯이 이들 일련의 국제정치 동향은 모두 푸코의 생정치로 이해해야 한다.

173

3. '사회적'인 것의 장치

그러나 생정치는 외부적 측면만이 아니라 내부적 측면에서도 작동하고 있었다. 모리 오가이森鷗外가 『황화론개관黃禍論梗槪』(1904년)에서 상세하게 소개한 삼손 힘멜스체르나Samson Himmelstjerna의 『도덕문제로서의 황화』[31]는 독일어권에서조차 잘 읽히지 않던 책이다. 그러나 삼손 힘멜스체르나는 이 책에서 한 가지 중요한 점을 지적하고 있다.

그는 중국에 보내는 조언에서, 빨리 국내개혁에 착수하지 않으면 서양이라는 '백화白禍'의 먹잇감이 될 것이라고 지적하고, 이와 같은 현상이 '황화'에 직면한 서양각국에도 해당한다고 경고했다.[32] 또한 "동양의 산업경쟁력과 대항하기 위해서는 (…중략…) 자문화의 존속과 발전을 위협하고 경쟁에서 버틸 힘을 약화시키는 내부의 폐해를 바로잡는 것에 뜻을 두어야한다"고 했다. 이 '내부의 폐해' 중 하나가 '사회문제'라고 말하고 있다. "서양근대가 구축한 것은 전적으로 지성적인 것이었지만, 이에 만족하지 못하고 안락한 생활에 대한 요구를 계속 증대해 나갔다. 노동자는 검소함을 최고로 여기지 않고 만족을 모르는 향락욕에 빠져 들어갔다. (…중략…) 한마디로 말하자면 사회문제가 엄청난 속도로 늘어나고 첨예화된 것이다. 서양은 이런 사회문제 때문에, 검소하고 다부진 동양의 노동자와 겨룰 힘을 점점 빼앗겼다." '사회문제'의 본질이 (막스 베버Max Weber식으로 말하자면) 노동자가 프로테스탄트적인 금욕정신을 잃어버린 데에 있다는 힘멜스체르나의 견해에 이의가 있는 것은 당연하다. 그러나 황화라고 하는 외부로부터의 위협을 앞에 두고 있는 서양 각국이 내부적 '사회문제'로 눈을 돌려야 한다는 그의 지적은 주목할 만하다.

힘멜스체르나의 논의를 좀 더 따라가 보면 '황화'를 눈앞에 둔 구미 각국과 마찬가지로 서양제국주의라고 하는 '백화'를 눈앞에 둔 일본도 이러한 '사회문제'를 고민할 필요가 있었다. 일본은 이 문제에 어떻게 대처했을까.

1) 운노 코토쿠海野幸德의 방향전환

구미의 우생학을 일본에 본격적으로 소개한 운노 코토쿠는 그 후 흥미로운 경력을 쌓아 나간다. 『일본인종개조론日本人種改造論』을 저술할 당시 '진화학 전공'을 내세웠던 운노 코토쿠는 전공과는 전혀 다른 사회복지 영역으로 나아갔으며 오늘날에는 일본 사회복지 기초를 구축한 인물로 평가받는 경우가 더 많다.

일반적으로 우생학은 '유전'을 강조한 결정론이고 사회복지는 다양한 의미에서 '환경'을 중요시하고 그 개선을 지향하는 것으로 이해된다. 또한 우생학이 약자의 도태를 희망하는 것에 반해 사회복지는 약자의 구제를 지향한다는 점에서 물과 기름처럼 섞일 수 없다고 이해되기 쉽다. 그러나 운노 코토쿠의 우생학에서 사회복지로의 전환은 '전향轉向'이 아니다. 왜냐하면 운노 코토쿠가 사회복지 분야에서 활약하면서도 여전히 우생학의 중요성을 강조하고 있었기 때문이다.

현재 자선사업이나 사회사업은 악질자가 가진 유전적 특징에 대해 어떤 방책을 세우고 있는가. 나는 분명하게 말할 수 있다. 지금의 사업은 정말로 평범한 방법과 수단을 통해, 위험한 악질자의 번식 및 전파를 거들고 있다. 내가 17년 전부터 우생학을 도입하고 우생정책을 제창한 이유가 여기에 있다. (…중략…) 사회사업에 관한 관점을 근본적으로 수정해야 할 것이다.

—『사회사업개론社會事業槪論』, 1927, 79~82면

우생학에 입각하여 종래의 사회복지를 근본적으로 변혁해야 한다고 주장한 운노 코토쿠는 거꾸로 우생학을 실현시키기 위해 자신의 입장을 바꿔야만 했다. 그 이유는 무엇일까. 운노 코토쿠는 다음과 같이 기술하고 있다.

> 우생학은 단지 우등 계급의 산아産兒를 강조하거나 이를 역행하는 조건을 제거하도록 권고할 뿐, 이를 **현실화시키는 실행법안**이나 철저한 방법을 제안하지 못했다. (…중략…) 우등계급의 증감이라는 문제에 대해, 생물학적으로 이렇게 하면 쉽게 우등종이 감소하고 저렇게 하면 열등종이 증가한다는 단순한 생각만으로는 실패로 끝날 수밖에 없다. (강조는 인용자)
>
> —海野幸德,『최근의 사회사업輓近の社會事業』, 內外出版, 1924, 480~482면

즉 이는 자기비판이기도 하지만 여러 곳을 다니며 알리는 것만으로는 우생학이 전혀 현실화되지 않는다는 것이다. 운노 코토쿠는 우생학을 말이 아닌 실천으로 구체화시키기 위해 사회복지로 방향을 전환했다.

"우생학적 사회정책"(『최근의 사회사업』 제15장)이라는 운노 코토쿠의 제언에서도 볼 수 있듯이, 우생학과 사회복지 혹은 '사회적'인 것은 서로 융합될 수 있다. 예를 들어 '우생학'이라는 단어를 일본어로 정착시킨 사회학자 다케베 톤고建部遯吾(후에 기술할 다카기 마사요시高木正義의 후임으로 도쿄제국대학 사회학 강좌를 담당)는 동시에 사회 환경 전반의 개선을 목표로 하는 '우경학Euthenics'이라는 단어를 만들었다. 광의의 '우

생학'은 전적으로 선천적 문제와 관련된 협의의 '우생학'과 그리고 '우경학' 둘 다를 포함한다. (『우생학과 사회생활優生學と社會生活』, 1932, 3~4면) 또한 '사회위생학'은 빈곤하고 열악한 노동환경이나 생활환경, 그 외 질병의 사회적 원인을 밝히는 것이었는데, 앞서 언급했던 후쿠하라 요시에의 『사회위생학社會衛生學』이나 데루오카 기도暉峻義等의 『사회위생학社會衛生學』(1927)에도 '민족위생학'이 필수요소로 들어가 있다.[33] "사회생활에서 행복을 증진시키고, 국민생활의 안녕을 도모하고, 더 나아가 인류의 지고지선을 실현시켜야한다"는 데루오카 기도에게 "사회적 환경과 유전이라는 두 문제"는 어느 쪽도 간과할 수 없는 중요한 것이다(暉峻義等, 『사회위생학社會衛生學』, 74면).

'유전'과 '환경'의 구분은 생정치에서 그다지 중요하지 않다. 따라서 운노 코토쿠가 사회복지로 나아간 것도 전자에서 후자로 '전향'한 것이라고 할 수 없다. 문제는 다른 곳에 있다.

2) '사회적'인 것의 제도화

"나는 우리나라의 사회사업 기원을 1918년(다이쇼 7)으로 본다. 그 이전에는 '사회사업'에 해당하는 용어의 사용이 드물었다(강조는 인용자)"[34] 이는 운노 코토쿠가 다른 저서에서도 반복해온 지론이다. 분명 그의 주장대로 이 시기부터 '사회사업'뿐만 아니라, '사회(적)'이라는 단어가 급속히 퍼져나갔다. "1918년(다이쇼 7), 내무성의 '구호계救護係'가 '사회과社會課'로 변경되고, 그 후(1920) 이것이 '사회국社會局'으로 바뀌어 오늘날 사회국 장관을 둔 외국外局[13]이 되었다. 이제야 '사회성社會省' 또는 '노동성勞動省'을 신설하자는 요구에 따라, 각종 사회법제(아동부조법, 빈곤구호법,

쟁의조정법 등을 비롯해서 지금까지 현안이 되는 노동조합법 등)가 만들어지고 있다."35) 그러나 운노 코토쿠의 이러한 주장을 정확하다고 볼 수 없다. 구와타 쿠마조桑田熊藏 등이 1896년에 결성한 '사회문제연구회'(이듬해 '사회정책학회'로 개칭)를 비롯하여 도쿄제국대학에서 사회학을 담당했던 다카기 마사요시를 중심으로 1898년에 발족한 '사회학연구회' 등, '사회(적)'라는 단어는 이미 이전부터 사용되었다. '사회'라는 단어는, 1898년 설립한 '사회주의연구회'(1900년에 '사회주의협회'로 재편)가 기원이 된 '사회민주당(1901)'의 1901년에 결성과 같은 시기에 사용이 금지되고, 1906년 결성된 '일본사회당'도 다음해에 사용이 금지되었다. 그리고 이들과 깊은 관련이 있는 고토쿠 슈스이幸德秋水가 1911년에 대역사건으로 처형을 당한다. 이 시기에 '사회(적)'라는 단어는 '사회주의'와 동일시될 위험을 내포하고 있었다. 이에 대해 운노 코토쿠는 다음과 같이 기술하고 있다.

1918년(다이쇼 7) 구와타 쿠마조 박사의 사회정책에 관한 연설은 원로의 비위를 거슬러서 결국 '구제정책'으로서 귀결되고 만다. 당시 사회사업가로 온, 고故 부스대장(구세군의 창시자 윌리엄 부스William Booth)의 환영행사가 물의를 일으킨 것도 그가 사회주의자로 인식되었기 때문이다. 이러한 상황들로 볼 때 1918년(다이쇼7)경에 사회사업이라는 말이 널리 쓰이기 어려웠음을 알 수 있다.36)

결국 이미 존재했던 '사회(적)'라는 말이 '1918년(다이쇼 7)'이 되어서

---

13 내국內局(내무무국)에 상대되는 것으로, 일본 행정조직에서 부성府省아래 특수한 업무나 독립성이 높은 업무를 수행하기 위해 설치된 기관으로 현재는 합의제의 위원회와 독임제의 청 두 개로 크게 나뉘어 있다. 일본정부의 행정 조직은 현재 1부府 11성省으로 갖춰지고 있다. 각각의 부와 성에는 대신관방大臣官房 및 국局 또는 부部가, 그 아래에는 과課 또는 실室이 위치해 있다. 외국은 여기에서 말하는 '국과 거의 동급의 업무를 맡지만 그 업무가 특수성과 전문성을 요구하기 때문에 어느 정도 독립한 기관으로서 설치된 행정 기관이라 할 수 있다.

야 겨우 '시민권'을 얻어, 사회주의 탄압의 거점이었던 내무성의 부국 명칭으로 사용되었다는 것이다. 이는 '사회적'인 것이 '사회주의'로부터 분리되었다는 것을 의미했다.

운노 코토쿠는 나아가 일본의 사회사업의 기원을 제1차 세계대전과 연결시키고 있다. "일본 사회사업이 시작된 원인은 세계대전에 있다. (…중략…) 세계대전 이후 우리나라의 사회경제상태는 급변하였고, 지금도 계속 변하고 있다. 하지만 이로 인해 유례없는 집단적인 곤궁이 생겨나, 집단사회사업의 원인이 되었다. (…중략…) 생활고 경감책으로써 공설시장 및 노동자보호, 실업자보호와 실업방지, 주택난 완화 등을 위한 정책이 줄줄이 세워졌다. (…중략…) 1916년(다이쇼 5), 사회시설은 693개소였는데 1917년(다이쇼 6)에는 729개소, 1918년(다이쇼 7)에는 753개소로 다이쇼 5년에서 7년에 이르기까지는 거의 증가하지 않았다. 그러나 1919년(다이쇼 8)에 이르러 1,035개소로 늘어났고 1920년(다이쇼 9)에는 1,183개소로 순차적으로 증가하는 경향이 나타났으며 현재에는 4,003개소에 이르고 있다."[37] 세계대전에 의한 '집단적인 곤궁'에 관해 먼저 거론할 수 있는 것은 쌀 소동(1918)이다. 그러나 이러한 부정적 요인만이 1918년 이후 사회사업 융성을 불러일으킨 것은 아니다. 파리강화회의 이후 발족한 ILO(국제노동기구)의 다양한 권고가 긍정적인 요인으로 작용하여 일본의 사회사업, 사회정책이 크게 전진한 측면도 있었으니 건강보험법(1922)도 이러한 상황이 없었다면 생기지 않았을 것이다.[38]

3) 방면위원方面委員 제도

운노 코토쿠가 일본사회사업의 원년으로 삼은 '1918년(다이쇼 7)' 전후로 주목할 만한 제도가 몇몇 지역에서 실시되었는데, 그것은 '방면위원제도'이다.

1916년 5월 도쿄에서 열린 지방관회의에서 다이쇼천황이 오카야마岡山현 지사인 가사이 신이치笠井信一에게 "오카야마현 빈민들은 어떻게 살고 있는가"라고 갑작스럽게 '하문'했다. 전혀 예상하지 못했던 이 질문에 가사이 신이치는 제대로 답하지 못한다. 그리고 그는 오카야마로 돌아가자마자 빈민조사를 실시했다. 그 결과 "오카야마현민의 10퍼센트는 극빈층이라는 것이 드러났"다(大霞會[14] 編, 『내무성사內務省史 제3권』, 1971, 366면). 이를 보고 받은 가사이 신이치는 다음해인 1917년 5월에 '제생고문제도濟生顧問制度'라는 것을 고안하여 실시한다.

같은 시기 이와 별도로, 형무소관련 행정으로 잘 알려진 오가와 시게지로小河滋次郎의 정책제안으로 1918년 10월 오사카大阪부에서 '방면위원' 제도가 실시되었다. 같은 해 6월에는 도쿄부자선협회東京府慈善協會가 '구제위원' 제도를 신설했다. 또한 다음해인 1919년 7월에는 효고兵庫현이 '구제시찰원' 제도를, 같은 해 11월에는 사이타마埼玉현 공제회가 '복리위원' 제도를 각각 신설하여 각지로 퍼져나갔다. 명칭도 다르고 내용도 조금씩 달랐지만 이들은 '방면위원제도'라고 총칭되어 현재 민생위원제도의 시초가 되었으며 식민지인 조선이나 타이완에도 도입되었다.

---

14 구 내무성(1947년 해체)출신자를 중심으로 한 친목단체이다. 1965년 4월10일 춘계총회에서 결성 10주년사업으로 『내무성사內務省史』의 편집출판 실시를 결정하고 이후 『내무성사內務省史』(전 4권)을 출판한다.

180

오가와 시게지로가 고안한 방면위원제도란, 1개의 초등학교 통학구를 '1방면'으로 정하고 지방장관이 그 지구의 '선량한 공민' 중에서 위원을 선발한다. 이 위원은 명예직으로 여러 복지업무를 담당했다.[39] 오가와 시게지로는 19세기 중엽 독일의 엘버펠드 제도 Elberfeld System를 참고로 이 제도를 고안했다.[40]

오가와 시게지로가 방면위원제도에서 기대한 것은 철저한 '사회측량'과 '사회진단'이었다. "사회사업의 근본이 되고 선구가 되어야 할 것은 사회측량 즉 민중의 사회적 생활상태의 진상을 상세하게 조사하고 심도 있게 규명하는 것이다."[41] 의사가 환자의 몸을 상세히 진찰하고, 적절히 치료하는 것처럼 "사회라고 칭하는 하나의 유기체도 인체와 마찬가지로 진찰하고, 조사하고 관찰해야 한다. 이렇게 해야 비로소 어떤 곳에 어떤 병적 현상이 존재하고, 또 이 현상이 어떤 원인으로 발생했으며, 어떠한 성질을 가지고 있는가 등을 판명할 수 있다. 그래야만 어떻게 조치할지 대책을 세울 수 있다. 사회측량을 사회진단이라고 말하는 것도 이와 같은 이유 때문이다." 방면위원은 본인이 방문하여 파악한 사람에 대해서 경력, 현재 생활상태 등을 가능한 한 상세하게 기술한 '조사카드'를 작성한다. 이 카드는 '제1종(극빈)'으로 시작하여 단계별로 분류되며, 기록이 계속 추가되었다. 이런 이유로 방면위원의 방문을 받은 사람들을 '카드계급'이라고 불리게 되었다. 오가와 시게지로에 의하면 "오사카에는 방면위원의 손을 거쳐 카드계급자로 분류되는 수가 세대로 치면 1만 세대가 넘으며, 인구수로는 약 4만 명 내외"가 된다고 하였다.[42]

삼손 힘멜스체르나가 '사회문제'의 원인을 노동자들의 절제·금욕의 결여를 통해 밝히고자 했다는 점을 다시 한 번 생각해보자. 오가와 시게지로도 빈민문제에 관해 같은 주장을 하고 있다. 그는 정말 필요한 자에게는 적극적인 구제의 손을 뻗어야 한다고 말하면서도, 빈민의 '오래된 버릇인 낭비'를 문제 삼고 있었다.[43] "먹고 입느라고 살림을 거덜 내는 것이 모두 이러한 낭비의 발로가 아닐 수 없다. 특히 영세민들 사이에서 이렇게 먹는 것으로 탕진하는 분위기가 팽배하여 이를 확인해보니 우리들 중류층의 밥상에는 쉽게 오르지 못하는 생선이나 채소도 그들의 밥상에는 일상적인 음식으로 올라오는 경우가 적지 않다." 오가와 시게지로는 방면위원이 '오사카 서민 신용조합'을 설립하는 등, 빈민들에게 검약과 근면을 가르친 것을 높게 평가했다.[44] 결국 오가와 시게지로가 생각하는 방면위원제도의 기본방침은 "일하지 않는 자, 먹지도 말라"이며 "구제받는 자가 이 사업(사회사업)의 은혜에 익숙해지는 일이 있으면 결코 안"된다는 것이다.[45]

오가와 시게지로가 말한 철저한 '사회측량'의 관점에서 보면, 운노 코토쿠가 방면위원제도에 기대한 것도 역시 이와 같은 것이었다. 운노 코토쿠는 미국의 사회사업은 "환경을 분석하는데, 특히 가정을 세밀하게 조사한다. 가정은 개인을 만드는 장이다. 가정에 따라 피조사자가 어떠한 특성을 가지고 있는지, 그것이 실제 특성인지를 통찰한다. 개인과 부모의 관계, 부모의 노동 상태, 개인의 학교성적 등을 조사하고 나아가 개인의 취향, 버릇, 장난감 등 세세한 **부분까지** 조사한다면 어떤 개성을 가지고 있는지 파악할 수 있으며 그 생애 내부의 **감춰진 부분**까지 알 수 있다. 이것을 통해 가정의 총체적 형상을 만들 수 있으며 동시에 개인의 총체적 형상 또한 밝혀질 것이다. (…중략…) 나아가 가정을 이웃과 떼어낼 수 없으므로, 그 이웃의 상태를 명확하게 파악하는 일도 진행하면 이를 통해 **사회일반의 실상**까지도 알 수 있다."(海野幸德, 『사회정책개론』, 1931, 182면―강조는 인용자) 미국 사회사업은 개인을 '세세한 부분까지' 조사하여 '그 생애 내부의 감춰진 부분'을 밝

힘으로써 동시에 '일반사회의 실상'을 확실하게 드러내고자 했다. 운노 코토쿠는 일본에서 실현되고 있는 '방면위원제도'가 바로 이것이라고 말하고 있다(海野幸德, 『사회정책개론』, 1931, 193면).

운노 코토쿠는 『일본인종개조론日本人種改造論』에서 아무리 우생학을 강조해도 이것이 실현되지 않는다는 점에 통감하며 사회복지로 전환했다. 앞서 말한 윌리엄 데번포트의 이민심사에 관한 제안과 비교해 봐도 알 수 있듯이, 운노 코토쿠는 방면위원제도가 개인과 사회를 속속들이 파악하고 장악하는 장치로서 우생학이라는 생정치의 작동에 꼭 필요하다는 사실을 알고 있었다. 방면위원을 계승한 종전 후의 민생위원에게 '우생보호법에 대한 협력'은 전후 10여 년간 중요한 활동이었다.[46] 푸코는 '생生—권력"을 개개의 신체를 규율·훈육하는 미시적 입장의 '해부—정치학anatomopolitics'과 전체를 향한 거시적 입장의 '생정치biopolitics' 라는 두 부분으로 나누었지만(『앎의 의지』), 오가와 시게지로나 운노 코토쿠가 구상한 방면위원은 이 두 부분을 아우르는 결정체였다.

4. '사회적'인 것에서 '후생厚生'으로

오늘날 전국사회복지협의회가 발행하고 있는 『월간복지月刊福祉』라는 잡지내력을 되짚어보면 흥미로운 사실이 있다. 명칭의 변화라는 언뜻 보면 사소한 것이지만, 이 잡지는 1909년 『자선慈善』(중앙자선협회中央慈善協會)이라는 이름으로 창간되어, 1917년에는 『사회와 구제社會と救濟』(중앙자선협회), 1921년에 다시 『사회사업社會事業The Social Work』(사회사업협회社會事業協會)으로 이름을 바꾼다. 그리고 1942년에는『후생문제厚生問題』(중앙사회사업협회中央社會事業協會)로 또다시 바뀐다. 전후 1946년에는『사회사업社會事業』(중앙사회사업협회)이라는 명칭으로 되돌아갔으며, 1961년 이후『월간복지月刊福祉』로 바뀌어 오늘에 이른다. 여기서 지적하고자 하는 것은 1942년에 '사회'라는 단어가 삭제되고 '후생厚生'으로 변경되었다는 점이다. 이와 같은 현상은 다른 몇 개의 잡지에서도 찾아볼 수 있다. 심지어 메이지가쿠인대학明治學院大學의 '사회사업과社會事業科'가 1942년에 '후생과厚生科'로 개칭되는 등 대학의 학과명에서도 '사회'라는 단어가 사라졌다.

1938년 내무성의 사회국과 위생국을 중심으로 하여 '후생성厚生省'이 설립되었다. 그러나 다이쇼 말기부터 쇼와 초기에(앞서 운노 코토쿠의 지적에도 있듯이) 원래 '사회성社會省'이라는 명칭으로 새로운 부를 설치하자는 안건이 여러 번 나왔다. 결국 이 안건들은 중도에 흐지부지되었고 "새로운 부 설립의 구상이 구체적으로 논의되기 시작한 것은 1936년(쇼와 11) 3월에 성립된 히로타 코키廣田弘毅내각 시대에 와서였다. 히로타 내각은 '서정일신庶政一新'의 7대 국책을 세워, 그 첫 번째로 '국방의 충실'을 들었다. (…중략…) 새로운 부의 설립이 정치과제로서 등장하게 된 직접적인 계기는 징병검사 등을 통해 국민체력의 저하가 여실히 드러남에 따라 이에 대한 개선책이 강하게 요구되었기 때문이다."47) 하야시 센쥬로林銑十郎내각이 새롭게 발족되고 그 다음해인 1937년 5월 육군성은 '위생성안요강衛生省案要綱'을 제출한다. 그러나 내무성 사회국이나 보험국의 업무를 사소하게 보았기 때문에 이 안건은 반대에 부딪쳐 철회된다. 그 후 새로운 수상이 된 고노에 후미마로近衛文麿는 '사회보건성社會保健省'이라는 명칭을, 육군성은 '보건사회성保健社會省'이라는 명칭을 제안했는데, 최종적으로 후자가 선택되어

1937년 7월 '(가칭)보건사회성설치요강'이 나왔다. 그러나 "당시의 국내 정세로 보아 '사회'라고 하는 단어는 적당하지 않다는 의견, 다른 부와 비슷하게 두 글자의 한자로 정리해야한다는 의견, '보건保健'이 보험保險과 혼동되기 쉽다고 하는 의견[15] 등이 있어" 최종적으로는 "먹고 입는 것을 충족시켜서 배고픔이나 추위로부터 곤란을 겪지 않도록 하고 민생을 풍요롭게 한다는" 뜻의 '후생厚生'이라는 단어를 고사故事에서 찾아냈다.[48] 그러나 전前 후생사무차관이었던 가사이 요시스케葛西 嘉資의 회고에 따르면 '후생'이라는 단어는 당시 일본에서 아직 "낯설고, 느낌이 확 오지 않는" 것이었다.[49]

1938년 이후, 이렇게 "낯설고, 느낌이 확 오지 않는" 단어를 정착시키기 위해 대대적인 선전이 이루어졌으며 이와 동시에 이 단어에 특별한 의미를 부여하려는 시도도 생겨났다.

마쓰자와 켄진松澤兼人은 잡지 『사회사업연구社會事業研究』(이 잡지도 1943년에 『후생사업연구厚生事業研究』로 개칭된다) 1938년 5월호에서 「후생사업과 사회사업厚生事業と社會事業」이라는 논고를 실었다. 마쓰자와 켄진은 원래 '사회성'으로 설립될 예정이었던 새로운 부가 '후생성'으로 명명된 것에 낙담하면서 "사회성이란 명칭은 왜 안 되는가"라고 자문했다. "사회정책"은 원래 '계급간의 대립과 항쟁'을 완화시키는 것이다. 그러나 오늘날 '계급대립의 역사관 등은 가장 비국민적인 것'으로 간주된다. "지금 필요한 것은 민족적 결속이다. 계급의 조화란, 사회 전체를 대립하는 계급 집단으로 나누는 논리를 전제로 하고 있기 때문에 현재의 시국과 어울리지 않는다." 그러므로 '사회성'이 아닌 '후생성'이 되었던 것이라고 답을 내놓았다.

185

---

15 보건保健과 보험保險은 둘 다 일본어에서 '호우켄'이라고 읽히므로 혼동을 일으키기 쉽다.

이상의 마쓰자와 켄진의 논고에서는 이러한 사태에 대한 당황스러움을 엿볼 수 있다. 그러나 오코우치 카즈오大河內一男는 「일본의 후생문제日本的厚生の問題」(1944)에서 '사회적'인 것에서 '후생'으로의 변화를 긍정하면서 마땅히 이렇게 되어야만 한다고 설명했다(大河內一男 外, 『현대의 기초 2 후생現代の基礎 2 厚生』, 1944, 1~57면). 오코우치 카즈오는, 노동문제를 대상으로 하는 '사회정책', 취업이 어렵고 생활이 곤란한 자를 대상으로 하는 '사회사업', 각 기업에서 피고용인에게 시행되었던 '복리시설 및 노동관리'라는 세 가지로 분류하면서, 이들을 '후생'이라는 이름으로 묶을 수 있는 것은, 하나의 공통목표를 가지고 있을 뿐아니라 이를 확실히 자각하고 있었기 때문이라고 말한다. 이것은 '국민경제에서 인적 생산요소의 배양과 육성을 위한 정책', 더 정확하게 말하자면 1938년 5월에 시행된 '국가총동원법國家總動員法'에서 공식적으로 언급된 '인적자원' 육성 및 배양이다.

오코우치 카즈오는 첫 번째인 '사회정책'이 이제는 '계급 협조적'인 정책이 아닌 '국민적 후생'으로 이해되도록 해야 하며, 두 번째 '사회사업'도 마찬가지라고 말한다. 또한 그는 1940년 8월에 일본 사회사업연구회가 발표한 '일본 사회사업의 재편성요강'을 언급하면서, 여기에서는 사회사업을 '인적자원 확보 및 육성사업'으로 정의한 것을 높이 평가했다. 오코우치 카즈오는 사회사업을 두 가지로 구별했다. 하나는 '소극적 사회사업'이고 또 하나는 '적극적 사회사업'이다. 이 요강이 제시한 "인적자원을 어떻게든 보호하고 지원해도 유능한 인적자원으로 육성되지 않을 수도 있다. 그렇다 할지라도 보호와 지원은 당사자, 가족, 국가사회의 안녕·복지를 위해 필요하다"고 하는 소극적 사회사업과 "적당한 보호, 지원, 보도補導를 시행한다면 국방생산을 위한 유능한 인적자원을 확보하고 육성할 수 있는" 적극적 사회사업이 그것이다. 그중에서도 후자의 '적극적 사회사업'이야말로 자신이 생각하는 '후생사업'에 해당한다고 기술한다.

'적극적 사회사업', 사실 이것이야말로 운노 코토쿠가 『일본인종개조론日本人種改造論』이후 계속해서 주장해온 바이다. 운노 코토쿠는 '인종개조'(우생학)를, '불구자와 병자와 범죄자를 구조하고 점차 전국적으로 불구자, 병자, 범죄자를 하나의 집단으로 묶는다'는 식의 '무익無益한 소극적 자선'과 대치시켰다. 그 후, 사회복지 분야로 전환하고 나서도 그는 "빈민, 범죄자, 임금노예, 실업자, 피압박자, 생활곤란자 및 질병과 같은 결함이 있는 자"에 대처하는 '소극적 사회사업'과 '사회생활의 발전'을 지향하여 '한층 더 행복한 생활을 하게 하는' '적극적 사회사업' 으로 구별해서 전자로부터 출발한 사회사업은 후자를 포함한 '통합적 사회사업'으로 진화해야 한다고 주장했다(海野幸德, 『사회사업개론』, 1927, 1~13면). 그리고 전자의 '소극적' 사회사업의 대상이 되는 사람들에게 '사회사업관을 근본적으로 수정해'나가면서 우생학적인 방책을 세우는 것이, (이중부정이 긍정을 의미하듯이) 사회사업이 '소극적'인 것에서 '적극적'인 것으로 전환되는 과정이라고 생각했다.

오코우치 카즈오의 글이 수록된 책에는 요시마스 슈후(도쿄제국대학 의학부)의 「민족의 우생民族の優生」이라는 글도 실려 있다(大河內一男 外, 『현대의 기초 2 후생現代の基礎 2 厚生』, 1944, 119~170면). 이 글에서 요시마스 슈후는 우생학적 단종의 필요를 설명하며, 1940년에 제정된 '국민우생법'의 의의를 강조했다. 운노 코토쿠의 기나긴 꿈은 오코우치 카즈오가 말하는 '일본적 후생' 안에서 실현되었던 것이다.

이러한 '일본적 후생'은 어떻게 성립된 것일까. 1930년대 시대하라 외교가 마쓰오카 외교로 전환되면서 먼저 만주사변이, 이어서 중일전쟁, 그리고 제2차 세계대전이 발발했고, 일본적 후생은 이런 맥락에서 나왔다. 그리고 이러한 배경에는 황화론과 쌍을 이루는 아시아주의, 그것도 "공리강권功利強權"의 "패도覇道"로 타락한 아시아주의(쑨원)가 있었다. 일본인의 토지소유를 금지하는 배일, 아니 항일정책은 미국 캘리포니아주뿐만 아니라 장쉐량張學良정권 하의 만주에서도 견고하게 지속되었고, 일본은 만주사변을 통해 이러한 닫힌 문을 무력으로 열었다. 1930년대 이후 아시아주의는 아시아 국가들에 대한 무력침공과 불가분의 관계에 있다. 그러므로 야나이하라 타다오는 만주 이민 역시 "생산자로서보다 오히려 국방군의 변형 같은 성질을 띠게"될 것이라고 경고했다(『만주문제滿洲問題』, 1934, 240면). '일본의 후생'이라는 내향의 생정치는 이러한 외향의 움직임과 중첩시키지 않는 이상 정확하게 이해하기 힘들다.

그러나 이 글 처음에서 언급한 빌헬름 샬마이어의 '반시대적 고찰'로 상기해보면 전쟁을 위한 총력전체제를 뒷받침하는 '일본의 후생'이라는 담론에서 우생학이 현실화되었다는 것은 커다란 모순이 아닐까. 왜냐하면 우생학은 반전평화가 그 기본원리이기 때문이다. 이러한 모순에 직면한 사람이 걸어야할 고찰의 길은 아마도 두 가지 일 것이다. 첫 번째는 빌헬름 샬마이어의 '반시대적 고찰'을 잊어버리고 우생학을 전쟁, 총력전에 강제로 가둔 채 안심하는 것, 다른 하나는 빌헬름 샬마이어의 '반시대적 고찰'에 입각하여, 총력전 하의 '일본의 후생'에서 우생학이 일종의 한계와 좌절에 부딪힌 것은 아닌가하고 반문해보는 것이다. 역사적 고찰이 나아갈 방향은 아마도 후자일 것이다. 사실 일본의 우생정책은 '반전평화' '여성해방'이라고 (그 자체로서 정당한) 주장하는 한편으로 강제불임수술이라는 폭력을 동원하면서 전후에 전면적으로 전개된다. 그러나 이와 관련해서는 다음 기회에 논하도록 하겠다.[50]

군중群衆 · 민중民衆 · 대중大衆[1]

메이지明治 말~다이쇼大正기에 걸친 민중폭동

시마무라 테루 島村 輝[2]

1. 군중 · 민중 · 대중의 성립과 일본 근대

1) 민중 폭동의 발발과 군중·대중

백여 년에 걸친 일본 근대사 중에서 민중들이 일으킨 여러 형태의 소란이 경찰이나 군대에 의해 진압된 일은 결코 적지 않다. 이중에는 운동의 성격을 띤 집회가 주최자의 의도를 초월하여 발생한 것이 있는가하면, 자연발생적인 행동이 각지로 퍼져 전국적인 사건이 된 것도 있다. 세계적으로는 이러한 민중 행동이 내란이나 혁명으로 발전

---

1   이 글은 정성필이 번역했다.
2   페리스조가쿠인대학フェリス女学院大学 일본문학과 교수. 프롤레타리아 문학 전공.

한 예를 볼 수 있지만, 근대 일본에서는 어쩌다 정권 교체의 실마리가 되었을 뿐 민중 행동이 권력 그 자체의 변화를 이끌어 붕괴를 초래한 적은 없었으며 대부분 일시적인 소란에 그쳤다.

이 글은 군중·민중·대중을 키워드로 하여, 메이지 말기부터 다이쇼기에 걸친 이른바 민중 폭동이 구체적으로 어떠한 담론을 통해 다루어져 왔는지를 고찰해보고자 한다. 물론 역사학 분야에 이와 관련한 많은 선행연구들이 있기에 이 글이 이러한 선행연구에 많이 기대고 있는 것은 당연하다. 하지만 이러한 선행연구들 또한 각기 연구가 행해졌던 시대적 배경을 가지고 있는 것도 사실이다. 그러므로 이러한 선행연구를 염두에 두고, 민중폭동의 기운이 완전히 사라진 오늘날의 일본에서 20세기 초 군중·민중·대중의 모습이 어떠한 의미를 가지고 있는지 생각해보고자 한다.

우선 군중·민중·대중이라는 말이 가리키는 핵심은 무엇인지, 그리고 셋의 관계는 어떠한지를 명확히 해야 한다. 그렇지 않으면 그것들이 일본 근대에서 어떠한 역할을 했는지 분명하게 이해할 수 없기 때문이다.

2) 군중·공중公衆·대중, 그리고 민중

사회학의 통설에 의하면, 군중crowd은 공중public, 대중mass과 대비되는 개념이다. 그것에 비해 민중people은 앞의 세 가지와 상호 영역을 공유하면서, 더 광범위한 의미를 담고 있다.

'군중'은 비일상적인 환경 속에서, 어떤 지향이나 관심을 공유한 다수의 인간집합을 말한다. 따라서 많은 사람들이 한 장소에 있다고 할

지라도, 어떤 지향을 공유하지 않은 경우에는 '군중'이 아니다. 예를 들어, 축구시합 전에 운동장 주변에서 입장을 기다리는 사람들을 아직 '군중'이라 부를 수는 없다. 그들은 사르트르가 『변증법적 이성 비판』에서 명명한 것과 같이 "집합태集合態"일 뿐이다.[3] 그러나 운동장에 들어간 후 시합이 시작되자 자기가 응원하는 팀의 플레이에 일희일비하며 소리를 지르는 관중은 '군중'에 가깝다. 만약 당일 경기에서 자기가 응원하는 팀이 패배하여 불만이 격화된 관중이 운동장에 난입한다던가, 부근의 상점이나 길가의 사람을 습격한다면, 분명히 '군중'이라 할 수 있다.

관전이나 관람이라는 행동자체가 비일상적이기 때문에 스포츠 시합이나 연극 관람 혹은 행사 등에 모인 관객들은 사소한 계기를 통해서도 군중이 되기 쉽다. 정치집회의 참가자들이 자주 군중이 되는 것도 기본적으로 지향점이나 관심을 공유하고 있기 때문이다.

이러한 '군중'은 고대부터 전쟁이나 제례를 치를 때 종종 출현했는데, 프랑스 혁명 이후에야 군중이 가진 정치적·사회적 힘에 주목하는 이론이 만들어졌다. 이러한 이론의 효시는 19세기 프랑스의 심리학자인 구스타프 르봉Gustave Le Bon이다. 하지만 그는 이러한 군중행동이 가진 혁명적인 측면에 대해서 극히 부정적이었다. 르봉과 동 시대의 사회심리학자인 가브리엘 타르드Gabriel Tarde도 군중의 특징을 감정적이며, 비합리적이고, 잔학하며, 부화뇌동한다는 등의 열등함으로 설명하고 있다. 그렇지만 군중의 특징이 이러한 부정적인 측면만 있는 것은 아니다. 일찍이 조지 루데George Rudé는 『프랑스 혁명과 군중』(1951)에

---

3 집합태는 일상성에 매몰되고 사회적 물질에 의해 수동적으로 지배되기만 하는 사람들을 지칭한다. 사회 속에 매몰되고, 집단으로서 활동적인 통합성을 갖지 않는 뿔뿔이 흩어진 사람들의 무리라고 할 수 있다(장 폴 사르트르, 박정자 외 역, 『변증법적 이성비판』, 나남, 2009 참조).

서 전투적인 혁명 군중이 합리적이고 규율 있는 조직을 이루었던 예를 지적한 바 있다.

감정적이며, 비합리적이고, 잔학하며, 부화뇌동한다는 특징도 관점을 바꾸면, 각각 정열적이고, 폭발적이며, 철저하고, 연대감이 강하다고 해석할 수 있다. 다음의 '히비야 소요사건日比谷燒打事件' 장에서 자세히 살펴보겠지만, 군중의 행동이 반드시 무질서 한 것만은 아니며, 때로는 주위상황을 냉정하게 판단하여 어느 정도 합리적인 행동을 취하기도 한다. 그런 의미에서 군중의 성격은 복잡한 측면을 가지고 있다고 할 수 있다.

르봉이 시대를 상징하는 핵심어로 '군중'을 정면에 내세웠다면, 타르드가 내세운 것은 '공중'이라는 개념이다. 타르드는 공중이 군중과 마찬가지로 감정적, 비합리적, 부화뇌동하는 등의 열등한 특징이 있지만, 군중과 달리 비일상적인 무질서에 지배당하지 않는다고 보았다. 공통의 미디어(그렇다고 매스 미디어는 아니고, 비교적 소규모의 미디어)에 의해 결집된 공중은 군중보다 냉정한 판단과 행동을 할 가능성을 갖고 있다는 것이다. 이러한 가능성 때문에 타르드는 '공중'을 기반으로 자유로운 의사 표명과 의견 교환을 전제로 하는 민주주의 정체政體가 실현될 수 있다고 보았다.

집단의 결합이라는 관점에서 보면, '군중'이 집회나 가두연설·선동 등에 의해 조직되고, '공중'은 소규모 미디어에 의해 결집되는데 반해, '대중'은 소위 매스 미디어의 영향력 하에서 만들어진다는 점이 가장 큰 차이이다. 호세 오르테가 이 가세트Jose Ortega y Gasset가 『대중의 반역』[4]

---

[4] 스페인의 역사철학자 오르테가가 1929년부터 일간지 『태양』에 기고했던 글을 모아 엮은 것으로, 스페인 근대 철학의 3대 명저로 꼽히는 저작이다. 오르테가는 20세기 들어 대중이 역사 무대에 출현한 것에 주목하고, 나아가 대중들이 사회를 지배하는 '대중의 반역'이 진행될 것이라고 보았다(호세 오르테가 이 가세트, 황보영조 역, 『대중의 반역』, 역사

을 저술한 1930년은, 바야흐로 전 세계에서 매스 미디어가 폭발적으로 확대되던 시기였다. 오르테가는 자본주의의 발달과 함께, 경제·정치 역량을 가지게 된 '대중'이 소수 엘리트의 지배에 반기를 들고 시대를 결정하는 세력이 될 것이라고 했다. 이러한 그의 지적은 기본적으로 오늘날의 세계 문화적 동향을 정확히 꿰뚫은 것이다. 이러한 의미에서 지금도 여전히 '대중의 시대'가 계속되는 중이라 할 수 있다.

1930년대에 '대중'이라는 단어가 각광을 받았던 배경에는 러시아혁명으로 정권을 탈취한 마르크스주의 이론의 혁명의 주체형성에 관한 사고방식이 있었다. 노동자와 농민은 자본주의 사회에서 억압받는 위치에 있으며, 피지배대중이라는 것이 마르크스주의의 기본 인식이다. 여기서 대중은 역사적인 존재이며 혁명의 주체가 될 수 있지만, 대중의 혁명성이 자연발생적인 채로 방치될 경우 동요와 분열을 피할 수 없다. 따라서 혁명이 성공하기 위해서는 이러한 자연발생적인 혁명에 목적의식을 부여하는 '전위당前衛黨'이 존재해야 한다. 이처럼 마르크스주의에서 대중은 혁명의 주체이면서도 항상 전위당에 의해 지도되어야만 하는 열등한 위치에 있는 수동적 존재일 수밖에 없었다. 전위당과 대중이라는 이항대립 또한 20세기 혁명 운동의 역사를 규정해 온 커다란 요인이었다.

군중·공중·대중은 사회학적으로 그들을 결합한 커뮤니케이션의 양태에 따라 비교적 뚜렷하게 구별된다. 이에 반해, '민중'이라는 말은 그만큼 윤곽이 뚜렷하지 않다. '민중 폭동'이라는 표현 속에서는 '군중'과 동일시되며, '국회를 포위한 민중'이라는 말에서는 '공중'에 해당고, 또한 "민중의 분노를 폭발시켜 혁명으로 밀고 나가자"는 표어 속에서

비평사, 2005 참조).

는 '대중'이라는 표상의 대용으로 사용되는 등, 민중은 상황에 따라 편리하게 사용되는 용어다. 각각의 담론 편성 속에서 민중이라는 말에 그처럼 여러 의미가 부여되었지만, 우리는 그 단어가 특별히 부각되어 중요한 역할을 했던 때가 다이쇼 시대 중기, 즉 문화적으로 '민본주의'의 사상이 주류를 이루던 시기였다는 데에 주목해야 한다. 그 시기 다이쇼 데모크라시를 구성했던 대표적 단어 중 하나가 '민중'이었다.

3) '민중' 개념의 유통과 민중예술론·민중시파民衆詩派

메이지 말기부터 다이쇼 초기에 걸쳐 논단에 이미 등장한 '민본주의'라는 용어를 크게 부각시킨 것은 요시노 사쿠조吉野作造이다. 그는 「헌정의 본의를 설명하고 그 유종의 미를 거두는 길을 논함」(『중앙공론中央公論』, 1916.1)이라는 글에서 '주권의 소재'를 논하는 민주주의와는 별도로, 입헌제를 채택한 군주국이 따라야할 '주권 운용의 방법'에 관한 정치 원칙으로서 '민본주의'를 주장했다. 그 글에서 요시노 사쿠조는 '일반 민중'을 핵심어로 여러 번 사용한다. 그는 "정치의 목적" 그 자체가 "일반 민중의 복리"에 있을 뿐만 아니라, "정책의 결정"도 "일반 민중의 의향"을 따라야하고, "민의民意, 여론"을 쫓아야 한다고 했다. 또한 의회제를 바탕으로 정치에 대한 "민중 감독"의 제도화, 보통선거, 책임 내각제 실시를 주장했으며, 의회 위에서 권력을 좌지우지하려는 추밀원, 귀족원, 군부 등이 정치적 결정에 참여하는 것을 극력 저지하고자 했다.

요시노 사쿠조가 사용한 '민중'이라는 말은 논단뿐만 아니라 문단에도 큰 영향을 미쳤다. 그 대표적인 예가 1916년부터 여러 해에 걸쳐 혼마 히사오本間久雄, 야스나리 사다오安成貞雄, 가토 카즈오加藤一夫, 오스기 사카에大杉榮, 히라바야시 하츠노스케平林初之補, 이쿠다 초코生田長江 등이 벌였던 '민중 예술 논쟁'이다.

　민본주의를 기조로 하는 다이쇼 데모크라시 흐름 속에서, 예술도 민중의 것이 되어야 한다는 사고방식이 부상했다. 그러한 사고방식을 둘러싼 논쟁의 도화선이 된 것은 "민중예술이란 일반평민을 위한 예술"이라고 규정했던 혼마 히사오[5]의 「민중 예술의 의의와 가치」(『와세다 문학早稻田文學』, 1916.8)란 글이었다. 이에 대해 1910년 '대역사건'[6] 후의 엄혹한 정세 속에서 요시노 사쿠조의 민본주의에 대해 비판을 전개한 오스기 사카에[7]는 민중 예술이란 "민중에 의해, 민중을 위해 만들어진, 그리하여 민중이 소유하는 예술"이라고 주장하며 보다 급진적으로 정치성과 예술성의 일치를 모색했다. 오스기 사카에는 이러한 흐름 속에서 로맹 롤랑Romain Rolland의 『민중예술론民衆藝術論』[8]을 번역했다(阿蘭陀書房, 1917). 또한 민중예술론에 관한 대표적인 논의로는 가토 카즈오의 「민중은 어디에 있는가」(『신조新潮』, 1918.1), 가와지

195

5　혼마 히사오(1886~1981) : 1909년(메이지 42)에 와세다대 영문과를 졸업하였으며, 1918(다이쇼 7)에는 와세다 대학 강사로서 『와세다문학』의 주간을 역임했다. 1928년(쇼와 3)에 와세다대 해외유학생의 자격으로 영국으로 유학한 후, 이후 1931년 귀국하여 와세다대 문학부 교수로 취임했다.

6　1910년 5월 무렵의 사회주의자와 아나키스트들에 대한 탄압 사건을 지칭한다. 탄압의 빌미가 된 메이지 천황 암살계획은 당국에 의해 조작된 것이었으나, 26명의 사회주의자·아나키스트들이 대역죄로 기소되었고 이 중 24명이 사형을 선고받아 이듬해인 1911년 1월에 12명이 처형되었다.

7　오스기 사카에(1885~1923) : 도쿄 외국어학교 프랑스어과 재학 중 헤이민샤平民社에 참가하여 사회주의자로서 활동을 시작했다. 졸업 후에는 고토쿠 슈스이幸德秋水의 영향을 받아 아나키스트가 되었다. 1914년에는 『헤이민신문平民新聞』을 창간했다. 1921~22년 일본 사회주의운동 내부에서 아나코-생디칼리즘파로서 볼셰비키파와 격렬하게 대립했다. 이후 1923년 간토 대지진의 계엄령 하에서 조카와 함께 헌병에게 살해당했다.

8　로맹 롤랑은 프랑스의 소설가, 극작가이다. 1915년 소설 『장 크리스토프』로 노벨문학상을 받았다. 그는 『민중예술론』에서 예술은 그 시대의 갈망과 분리할 수 없으며, 민중극이란 민중의 고통, 불안, 희망, 투쟁을 한 곳에 집결시킨 것이라고 주장했다.

류코川路柳虹의 「민중 및 민중예술의 의의」(『웅변雄辯』, 1918.3), 가토 카즈오의 『민중예술론』(洛陽社, 1919) 등이 있으며, 이들을 통해 활발한 논의가 행해졌음을 확인할 수 있다.

이와 같은 움직임과 연동하여 '민중'이라는 이름을 내세운, 데모크라시 경향을 가진 시인들의 운동이 일어났다. 후쿠다 마사오福田正夫는 1918년 1월에 시 잡지 『민중』을 창간한다. 그 잡지에는 후쿠다 마사오 외에, 시라토리 쇼고白鳥省吾, 모모다 소지百田宗治, 토미다 사이카富田碎花, 이노우에 야스후미井上康文, 하나오카 켄지花岡謙二 등이 모였고, '민중 예술 논쟁'에 가담했던 가토 카즈오도 참가했다. 그들은 그로부터 수년 동안 눈부신 성과를 올려, 모모다 소지의 『진흙탕이 된 거리ぬかるみの街道』(1918), 시라토리 쇼고의 『대지의 사랑大地の愛』(1919) 등의 시집과 시화집 『민중예술선民衆藝術選』(1920) 등 그들의 특색을 보여주는 작품들을 내놓았다. 초기에는 '민중파' 혹은 '민주파' 등으로 불렸지만, 곧 '민중시파'라는 호칭이 정착되어 오늘날 문학사에서도 이 이름이 사용되고 있다.

'민중 예술 논쟁' 가운데 혼마 히사오와 오스기 사카에가 가진 논점의 차이에서 볼 수 있듯이, 그 시대의 민중이라는 말은 그 자체로 타협의 산물이자 애매모호한 말이었다. 마침 그 시기는 1917년 러시아 혁명, 1918년 '쌀 소동', 그리고 1919년 조선의 3·1운동과 중국의 5·4운동 등 급진적이고 근본적인 시대변혁의 움직임이 대두하던 때였다. 이후 노동운동이나 혁명운동, 그것을 저지하려한 당국의 단속 강화와 이데올로기적인 대응 속에서 '민중예술론'과 '민중시파'의 활동은 모두 다이쇼기와 함께 종언을 고했다. 그럼에도 이 시기 '민중'이라는 말이 널리 퍼질 수 있었다는 사실은 그 자체로 다이쇼 중기라는 시대를 상징하고 있다.

4) 민중 폭동의 변용

단순한 '군중'이 '공중'으로 변용되고, 정치·문화의 주체로서 '민중'이 희구되던 시기를 거쳐 그것은 곧 '대중'으로, 다시 '인민'으로 변화되었다. 그러나 그러한 변화를 거치면서 공중·대중화한 광범위한 사람들의 집합도 종종 군중적인 요소를 노출시키며 '폭도mob'라고 불릴만한 민중폭동을 일으켜 권력자들을 위협했다. 다음 장에서는 러일전쟁 후 간토關東 대지진에 이르기까지, 즉 문화적으로 '다이쇼기'로 묶을 수 있는 시대에 이러한 민중 폭동이 구체적으로 어떠한 배경에서 발생했는지 그 추이를 살펴보고자 한다. 또한 저널리즘 등을 통해 양성된 민중의 감정과 분위기를 살펴보고자 한다. 그 시기에 발생한 '민중 폭동'사건은 의외로 많다. 여기서는 대표적인 예로, 각각의 시대를 가장 적확하게 표현한 행농으로 간주되는 세 사건을 차례로 검토하고자 한다. 첫째는 1905년(메이지 38) 러일전쟁 강화 직후 강화 반대를 부르짖는 '군중'의 폭동인 '히비야 소요사건'이며, 둘째는 1912~13년(다이쇼 1~2)에 걸쳐 수상 가쓰라 타로桂太郎의 헌정 무시를 비판하며 일어난 '제1차 헌정옹호운동' 당시 '공중'의 행동이고, 셋째는 1918년(다이쇼 7) 지방에서 자연발생적으로 일어난 실력 행사가 '대중'적으로 확산된 '쌀 소동'이다.

2. '히비야日比谷 소요사건'—내셔널리즘과 '민중'

1) 러일전쟁 강화조약 무렵 저널리즘의 논조

러일전쟁기 일본정부는 막대한 인적 손실과 전비조달로 고심했다. 이에 일본정부는 1905년(메이지 38) '봉천奉天전투'와 '동해 해전(쓰시마 해전)'의 승리를 기회로, 주미공사 다카히라 고고로高平小五郎를 통해 미국의 루즈벨트Theodore Roosevelt 대통령에게 러시아와의 강화를 중재해달라고 요청했다. 이후 러시아도 루즈벨트의 권고를 받아들여, 이에 따라 양국이 강화에 임할 것이라는 기사가 일본에 보도되었다. 봉천과 동해 전투의 승리를 대대적으로 전하는 보도를 접했던 일본국민은 그것을 일본의 전쟁 승리로 파악하고, 영토와 배상금을 기대했다. 그러나 실제 1905년 6월 30일의 각료회의에서 결정되어 전권위원에게 내려온 훈령은 '한국'에 대한 일본의 지배권 확립, 요동반도 조차권의 획득, 남만주철도 권익의 획득 등을 '절대적 필요조건'으로, 사할린의 전체 할양이나 배상금 지불은 '상대적 필요조건'으로 하는 것에 불과하였다. 실제 교섭에서도 이 훈령의 내용과 별반 차이 없는 조건으로 강화가 합의되었다. 그러자 국민들 사이에서 정부 방침에 대한 커다란 불만이 일어났다.

이러한 국민감정이 조성된 데에는 신문 저널리즘의 역할이 매우 컸다. 봉천 점령을 보도한 『도쿄아사히신문東京朝日新聞』는 「봉천점령, 황군 의기충천, 러시아는 지금 바야흐로 참패의 종국에 도달」(3.11)이라는 표제를 내걸었으며, 5월의 동해 해전 보도에서는 "천우신조로 우리 연합함대는 5월 27일과 28일, 적의 제2·제3함대와의 전투에서

적의 대부분을 격멸시킬 수 있었다"고 전의를 고양하는 보도를 게재하였다.

특히 같은 날 『도쿄아사히신문』은 「대해전 상세보도」라는 장문의 상세한 기사를 내보냈는데, 이는 전쟁보도가 얼마나 당시 독자들의 관심을 끌었는지를 보여주고 있다.

교섭이 진행되는 가운데, 한 편에서는 사할린(가라후토樺太) 전체를 점령했다는 기사가 전해졌다. 일본군이 사할린을 별다른 어려움 없이 제압하여 섬 전체를 평정했다는 기사였다(『도쿄아사히신문東京朝日新聞』・『오사카아사히신문大阪朝日新聞』, 8.5). 앞서 남 사할린을 점령한 시점에서 「가라후토樺太 지도를 바로 잡자―일본식으로 새롭게 명명」이라는 기사가 나와 곧 사할린의 지명을 일본식으로 개칭하자는 말이 나왔던 것처럼, 이 기사로 인해 사할린 전체가 점령된 후 일본영토로 편입되는 것이 자명한 듯 여겨졌다.

그 같은 여론 속에서, 전권대사 고무라 쥬타로小村壽太郎의 출국은 「찬란한 전승국의 전권대사 출발, 국운을 걸고 싸웠던 희생의 수확, 이제 외교로서 손에 넣는다」(『도쿄아사히東京朝日新聞』, 7.9)라는 제목으로 보도되어, 전승국 일본의 '수확'을 기대하는 분위기가 한층 더 고조되었다.

2) 국민의 부담과 강화 조건

'전승戰勝'의 분위기 속에서, 러일전쟁으로 실제 일본국민이 떠맡아야 했던 부담은 어떤 것이었을까. 전쟁에 대한 국민의 부담으로는 인적 피해와 방대한 전비 조달을 들 수 있다. 물론 그러한 피해와 부담은 러시아 쪽이 막대했지만, 전승국 일본도 사정은 마찬가지였으며, 오히려 국가 규모로 보면 일본의 피해와 부담은 러시아를 상회하는 것이었다.[1]

러일전쟁에 동원된 장병은 일본 본토 근무자를 포함하여 110만 명에 육박했다. 그것은 청일전쟁 때의 4.5배에 해당하며, 20대 남성 중 거의 1/4이 병사로서 전쟁에 끌려갔음을 의미한다. 전사·전병사자가 81,455명, 부상·질병에 의한 입원자 381,313명으로 이를 합하면 462,768명에 이른다. 이는 전쟁 지역 근무자의 약 절반이 사망하거나 부상·질병 등으로 '소모'되었음을 의미한다.

또한 입원자 중 그대로 사망하는 사람 외에, 회복하지 못한 채 제대한 사람이 10만 명을 넘어 심각한 상이군인廢兵 문제를 낳았다. 정부는 1906년(메이지 39) 4월에 '보훈병원법廢兵院法'을 공포하고 다음 해 도쿄 보훈병원廢兵院을 설립했지만, 수용할 수 있는 인원은 소수에 불과해 대다수는 가족·혈연자의 보조나 마을의 자선을 받으며 생활을 영위해야 했다.

한편, 전비 조달을 위해 정부는 가혹한 증세를 단행했다. 1898년(메이지 31) 12월에 증액된 '토지세 조례'의 기한이 다 되자, 정부는 1904년부터 '비상특별세법'을 통해 또 다시 세금을 인상하였으며, 1896년에 제정된 '주류세법'은 1908년까지 5회나 세율을 인상하며 세액을 늘렸다. 이 외에도 '영업세'(1897.1), '설탕소비세'(1901.10), '모직물소비세'(1904.4), '통행세'(1905.1), '상속세'(1905.4), '광업세'(1905.7) 등의 대중과세가 차차 도입되어 영세한 서민 경제에 직격탄을 날렸다.

전승 보도로 일관하던 신문 기사 중에도, 이 같은 전비 확대에 따른 재정압박으로 인해 화평和平을 기대하는 논조가 나타났다. 예를 들면, 『도쿄아사히신문』 1905년 3월 31일 자의 「경제소언經濟小言」은 총 9억 엔의 국채를 매년 1억 6천만 엔씩 상환해야 한다면서 "앞으로 전쟁이 오래도록 계속된다면 정부는 다시 더욱 많은 국채를 모집해야 하고, 따라서 매년 부담액이 더욱 증가할 것이다. 만약 러시아가 금년 중에 굴복하여 강화를 청한다면, 이후 국가의 부담은 더 이상 증가하지 않을 것이다"라고 쓰고 있다. 실제 1904년과 1905년 5회에 걸쳐 모집한 국고 채권과 1906년의 임시사건공채의 수입액은 6억 2천394만 엔이었으며, 그것은 개전 전 우편저금 잔고의 20배에 해당하는 거액이었다.

이러한 가운데, 1905년 8월 29일 미국 포츠머스에서 열린 제10차 강화회의에서 일본은 배상금 요구를 포기하며, 사할린 북위 50도 이남만을 할양받는데 그친다는 러시아 측 제안을 받아들였다. 그리고 만주에서의 군사 철수 등 추가적인 약관을 협정하고 강화하였다. 그것은 실질적으로 일본정부가 당초 생각했던 '절대적 필요조건'을 만족시키고도 남는 것이었다. 하지만 이미 사할린 점령의 뉴스를 접하고, 러시아의 배싱금이라는 긍제적 보상을 기대하던 여론은 그 강화 수락을 '굴욕적'인 것으로 여겼으며, 조약을 파기하자는 대대적인 캠페인이 신문 저널리즘을 중심으로 전개되었다.

3) 저널리즘의 선동과 '히비야日比谷 소요사건'

1905년 9월 1일자 신문들은 러일전쟁 강화조약이 성립되었다는 보도와 함께, 그 조약의 강화 조건이 국민의 의사에 반하는 굴욕적인 것이라는 사실을 많은 지면을 할애하여 부각시켰다. 그 선두에 섰던 것이 바로 『오사카아사히신문大阪朝日新聞』이었다. 『오사카아사히신문』은 「천황폐하께 강화 파기를 명해주실 것을 바라옵니다」라는 논설을 게재하였는데, 그 내용은 다음과 같다.

소문으로만 듣던 강화가 미국에서 이미 성립되었고, 강화의 조건 또한 대부분 세상에 알려졌다. 우리 국민이 소위 그 조건이라는 것을 보니 러시아의 숨통을 조이는 것은 하나도 없고, 장래도 보장받을 수 없는, 심하게 말하면 승자의 권리조차 포기한 것에 지나지 않는다. 이 어찌 굴욕적이지 않은가.

『오사카아사히신문』은 같은 날의 다른 지면에서도 「감히 내각대신 · 겐로元老에게 책임을 묻는다」라는 제목으로, "이상하게도 당국자가 엄청난 굴욕을 감내하고, 여러모로 불명예스런 강화를 맺었다. 누가 이것을 책임질 것인가"라고 보도하였다. 또한 같은 날 『도쿄아사히신문』도 "개전 이래 연전연승한 우리 일본 제국이, 무엇 때문에 이러한 굴욕을 감내하면서까지 강화를 맺어야하는가. 5천만 민중은 모두 분개하며, 한심한 당국 관료들에게 분노하지 않을 수 없다"며 당국자가 오늘과 같은 조건으로 강화가 체결된다는 것을 이미 알고 있으면서도, 반대가 두려워 국민이 알지 못하도록 이를 비밀로 했다는 사실을 규탄하는 기사를 게재하였다.

그 밖의 신문들의 논조도 정부의 방침에 대체로 찬성하는 『고쿠민 신문國民新聞』 외에는 크게 다르지 않았다. 이러한 보도 태도는 분명히 강화 조건을 '굴욕적'이라고 규정하고, 그 같은 강화를 맺은 정부의 방침, 특히 각료들의 경솔하고 무책임한 자세를 규탄하려는 의도가 있었다. 이러한 담론의 핵심어는 '굴욕직'이라는 말과 '책임'이라는 말이었다.

한편 일반 국민의 여론이라며 게재된 기사들 중에는 반드시 '굴욕적'이라거나 '책임'지라는 목소리가 나왔던 것은 아니다. 그 예로, 『도쿄아사히東京朝日新聞』의 강화에 관한 특집에 실린 투고들인 〈자료 1〉을 들 수 있다.

〈자료 1〉

정말 형편없지 않은가. 평화 조건을 처음 들었을 때, 완전히 거꾸로 되었다고 생각하여 어처구니가 없었는데 결국 사실이었다. 자세한 것은 알 수 없지만, 지금까지 알려진 바로는 결국 시모노세키馬關조약의 재탕에 불과하다. 물론 시모노세키 조약은 지금처럼 카라후토樺太의 절반이 들어있지 않았지만, 그 대신 요동 반도를 받았기에 지금보다 훨씬 큰 것이었다. 면적도 훨씬 넓었고, 이번처럼 25개년 조차租借가 아닌 완전한 할양이었다. 작년부터 이렇게 큰 난리를 치면서, 20억 엔을 사용하고, 10만의 사상자를 낸 결과가 겨우 이것인가. 정말 어처구니가 없다. 국민은 당국자에게 손해배상을 청구해야 한다. 받아낼게 없다면, 뭐라도 차압해야 한다.

장수가 공을 세울 수 있는 것은 수많은 병사가 전장에서 죽었기 때문이다. 병사가 덧없이 죽었음에도 불구하고, 장수가 공을 세우지 못한 것을 나는 이번 러일전쟁에서 처음 보았다.

돌이켜보면, 여순도 함락시키지 않았고 발틱 함대도 전멸시키지 않았던 옛날이 그립다.

　　　　　　　　　　　— 회고자, 「무엇을 위한 전쟁이었나」, 『도쿄아사히신문』

전권대사뿐인가. 서기도 통역도 7, 8인이나 줄줄이 그 먼 포츠머스까지 갔다. 여비와 숙박료는 누가 냈는가. 분하고 분하도다.

　　　　　　　　　　　— 분개자, 「분하고 분하도다」, 『도쿄아사히신문』

우리 마을의 유지들은 이후 전쟁이 일어난다 해도 병역 소집, 국채 모집에 일체 응하지 않을 것을 결의하는 바입니다. 만약 러시아의 첩자라고 비난하는 일이 있으면, 러시아 첩자의 좋은 본보기는 누가 보여주었는가라고 반문할 각오입니다. 그럼에도 이에 동의하지 않는다면, 러시아 사람 톨스토이가 태어난 야스야나 폴야나로 서둘러 도망갈 작정입니다.

— 가나가와 현의 모 주민, 「우리 마을의 의견」, 『도쿄아사히신문』

러시아의 고르차코프[9]는 분해서 죽었다는데, 일본의 고르차코프는 무엇을 할 작정인가.

— 「일본의 고르차코프, 비스마르크」, 『도쿄아사히신문』

정말 어처구니가 없다. 어찌 카라후토도 반으로 나뉘었고, 배상금 한 푼도 받지 못했단 말인가. 어젯밤 호외를 보면서부터 화가 나고 예삿일이 아니라고 느껴 한 숨도 못 잤다. 대체 정부는 어째서 그렇게 약해빠진 것인가. 우리 집 일꾼도 자식을 2명이나 전쟁에 보내 잃었다. 제기랄. 이렇게까지 양보할 것이었다면, 가라후토 따위는 아예 받지 않는 편이 낫다. 불쌍한 포로에게는 음식이나 주고, 선물 보따리나 싸서 돌려보내라. 쳇.

— 곰선생, 「돌려보내라」, 『도쿄아사히신문』

또한 당시 국민의 기분을 전달하는 자료로서 자주 인용되었던 것은 9월 3일 자 『오사카아사히신문 大阪朝日新聞』에 게재되었던 「굴욕강화 발언집」인 〈자료 2〉이다.

---

9 고르차코프는 과거 강경외교를 펼쳐 유명해진 러시아의 외무대신이다. 1875년 프로이센의 비스마르크가 프랑스의 세력 확대를 경계하여 전쟁까지 고려하고 있음을 천명하자, 고르차코프는 전쟁 발발 시 러시아가 이를 좌시하지 않을 것이라고 경고하였다. 그의 이러한 강경한 입장으로 인해 비스마르크는 결국 프랑스에 대한 침공의사가 없음을 천명해야 했다.

〈자료 2〉

유족 : 평화가 찾아온 것은 다행이지만, 배상금도 받지 못하고 가라후토도 반 밖에 얻지 못했으니 전사한 아들도 억울해할 것입니다. 나는 오늘 아침 귀사의 신문을 불단에 올리며 분해서 울고 또 울었습니다.

촌장 : 우리 마을에서는 육군에서 6명, 해군에서 2명 이렇게 8명이나 명예롭게 전사했습니다. 마을에 경제적 여유가 없음에도 불구하고, 무엇보다 마을의 명예 이기 때문에 마을 장으로 그들의 장례를 치렀습니다. 아무리 국가에 사정이 있 다 해도, 이런 결과라면 유족이 너무 불쌍하지 않습니까.

군인 : 담판이 성립되었다는 바보 같은 말은 하지도 마라. 용맹스럽게 매진하 여 계속 싸우자. 승리로 얻을 만한 것이 많음에도 당국은 도대체 무엇을 했는가. 바다에는 도고東鄕가 있고, 육지에는 오야마大山가 있어 내 생각으로는 좋은 기 회가 무르익었거늘, 겐로元老나 각료들은 어찌 초를 치는가.[10]

직공 : 전쟁 중에는 그저 참으라고 말해서, 작년 말에 올랐어야 할 임금도 아직 그대로입니다. 평화가 왔다고 술도 한 잔 하면서 기뻐했지만, 아무리 평화라 해 도 조건이 나쁘고, 경기도 좋지 않고, 이런 상태라면 올해도 힘들겠네요.

농민 : 210일[11]은 괜찮았지만, 올해는 쌀 수확이 좋지 않아 크게 걱정하고 있

205

---

10 도고는 러일전쟁 당시 일본의 해군제독 도고 헤이하치로東鄕平八郎이다. 일본의 신문들 은 그가 러시아의 발틱 함대를 무찌르자 그를 '군신軍神'이라 부르며, '동양의 넬슨'으로 칭송했다. 또한 오야마는 러일전쟁 당시 일본 육군 총사령관으로 만주에서 러시아군과 싸워 승리했던 오야마 이와오大山巖를 가리킨다.
11 210일이란 입춘부터 9월초까지의 시기를 말하는 것으로, 이 때 바람이 많이 불어 벼가 쓰 러지면 벼의 성장에 큰 차질을 준다고 한다. 이런 의미에서 농민들에게는 "210일의 바람 이 무섭다"는 속담이 전해진다.

습니다. 전쟁이 끝나면 좋아질 거라 생각했지만, 들려오는 이야기로는 그것도 허사입니다. 아아! 쌀은 흉작이고 세상은 불경기니, 고통 받는 것은 농민들뿐입니다.

상인 : 정말 죽을 맛입니다. 조금이라도 경기가 나아질지 모른다고 생각했는데 허사입니다. 그나마 평화에 희망을 걸었는데, 이 상태로는 우리 상인들도 죽을 맛이고, 주문은 줄어들고, 외상은 늘어가고, 점포는 한산해지고, 오가는 사람도 없겠습니다.

소시壯士 : [12] 국난으로 순국한 수 천여 지사들의 무덤을 보며 비탄을 금치 못하는 자가 어디 나 하나뿐이랴. 쇼콘사招魂祠 근처에도, 사나다야마眞田山에도 죽은 자의 혼들이 구슬피 우는구나. [13] 유족들은 어쩌면 좋을까. 아! 하늘이 분개하고, 땅도 우는구나.

걸인 : 식은 밥도 돈도 얻지 못하고, 문 앞에 서면 재수 없다고 욕이나 먹네요. 아이들은 울어대고 배는 고프죠. 지난 3일 동안 자리 값도 나오지 않아, 십 년이나 해온 구걸도 그만둬야 할 정도로 최악의 상황입니다.

구멍가게 주인 : 한 되에 15전 하는 소금을 먹으면서도 어려운 세상이라고 말하지 않으면서 참아왔던 것이 무엇을 위한 것이었나 생각해보니 참 우습시도 않습

---

12 소시壯士는 메이지 시대 자유민권운동가나 그들의 정당에 고용된 경호원, 운동원 등을 지칭한다.
13 쇼콘사招魂祠는 보신전쟁과 세이난 전쟁으로 목숨을 잃은 사람들을 제사지내기 위해 1869년 창건한 도쿄 쇼콘사招魂社를 가리킨다. 이후 쇼콘사는 1879년 국가를 위해 순국한 자를 기념한다는 뜻을 가진 야스쿠니 신사로 개칭되었다. 사나다야마眞田山는 오사카에 있었던 일본 최초의 육군묘지이다. 이후 이 묘지는 이전되고, 지금은 사나다야마 공원으로 바뀌었다.

니다. 정부만 채권으로 돈을 벌고, 나머지는 어떻게 되도 좋다는 식으로 일이 되어버리다니. 나 같은 사람도 용서가 안 됩니다. 누가 뭐라고 해도 용서할 수 없습니다.

이 자료들에 관해서는 이미 선행연구가 있다.[2] 예를 들어 〈자료 1〉에서는, 가까운 혈연자가 전쟁에서 사망했거나 부상당한 것에 대해 분개하고, 막대한 전비 소모에 관해 분노한다는 것을 구석구석에서 엿볼 수 있다. 가나가와현 어떤 마을의 의견이라고 보도한 기사에는 러시아의 첩자라고 비난 받는다면, 톨스토이가 태어난 곳으로 도망갈 것이라고까지 하고 있다. 러일전쟁 말기의 부담 증가와 강화 결과에 대한 불만이, 전쟁을 지겨워하는 분위기와 결합된 현상을 보여주고 있다. 〈자료 2〉에서는 군인과 소사壯士를 예외로 한다면, 걸인에 이르기까지 이 전쟁의 결과가 서민생활에 어떠한 영향과 불만을 야기했는지를 구어체로 묘사하고 있다. 여기서 토로되는 감정은 '굴욕적'이라거나 '책임지라'기보다는 오히려 이러한 결과 밖에 가져오지 못한 전쟁에 대한 '불만'과 '분노'였다.

이 기사들은 어디까지나 독자나 일반 서민의 투서 혹은 목소리라는 형태를 취하고 있지만, 그것이 실제 사실인지 확실치 않다는 점에 주의해야 한다. 〈자료 1〉의 경우, 당시 편지가 아무리 시내를 중심으로 신속하게 배달되었다 할지라도, 강화조약 체결로부터 불과 하루 이틀 사이에 이 정도의 투서가 왔다는 것은 의문스럽다. 또한 〈자료 2〉도 실제로 취재한 것이 있을지 모르지만, 글 자체는 신문 기자가 작성한 것이 분명하며 일반 서민의 목소리가 아니다. 아마 이러한 계층의 사람들의 '목소리'를 가정해 기자가 창작했을 가능성이 높다.[3]

그렇다고 하더라도, 기자가 이 글을 쓸 때 '굴욕적'이라든가 '책임'

207

이라는 말보다 '불만'이나 '분노'를 서민의 감정으로 내세울 수밖에 없었다는 점은 당시 암울한 분위기를 잘 보여준다. '굴욕적'이라든가 '책임'지라고 소리 높여 부르짖었던 세력이 조성한 여론과, '불만'과 '분노'를 바탕으로 한 서민의 감정이 복잡한 역학 하에 서로 겹쳐져 예상을 뛰어넘는 '군중'의 행동으로 나타난 것이 '히비야 소요사건'이었다. 신문을 비롯한 저널리즘의 보도에는 여러 가지 힘이 작용했다. 히비야 소요사건에 신문 등 저널리즘의 선동적 역할이 적지 않았지만, 그 원인을 신문에서만 일방적으로 찾아서는 안 된다. 그러나 당국자는 이 사건을 구실로, 저널리즘에 대한 탄압을 강화했다. 다음에서는 히비야 소요사건의 경과를 간단히 되짚어 보면서, 당국이 어떠한 태도로 저널리즘 대책을 강구했는지 살펴보자.

4) 폭동의 추이와 미디어 억압

강화조약이 체결된 1905년 9월 5일, 도쿄 히비야日比谷 공원에서 대러對露동지회·흑룡회 등 9개의 대외강경론자 단체가 구성한 '강화문제 동지연합회'의 주최로 '강화조약반대 국민대회'가 개최되었다. 정부는 치안경찰법을 근거로 대회를 금지시키고, 공원 입구에 통나무 목책을 세워 참가자의 진입을 저지했다. 그러나 공원 주위에 모인 약 3만 명의 사람들은 경찰의 제지를 뚫고 공원 안으로 몰려 들어갔다.

의장은 헌정본당憲政本黨의 고노 히로나카河野廣中가 맡았으며, 집회에서 '강화조약 파기 결의', '만주 각 군에 타전할 결의', '추밀고문관에 대한 결의'가 채택되고, 집회는 30분 만에 끝났다. 집회가 끝나자, 자연스럽게 폭동이 일어났다. 한편, 2시로 예정된 신토미 극장新富座의 연설회에도 극장 밖까지 가득 찰 정도로 많은 청중이 쇄도했다. 그것을 불온시한 경찰이 개회 전에 해산을 명했기 때문에, 청중과 경찰 간의 작은 다툼이 발생하였다. 이렇게 대회 주최자의 통제를 벗어나 '군중'으로 변한 양 집회 참가자들이 거리에 있던 사람들까지 끌어들이면서 폭동은 각지로 번져 한 때 도쿄 대부분을 무정부 상태로 만들었다.

폭도가 된 군중은 가쓰라桂太郎 내각을 쫓아 '강화 찬성'의 논조를 보여 "어용신문"으로 간주되던 고쿠민신문사國民新聞社와 내무대신 관저를 습격했다. 또한 경찰관의 부당한 대응에 분개하여 시내 2개의 경찰서와 대부분의 지서, 파출소들을 불태우고, 심지어 교회를 때려 부수기도 했다. 다음날 9월 6일에도 내무대신 관저를 다시 습격하려는 민중과 이를 구경하려는 군중이 거리에 가득 차, 전차의 통행이 불가능할 정도였다. 정부는 그 날 심야에 긴급 칙령으로 계엄령을 도쿄시 및 주변 5군에 내리고 근위사단을 출동시켰다. 도쿄 시내와 인접 지역에는 검문소가 설치되고, 군대와 경찰의 검문이 실시되었다. 사쿠라다몬櫻田門, 바바사키몬馬場先門, 와다쿠라몬和田倉門에는 보초를 세워 시민의 통행을 금지시켰다.[14]

1905년 9월 6일자 신문들은 '국민대회'와 그로 인한 소란을 상세히 보도했다. 특히 『도쿄아사히東京朝日新聞』는 "당국의 몰상식한 억압, 오히려 도로를 걷잡을 수 없는 광란의 도가니로 만들다"라며 「수도 대소요」라는 놀랄만한 표제 하에, 유혈·방화 등의 사태를 상세히 보도했다. 『도쿄아사히신문』은 계엄령이 발포 다음 날 아침인 9월 7일자에도 「들끓는 수도-마침내 방화의 폭거까지」라는 기사를 보도했고,

209

---

14 에도 성에는 36개의 문이 있었다. 그 중 히비야 소요사건이 일어난 히비야 공원 근처에 24번째 문인 히비야 몬日比谷門이 있었다. 히비야 몬 근처의 문으로 23번째 문인 사쿠라다 몬櫻田門, 25번째 문인 바바사키 몬馬場先門, 26번째 문이 와다쿠라 몬和田倉門 등이 있었다.

9월 8일자에도 「공분公憤, 전차를 불태우고, 불타는 자동차를 밀어 내무대신 관저로 들어가」 등 이 사건 보도에 적지 않은 지면을 할애했다. 한편, 군중의 습격대상이 된 『고쿠민신문』은 9월 6일자 기사에서 그들을 "폭도", "비열한", "폭력배", "흉도" 등으로 표현하는 등 여타 신문과는 분명히 다른 입장을 취했다.

정부는 계엄령을 통해 사태를 진정시키려하는 한편, 보도로 인해 소란이 각지로 번질 것을 두려워하여 저널리즘을 탄압했다. 이를 위해 정부는 신문을 강하게 구속하는 긴급 칙령을 별도로 발표했다. 그 내용은 다음과 같다.

칙령 제206호

제1조. 신문지 또는 신문지 조례를 따르는 잡지로서 황실의 존엄을 모독하고 정체政體를 변화·파괴하는 등 헌법을 문란하게 하는 사항 또는 폭동을 교사하여 범죄를 선동할 우려가 있는 사항을 기재했을 경우 내무대신은 그 발매와 배포를 금지·압수하고 이후 발행을 정지시킬 수 있다.

제2조. 앞 조항에 따라 신문지 또는 잡지 발행을 정지시킨 경우, 내무대신이 필요하다고 판단할 때에는 그 정지 기간 중에 한하여 동일인 또는 동일 회사가 발행하는 것으로 인정되는 다른 신문지 또는 잡지를 정지시킬 수 있다.

(…하략…)

이 칙령에 의해 1905년 9월 7일에는 『요로즈초호万朝報』, 『미야코신문都新聞』, 『도쿄니로쿠신문東京二六新聞』, 『호치신문報知新聞』 등 4개 신문의 발행이 정지되었고, 그 외 『니혼신문日本新聞』, 『도쿄아사히신문東京朝日新聞』 등을 비롯하여 전국·지방을 합해 총 30개 가까운 신문이 1회 혹은 수차례의 발행정지 처분을 받았다.

'히비야 소요사건'에 관련된 사망자는 17명, 부상자와 구속자는 각각 2천 명에 달했다. 흉도취중죄兇徒聚衆罪로 기소된 자는 311명, 여기서 유죄 판결을 받은 87명 중 그 대부분은 직공, 인부, 인력거꾼 등 도시 민중이었다. 언론통제와 함께 신문과 잡지의 발행이 정지되었기 때문에 도쿄의 폭동은 단기간에 진정되었다. 그럼에도 불구하고, 당국의 염려대로 강화 반대운동은 전국 각지로 급속히 확산되었다. 고베, 요코하마 등의 도시에서는 파출소를 방화하는 등의 소란이 발생했고, 10월 초순까지 기타 소규모 반대 집회가 각지에서 열렸다. 계엄령은 1905년 11월 29일에야 겨우 해제되었다.

이상이 자료를 통해 본 '히비야 소요사건'의 개략적인 내용이다. 일본 최초의 도시형 '민중 폭동'으로 간주되는 이 사건에 관한 연구는, 지금까지 정부 측에서도 역사학자 측에서도 계속되어 왔다. 그러한 연구 가운데, 나카무라 마사노리中村政則・에무라 에이치江村榮一・미야치 마사토宮地正人는 이 사건에 대한 역사적 평가를 총괄해서 ① 불만 폭발론과 지도指導 초과론의 조합, ② 음모론, ③ 배외주의적 폭동론, ④ 폭도소요론과 경시청 실태失態론의 조합이라는 네 가지 유형으로 정리했다.[4] 현재까지는, 러일전쟁 개전 이후 인적 손실이나 전비 부담을 참고 견뎌왔던 민중이 강화 조건에 불만을 품고, 그 울분을 배외주의・팽창주의적 표어 하에 폭발시킨 행동이라는 것이 통설이다. 그렇지만, 배외주의・팽창주의적 표어가 어째서 민중으로 하여금 정부에 대한 불만을 터뜨리는 폭동을 일으키게 했는가라는 문제는 여전히 남아있다.

여기서 저널리즘에 나타났던 담론을 상세히 검토해보자. 앞서 언급했던 것과 같이, 각 신문사의 '사론社論'에는 "굴욕적"이라거나 "책임"이라는 말이 반복적으로 사용되었고, 정치 차원의 논의에 주안점

211

을 두었다. 이에 반해, 서민·민중의 감정과 분위기를 대변한다는 기사에는 "불만"과 "분노" 같은 말이 주류를 이루었다. 그날 히비야에 모였던 사람들은 "불만"과 "분노" 같은, 민중에게 쌓여있던 답답함과 불안을 공유했던 것은 아닐까. 직접적인 계기는 분명 강화조건의 "굴욕적"인 내용이었고, 문제가 되었던 것은 시종일관 저자세로 교섭한 것처럼 보인 정부나 교섭당사자의 "책임"이었음에 틀림없다. 그러나 이 사건이 일어나게 된 원인을 이러한 직접적인 이유에서만 찾는 것은 사실을 너무 단순하게 파악하는 것이다. 정치·경제적 배경에 대한 이해와 함께, 민중의 감정과 분위기가 어떠한 담론에 의해 조직되어 갔는지에 관해서 보다 상세하게 설명되어야 한다. 이 사건 자체는 단기간에 진정되어 정국을 크게 뒤흔들지 못했다. 이후 이러한 '군중'의 행동이 보다 질서를 갖춘 '공중'의 행동으로 나타나 정권을 동요시켰던 것이 바로 제1차 헌정옹호운동 시기 '민중'의 움직임이다.

212

3. 제1차 헌정옹호운동 ─ 옹호여론과 '민중'

1) 다이쇼 정변과 '정치의 계절'

1912년(다이쇼 1) 육군 2개 사단 증원거부 문제를 계기로 사이온지西園寺 내각이 총사직하자, 겐로元老[15]들은 가쓰라 타로桂太郎를 후임 수상으

---

15 메이지 유신 후 신정부 구성에 지도적인 역할을 한 인물들인 이토 히로부미, 이노우에 카오루, 야마가타 아리토모, 사이온지 긴모치 등을 가리킨다. 헌법이 공포된 뒤 이들은

로 지명하려고 획책했다. 자기들끼리 밀실 협의를 통해 정당 정치인이 아닌 후보자를 추천했던 것이다. 이에 불만을 품은 정당 정치인들은 일치단결하여 1912년 12월 14일, 헌정옹호회를 결성하고, 12월 19일 가부키 극장歌舞伎座에서 헌정옹호대회를 개최했다. 연말에 가쓰라 내각이 성립되자 호헌護憲운동은 한층 고조되었고, 여기에 칙어의 위세를 앞세워 반대세력을 억누르려는 가쓰라 수상의 강경자세에 대한 비판까지 더해져, '헌정옹호'를 기치로 하는 반정부운동으로 확대되었다.

해가 바뀌어 1913년 1월 14일자 『오사카아사히大阪朝日新聞』는, 전날 열린 "오사카 헌정 옹호 대연설회"를 다음과 같이 보도했다.

> 1월 13일의 연설회는 전날 성황리에 열렸던 간담회에 의해 열기가 높아진데다가, 이누카이 보쿠도犬養木堂[16] 씨의 출마 사실까지 겹쳐 개회 전부터 입추의 여지없이 청중이 들어찼다. 정면 입구 좌우 양쪽의 창문 밖까지 북적북적하여 크게 혼잡하였다. 청중은 계속해서 박수를 치며 개회를 재촉했다.

이와 같은 집회가 각지에서 열려, 1월 14일에는 고베神戸에서 4천 명, 1월 16일에는 마에바시前橋에서 3천 명, 우라와浦和에서 2천 명, 야마가타山形에서 3천 명, 히로시마廣島에서 2천 명, 1월 17일에는 후쿠오카福岡에서 4천 명이라는 많은 '민중'이 모였다. 도쿄에서는 1월 24일에 신토미 극장新富座에서 3천 명이 모여 집회를 열었는데, 입장하지

213

겉으로는 천황의 개인적인 자문 역할을 맡았으나, 실제로는 천황의 이름으로 관료정치를 관장했다.

16 이누카이 보쿠도(이누카이 쓰요시犬養毅, 1855~1932) : 보쿠도木堂는 이누카이 쓰요시의 호이다. 그는 1898년에 문부상이 되었으며, 그 후 신당 입헌국민당을 창당하여, 가쓰라 타로桂太郎 내각에 반대하는 헌정옹호운동을 주도했다. 이후 만주사변 발발 당시 총리대신이었으며, 당시 더 이상의 군사행동을 중지하자는 입장이었기에 이에 반대하는 해군 장교들이 일으킨 5·15쿠데타에 의해 암살되었다.

못한 사람들이 거리에 가득 찼다고 한다.[5] 또한 의회 정회 후, 오사카 나카노시마中之島 공원 내의 구舊시공회당 자리에서 열린 집회에는 2만 명이 넘는 사람들이 참가했다.

1913년 2월 10일, 수만의 군중이 당시 히비야에 있던 국회를 에워싸다. 이에 가쓰라 타로 수상은 오오카 이쿠조大岡育造 중의원 의장에게 이들을 해산시키겠다고 했지만, 오오카 의장은 도리어 가쓰라에게 사임을 권고했다. 국회를 포위한 격앙된 민중을 정부가 억지로 해산시킬 경우, 이들이 폭도가 되어 내란으로 번질지 모른다는 것이 오오카 이쿠조의 판단이었다. 가쓰라 수상은 그 의견을 받아들여 일단 의회를 정회시킨 후, 2월 11일에 총사직하는 방법을 선택했다. 그러나 이 사실이 국회를 포위하고 있던 군중에게 제대로 전달되지 않았고, 이들은 통제를 잃고 '민중 폭동'을 일으켰다.

214

2) '군중'의 목표 – 신문사의 역할

'히비야 소요사건'에서는 습격 목표가 주로 경찰서나 파출소였던데 반해, 이번에 도쿄 군중의 습격 대상은 주로 '어용'으로 지목된 신문사였다. '히비야 소요사건' 때에도 '어용신문'이라고 불리던 고쿠민신문사國民新聞社가 습격당했지만, 어디까지나 주된 목표는 정부의 일을 직접 수행하던 경찰과 파출소였다. '민중'은 이번에야말로 '어용 저널리즘'을 향해 분명한 실력 행사를 하였다. 2월 11일자 『오사카아사히신문』는 미야코신문사都新聞社, 고쿠민신문사國民新聞社, 야마토신문사やまと新聞社, 요미우리신문사讀賣新聞社, 니로쿠사二六社 등이 습격당했다며 다음과 같이 보도했다.

미야코신문사 : 히비야日比谷에 모인 군중은 오후 3시 반 "어용지"라고 소리 높여 외치며, 고지마치구麴町區 우치사이와이쵸內幸町에 있는 미야코신문사로 향했다. 이들은 신문사 동쪽 사무소에 불을 질렀으며, 불길이 크게 번지자 소방대가 급히 달려가 이를 진화했다.

고쿠민신문사 : 오후 3시 40분경 흥분한 수천의 군중이 물밀듯이 몰려가 교바시구京橋區 히요시쵸日吉町에 자리한 고쿠민신문사를 포위하고, 저마다 "어용신문을 때려 부수자", "우~"하고 소리쳤다. 그 가운데 수십 명이 돌과 벽돌을 마구 던지는 바람에 2·3층의 유리창이 깨져 떨어졌고, 요란한 소리를 내며 산산조각났다. 애초 고쿠민신문사에서 군중을 향해 물대포를 쏘고, 이후 십 수 명의 순사들이 온 몸으로 군중을 진압하려고 했지만, 시시각각 늘어난 민중은 피를 보지 않고는 멈추지 않을 기세로 마침내 신문사 내로 난입을 시도했다. (…중략…) 신문사 위층에서 공포탄을 쏘며 민중을 위협하였음에도 불구하고 그 열기는 식지 않았다. 오히려 민중은 누구든 겁을 먹을 만한 최후의 수단으로 방화를 시도, 수십 개의 솜뭉치에 석유를 적셔 불을 붙인 후 창문 안으로 던졌다.

야마토신문사 : 고쿠민신문사를 파괴하면서 피를 보고 흥분한 군중들은 다시 야마토신문사로 난입하여 순식간에 유리창을 깨뜨렸다.

요미우리신문사 : 요미우리신문사도 오후 4시 반부터 군중의 포위공격을 받았다. 헌병대가 제지하려고 노력했음에도 건물 앞은 순식간에 난장판이 되었다.

니로쿠사 : 니로쿠사는 오후 7시 반, 수천의 군중에 포위된 상태로 맹렬한 투석 공격을 받았다. 150명의 경관들이 신문사를 지키고 있었지만 아무 소용이 없었다.

215

한편, 정부비판의 논조를 취한 『오사카아사히신문』과 『도쿄아사히신문』은 의회를 포위한 민중의 모습이나 각지로 확산되는 군중의 행동들을 연일 보도했다.

제1차 헌정옹호운동에 결집했던 '민중'의 특징은 첫째, 정당계 지도자의 주도 아래 일정 기간의 준비를 거쳐 운동으로 조직되었다는 점. 둘째, 의회 내 의원의 활동에 호응하여 운동이 고조되었다는 점. 셋째, 이러한 운동의 결과 내각이 무너졌다는 점이다. 이러한 특징들 때문에 초기 이들의 행동은 '공중'의 행동이라고 볼 수 있다. 집회에 참가했던 사람들도 질서 있는 행동을 취한 청중이었다. 그렇지만 이러한 '공중'이 수만 명의 규모로 모였을 때, 이들은 비교적 소규모의 커뮤니케이션 수단으로 결집된, 이성과 판단력을 가진 행동주체로서의 '공중'을 넘어 폭동을 일으키는 '폭도'로 변했다. 이러한 행동 양식으로 본다면, 헌정옹호운동 시기의 '군중' 행동도 '히비야 소요사건'의 '군중' 행동과 크게 다르지 않다.

다만, 제1차 헌정옹호운동 당시 '군중'의 공격이 신문 저널리즘, 그것도 특정한 정치적 성향을 띤 신문사를 상대로 이루어졌다는 점을 주목할 필요가 있다. 이 시기 사람들은 '어용신문'과 그렇지 않은 신문을 구별했고, 저널리즘이 여론을 형성한다는 점을 의식했다. 그러므로 이 운동과 관계된 가두시위는 이후 다이쇼 데모크라시 시대를 선취한 것이었으며, '공중'에서 '대중'으로 변화하는 '민중'의 모습을 한걸음 앞서 표현한 것이었다.

216

4. 쌀 소동 - 매스 미디어와 '민중'

1) 미디어에 나타난 쌀 소동

1917년(다이쇼 6)의 사회주의 혁명으로 러시아에서 소비에트 정권이 수립된 이후, 일본정부는 시베리아로 출병할 기회를 노리고 있었다. 반드시 출병해야 된다는 국내 여론이 있지는 않았지만, 데라우치寺內 내각은 1918년 8월 2일 시베리아 출병을 선언했다.

시베리아 출병의 보름쯤 전부터, 각지에서 쌀 소동의 시초로 간주되는 소규모 민중 폭동이 시작되었다. 일례로, 1918년 7월 20일자『니가타 일보新潟日報』는 나가오카長岡에서 수백 명의 '군중'이 모이자 군대가 출동한 사건, 구레吳에서 일어난 쌀 폭동에 해군이 발포한 사건 등을 전하고 있다. 이러한 움직임 속에서 쌀 소동과 직접적으로 관계된 사건이 7월 22일 도야마현富山縣 우오즈시魚津市에서 일어났다. 이 사건은 그날 저녁 무렵, 쌀값 폭등에 분개한 어촌 아낙들이 항구의 쌀 출하를 멈추자고 합의한데서 시작되었다. 그녀들은 다음날 아침 해안에 모였고, 경찰은 이들을 해산시켰다. 이는 실제로 '사건'이라고 불릴만한 것도 아닌 '우물가의 잡담'에서 비롯된 것이었다. 그러나 7월 24일, 지역 신문인『니가타일보』는 이를 다음과 같이 보도했다.

시모니카와下新川군 우오즈魚津 마을의 어민들은 근래 계속되는 흉어로 큰 어려움에 처한 데다, 쌀값도 날로 폭등하여 하루 끼니도 잇기 어려운 자가 속출하고 있다. 이에 가만히 있을 수 없어 22일 밤부터 수차례 집회를 가진 결과, 어민들은 궁핍한 상태를 당국에 호소하기로 했다. 23일 새벽, 사람들이 대거 관청에

217

몰려가 형세가 심히 험악하게 되었지만, 미리 이러한 일을 경계 중이던 경찰서에서 순사 여러 명을 곳곳에 배치하여 그 행위의 불온함을 훈계하며 각자 집으로 돌아갈 것을 명령하였기에 사태는 일시적으로 진정되었다. 하지만 어민들이 이대로 가만히 있을 것 같지는 않아 언제 소동이 일어날지 모르는 상황이다.

계속해서 1918년 7월 25일자에는 홋카이도北海島로 쌀을 출하하려는 증기선 이부키마루息吹丸의 출항을 '영세민' 등이 저지했다는 기사가 실렸다. 시베리아 출병 선언이 나왔던 다음날인 8월 3일, 도야마富山현 니시미즈하시西水橋 마을에서 어촌 아낙들이 중심이 된 소요사건이 발발했다. 이것이 쌀 소동의 시작이다. 이 사건도 처음에는 지역 신문인 『도야마일보富山日報』와 『다카오카신보高岡新報』에 보도되는데 그쳤지만, 이후 8월 5일자 『오사카아사히신문大阪朝日新聞』가 이를 다음과 같이 상세히 보도했다.

니시미즈하시西水橋 마을 어부의 아내들 300여명이 같은 시각(오전 7시경)에 바닷가에 모여 물가 폭등은 쌀 때문이라고 주장하며, 우리들을 굶겨 죽이지 말라고 절규하였다. 이 무리들은 셋으로 갈라져 자산가에게 탄원하거나, 쌀가게들을 습격해 쌀을 다른 곳으로 반출하지 말라고 협박하고 만약 반출하면 불질러버리겠다는 등의 과격한 말을 내뱉었다. 10시 경 이들이 다시 바닷가에 모일 것을 협의하고 있다는 급보를 접한 경찰이 만일의 사태를 대비하기 위해 일단 이들을 해산시켰지만, 이들 중에는 다음날 아침까지 돌아가면서 쌀가게 앞을 지키는 사람도 있었다.

이 기사 이후, 점차 『호치신문報知新聞』, 『미야코신문都新聞』, 『오사카마이니치大阪毎日』, 『도쿄아사히신문東京朝日新聞』 등의 전국지가 이 사건을 다루었고, 그 보도의 영향으로 발발한 각지의 민중 폭동을 재차 전하는 등, 신문지면에서 쌀 소동과 그 보도기사는 서로 상승효과를 일으키며 눈덩이처럼 커졌다.

2) 다이쇼기의 '미디어 전쟁'

쌀 소동의 추이에 관해서는 이노우에 키요시井上淸나 와타나베 토루渡部徹 등에 의해 많은 부분 연구가 되어있으며, 그 전체상에 대해서도 그들의 연구가 현재까지 주된 참고문헌이 되고 있다.[6] 사건의 상세한 분석은 이들에게 맡기고, 여기서는 이러한 대규모 '민중폭동'의 발생에 신문이라는 '매스 미디어'가 얼마나 큰 역할을 수행했으며, 매스 미디어가 얼마만큼 이를 자각하고 있었는가하는 점을 살펴보고자 한다.

각지의 민중 폭동을 정부는 철저하게 무력 진압했다. 전국적으로 검거자 수는 2만 5천 명 이상이었고, 기소된 사람도 8천 명에 가까웠다. 한편 정부는 이러한 소요 확대의 원인이 신문의 '과장 보도'에 있다고 보아 수차례나 신문의 발매 금지 처분을 내렸지만, 눈앞의 상황은 점점 확대되어 가기만 했다. 이에 정부는 1918년 8월 14일자로 쌀 소동에 관한 기사가 신문에 게재되는 것을 일절 금지시켰다. 이러한 조치 직후『지지신보時事新報』,『오사카아사히』,『도쿄니치니치東京日日』,『도쿄아사히』 등은 정부의 이러한 강경조치를 규탄하는 기사를 실었다.

이 사건을 보도하려는 의욕에 찬 신문 기자들은 게재 금지 조치에 대한 항의행동을 전개하였다. 8월 17일, 긴키近畿지방 53개 신문사 관계자 137명은 오사카 호텔에서 "긴키신문사·통신사대회"를 개최하여, 데라우치 내각을 규탄하는 결의를 채택했다. 또 8월 25일, 간사이

關西 지역 86개 신문사·통신사 관계자 166명도 역시 오사카 호텔에서 '간사이 기자 대회'를 열어 기세를 더했다. 그러나 이 '간사이 기자 대회'를 보도한 『오사카아사히신문』의 8월 26일자 기사가 당국의 표적이 되었다.

> 금구무결金甌無缺[17]한 긍지를 지닌 우리 대일본제국에게 두려운 최후 심판의 날이 다가오고 있는 것은 아닌가. '흰 빛깔 무지개가 태양을 꿰뚫는다'[18]라는 옛 사람들의 불길한 예감이 그 자리에 있던 사람들의 머리에 번개처럼 스쳤다.

정부는 이 부분이 국가의 안녕과 질서를 어지럽히는 것이라며, 정부 비판의 선두에 섰던 『오사카아사히신문』에 발매금지 처분을 내렸고, 이 기사를 쓴 오니시 토시오大西利夫와 발행·편집에 관계한 야마구치 노부오山口信雄를 신문지법 위반으로 고발했다. 재판이 진행되는 가운데 같은 신문사 사장 무라야마 료헤이村山龍平가 여러 명의 우익들에게 습격당하는 사건도 일어났다. 이에 『오사카아사히신문』은 사장 이하 편집 간부가 사임하면서, 12월 1일자로 「우리 회사의 본뜻을 밝힌다」는 사고社告를 발표했다. 그것은 지금까지의 경위에 대한 사죄의 뜻을 표명하면서, 앞으로 어느 한 쪽으로 치우치지 않겠다고 다짐한 것이었다. 그 직후인 12월 4일 재판부는 앞의 고발된 2명에게 유죄판결을 내려, 기자 오니시 토시오에게 금고 2개월, 발행인이자 편집인이던 야마구치 노부오에게는 금고 1개월을 선고했다.

이 사건이 보여주는 바는 크게 세 가지이다. ① '쌀 소동'의 발발과

---

17 금이나 쇠로 만든 그릇이 단단한 것처럼, 국력이 강하여 다른 나라의 침략을 받지 않음.
18 고대 중국에서 나라에 병란兵乱이 발생할 것이라는 흉조를 상징. 하얀 무지개는 군대를, 해는 군주를 의미한다. 『사기史記』 「추양전鄒陽伝」.

확대에 즈음하여 신문이 그 전 시대와는 질적으로 다른 매스 미디어로서의 역할을 수행했다는 점, ② 신문사·신문기자 측이나, 탄압하려고 한 정부 측 모두가 이러한 신문의 역할에 대해서 자각하고 있었다는 점, ③ 그 결과 신문 보도가 탄압받자 동시에 '민중 폭동'도 진정되었다는 점이다.

쌀 소동에서는 '민중'과 '매스 미디어'의 역동적인 관계가 매우 중요했다. '매스 미디어'가 '민중'의 행동을 전하고 '민중'을 더욱 더 행동하게 만드는 힘으로 작용하는 사태에 직면하자, 권력은 매스 미디어의 규제를 강화하고 탄압했던 것이다. 이것은 바로 '쌀 소동'이 '대중'화한 '민중 폭동'이었다는 점을 말해준다. 러시아 혁명 이래, 일본 사회주의 운동의 주체 형성과도 관계된 '대중'이 출현한 것이다. 그리고 그것은 또한 '매스 미디어'의 담론이 직접 본격적인 힘을 갖게 된 시대, 즉 '매스 미디어' 담론의 주도권을 둘러싸고 정치적으로 치열하게 투쟁하는 시대가 도래했다는 것을 의미했다.

쌀 소동 이후 1920년(다이쇼 9) 공황을 거치며 일본 경제는 기업과 은행 경영에서 동요를 겪었음에도 불구하고, 상대적으로 높은 경제성장을 거두었다. 본격적인 도시화와 이에 따른 전력화, 소비수요의 증대 등이 일어났다. 그 시기 도시화로 백화점, 지하철, 자동차 등 이전까지 없었던 생활형태가 시민생활에 등장했다. 한편 러시아 혁명의 영향을 강하게 받아 1922년에는 일본 공산당이 창건되었다. 이것들은 1923년 간토 대지진 후 부흥기, 즉 본격적인 '대중 시대'의 도래를 예고하는 것이었다.[7]

군중群衆·민중民衆·대중大衆

오모토교大本教와 니치렌주의日蓮主義[1]
근대 일본의 '공공종교를 지향한 종교'

쓰시로 히로후미 津城寬文[2]

1. 근대 공공종교公共宗教의 반동

1920~30년대 일본에서 민중종교는 어떻게 현실 정치를 뒤흔들었던 것일까. 이 과제를 검토하기 위해서는 1910~20년대 일본 종교사에서 빼놓을 수 없는 오모토교[3]와 니치렌주의[4]를 살펴볼 필요가 있다. 그

---

1 이 글은 남효진이 번역했다.
2 1956년생. 쓰쿠바대학 교수. 전공 분야는 비교종교학, 일본문화연구. 최근 저서로는 『공공종교의 빛과 그림자』(2005), 『'영'의 연구─근대 심령주의와 종교학』(2005) 등이 있다.
3 1892년 데구치 나오出口なお가 구니토코타치노카미国之常立神의 계시를 받아 창립한 교파신도계 신흥종교. 흔히 오모토교라고 하나 정확히는 교를 붙이지 않는다. 데구치 나오의 사위였다가 나중에 양자가 된 데구치 오니사부로에 의해 거대 교단으로 발전하였으며, 만주사변이 일어난 직후인 1933년에 황도오모토로 개칭하였다. 1921년과 1935년, 두 차례 대대적인 탄압을 받은 후 교세가 크게 쇠퇴했다. 2차 대전 후에는 '애선원', '인류애선회', '오모토'로 개칭하였으며, 현재는 평화운동에 힘을 쏟고 있다.

리고 그 초점은 1921년의 제1차 오모토사건과 1931년의 만주사변에 맞추어야 한다.

다이쇼기(1912~1925)는 데모크라시와 모더니즘이 유행하는 한편 일반 민중의 종교운동이 사회 전면에 부각되던 때였다. 또 쇼와 시기로 들어가면서 제어불능 상태에 빠지는 육군 군사행동의 사상적 기반도 바로 이때 형성되었다. 그리고 이 시기는 종교·정치 전문가가 아닌 일반 민중이나 군인이 중심이 된 정치·종교적 충동이 현실 사회를 향해 분출된 때이기도 했다. 일본의 근대화는 국체론과 국민의례를 양축으로 하는 국교國敎를 반석 위에 올려놓았으며, 시민의 정치의식은 데모크라시라는 고원에 다다른 것처럼 보였다. 한편 근대화 과정에서 소외된 민중과 정치 개입이 금지되었던 군인들로부터는 종교 색채가 짙은 정치 주장들이 강하게 제기되었다. 이런 흐름은 1920년 무렵에는 '다이쇼유신론大正維新論'을 동반한 오모토교의 확대, 1930년대에는 '쇼와유신론昭和維新論'을 동반한 육군의 폭주暴走라는 형태로 시간차를 두고 나타났다. 시대를 대표하는 이런 대사건들의 당사자들(데구치 오니사부로出口王仁三朗, 이시하라 칸지石原莞爾, 때에 따라서는 기타 잇키北一輝 등)은 각기 다른 장에서 활동하는 한편, 신불神佛이나 영적 세계의 적극적인 사회 개입을 자신들의 사상과 활동의 중심에 두었다. 근대화가 진행됨에 따라 내재된 반동적인 움직임이 여기저기서 다양

4 니치렌주의는 불교적 신정일치를 통해 일본을 통일하고, 통일된 일본을 수단으로 세계 통일을 달성하는 것을 목표로 하는 종교사상이다. 불교적 신정일치는 니치렌이 말한 입정안국立正安国을 향한 왕불王仏융합 및 국립계단国立戒壇 설치를 뜻한다. 즉, 국민 전체의 절대적 귀의의 대상인 천황의 개종을 통해 국민 전체를 니치렌종 신도로 통일하는 것이다. 다나카 치카쿠에 의하면 니치렌은 세계 통일의 원수元帥, 일본인은 세계 통일의 천병天兵, 천황은 천병을 이끄는 현왕賢王이다. 일본 제국주의의 대동아권 슬로건이었던 '팔굉일우'는 다나카 치카쿠가 만든 말로, 바로 이런 세계 통일을 뜻한다. 니치렌주의는 결국 니치렌 절대주의와 천황절대주의가 합체된 것이다.

하게 일어났다. 종교 특히 '역사에 개입하는 신'이라는 개념을 고려하지 않는다면 이 사건들은 그저 우스꽝스런 촌극에 불과하다.

종교와 정치가 결합한 공공종교 중 가장 연대가 강한 것은 전국의 교단 조직과 중앙 정부가 연결된 국교이다.[1] 메이지 시기에 초빙된 외국인 루드비히 리스Ludwig Riess[5]는 근대 일본의 국교 확립에 대해 다음과 같이 기록했다.

> 원래는 제례의식을 전혀 갖고 있지 않았던 이 국민정신은 1891년(메이지 24)에 이르러 외형적인 의례를 만들기 시작했다. 요컨대 '모든 공적인 제전을 행할 때 국민은 천황과 황후 폐하의 사진 앞에서 예를 올려야 된다'는 의식儀式을 도입한 것이다. 이런 의식을 행하면서 조상숭배와 왕가의 신神적 기원에 대한 신앙이 기묘하게 혼합되는 형태로 옛날부터 전해져 내려오던 국민종교가 새롭게 되살아나리라는 것은 불 보듯 뻔하다.[2]

이 인용문은 교육칙어가 발포된 후 나온 문부성 훈령에 대해 말하고 있다. 관공서 특히 학교에 하사된 '어진영御眞影'은 교육칙어와 더불어 교육 현장에서 의례의 시공간을 구성했다. 모토다 나가자네元田永孚[6]는 천황의 '초상·사진'을 통해 천황 중심의 국가 이상을 유소년의 '두뇌 속'에 '배양'하고자 했다. 그는 이렇게 '복고復古'해야 할 것을 '국교'라고 파악했다. 그에 반해 교육칙어를 기초했으며 이데올로기적

---

5 1861~1928. 독일계 유태인 역사학자, 교육가. 베를린대학에서 랑케의 지도를 받았다. 일본 메이지정부에 초빙되어 1887년부터 1902년까지 일본 도쿄제국대학 문과대학 사학과에서 강의를 하며 랑케의 실증주의를 일본에 소개했다. 또 일본국사과의 창설과 사료편찬소 사업 등에도 관여했다. 독일로 돌아간 후에는 베를린대학 교수로 있으면서 일본에 관해 많은 기록을 남겼다.

6 1818~1891. 일본 한학자. 교육칙어의 초안을 작성했으며 주자학에 입각한 천황제국가 사상의 형성에 기여했다.

으로는 근대 법치주의자인 이토 히로부미와 이노우에 코와시井上毅는 영국과 러시아를 예로 들며, 근대 법치국가에서는 군주가 국민의 "양심의 자유에 간섭"해서는 안 된다고 생각했다.3) 메이지유신 초기에 있었던 방향성에 관한 이런 다툼, 즉 근대의 법치주의 및 정교분리주의와 그에 대항하는 신권적 정교일치주의의 갈등은 그 이전 메이지유신이 시행착오를 겪던 시기부터 계속되어왔다. 이런 갈등은 예를 들자면 오쿠보 토시미치大久保利通와 반동분자 사이에도 있었고 메이지유신이 안정된 시기에도 도처로 무대를 바꾸어가며 되풀이되었다.

근대화에 대한 반동적인 움직임도 고려하며 '공공종교'의 관점에서 메이지유신부터 쇼와 초기까지 종교사를 개괄해보면 다음과 같다. 국가종교는 ① 메이지 전반기, 국민 통합을 위한 공공종교의 필요에 따라 근대적·이성적으로 발명되어, ② 메이지 후반기, 지도층이 바뀌면서 점차 무의식화되었으며, ③ 다이쇼기~쇼와 초기, 밖으로는 데모크라시·자유주의·맑스주의, 안으로는 반동적인 움직임이라는 안팎의 어려움에 부딪치면서 비등하여, ④ 15년전쟁 시기, 전체주의화한 사회에 호응하여 '국체'를 교리로 하는 전체주의적 집합종교가 되었다.4)

다이쇼데모크라시 시기에는 외국에서 들어온 사회과학 사상으로 무장한 '개조'사상이 유행했다. 그리고 민중의 독자적인 대응으로는 "신흥종교, 청년단운동, 대중문학의 세 가지"가 있었다. 이것을 "토속정신으로 회귀한 것"이라고 간주하는 연구자도 있다.5) 또 최근에는 육군의 대응에 주목하여 이 시기 '육군 장교와 데모크라시의 대결'이 진행되던 양상을 집요하게 추적하는 연구도 진행되었다. 데모크라시나 사회주의 같은 사회과학 사상과 기독교가 천황제국가(근대 일본의 공공종교)와 대치하는 '위험한 사상'인 것은 처음부터 아주 자명했다.

그런데 개조사상, 민중종교, 특히 육군은 공공종교에 접근하여 순수한 이상을 추구하는 것이 가능했기 때문에 어떤 의미에서는 더욱 위험했다.

다이쇼 중반에 잡지 『개조改造』,[7] 일본 개조를 위한 연구단체인 로소카이老壯會,[8] 행동단체인 유존샤猶存社[9]에 모인 사람들은 좌익이든 우익이든 모두 사회에서 '밀려난 자'들이었다. 그 대표적인 인물이 『국가개조안원리대강國家改造案原理大綱』을 쓴 기타 잇키이다. 그들은 구상을 구체화시키지는 못했지만 일본 개조운동의 원류가 되었으며 "제1차 세계대전 이후 일본의 사회의식을 형성했다"고 간주된다.6) 육군은 이런 개조사상의 중심인물과 사상의 동기 둘 다 받아들였다. 육군의 기관지 『가이코샤키지偕行社記事』[10]의 목적은 루소, 맑스 등 '각종 사상에 감염되어 입영하는 청년'을 국체사상으로 교육하는 데 있었다. 육군은 우에스기 신키치上杉愼吉[11]의 '극우'국체사상을 정통으로 삼았는데, 그 연장선 위에서 기타 잇키가 수용되었다. 한편 개조사상에 대한 종교계의 반응도 균일하지는 않지만 곳곳에서 보인다. 그런데 종교 일반에 대해서는 외부로부터 더 큰 충격이 가해졌다. 그것은 영국과 미국에서 시작된 심령주의spiritualism·심령연구였다. 그로 인해 신이나 영靈에 대한 리얼리티가 극적으로 고양되었고 소위 '심령술 계통'의 종교가 크게 유행하였다.

---

7 1919년 창간되어 주로 사회주의 평론을 게재하던 일본의 종합잡지.
8 1918년(다이쇼 7)에 창립된 급진적 국가주의 단체로, 초기에는 좌익도 참가하였다.
9 1919년에 일본 제국의 개조와 아시아 민족의 해방을 내걸고 창설되었다. 1923년 중심인물이었던 기타 잇키와 오카와 슈메이의 불화로 인해 해산되었다.
10 1888년에 창간된 육군 기관지.
11 1878~1929. 일본 다이쇼시대의 헌법학자. 군주권절대주의인 '천황주권설'을 주장하였다. 1910년대에 천황기관설을 주장한 미노베 타쓰키치와 크게 논쟁을 벌였고, 이후에는 우익 단체를 지도하였다.

1) 심령주의spiritualism 수용의 풍경

우선 오모토교 성장의 배경이 된 심령주의가 수용되던 풍경을 상상해보자. 천황을 기관(도구)으로 볼지 주권(목적)으로 볼지와는 관계없이, 신이나 영의 실재를 인정하느냐 하지 않느냐에 따라 천황상의 모습은 크게 달라진다. 메이지 말기에서 다이쇼로 바뀔 무렵, 신이나 영靈의 리얼리티에 관한 새로운 국면이 벌어졌다. 이 시기 민중세계나 대중사회의 '심령'에 대한 높은 관심, 그에 대한 비판, 열광과 냉각에 관해서는 최근 종교학뿐만 아니라 사회학이나 일본사에서도 잇달아 연구가 나와 잘 알려져 있다.[7] 그것들을 참조해서 정리하면 다음과 같다.

근대에 대한 반동은 1910년대부터 활발하게 나타났다. 대중문화 영역은 에로·그로·넌센스라는 말로 간단히 정리될 만큼 무르익었으며, 그 일각에서 최면술, 천리안 붐이 일어났다. 출판계에서는 번역 등을 통한 신지식의 보급·확산이 있었으며, 학지學知 / 민간지民間知, 학계 / 재야지식인의 경계가 약화되었다. 그때 수입된 신지식으로 눈길을 끈 것 중 하나가 새로운 과학이자 철학인 영미 계통의 심령주의·심령연구였다. 이것은 1848년 뉴욕 주에서 있었던 기묘한 사건으로부터 비롯되었는데 19세기 후반에는 런던, 캠브리지, 옥스퍼드의 학자들까지 여기에 휩쓸려 들어갔다.[12] 이 과학사에 남을 일대 논쟁은 일본에 바로 소개되었고 그것을 확인하는 실험이 제국대학 차원에서 시도되었다. 1890년대 이노우에 엔료井上円了의 『요괴학강의』는

---

12 1848년 뉴욕주 하이즈빌 마을에서 폭스 가의 세 자매가 그 집 지하실에 암매장되어있던 영과 교신하는 사건이 발생하였다, 영의 실재를 입증하는 이 사건을 계기로 심령 현상이 세간의 주목을 끌면서 미국과 유럽의 여러 대학에서 심령연구 붐이 일어났다.

시종일관 미신타파에 중점을 두었다. 그러나 1910년대 들어서 히라이 킨조平井金三가 『심령 현상』, 히라타 모토요시平田元吉가 『심령의 비밀』, 후쿠라이 토모키치福來友吉가 『투시와 염사』를 발표하기에 이르러서는 상황이 달라진다. 일찍이 미신으로 취급받던 괴기 현상이 근대 과학의 범주에 들어가는 것처럼 생각되었고, 미후네 치즈코御船千鶴子, 나가오 이쿠코長尾郁子, 미타 코이치三田光一 같은 초능력자들이 근대 아카데미즘의 실험 대상으로 부상하였다. 이러한 심령연구는 최면술, 천리안, 염사念寫[13] 등을 통해 종교 영역과 과학 영역의 접점에서 새로운 것을 발견할 수 있지 않을까 하는 기대를 모았다. 그러나 도쿄제국대학 조교수였던 후쿠라이 토모키치가 행한 천리안 실험이 세간에 물의를 일으킨 것을 계기로, 학계와 매스컴은 최면술, 천리안, 염사 등에 대해 냉담하고 가혹한 태도를 취하게 된다.[8]

이런 분위기 속에서 오모토교나 다이레이도大靈道[14] 같은 심령술 계통의 종교가 크게 유행했다. 당시 많은 지식인과 문화인들이 영적인 현상에 대해 열광과 냉각, 혹은 지속적인 흥미를 보였다. 그 중에서 야나기 무네요시柳宗悅[15]는 의외의 인물이라는 점에서나 이런 문제의 성격을 보여준다는 점에서 좋은 예이다. 야나기 무네요시가 젊었을

---

13 초능력자가 염력을 사용해 감광되지 않은 사진 원판에 자신이 생각하는 것을 찍어내는 것을 말한다.

14 일본 메이지 말기 다나카 모리헤이田中守平가 창시한 일본 최대 최강의 심령술 집단으로 다이쇼 시기 일본 전역에 퍼졌다.

15 1889~1961. 일본의 민예운동가, 미술평론가, 종교철학자. 1910년 『시라카바』 창간에 참가했으며 도쿄제국대학에서 철학을 전공했다. 초기에는 로댕 등 서양근대미술을 일본에 소개하는 데 힘을 쏟았으며 심령현상, 윌리엄 블레이크 등에 몰두하였다. 1910년대 중반 백자를 통해 조선의 미에 눈을 뜬 것이 민예운동으로 나아가는 계기가 되었다고 한다. 조선총독부 건축을 위해 광화문을 허무는 것에 반대 의사를 표명하고 보존을 위해 힘썼으며, 『조선과 예술』을 간행했다. 1936년 일본 민예관을 설립했으며 민예운동을 제창하고 이끌었다.

때 쓴 『과학과 인생』(1911)은 당시의 최신 심령주의·심령연구를 소개한 책인데, 심령주의의 시각으로 현실 세계를 다시 보면 궁극적인 해결에 접근할 수도 있다는 그 특유의 낙관론을 보여준다. '새로운 과학' 즉 '심령 현상에 관한 소위 과학적 연구'에 대한 야나기 무네요시의 '이상하리만치 강한 열정'은 훗날의 '신비도神秘道'(신비주의) 연구에 밑거름이 된 젊은 시절의 에피소드로 흔히 간주된다. 훗날 그가 한 종교철학 연구에 비해 확실히 이 '새로운 과학'은 깊이가 없다. 그러나 깊이가 없는 것은 연령이나 시대의 탓이 아니라 '심령 현상에 관한 과학 연구'의 어쩔 수 없는 특징이다. '종교 기적'에 관한 어정쩡한 태도, 기적이 '미지의 자연 현상'이라면 자연(물질)과학에서 다룰 수 있는 그 영혼은 물질일 수밖에 없다는 방법에 관한 비판 등등 심령주의·심령연구는 많은 문제점들을 가지고 있었다. "이렇게 풀리지 않고 남아있는 문제"들로부터 야나기 무네요시가 멀어져 간 과정에 관해서, 예를 들어 "윌리엄 블레이크William Blake[16]의 시를 보면 그 자체는 심령현상과 전혀 관계가 없음에도 불구하고 그보다 훨씬 더 높은 영성靈性으로 우리에게 호소하고 있지 않은가. 이렇듯 야나기 무네요시의 관심도 심령 현상으로부터 멀어져갔다"는 설명은 설득력이 있긴 하지만 너무 상투적이다. 그런데 야나기 무네요시는 이 문제를 부정한 것도 극복한 것도 아니었다. 그는 깊이는 별로 없으나 정면에 떡 버티고 서있는, "ㅜ시대부터 내려온 수수께끼인 '심령'에 대한 물음 (…중략…) 계속해서 인간을 혼란스럽게 하는 사후死後 문제"를 우회하였을 뿐이다.[9] 그럼으로써 그는 소모적인 논쟁을 피해 간 것이다.

　전환기 풍경의 하나로 심령주의의 영향을 상상해보았다. 거기에는

16　1757~1827. 18세기 영국 낭만주의 시대의 화가이자 시인. 자연의 외관을 복사하는 단순한 회화를 경멸하고 묵상 중의 신비로운 체험을 시와 그림으로 남겼다.

야나기 무네요시처럼 재빨리 통과한 지식인도 있었던 반면 계속 열광했던 오모토 '지식인'도 있었다.

2) 육군의 사상 풍토

아사노 카즈오淺野和生는 『다이쇼데모크라시와 육군大正デモクラシーと陸軍』에서 다이쇼데모크라시 시기에 세간의 눈이 미치지 않은 영역에서 형성된 육군 내부의 사상이 쇼와 초기에 육군의 폭주로 갑자기 표면화된 양상을 생생하게 묘사하였다.

육군의 국가사상을 자리매김하기 위해서는 학설 차원에서 벌어진 천황기관설[17] '논쟁'까지 거슬러 올라가지 않으면 안 된다. 1910년대 초기 미노베 타쓰키치美濃部達吉[18]와 우에스기 신키치上杉愼吉가 벌인 헌법 논쟁은 언론계·학계·관계에서 미노베 타쓰키치가 크게 승리를 거두고 우에스기 신키치는 패배한 것처럼 보였다. 그러나 육군 장교의 이론 연구·교육 잡지였던 『가이코샤키지』는 미노베 타쓰키치와 우에스기 신키치의 논쟁 중 우에스기의 학설만을 그대로 게재했다.

231

---

17 1912년 미노베 타쓰키치가 발표한 헌법학설. 미노베 타쓰키치는 국가법인설에 기초하여 통치권은 법인인 국가에 속하며 천황은 국가의 최고기관으로 통치권을 행사한다고 하였다. 이 학설은 1910~20년대 학계의 폭넓은 지지를 받아 공인된 헌법학설로 정착하였다. 그러나 1935년 귀족원 본회의에서 "완만하나 분명한 반역"이라고 공격당하면서 배격운동이 벌어졌다. 각 대학과 고등학교에서 천황기관설론자들은 강의에서 배제되었고 그들의 저서는 절판되었으며 교과서는 개정되었다.
18 1873~1948. 일본 다이쇼 시대의 헌법학자. 1912년에 발표한 천황기관설은 다이쇼 데모크라시 기운에 힘입어 폭넓은 지지를 받았고 정설로 인정받았지만, 1934년 국체명징운동이 벌어지면서 일본의 독자적인 '국체'를 무시하고 천황을 국가의 아래에 놓았다며 배격당하기 시작했다. 미노베 타쓰키치는 이에 꿋꿋하게 맞서며 소신을 굽히지 않았으나 결국에는 불경죄로 기소유예 처분을 받고 귀족원 의원직을 사직 당했다.

우에스기 신키치는 이를 계기로 육군대학교에 초빙되어 헌법을 강의하고 야마가타 아리토모山縣有朋와 함께 국체명징과 충군애국의 정신을 드높이는 '도카갓카이桐花學會'를 만드는 등 육군 정통 사상의 토대를 마련했다. 일본의 국체를 연원으로 하는 군인 정신은 당시 사치스럽고 화려한 풍조, 자기희생을 부정하는 개인주의, 물질주의, 배금주의를 위험한 세태로 간주하였다. 육군이 우에스기 신키치의 헌법학을 정통으로 공인함으로써 이 극단적인 천황주권설은 아무 저항 없이 육군 장교들에게 수용되었다.

극우국체론자인 우에스기 신키치의 학설은 간단히 말해 일본에서 '정체'는 몇 번이나 바뀌었지만 주권자는 언제나 천황으로 '국체'는 바뀐 적이 없다는 것과 그 근거는 '건국신화'에 있다는 것을 양축으로 하고 있다.[10] 전자는 모두 알다시피 황국사관이다. 후자는 바로 왕권신화로 원리적인 면에서 유태교, 기독교, 이슬람교, 덴리교, 오모토교 등 '역사에 개입하는 신'을 이야기하고 있는 종교들과 공통된 부분이다. 따라서 이 종교들은 서로 경합할 수밖에 없다.

미노베·우에스기 '논쟁'과 20년 후의 천황기관설 '사건'은 메이지 헌법에 내포된 약점을 드러냈다. 미노베 타쓰키치의 천황기관설은 학계에선 주류였지만 일반에게 공개되면 수세에 몰릴 것 같이 드러나기를 두려워하는 '밀교密教'의 취약점을 갖고 있었다. '현교顯敎'[19]로 가장 순수하게 배양된 육군에서는 당연히 우에스기류의 국체론을 정통으로 삼았다. 이것은 이미 잘 알려진 논쟁이다. 그렇지만 아사노 카즈오는 우에스기 신키치가 육군에 끼친 영향에 초점을 맞춰 "이 논

---

19 원래 밀교란 부처의 본신인 대일여래가 자신의 언어로 직접 말씀하셨기 때문에 일반 중생은 쉽게 알 수 없는 비밀스런 가르침이다. 이에 반해 현교란 석가가 중생을 구제하기 위해 인간의 능력과 수준에 맞춰 분명하게 말씀하신 가르침이다. 이 글에서 현교는 공개적이고 개방적인 가르침을, 밀교는 일반인이 이해하기 힘든 비밀스런 가르침을 뜻한다.

쟁의 정치사적 의의를 재검토해야한다"고 지적하였다.[11]

천황기관설 진영과 천황주권설(=국체론) 진영의 대립은 메이지기 이후 반복되는 주제였으며, '공격자'는 언제나 국체론자 쪽이었다. 그리고 이처럼 국체론을 받드는 육군의 최전선 가운데 하나인 관동군 참모 중에 니치렌주의자 이시하라 칸지가 있었다.

2. 오모토교大本教—다이쇼유신론大正維新論의 배경

가노 마사나오鹿野政直는 다이쇼데모크라시의 저류低流로 '민중종교', '청년단운동', '대중문학', 세 가지를 들었다. 그리고 민중종교의 대표적인 예로 오모토교를 논했다. '세 가지 저류'는 별도로 친다 해도 이 시기의 종교를 다룰 때 어떤 시각에서든 오모토교나 데구치 오니사부로[20]에 대해서 언급하지 않을 수 없다. 종교사를 잘 모르는 논자들의 대담에서조차, "다른 각도에서 보면 다이쇼 시대는 종교의 시대 (…중략…) 데구치 오니사부로를 기타 잇키가 만났다든지 미야자키 토텐宮崎滔天[21]이 만나려고 했다든지"하면서 데구치 오니사부로의 이

233

20 1871~1948. 일본 신흥종교인 오모토의 교의를 정립하고 발전시킨 오모토의 실질적인 교조. 1931년 최후의 심판이 얼마 남지 않았으니 신명을 받들어 세상을 바꾸고 바로잡아야 한다며, 국제연맹배격운동, 국체명징운동을 전개하면서 다이쇼유신을 주장했다. 이후 복고주의 · 농본주의에 바탕을 둔 천황친정의 실현을 주장하는 국가개조운동에 본격적으로 나섰다.

21 1872~1922. 메이지 · 다이쇼기 일본 혁명가로, 중국의 부흥만이 동양의 여러 나라들을 구하고 세계의 운명 또한 바꿀 수 있다고 주장하였다. 일본 망명 중인 쑨원에게 많은 도움을 준 것으로도 유명하다.

름을 거론한다.12) 또 천황제라는 종교를 해체하기위해서는 민중의 "언더커런트undercurrent", "뭔가 분명치 않은 것" 등에 밀착한 민중적 신비주의를 중시해야 한다고 주장한 한 연구자는 그 예로 잘 알려진 '신란親鸞, 잇펜一遍, 료칸良寛'22과 함께 일반인들은 잘 모르는 '데구치 오니사부로'를 들었다.13)

당시 오모토교는 민중의 지지(언더커런트 등)를 기반으로 근대 천황제라는 국교(공공종교)에 접근하며 정치 주장을 했다. 이는 이른바 "공공종교를 지향한 것"이었으며, 실제로 현실 정치에 큰 영향을 주었다. 일본정부가 기독교를 경계한 것은 반국체적인 요소 때문이었다. 그런데 유사類似국체적 종교의 경우에는 그 이유가 양의적이었다. 오모토 문서에는 국체론적 수사가 넘쳐난다. 그러면서 한편으론 정전正典인 기기신화記紀神話23를 새롭게 풀어 읽음으로써 아마테라스와 병행하는 니기하야히24의 계보나 구니토코타치25 같은 이즈모出雲계의 신격을 강조하였다. 이렇게 '역사를 새롭게 풀어 읽는' '대이단大異端'은 가장 큰 경계의 대상이었다.14)

그런데 종교학 외에는 오모토교가 발생하고 전개된 시대적 배경, 그 활동의 목적과 방법, 그것들이 갖고 있던 문제점을 제대로 파악하지 못했다. "다이쇼데모크라시의 저류"를 논한 가노 마사나오는 오모토교를 포함해 신흥종교들이 생겨난 것을 "미지의 질서에 대해 무방

---

22 신란은 일본 정토진종의 개조이고, 잇펜은 시종時宗의 개조이고, 료칸은 조동종의 승려이다. 이 세 사람 모두 민중 교화에 특히 힘썼다.
23 일본의 고사기와 일본서기에 기술된 신화.
24 일본 신화에 나오는 신. 『일본서기』에 따르면, 아마테라스로부터 10종의 신보를 받아 가와치에 내려와 진무천황에 앞서 야마토에 자리 잡았다. 이것은 야마토 왕권 이전에 이즈모계 왕권이 있었다는 것으로 논란의 여지가 있다.
25 구니토코타치노카미国之常立神는 일본 신화에서 천지개벽에 관해 이야기할 때 나오는 신으로 땅의 기틀을 잡았다. 오모토의 근본신인 '우시토라노곤진'은 이 신과 동일신으로 여겨진다.

비로 내던져진 민중의 구제를 향한 열망이 집약"된 "절박한 호흡"으로 보았다. 또 그 목적과 방법에 관해, "복고復古의 일념"으로 "질서에 대한 구상"은 빈약했으며 포교 조직과 정치 주장은 "시대착오적인 것 자체가 박진감"을 가졌다고 말했다. 그는 시대착오나 반동성의 효력과 약점, 그로 인한 구상의 빈약함, 방법의 미숙함 등을 되풀이해서 지적했다. 요컨대 근대, 국가, 내셔널리즘에 대한 이의 신청은 높이 평가할 만하지만, 그에 대한 대안은 내놓지 못했다고 본 것이다. 그러나 그가 시대착오라고 간주한 신령 우위의 사상은 오모토교를 비롯해 민중종교와 떼래야 뗄 수 없는 관계이며, 그것은 지금도 마찬가지다. 가노 마사나오는 그런 세계에 대한 공감이 부족했다. 따라서 "○○중장 우즈메노미코토[26] 신이 내려 경묘輕妙한 춤을 추다 (…중략…) 아마테라스오미카미의 신령이 내리다" 같은 오모토교의 "두드러진 '기묘함'"을 설명할 때도 "깊은 불안 속에 배태"라는 식으로밖에 쓰지 못했다. 혹은 "모든 것을 관통하는 것은 내팽개쳐진 인간이 가지는 '근대' 자체에 대한 철저한 원한"이라고 모든 것을 사회적인 '르상티망'[27]의 소산으로만 파악했다. 제1차 오모토사건[28] 이후의 활동에 대해서도 "데구치 오니사부로가 몽고로 간 것"[29]은 "일본인들 사이에 대

---

26 일본 신화에 나오는 천녀로, 신들을 즐겁게 하기 위해 춤을 추었다고 한다.
27 원한, 증오, 질투 따위의 감정이 되풀이되어 마음에 쌓인 상태. 인간의 비합리적 측면을 중시한 니체는 권력의지에 의해 촉발된 강자의 공격욕에 대한 약자의 격정을 르상티망이라고 하였다.
28 1921년부터 시작된 오모토교 탄압사건. 불경죄와 신문지법 위반으로 데구치 오니사부로, 아사노 와사부로 등 오모토교 간부들이 구속당하였다. 이 사건은 1927년 다이쇼 천황 장례로 인한 은사로 재판 자체가 소멸되었다.
29 제1차 오모토사건으로 구속되었다가 가석방된 데구치 오니사부로는 1924년 초 몽고로 탈출하였다. 그곳에서 마적과 함께 활동하다 장작림에게 목숨을 위협받는 등의 일로 세간의 주목을 받았으며, 그해 6월 일본으로 강제송환 되었다. 오모토에서는 지금도 이를 이상 국가 건설을 위한 영웅적 행동으로 높이 평가하고 있다.

류 지배의 환상을 키우고", 『영계이야기靈界物語』[30]는 일부러 무식한 척하면서 황당무계하게 다테카에立替之[31]의 이상을 주장한 것이라며, 둘 다 무지로 인한 좌절로 간주했다.[15)

마쓰모토 켄이치松本健一도 오후데사키御筆先[32]나 신내림＝신탁을 "배신당한 신"의 음성과 "'근대 일본'에서 '대중'의 르상티망을 연결하는 수단"으로 파악하였다. 그리고 신의 이름으로 "대중과 공감하고 함께 괴로워하는 것"을 통해 대중을 "르상티망으로부터 해방"하고, 그럼으로써 "구제"했다고 해석하였다. 보편과 내셔널리즘의 갈등, 계급적 관점의 결여를 민중종교의 체질적인 약점이라고 비판한 것도 가노 마사나오의 시각에 가깝다.[16)

가노 마사나오나 마쓰모토 켄이치와 달리 야스마루 요시오安丸良夫는 오후데사키나 『영계이야기』를 통해 혹시라도 중대한 미지의 세계를 엿볼 수 있지 않을까하고 주의를 기울였다. 그것은 특히 신내림(빙의, 신탁) 같은 비일상적인 일을 다루는 태도에서 단적으로 나타난다. 이것들을 '기묘함', '원한'으로 정리한 가노 마사나오와 달리 야스마루 요시오는 융의 이론 등을 원용하여 신내림의 '주체'에 초점을 맞추며 어떻게든 그것을 주제로 삼으려고 노력했다. 그는 "자기 통제에 의해 억제되어 온 무의식이 의식의 세계로 분출되어 새로운 통합을 추구한다"는 융의 이론에서 한 발 더 나아간다. 가령 "나 자신이 보기에도 (…중략…) 권위 있는 신의 빙의 (…중략…) 라는 것은 뭔가 어쩔 수

---

30 대구치 오니사부로가 구술한 깃을 징리한 것으로, 오모토의 2내 경선 중 하나이나. 1922년 제1차 오모토사건이 일어난 직후 영계의 소식을 세상에 알리라는 신의 계시를 받고 구술을 시작하였다고 한다.

31 오모토교의 교의로 옛것을 무너뜨리고 새것을 세운다는 일종의 종말론이다. 이 사상은 정부로부터 혁명사상으로 간주되었으며, 그로 인해 오모토교는 두 차례에 걸쳐 대대적인 탄압을 받았다.

32 덴리교나 오모토교에서 교조가 신들린 상태에서 신의 말씀을 적었다고 전해오는 문서들.

없이 광기에 사로잡힌 것"이라며, 빙의에 대해 자신이 갖고 있는 여러 의혹들을 지적한 것은 어떻게든 신탁의 주체를 찾고자 했기 때문으로 보인다.[17]

야스마루 요시오가 자신을 통해 말하는 자의 신원을 문제 삼고 신탁을 그대로 받아들이지 않은 점은 중요하다. 신탁이라는 게 상상의 산물, 결국 병적인 환청 아니냐는 물음은 근대에만 있었던 것도 아니고 비판적 지성만 그런 의문을 가졌던 것도 아니다. 이런 무의식설은 전근대의 비지식인도 이미 검토한 바 있다. 영적 대화가 진행되면서 인간의 의식이나 무의식과는 별도로 독립된(그렇다고 주장하는) 존재자가 말하는 것에 대해 의혹이 확신으로 바뀌게 된다. 이것을 연장하면 신탁의 '주어, 즉 주체'는 누구냐는 의문을 주제로 삼는 것이 가능해진다. 이 과정을 무의식설이나 고위자아설高位自我說,[33] 특히 조잡한 르상티망설로는 제대로 설명할 수 없다.

237

1) 다이쇼유신론[34]의 주변

공공종교의 정점에 있는 국교는 특히 종교의 정치 관여를 독점하려고 하기 때문에 '공공종교를 지향하는 종교'의 개입을 가장 경계한다. 기독교나 불교 같은 전통 종교라면 개입 방식을 예측할 수 있지

---

33 고위자아는 인간의 잠재 무의식에 내재된 본질적인 선한 존재이다. 우주자아 또는 내부의 창조주라고 하기도 한다.

34 데구치 오니사부로가 주창한 신정복고에 바탕을 둔 개혁론으로 메이지 정부의 왕정복고와 대비된다. 데구치 오니사부로는 재력과 무력만을 추구하는 메이지 정부의 부국강병책을 비판하며 진정한 황도에 기초한 근본적인 개혁을 주장했다. 그는 신정이 복고되면 지상에 천국이 열리는 이상사회가 실현된다고 하였다.

만, 이단이 발밑에서 야금야금 먹어 들어오거나 '신흥종교'가 간섭해 올 경우에는 예측이 불가능하다. 규모가 작은 이단의 경우는 사적인 "광기", "민심교란"으로 처리되고,[18] 규모가 큰 신흥종교의 경우는 "음사淫祀"로 사회 사건이 되거나 "사교邪敎"로 정치 사건이 된다. 어찌됐든 공공종교의 운용자는 제어할 수 없는 '광기'나 '음사'의 사회 개입을 싫어하는데 특히 '사교'의 정치 개입을 가장 두려워한다. 경찰·검찰·사법 당국이 무엇을 경계했는가를 살펴보면 오모토교가 공공종교를 지향하는 '사교'로 간주된 양상을 알 수 있다. 간단히 말해 오모토교는 "천황을 쓰러뜨리고 일본을 통일하겠다는 거지", "네가 천황이 될 작정으로 신자를 선동하는 불경스러운 노래다"라는 식의 "혐의"를 받았다.[19]

천황제 혹은 국가신도라고 비판적으로 불리기도 하고 국체國体 컬트[35]라고 불리기도 하는 근대 일본의 공공종교는 그 근거를 일본 신화의 중심인 천황가의 조상신 아마테라스오미카미에 둔다. 또 그 신격의 실재는 신의 실재, 나아가서는 영의 실재에 의존한다. 다시 말해 국체를 강조하기 위해서는 아마테라스오미카미를 강조해야하고, 그것은 신과 영의 강조로 이어질 수밖에 없다. 오후데사키는 그렇게 강조된 여러 신들 중 자신을 '우시토라노곤진艮の金神'[36]이라고 밝힌 신이 1인칭으로 말한 격한 사회비판·변혁사상을 적은 것이다. 이것이 세간의 주목을 받은 것은 1917년(나이쇼 6)~1920년 무렵이다. 이와 함께

---

35 cult. 원래 이 뜻은 의례, 제사 같은 종교 활동인데, 1990년대부터 미국에서 반사회적인 종교 집단을 의미하는 말로 사용되었다. 일반적으로 이단, 사교 집단을 뜻한다.

36 간艮은 팔괘의 하나로 축丑(일본어로 우시)과 인寅(일본어로 토라)사이의 방향을 가리키며 귀문에 해당한다. 금신金神(일본어로 곤진)은 도교나 음양도에서 방향을 지배하며 재앙을 부르는 신으로, 그 중 가장 무서운 것이 축인금신(일본어로 우시토라노곤진)이다. 오모토에서는 우시토라노곤진을 주신인 구니토코타치노카미国之常立神와 동일 신격으로 본다.

선전된 다이쇼유신론은 오후데사키의 '다테카에·다테나오시立て替え·立て直し'론에 기반을 둔 종말론적 주장이었다. 그리고 이것들의 리얼리티는 '신령의 실재 체험' 기회를 제공한다고 여겨졌던 진혼귀신鎭魂歸神[37]과 최신 수입 사상이었던 심령주의로 보강되고 증폭되었다.

나는 샤머니즘이나 일본 고대 신앙의 맥락에서 진혼귀신을 근대일본의 지적 세계에 접근하여 행해졌던 영적 실천으로 논한 적이 있다. 요컨대 진혼귀신은 영혼이 신체로부터 착탈着脫 가능하다는 믿음에 근거한 빙의 혹은 탈혼의 실천이다. 그리고 그 근거가 된 영혼우위, 영계우위의 사상이 바로 '영주체종靈主体從'이다. 진혼귀신은 다이쇼 시기 중반까지 오모토교에서 자기수양을 위해 또는 영계나 영계의 실재를 직접 체험하는 기회로 여겨져 활발히 실행되었고 그 과정에서 대단히 많은 신탁을 받았다.[20]

자주 지적되었듯이 다이쇼유신론은 군인층 특히 해군에서 유행하였다. 오모토교 간부 중에는 해군의 고위급 형제까지 있었다. 이와는 별개로 원래 해군은 '현교'를 내재화시킨 데다가 육군보다 국제 감각이 뛰어나고 초자연적인 현상에 그다지 위화감을 느끼지 않는다.[21] 가령 아키야마 사네유키秋山眞之[38] 같은 해군에게 국체사상을 따르면서 그 근거가 되는 신의 세계를 상세하게 이야기하는, 게다가 보편적이고 '구체적'인 정당성을 말하는 신도계 종교는 하나의 선택이었을 것이다. 다이쇼유신론은 메이지유신과는 달리 매우 종교적이다. 그런 까닭에 구체적인 계획은 빈약했다. 다이쇼유신론의 내용을 보면 일본 내에서는 '다이쇼유신', 외국까지 포함하면 '세계의 대大개조', 종

---

37 혼을 진정시키고 무아의 경지에 들어 신과 일체가 되는 것.
38 1868~1918. 러일전쟁 당시 일본 연합함대 참모로 활약했으며 최종 계급은 해군 중장. 뛰어난 전략가로 유명하며 만년에는 심령연구와 종교연구에 몰두했다.

교적으로는 '세상의 다테카에 · 다테나오시', 국제적으로는 '일본 천황의 세계 통일', 사회적으로는 '영적 계급의 수호를 동반한 세계 대가족 제도의 실현'이라는 신화적이고 종말론적인 수사가 넘쳐난다. 더구나 그것은 현실 정치의 눈속임이 아니라 글자 그대로 비현실적인 주장이었다.[22] 생명의 위기에 직면한 군인은 현실 정치에 위화감을 갖기 쉽다. 그런 까닭에 그들은 현실의 이해利害를 넘어선 '세계사의 철학', '국체'론에 열광적으로 호응했던 것이다. 그리고 그 연장선 위에서 오모토의 '다테카에 · 다테나오시'론과 그 정치담론인 다이쇼유신론이 받아들여졌다.

당시 논쟁의 중심에 있던 아사노 와사부로淺野和三朗[39]라는 인물을 어떻게 볼 지에 대해서는 아직도 의견이 분분하다. 도쿄제국대학에서 래프카디오 헌Patrick Lafcadio Hearn[40]의 지도를 받은 그는 해군기관학교에서 아쿠타가와 류노스케의 후임 영어교관으로 일했다. 그는 오모토교에 들어가 세간을 놀라게 하였고 다이쇼유신론으로 사회에 큰 파문을 던졌다. 그러나 오모토사건 후에는 당시 신과학이었던 심령연구에 전념했다. 마쓰모토 켄이치는 아사노 와사부로를 내셔널리즘이라는 "신의 덫"에 빠진 좌절한 근대 지식인으로 파악하였는데 그것은 그의 일면에 불과하다.[23]

아사노 와사부로는 오모토교에 들어가는 계기가 된 '행자行者' 체험[41] 이후 오로지 엉에 대한 관심으로 일관했다. 1916년(다이쇼 5) 아사

---

39 1874·1937. 일본 심령주의의 아버지. 도쿄세국내학 엉문과 폴엽 우 효고스가 해군기관학교의 영어 교관으로 부임했다. 1916년부터 심령연구에 경도되기 시작하였으며 오모토교에 입교하여 세상을 놀라게 했다. 1921년 제1차 오모토탄압사건 이후 오모토교를 떠나 심령연구에만 몰두했다.

40 1850~1904. 아일랜드 출신의 신문기자, 수필가, 소설가, 일본연구가. 1890년부터 일본에 살기 시작했으며, 도쿄제국대학에서 영문학을 가르쳤다. 일본 국적을 취득했으며 일본 이름인 고이즈미 야쿠모小泉八雲로도 유명하다.

노 와사부로는 아네사키 마사하루姉崎正治[42]와 『인문人文』 지상에서 논쟁을 벌였다(「내가 신앙을 갖게 된 경위와 오모토교」, 「아사노군의 신앙고백에 대해」, 「오모토교에 붙여 아네사키군에게 답한다」). 이 논쟁에 대해 마쓰모토 켄이치는 아네사키 마사하루가 "최고 학부를 나온 최고의 지식인이 (…중략…) 신흥종교에 들어간 것을 합리적인 판단으로는 볼 수 없다고 내심 생각했다"라고 결론지었다.[24] 이 설명은 기존 '신흥종교'론의 테두리를 벗어나지 못했다. 그런 어조가 분명 있긴 하지만 이 논쟁의 요점은 아니다. 다른 사례와 대조해보면 그 요점을 바로 알 수 있다. 그 좋은 예가 메이지 말기에 발표된 쓰나시마 료센綱島梁川[43]의 「내가 신을 본 체험」이다. 이 글은 ① 재능 있는 지식인이 ② 기독교의 맥락에서 경험한, ③ 말하기 '주저'되는 사적인 신앙상의 사건으로 ④ "신과 나의 융합 (…중략…) 합일"을 보고한 것이다.[25] 먼저 ①에 대해서 말하자면 아사노 와사부로는 쓰나시마 료센보다 훨씬 뛰어난 지적 경력의 소유자다. 그렇기 때문에 그의 오모토교 입문이 "세상을 경악하게 만든 (…중략…) 충격적인 사건[26]으로 받아들여졌던 것이다. ②는 바로 마쓰모토 켄이치가 이 논쟁을 본 지점인데 기독교와 신흥종교가 강한 대조를 이룬다. ④에서 쓰나시마 료센이 내적 체험을 한데 반해 아사노 와사부로의 보고는 진혼귀신에 의해 신령의 실재를 직접 대면하는 체험을 했다는 즉물적인 것이었다. ③이 내가 본 이 논쟁의 요점이다. 쓰나시마 료센이 신비 체험을 개인 문제로 삼은 데 반

241

41 1915년 아사노 와사부로의 셋째 아들이 원인 모를 열병에 걸려 반년 넘게 고생하다가 미츠미네산三峰山이라는 여행자女行者에 의해 치유되었다. 또 아들의 병이 나은 다음 해부터는 그의 처가 갑자기 영적 능력을 갖게 되었다고 한다. 이 체험이 계기가 되어 아사노 와사부로는 심령연구에 관심을 갖게 되었다.
42 1873~1949. 일본 종교학의 창시자. 독일 유학 후 도쿄제국대학에 종교학 강좌를 창설하였으며 일본 종교학 연구의 토대를 쌓았다.
43 1873~1907. 일본 메이지기의 종교사상가, 평론가. 도쿄전문학교(와세다대학의 전신) 졸업.

해 아사노 와사부로는 오후데사키의 예언을 제시함으로써 진혼귀신에 의한 신령의 실재 체험과 세계사에 대한 신령의 개입을 바로 연결시켰다. 아네사키 마사하루는 아사노 와사부로가 개인의 신비 체험을 공적 차원으로 직결시킨 것을 비판한 것이다.

이렇게 다이쇼유신론은 영의 실재를 말하고 그에 근거를 둔 종교 우위의 운동을 주장하는, 이중의 의미로 세속사회에 도전했다. 그렇기 때문에 오히려 반세속적인 일부 지식인과 군인에게 열광적으로 수용되었다.

2) 오모토교의 세계 해독

아사노 와사부로 같은 지식층이나 간부 신자들은 데구치 나오와 데구치 오니사부로가 한 이야기를 세계를 해독하는 실마리로 삼았다. 오모토에는 '오후데사키'나 '영계이야기'를 해석하는 작업 외에도 '인형', '틀型', '새끼꼴雛形'이라고 하는 해독 코드들이 있었다. 그 해독 코드에는 우선 영계로부터 현실 세계로, 이어서 오모토로부터 일본으로, 일본으로부터 세계로, 이중 삼중의 사상寫像적 인과 관계가 있다. 앞의 것은 바로 영주체종靈主体従의 원칙이고 뒤의 둘은 그것의 현세판이다. 오모토에서 일어난 일은 전부 일본이나 세계로 투영된다고 이야기되었다. 가령 도쿄나 천황의 거처가 공습으로 피해를 입으면, "천황의 시대가 천대만대에 영원하길" 기원하며 시은 오모도 시설이 파괴되었기 때문이라고 해석하였다.[27] 이외 세간에서 통용되던 숫자맞추기, 낱말풀이, 유사類似, 조작, 방위 등도 '심령학'에 맞게 치장하여 활용했다.

비교적 이해하기 쉬운 것들을 열거하면 다음과 같다. 우선 세간에서도 널리 행해지던 낱말풀이나 숫자맞추기 같은 코드가 있는데, 이것들은 애너그램anagram[44]론으로 접근이 가능하다. 또 오모토에서 일어나는(일으키는) 작은 일들이 세계적인 큰 사건이 된다고 하는 새끼꼴雛形 코드가 있는데, 이것은 고전적인 주술론으로 접근이 가능하다. 그리고 진혼귀신이나 빙의 상태에서 신령이 하는 1인칭의 신탁, 혹은 데구치 오니사부로의 탈혼 즉 영계 여행으로 수집된 1인칭으로 된 영계이야기 등은 샤머니즘론으로 접근할 수 있는 세계 해석이다.[28]

요즘의 예로도 알 수 있듯이 낱말놀이나 숫자 맞추기는 매우 일반적이다. 고무로 나오키小室直樹는 쇼와천황의 수술이 만주사변이 일어난 날짜와 가까운 것에 관심을 보였다. 가라타니 코진柄谷行人은 제국헌법과 신헌법의 발포, 노기 마레스케乃木希典 장군과 미시마 유키오三島由紀夫 자결의 유사점으로 메이지와 쇼와의 연차가 병행한 것을 지적하였다.[45] 이런 것들은 자의적으로 짜 맞춘 것이라는 비판도 있다. 그런데 미국에서도 2001년 9월 11일의 자폭 테러사건과 연관해 '11'이라는 숫자의 일치나 각종 암호(와 그 해독)가 B급 저널리즘과 인터넷에 떠돌았다. 이전부터 미국에서는 링컨과 케네디 대통령에게 붙어 다니는 몇 가지 일치점(둘 다 61년에 취임하였고, 총에 암살당했으며, 부통령은 존슨 등)에 대한 소문이 많았다. 최근의 베스트셀러 『다빈치코드』를 보더라도 그 배경에는 '역사에 개입하는 신'인 셈족 계통 일신교의 전형적인 관념부터 여러 유사점에 공감하는 주술적인 관념까지 폭넓게 들어가 있다.[29]

243

---

44 단어나 문장을 구성하고 있는 문자의 순서를 바꿔 다른 단어나 문장을 만들어내는 언어놀이의 일종.

45 제국헌법은 메이지 22년, 신헌법은 쇼와 22년에 시행되었다. 노기 마레스케는 메이지 45년, 미시마 유키오는 쇼와 45년에 자결하였다.

쇼와 초기에 만주사변이 일어난 1931년을 '이 · 쿠 · 사 · 하지메(전쟁이 시작된다는 뜻—역주)'로 풀어서 읽을 수 있다는 소문이 세간에 돌았다. 이것을 데구치 오니사부로는 황기皇紀[46] 2591년으로 환산하여 '지 · 고 · 쿠 · 하지메(지옥이 시작된다는 뜻—역주)'로 읽으며 불길한 앞날을 예고했다. 또 후에 태평양 전쟁이 시작된 1941년은 몽고가 침입한 해(1281)의 황기와 일치하는데, 이번엔 국가 지도자가 '하늘의 보살핌'을 받지 못하기 때문에 불길하다고 말했다. 전쟁 기간 중 총리였던 고이소 쿠니아키小磯昭와 요나이 미쓰마사米內光政, 두 전시 지도자에 대해서는 "고이소小磯를 따라서 미국 안으로米內 들어간다 (…중략…) 요령이 없다 (…중략…) 바쁘게小磯 나라를國あき 건넨다 (…중략…) 쌀도 없다米內 (…중략…) 고메나이米內내각이니까"[47]라는 골계미 넘치는 낱말풀이로 일본이 처한 곤경을 표현했다. 날짜에 얽힌 것으로는 오모토 탄압이 시작된 12월 8일은 진주만 공격으로 미국과 일본이 전쟁을 시작한 날이고, 데구치 오니사부로의 수감 일수와 미군의 일본 점령 일수가 같다는 것 등이 있다. 시국이 악화되면서 이런 낱말풀이나 숫자 맞추기가 정부 수뇌부에게 전해져 상황이 최악에 이르렀을 때는 고위층들까지 지푸라기라도 잡고 싶은 심정이 되었다는 일화가 전해진다. 예를 들면 다음과 같은 일도 있었다고 한다. 데구치 오니사부로가 "도코나미 타케지로床次竹二朗는 내무대신이었을 때 오모토를 탄압했기 때문에 총리대신이 될 수 없다"는 말을 했는데, 도코나미 타케지로가 이 말을 오모토 신자인 동생에게 전해 듣고는 오모토교에 기부하려고 했지만 거절당했다고 한다.[30]

---

46 진무천황이 즉위했다는 기원전 660년을 원년으로 하는 일본의 기원.
47 이것은 두 총리의 이름을 동일 한자의 다른 발음을 이용하거나 발음이 같더라도 뜻을 다르게 풀이하여 이야기한 것이다.

그 외 낱말풀이·숫자 맞추기와 새끼꼴雛形·빙의·신탁의 중간쯤에 해당하는 임시 해독 코드가 있다. 예를 들면 데구치 오니사부로가 '영계이야기'를 구술하면서 자주 숨이 막혔는데 나중에 보니 행이 바뀌는 부분에서 그런 것이었다. 게다가 행의 앞머리만 따서 이어봤더니 어떤 의미가 있는 문장이 되었다. 새끼꼴로는 다음과 같은 예가 있다. 데구치 오니사부로가 집중적으로 활을 쏜 후에는 반드시 전쟁이 일어났다고 한다. 오니사부로에게 그 의미를 묻자 "신께서 나를 이용해 (…중략…) 세계가 전쟁을 하는 틀型을 보여주셨다 (…중략…) 이제 전쟁이 일어날 것"이라고 답했다. 이에 비해 빙의나 탈혼(신탁·영계여행)에 의한 세계 해독은 적어도 신자들에게 들려주는 단계에서는 해독을 요하지 않는 글자 그대로였다. 예를 들면 만주사변에 대해, 낱말풀이와는 별도로 데구치 오니사부로는 1918년(다이쇼 7)부터 "영계에서 큰 싸움이 시작된다. (…중략…) 영계의 싸움이 끝나면 이어서 현세에서 전쟁이 시작된다"고 경고했다. 1931년(쇼와 6) 9월 8일 오모토 본부에 노래비歌碑를 건립할 때 "이것이 세워지면 만주에서 세계가 바뀌기 시작한다"고 말했는데, 열흘 후에 만주사변이 일어났다고 한다.[31]

모든 근거는 영계에 있다고 하는 영주체종의 입장에서 패전도 일관성있게 해독되었다. 두 차례에 걸친 오모토 탄압 사건으로 교단 시설이 파괴되었을 때[48] 이것은 신이 '임시로 있던 궁'을 정부 손으로 부수게 한 것이라는 것, 그러나 오모토는 '틀型'이기 때문에 같은 일이 일본과 세계에도 일어나리라는 것, 또 오모토 검거가 '틀'이 되어 "일본이 무장해제"되고 다음엔 일본의 무장해제를 새끼꼴雛形로 하여 "세계

245

48 1935년부터 시작된 제2차 오모토사건으로 교단의 간부 대부분이 불경죄와 치안유지법 위반으로 구속되었는데 일부 신도는 정신이상이 될 정도로 고문을 당했다고 한다. 재판 전에 모든 건물과 시설이 다이너마이트로 철저하게 파괴되었으며 오모토가 소유한 모든 토지는 강제로 매각 당했다.

가 무장해제되리라"는 것, "일본은 완전히 무장이 해제 되지만 이것은 세계 평화의 선구자로서 존엄한 사명"이라는 것 등 전부가 '신이 하신 일' 혹은 앞으로 일어날 일의 '새끼꼴'이라고 사건이 날 때마다 신자들에게 이야기하였다.[32] 다음에 볼 이시하라 칸지도 패전을 계기로 같은 이야기를 했다. 그런데 이시하라가 한 말은 좋은 의미에서든 나쁜 의미에서든 180도 방향 전환한 느낌을 주는 데 반해 데구치 오니사부로는 전쟁 전부터 계속해서 평화주의로 일관했다.

3. 니치렌주의 ─ 쇼와유신론의 배경

메이지 말기 1900년대에 다나카 치가쿠田中智學[49]는 '니치렌주의'와 '일본국체학日本國体學'이라는 말을 만들었다. 다나카 치가쿠를 중심으로 한 사상운동인 니치렌주의는 천황이 직접 기원을 드리는 국립계단國立戒壇의 건립[50]까지 주장했다. 이 사상운동은 니치렌종[51]이 정교

---

49 1861~1939. 일본 메이지~다이쇼 시기 종교가. 니치렌종의 승려였으나 환속하여 1914년 니치렌종계 재가단체인 국주회를 결성하고 니치렌주의 운동을 전개하였다. 또 일본 국체학을 창시하고 국가주의를 제창하였으며, 이시하라 칸지, 다카야마 조규, 미야자와 켄지 등에게 영향을 주었다. 일본 제국주의의 대동아공영권 표어인 '팔굉일우八紘一宇'를 조어한 인물이기도 하다.

50 계단은 불교에서 계를 주는 의식이 이루어지는 단이다. 국립계단은 국가가 건립하는 본문의 계단이라는 의미로 국주회 창립자인 다나카 치가쿠가 1902년 최초로 제창한 개념이다. 니치렌의 오랜 염원이었다는 본문의 계단 건립은 건물을 세우는 것이 아니라 니치렌종 사원에 대해 천황이 본문의 계단이라는 칭호를 수여하는 것이라고 한다. 국립계단 건립이란 결국 천황의 개종으로 니치렌종이 일본의 공공종교(국교)가 된다는 것을 뜻한다.

51 일련종. 13세기 가마쿠라막부 시대에 니치렌이 창시한 일본 불교의 한 종파로 법화종이라고 하기도 한다. 주된 경전은 법화경과 어서라고 불리는 니치렌이 집필했다는 문서들

일치에 뜻을 둔 종교였음에도 불구하고 그때까지 실현하지 못했던, '공공종교를 지향하는 종교' 운동이었다. 다이쇼기에 황금시대를 맞았던 니치렌주의 운동에 대해 니시야마 시게루西山茂는 다나카 치가쿠의 정의를 인용한 후 다음과 같이 요약했다.

그 주된 목적은 니치렌종이 소위 '불법佛法'뿐만 아니라 '세법世法'과 '왕법王法'도 포함한 법국상관法國相關의 이론과 실천 전부를 가리킨다는 것을 선명하게 하는 데 있었다. 그리고 이런 의미에서 풀이하면 니치렌주의는 이미 단순히 니치렌종의 종파적 신앙 체계가 아니라 전체 사회(내지는 인류 사회)의 변혁을 꾀하는 하나의 종교적인 가치지향 운동이라 할 수 있다.

니시야마 시게루는 "니치렌주의가 일본의 근현대에 준 영향"으로, 청일 · 러일 전쟁 후 내셔널리즘을 고양시키는 데 기여한 것을 든다. 그리고 니치렌주의자인 이시하라 칸지[52]가 주도한 만주사변을 그 정점으로 보았다. 세계사에 남을 이 사건은 이시하라 칸지 개인의 신앙과는 그다지 관계없는 군사행동으로 정리되기 쉽다. 그러나 니시야마 시게루는 그런 편견을 배제하며, "니치렌의 영향을 무시해버리면 이시하라 칸지의 사상과 행동, 나아가서는 태평양전쟁에 이르는 일본 정치사의 중요한 측면을 빠뜨리게 된다"는 이오키베 마코토五百旗頭眞[53]의 이론을 지지한다.33)

이다. 니치렌은 법화경의 제목인 묘법연화경을 중시하였으며 입정안국론을 주장하였다. 한국에서도 활발하게 활동하고 있는 창가학회(SGI)는 일련정종의 재가단체로 시작된 종교법인이다.
52 1889~1949. 쇼와 시기 일본의 육군으로 최종 계급은 중장. 『최종전쟁론』을 저술한 군사 사상가로도 유명하다. 1919년 다나카 치카쿠의 국주회에 들어가 열렬한 니치렌주의자가 되었다. 만주 관동군 작전주임 참모였던 1931년 이타가키 세이시로板垣征四郎와 함께 만주사변의 도화선이 된 류조호사건을 조작했다. 1936년 황도파 청년 장교들이 일으킨 2.26사건 진압을 지휘하기도 했다. 도조 히데키와 마찰을 빚다가 결국 육군에서 쫓겨난 후에는 교육, 평론, 집필, 강연 활동에 주력했다.

정교일치사상을 다루면서, 그 이상이 정치(국가) 우위로 추구되었는지 아니면 종교(교회) 우위였는지 하는 단순하지만 근본적인 문제가 빠질 수 없다. 일반적으로 정교일치사상은 이상이 같아도 우위성과 그 정도가 상황에 따라 다르다. 니치렌주의의 양의성은 니치렌 자체가 갖고 있는 양의성의 반영이며 정교일치의 이상을 말하는 언설이 가질 수밖에 없는 근본적인 양의성이다. 그리고 니시야마 시게루가 주장하듯이 종교의 우위성을 고집한 다나카 치가쿠는 '나라를 위한 불법佛法'과 '국주國主'설에 치우다가도 곧 "니치렌이 있고 나서야 일본국도 있다"는 '법주法主'설로 돌아갔다. 그러나 마쓰모토 켄이치가 말한 "신의 덫", 즉 일본의 내셔널리즘에 근거한 신의 강조는 '법국명합法國冥合'[54]적인 국체론으로서는 피하기 어려운 부분이었다. 다나카 치카쿠는 일본은 세계를 평화 통일할 '천업天業'을 위해 '신이 선택한' 나라로 신의 자손이 일본에 왕으로 보내졌고 그 근거는 '신의 명령神勅'[55]으로서 전해지는 '영계'의 약속에 있다며, 나라와 왕의 선정 경위를 여러 차례 되풀이해서 말했다. 이와 같은 다나카 치가쿠에게 '일본국체학'을 선언한 다음해인 1912년(다이쇼 원년) '위호대일본국본존衛護大日本國本尊'이 발견된 것은 매우 중요한 의미를 가졌다. '국도만다라國禱曼陀羅'라는 별칭을 가진 이 본존은 몽고군을 퇴치하기 위해 만들었다고 추정되는데, 제목[56]을 쓴 바로 아래 '성천자금륜대왕聖天子金輪大

---

53 1943~. 일본 국제정치학자. 일본방위대학교 교장을 역임했다.

54 법과 나라가 알게 모르게 서로 합일한다는 뜻으로, 정교일치를 가리킨다.

55 일본 신화에서 아마테라스오미카미가 손자인 니니기노미코토를 일본으로 내려 보낼 때 신보神宝와 함께 내린 명령을 말한다.

56 니치렌종 계열의 종교 단체에서 사용하는 문구로 법화경의 표제인 묘법연화경을 기리킨다. '귀의한다'는 의미의 남무를 붙여 남무묘법연화경 7자를 가리키기도 한다. 이는 법화경의 수행 체계와 교리를 이 7자에 집약한 것으로, 니치렌은 제목 남묘호렌게쿄(남무묘법연화경의 일본어 발음)를 믿고 부르기만 하면 누구나 성불할 수 있다고 했다.

王'이라고 적혀있다. 니치렌이 쓴 것이 아니라는 설도 있지만, 다나카 치가쿠는 그 글귀에 대해 니치렌이 "일본 천황가"를 "세계를 통일할 윤왕輪王[57]가"로 "선포"한 것이라고 해석하였다. 그는 자신의 법주설이 "목숨처럼 믿는 본화대성本化大聖[58]의 진필로 뒷받침"되었다고 주장했다.[34] 이시하라 칸지를 중심으로 하면서 실체가 불분명한 기타 잇키까지 범주에 넣어, 다나카 치가쿠에 의해 시작되어 역사에 큰 영향을 준 진원지인 근대의 니치렌 신앙을 다음과 같이 그려본다.

1) 니치렌 예언과 최종전쟁론

'국도만다라'가 발견되었을 때 이시하라 칸지는 아직 니치렌주의자가 아니었다. 그렇지만 후에 니치렌 입적(1282) 후 630년이라는 딱 떨어지는 시기에 이런 만다라가 발견된 것에 대해 "때가 도래하여 이 세상에 모습을 드러냈다"며 큰 의미를 부여했다.[35]

다나카 치가쿠가 정치에 직접 참여하지 않은 데 반해 고위급 군인이었던 이시하라 칸지는 정치를 실제로 움직였고 국제 정치에도 큰 영향을 끼친 인물이다. 게다가 이시하라 칸지는 군인으로 출발했으나 니치렌 신앙을 가진 이후에는 급속하게 종교 우위로 치우치게 된다. 원래 일본 근대에서 군인이 정치 우위였는(여야 한다고 여겼는)지 여부는 분명치 않다. 어쨌든 니치렌 신앙의 후학들은 이시하라 칸지가 "나는

---

57 윤왕은 전륜성왕轉輪聖王의 약칭으로, 인도 신화에서 통치의 수레바퀴를 돌려 세계를 통일하여 지배하는 이상적인 제왕을 뜻한다. 불교에서는 중요한 의미를 지닌 존재로 무력이 아닌 정법으로 세계를 정복 지배한다고 한다. 철륜, 동륜, 은륜, 금륜의 순서로 네 왕이 시기를 달리하며 나타난다.
58 니치렌을 뜻하는 말.

오로지 부처님의 예언과 니치렌 성인의 영靈을 믿습니다"라는 말을 묘비에 새길 정도로 중시했다고 강조하였다. 또 그는 종교적 예언에 관해, '시국'을 해석하기 위해서는 '전망', '예언'이 필요하다고 말했다.[36] 이것은 정교일치의 양상 중 종교 우위의 신권 정치에 가까운 것이며, 근대 동아시아에 정치적으로 큰 종교 세력이 있었다는 것을 의미한다. 니치렌주의는 이처럼 직접적으로 정치에 영향을 끼쳤다.

만주사변과 관련해서는, 이시하라 칸지의 만주 지향이 지정학적·군사전략적인 '전망' 외에도 앞에서 본 것처럼 불경 특히 니치렌이 집필한 문서들[59]의 해독과 이세신궁에서 본 환영이라는 두 가지 종교적 원천을 갖고 있었다는 점을 강조하고 싶다.

이시하라 칸지는 니치렌이 집필한 문서들을 부처에게 예언을 받은 사자인 니치렌이 출현한 이후 "신약성서에 해당하는", "말법末法[60]의 최고 경전"이라며 중시하였다. "이시하라는 평소 자신의 행동을 반드시 법화경과 니치렌이 집필한 문서들에 비추어 실행했다"고 할 정도로 그 치우침이 컸다. 만주 부임 역시 "니치렌 성인의 가르침은 태양처럼 동쪽에서 떠서 서쪽으로, 일본에서 중국, 인도로 돌아간다"는 『간효팔번초諫曉八幡抄』[61]의 가르침과 겹쳐 받아들였다.[37]

이세신궁에서 본 환영에 대해서는 "1927년(쇼와 2) 늦가을 이세신궁에 참배했을 때 (…중략…) 국위國威가 서쪽으로 찬연하게 빛나는 영위靈威를 빌아"라며 공언히였다. 그러나 "가장 존경하는 사에키 중좌

---

59 이 문서들을 일본에서는 일반적으로 고이분御遺文, 창가학회나 한국 SGI에서는 어서御書라고 부른다. 니치렌종의 주요 경전으로 이 글에 나오는 『간효팔번초』, 『개목초』도 여기에 속한다.

60 석가모니가 열반에 든 후 이천 년이 지나 불법이 쇠퇴하고 세상이 어지러워지는 시내를 말한다.

61 니치렌이 1280년에 저술한 책. 간효諫曉는 불교에서 잘못된 것 특히 신앙의 잘못을 타이르는 것을 뜻한다.

에게 말했더니 나를 대하는 얼굴이 그다지 좋지 않았다"고 했듯이, 그일은 양식 있는 사람들을 곤혹스럽게 만들었다. 후에 한 젊은이가 이시하라 칸지에게 '영위'의 구체적인 내용을 물은 적이 있다. 신 앞에서 제목(남묘호렌게교南無妙法蓮華經)을 독송하며 기원을 드리고 있었는데, "눈앞에 지구의 모습이 떠오르고 금색 빛이 일본으로부터 만주를 향해 뻗쳐나갔다"고 그는 대답했다.[38]

환영에 관해서는 이세신궁에서 본 것만 전해지지만, 니치렌이 집필한 문서들과 불경에 관해 여기저기서 그가 한 말과 글들은 많이 남아있다. 성스러운 경전 특히 거기에 묘사된 역사 예언을 이처럼 글자그대로 해석하는 것은 근대 지성과 대치된다. 이시하라 칸지는 과학적이고 전략적인 사고력을 가졌으면서도 '영계'를 전제로 경전을 해석한 신앙인이었다. 그는 "예언 따위는? 하고 말하는 사람이 있다면 그 사람은 종교에 들 수 없다 (…중략…) 말씀 안에 예언이 들어있지 않다면, 실례지만 석가모니도 철학자 가운데 한 사람일뿐 영계를 주재하시는 진정한 여래는 아니다"[39]라고 말했다. 니치렌은 불경의 연대나 장소의 기술을 현실로 간주하고 '실증적'인 해석을 가했다. 또한 그는 자신이 일으킨 여러 사건들을 "말법末法의 일본에서 부처의 진리를 실현시키기 위한 역사적 필연"으로 보았으며, "자신을 성스러운 별도의 존재로서 (…중략…) 신화를 만들어내는 사람"으로 간주했다.[40] 이시하라 칸지는 대승 불교가 부처께서 직접 하신 말씀이 아닌 것에 대해, "오랜 세월에 걸쳐 많은 사람들이 썼음에도 불구하고 별다른 모순 없이 불경이 하나의 체계를 유지하는 것은 영계에 상통하는 것이 있기 때문에 가능하다"고 했다. 실제로 이시하라 칸지는 영계까지 감안하여 예언이 맞고 틀리는 데 따라 신앙이 좌우되는 신앙인이었다. 그는 신앙을 가지고 20년 쯤 지나 니치렌이 "말법 이전인 상법像法"에

251

태어났다고 주장하는 학설이 나오자 큰 충격을 받았다.[62] 이시하라는 이 문제를 풀기 위해 계속 기도하는 한편 불경에서 '대大성령의 사자'는 "현왕賢王의 모습과 승려의 모습으로 두 번 출현"한다는 '계시'를 찾아내고 의혹으로부터 벗어났다고 한다. 만일 니치렌이 말법 이전에 탄생했다면, 그것은 "관념상의 제5의 5백 년"[63]이며 현재인 "현실상의 제5의 5백 년"에 벌어질 '현왕'의 행동을 예언한 것이라고 해석했다. 이처럼 '예언의 실현'을 중시하는 그의 태도는 삼라만상을 불경과 니치렌이 집필한 문서들에 나오는 예언의 성취로 보는 일관된 경향으로 이어진다. 이시하라의 신변과 관계된 일들을 살펴보면, 니치렌과 이시하라의 인생에서 고비가 되는 연령이 일치하는 것도 모두 '예언이 실현된 것'으로 자타가 간주하였다. 예를 들어 이시하라가 최종전쟁론 연구를 시작한 32세는 니치렌이 스스로 본화상행本貨上行 보살[64]임을 자각한 나이고, 이시하라가 니치렌의 신격에 대해 회의를 품었다가 그것을 푼 51세는 니치렌이 유배지인 사도佐渡에서 『개목초開目抄』를 쓰고 부처의 예언을 확신한 나이다. 특히 이시하라의 향년 61세는 니치렌이 입적한 연령이라며 그를 따르는 사람들 모두가 감동적으로 언급하였다.[41)]

---

62 석가 입멸 후 천 년을 정법正法, 그 다음 천 년을 상법像法, 그 다음 시대를 말법末法이라고 한다. 흔히 니치렌은 말법의 본불本佛로 여겨진다.

63 이시하라 칸지는 불멸仏滅 후 2500년을 다섯으로 나눈 교설에 실제 역사를 맞추었다. 제1의 5백 년은 해탈이 견고한 시대, 제2의 5백 년은 선정이 견고한 시대, 제3의 5백 년은 독송다문이 견고한 시대(불교가 중국에 들어간 시대), 제4의 5백 년은 나조탑사多造塔寺가 견고한 시대(일본에 불교가 들어간 시대), 제5의 5백 년은 투쟁이 견고한 시대(니치렌이 태어난 시대)라고 했다.

64 말법의 세상에 나타나 법화경을 베풀라는 석가모니의 분부를 받은 네 보살 가운데 우두머리.

2) 패전 후 사고의 변화와 일관된 신앙

　이시하라 칸지의 세 번에 걸친 『쇼와유신론昭和維新論』(1940, 1944, 1945.10)
을 보면, 군인으로서 최전성기일 때 쓴 논술에서는 메이지유신이 일
본의 유신이었다면 쇼와유신[65]은 "동아東亞의 유신"이며 구체적인 정
책 목표는 "동아연맹의 결성"이라고 되어있다. 그런데 전쟁이 끝난
후에는 '동아'를 일거에 뛰어넘어 "도의적인 일본의 건설 (…중략…)
세계 통일 후에 건설되어야 할 인류 문화의 방향을 보여주는 사회의
실현"이라는 한 구절이 더해진다. 또 다른 글에서는 메이지유신이 정
치 경제의 혁신이었던 데 반해 쇼와유신은 동서의 대립과는 차원이
다른 "인간성의 혁신"이라고 되어있다.[42]

　패전 후에는 무조건적 평화주의를 주장한 것이 두드러진다. 예를 들
면 "절대 평화의 선구 (…중략…) 패전으로 인해 갑자기 일본에 부과된
인류 역사상 일찍이 없었던 큰 임무"라고 말한다. 또 일본은 "유린되었
지만", "몸에 쇠붙이를 조금도 지니지 않은" 니치렌과 예수를 국가 차원
에서 본받자는 호소까지 한다. 이전에 그는 "정법을 지키는 자는 마땅
히 무기를 놓지 말아야 한다"거나 "병법이나 검술의 진수도 이 묘법연
화경으로부터"라는 식의 말을 사용하기도 했다. 그런데 '법(진리)', '신',
'부처', '국토', '국민'을 지키기 위해 '악'을 징벌하는 '성전'이라는 식으로
성전聖戰이나 자위전自衛戰의 구실로 삼았던, 일찍이 이시하라도 사용했
던 손때(와 피) 묻은 레토릭은 패전 후 더 이상 설 자리를 잃었다.[43]

253

65　쇼와유신은 1930년대 일본에서 일어난 국가 혁신의 슬로건이다. 1920년대부터 1930년대
　　전반에 걸친 일본의 경제 불황과 세계 공황에 따른 경제의 악화, 국제 정세의 불안 등으
　　로 인해 군부 급진파와 우익 단체를 중심으로 천황친정, 쇼와유신을 부르짖는 소리가 높
　　아졌다. 쇼와유신의 실현을 주장하며 청년장교들이 일으킨 5 · 15사건과 2 · 26사건은 그
　　대표적 예라 할 수 있다.

이런 말들을 했을 무렵 이시하라 칸지는 많은 사람들의 생명을 지켜야 할 책임이 있는 군인이나 정치가가 아닌, 죽을 날이 얼마 남지 않았음을 깨달은 평범한 일개 노인이었다. 그러나 이런 무조건적 평화주의에 대한 확신을 패전으로 초래된 '약자의 깨달음', '노예의 도덕', '심약함'으로 비판한다면, 이시하라 칸지의 신앙뿐만 아니라 그의 전쟁사관까지 잘못 파악하는 것이다. 전쟁에 패하지 않았다면, 건강한 몸으로 국가를 지도하는 위치에 있었다면, 이시하라 칸지는 군인으로서 다양한 군사 전략들을 세웠을지도 모른다. '성전聖戰'이란 레토릭을 썼을 수도 있다. 그러나 이시하라 칸지는 패전을 "심각하게 예언의 실현"으로 이해하고 "패전은 신의 뜻이니, 국민은 총 참회하라"는 계시로 받아들였다. 또 그는 "무기 없는 일본은 세계에서 최고의 문명 사회를 앞서서 건설하고 몸을 던져 인류사를 항구적인 평화 세계로 이끌기 위한 천명을 받았다. 전쟁 포기는 결코 눈속임이 아니다"라고 했다. 이것을 좌절이라고 할 수는 없다.44) 또 전쟁사관에 대해서는 최종전쟁最終戰爭66이 온다는 것은 '확신'하지만 동아시아와 미국 사이에 일어난다는 것은 '상상'이고, 앞으로 30년 정도 지나 일어나리라는 것은 (니치렌의 예언에 기초한 것이긴 하지만) '점占'에 지나지 않는다고 썼다.45) 이 세 가지 중 '상상'과 '점' 부분이 패전을 계기로 다음과 같이 180도로 바뀐다.

66 이시하라 칸지는 전쟁사 연구와 니지렌의 예언을 결합시켜 『세계최종전쟁론』(1940)을 저술했다. 그 주요 내용은 무기와 전술의 진보로 전쟁의 규모가 점점 더 커져서 결국 세계를 양분한 두 세력 간에 최종전쟁이 벌어지는데, 이 최종전쟁에서 종래의 상상을 뛰어넘는 대규모 파괴력을 가진 무기가 등장하여 인류는 두 번 다시 전쟁을 할 수 없게 되고, 그 결과 영구히 평화가 오게 된다는 것이다. 이 이론을 바탕으로 이시하라 칸지는 1940년 당시 상황에서 일본을 중심으로 한 만주, 중국, 아시아 국가들의 연합체인 동아연맹을 구상하고, 세계적으로 동아연맹과 유럽, 소련, 미국이 대립한다고 보았다. 결국 최종전쟁은 동아연맹과 미국 사이에 벌어지게 되는데, 이를 서양의 패도와 동양의 왕도의 대결로 보았다. 그리고 그 시기를 30년 쯤 후로 예상했다.

지금까지 우리는 본문本門의 계단戒壇을 건립할 때 현왕賢王은 무적의 대공군大空軍을 이끌며 원자력을 손 안에 넣고 필요에 따라 세계의 악을 쳐부수는 무장武裝한 모습이리라 예상했다. 그러나 이번 참패의 결과 일본은 세계에서 선구적으로 무장을 하지 않는 국가를 만들어야 할 천명을 받았다. 어쩌면 최종전쟁을 주관하실 현왕은 평화 일본에 본문의 계단 건립을 지도하시는 온화한 평화의 여신과 같은 모습을 보여주시지 않을까.46)

그런데 확신의 바탕이 되는 '예언의 적중'이라는 기준은 패전 후에도 변치 않았다. 기독교에 대한 평가나 맑스주의에 대한 비판도 모두 '예언'을 기준으로 삼았다. "맑스종宗은 이미 그 예언이 크게 빗나갔다. (…중략…) 사회의 계급 구성은 단순해지지 않고 거꾸로 복잡해지고 있다"며, "결국 인류의 종교는 기독교나 니치렌교 중 하나로 귀착된다"고 말했다. 그리고 "기독교가 세계를 통일할지 니치렌교가 세계를 통일할지 이것은 머지않아 현실로 증명"될 것이라며 판단을 "예언의 적중"에 맡겼다. 한편 이시하라 칸지는 "신앙의 여하에 관계없이 인간으로서 이와 같은 처참한 전쟁이 일어나지 않기를 간절히 바란다", "최종전쟁을 예언하신 니치렌 성인이 설사 낙제생이 되더라도 어떻게든 이것을 회피하기 위해 노력해야 한다"[67]며 휴머니즘도 빠뜨리지 않고 있다.47) 이시하라 칸지가 종교의 폐단에 빠져버리지 않은 것은 이와 같은 인간에 대한 따뜻한 마음 때문일 것이다.

---

67 니치렌은 일본을 중심으로 세상에 전대미문의 전쟁이 일어나는데, 그 때 본화상생으로 다시 세상에 나와 본문의 계단을 세우고 일본의 국체를 중심으로 하는 세계 통일을 실현할 것이라고 예언했다고 한다.

3) 기타 잇키[68]와 법화경

이시하라 칸지의 신앙이 주로 '몽매', '미신', '광신'으로 비판받는 데
비해, 기타 잇키의 신앙은 '눈속임' 또는 '정신 쇠약'으로 간주된 경우
가 많다. 이 둘은 전혀 다른 기타 잇키의 모습을 보여준다. 하지만 둘
다 인생에서 가장 중요한 가치로 종교를 절대 인정하지 않는 종교 문
외한이 한 평가라는 점에서는 같다.

'눈속임'이라는 주장의 전형적인 예로는 "주술적 언동은 항상 자기
우월의식의 대체"였다든가, 법화경 독송과 신들려서 하는 신령의 계
시는 "청년 장교들을 현혹시키고 주술에 빠뜨리는 효과를 거두었다"
라고 한 것 등을 들 수 있다. 또 '정신 쇠약'이라는 주장은 법화경에
"몸을 의탁함으로써 자신이 확신하는 사상을 붕괴의 악몽으로부터"
구하려고 했을지도 모른다고 상상한 데서 나왔다. 기타 잇키에 대해
서는 이처럼 가정에 근거한 해석이 적지 않다. 기타 잇키가 설치한 제
단에 있었던 메이지천황의 입상이나 하치만八幡대보살[69] 등에 관해
이야기할 때도, 기타 잇키의 신앙이 "특정한 종파"와는 "질적으로 다
른" "심신수련을 위한 의미에서의 법화경이었다"고 말한다. 하지만
이런 비판은 종파를 넘어선 종교나 신앙의 양상에 대한 무지 또는 몰

---

68 1883~1937. 일본 쇼와 시대 초기의 사상가, 사회주의운동가. 천황기관설을 지지하고, 국
    체론을 비판하였으며, 중국혁명에 참가했나. 그가 저술한『국기개조안원리대강』이 청년
    장교들의 절대적 지지를 받으면서 우익의 카리스마적 존재가 되었다. 1936년 황도파 청
    년 장교들이 일으킨 2·26사건의 사상적 배경을 제공했다는 혐의로 체포되어 사형 당하
    였다. 그가 니치렌종에 경도되어 법화경 독송에 몰두한 것은 잘 알려져 있지만, 그의 니
    치렌 이해나 니치렌종 귀의의 계기에 대해서는 그의 천황관과 마찬가지로 여러 설이 분
    분할 뿐 정설이 없다.
69 하치만신은 제15대 천황인 오진천황의 신령으로 일본 신도에서 가장 인기 있는 신 중 하
    나이다. 하치만은 대보살이라는 칭호를 받은 최초의 신으로 토속 신앙과 외래 불교가 융
    합한 신불습합의 좋은 본보기로 꼽힌다.

이해일 뿐이다. "그 인물에 대해 도저히 이해가 안 되는 시기가 바로 다이쇼 후기"라고 한 것에서도 알 수 있듯이 이런 주장들은 종교를 제대로 파악하지 못했다.[48]

많은 논자들이 인정하듯이 기타 잇키는 시종일관 천황기관설을 주장했다. 그는 냉철한 천황관과 구체적인 '법안法案'을 가지고 있었음에도 불구하고 정치적으로 현실주의자라기보다는 낭만주의자였다고 여겨지기도 한다. 현실주의자 기타 잇키에 대해서는, 당시 모든 학자와 사상가들이 "국체론을 뇌리 속에 주입"당하고 있을 때 그가 "지배적인 국체론 자체(…중략…)를 비판의 도마 위에 올려놓은 의의"는 사상사적으로 아주 크다고 다들 높게 평가하고 있다.[49] 하지만 낭만주의자 기타 잇키에 관해서는, 그가 예리하게 현실을 꿰뚫어보고 있었음에도 불구하고 "기타는 도대체 무엇을 위해 혁명 개조를 꾀한 것일까"라는 의문이 끊이지 않았다. "아나키스트는 아니다. (…중략…) 우국지사도 아니다. (…중략…) 마성魔性이었던 것일까 (…중략…) 기타 잇키 자신이 모호한 안개 속에 있었던 것은 아닐까."[50] 평범한 사람들을 당혹스럽게 하는 풀기 힘든 수수께끼다.

그렇다면 이성과 정념, 이상과 허무 사이에서 격렬하게 갈등하던 기타 잇키가 법화경에 경도된 것은 어떻게 설명할 수 있을까. 그가 1919년부터 법화경 독송에 몰두한 것에 대해 설득력 있는 해석은 아직 나오지 않았다. 종교에 접근한 계기 중 하나는 그 몇 년 전 상해에서 암살된 친구 쑹자오런宋敎仁[70]의 망령을 본 일이다. 아내 스즈코가 법화경 독송을 하면서 받았다는 신령의 계시(신탁)를 그가 일기에 쓰기

---

70 1882~1913. 중국의 혁명가로 일본에 유학했다. 국민당의 실질적인 당수로 활동했으며, 위안스카이를 견제하려하다가 암살당했다. 중국혁명에 참가했던 기타 잇키는 쑨원의 삼민주의를 아메리카 데모크라시의 번역이라 비판하며 쑹자오런의 민족주의적 방침을 지지했다.

시작한 것은 1925년 이후 일이다. 그러나 지나칠 정도로 솔직했던 이시하라 칸지와 달리 기타 잇키는 신앙의 속내를 잘 드러내지 않았다.

여기서는 그의 법화경 독송 장면과 괴이해 보이는 제단의 모습을 통해 기타 잇키의 일면을 조금이라도 상상해보고자 한다. 기타 잇키가 '신불단神佛壇'이라고 부른 독송을 위한 제단의 모습을 보면, "좌우에 남무묘법연화경이라고 먹으로 쓴 나무패"를 두었고, "중앙에는 메이지천황상"을 두었으며, "맞은 편 왼쪽에는 도고 헤이하치로東鄕平八朗[71]가 쓴 '하치만대보살 족자"를 걸었다고 한다.[51] 이런 배치는 1912년(다이쇼 원년)에 발견된 '국도만다라'를 연상시킨다. 이미 말한 바와 같이 이 본존[72]에는 중앙에 제목題目인 남무묘법연화경이 크게 쓰여 있고 그 아랫부분에는 가운데에 '성천자금륜대왕聖天子金輪大王', 좌우에 '아마테라스오미카미天照大神'와 '하치만대보살'이 작은 글씨로 나란히 적혀있다. 진위에 상관없이 이것이 의미하는 바는 정교政敎 관계에서 니치렌의 원칙에 따르면 다음과 같다. 제목이 '귀의歸依적'인 기도의 대상인데 반해, '성천자금륜대왕'은 원리적으로는 그 권위 아래 있으므로 굳이 말하자면 기도자 혹은 본존에 의한 '조작操作적(주술적)'인 기도의 대상이다. 다나카 치가쿠가 이를 니치렌이 일본 천황가를 '축복'하고 세계 통일의 윤왕가로 선포한 것이라고 주장한 이유는 이상적인 상태에서는 제목과 천황이 불가분의 관계에 있다고 봤기 때문이다. 이상적이지 않은 경우를 가성하고 의문을 던지는 것은 그 자체가 우회되었다.

---

71 1848~1934. 리일진쟁 당시 일본 연합함대 총사령관. 러일전쟁을 일본의 승리로 이끈 전쟁영웅으로 추앙받고 있다.

72 불교에서 신앙, 예배, 수행의 대상이 되는 부처, 보살, 만다라 등을 가리킨다. 본존은 '근본으로서 존경한다'는 뜻으로 신앙의 근본 대상이다. 종파에 따라 모시는 본존이 다르다. 니치렌정종의 본존은 니치렌이 쓴 한자와 산스크리트 글자로 된 만다라로, 가운데는 제목인 남무묘법연화경, 사방 귀퉁이에는 사대천왕의 이름, 밑에는 하치만대보살, 아마테라스오미카미 등등이 적혀있다. 일반적인 형태는 족자와 나무판이다.

그렇다면 기타 잇키의 경우에는 어땠을까? 만일 젊었을 때의 천황 기관설과 중년 이후 법화경 귀의가 서로 다른 문제이면서 이어진 것이라면, 이와 같은 제단 설치는 바로 본존에 대한 '귀의적'인 기도를 통해 메이지천황상을 '조작적(주술적)' 기도의 대상으로 했다는 것을 의미한다. 메이지천황상을 통해 당대의 천황에게도 주술적 기도를 했으리라는 추측도 할 수 있다. 이것은 다나카 치가쿠의 다음과 같은 제사 방법으로 미루어 보더라도 충분히 상상할만하다.

'국도國禱'라는 말을 만든 다나카 치가쿠는 1894년 청일전쟁에 즈음하여 최초의 국도회를 집행했다. 그 제의에서는 기도단을 적국의 수도인 북경 방향에 맞춘 다음 본존과 니치렌상을 안치하고 그 앞에 검을 두었다. 다나카 치카쿠는 적국에게 항복하라는 간몬勘文[73]을 읽고, "그 검에 강력한 믿음과 기원을 응집시킨" 다음 검을 뽑아 칼끝을 북경 쪽으로 겨누고 마지막에는 일제히 "천황폐하만세"를 외쳤다. 이것을 하루에 3회 21일 동안 계속했다고 한다.[52] 거기에는 본존 외에 니치렌상과 검이 있었는데 주술적 기도의 대상이 된 것은 검임이 분명하다. 또 메이지 천황의 '장례대법회奉弔大法會' 제단 및 현 천황(다이쇼)의 '황위기원대법요宝祚御祈願大法要' 제단에는 본존 앞에 기도의 대상인 나무위패(부적)를 안치했다.[53] '황위宝祚'를 기원한다는 관용 표현을 고려하면, 천황의 위패는 경의와 선의에 넘치는 귀의歸依적 감정도 동반했겠지만 분명히 주술적 기도의 대상이다. 이를 보더라도 "권력투쟁으로 천자가 되었다. (…중략…) 그런 과격한 발상이 『국체론』에 짙게 나타난다"[54]는 말을 듣는 기타 잇키에게 천황에 대한 기도가 귀의에 가까웠다고는 상상하기 어렵다.

---

73 일본에서 헤이안시대 이후 명법도明法道와 음양도陰陽道에서 학자나 신관이 조정과 막부의 자문에 대해 선례, 일시, 길흉 등을 조사해 올린 의견서.

오카와 슈메이大川周明[74]는 이시하라 칸지와 기타 잇키의 신앙의 강도에 대해 이렇게 평가했다. 그는 말년의 이시하라 칸지를 만났을 때 그 풍격과 나눈 이야기의 내용 때문에 "보살을 만난 듯했다"며 감격했다. 또 기타 잇키와의 불화 원인에 대해서는 "기타군의 신앙에 미치지 못했기 때문이다"라고 했다.[55] 이시하라 칸지의 강한 종교성에 대해서는 많은 사람들이 증언한 바 있다. 그러나 기타 잇키에 대해서는 눈속임이나 정신 쇠약이라고 부정적으로 말하는 사람들이 많다. 그렇지만 최고의 관심사가 종교인 종교학자 오카와 슈메이가 상대에게 압도당했다고 고백했다면 기타 잇키의 종교성도 결코 가볍게 볼 수만은 없다.

4. 맺으며―정치색이 짙은 종교의 역설

1920년 무렵의 시대사조를 보면 다양한 사상운동이 국체론, 데모크라시, 개조설 같은 커다란 흐름을 타고 요동쳤음을 알 수 있다. 이 글은 국체론의 흐름 속에서 시류에 편승했던 오모토교와 니치렌주의에 주목했다. 국체론은 근대 일본 국교(강력한 공공公共종교)의 총체였고, 그 정봉의 주위에 이단을 동반할 수밖에 없었다. 당시 크든 작든 이단들은 모두 '공공종교를 지향했다. 오모토교가 원전(기기신화記紀神話)을 새롭게 읽어내려고 했던 반면 니치렌주의는 외선(법화성)의 체화를 시도했

---

74 1886~1957. 일본 파시즘의 이론적 지도자. 일본 민족의 개조와 아시아 민족의 해방을 내걸고 1919년 기타 잇키와 함께 유존샤를 만들었으나, 1923년 기타 잇키와 불화를 일으켜 탈퇴하였다. 이로 인해 얼마 후 유존샤는 해산되었다. 대중운동에 의한 국가개조를 주장했다. A급 전범으로 기소되었으나 정신이상으로 풀려났다.

다. 이 둘은 모두 '공공종교를 지향하는 종교'에 머물렀으며, 현실 정치에 꼭 필요한 '밀교'적 리얼리즘을 가질 필요가 없었기 때문에 '현교'인 천황제에 가까운 이상주의로 일관할 수 있었다는 점에서 닮았다.

니치렌주의와 오모토교의 가장 큰 차이점은 역사에 개입하는 예언이 전자는 이미 고정된 텍스트에 나와 있었고 후자는 그렇지 않았다는 데 있다. 니치렌주의에서는 모든 것이 권위 있는 경전에 이미 기록되어 있었음에 반해 오모토교에서는 예언을 받는 자가 동시대인으로 예언 자체가 아직 미완성이었다. 그런 의미에서도 오모토교는 이단의 성격이 강했다.

공공종교(를 지향하는 종교)는 영적 구제의 일환으로서 정치 목표를 가진다. 훗날 '근대의 초극' 논쟁에서 세계사의 철학을 문제 삼은 것은 기독교에 기반을 둔 역사철학에 대한 대응이었다. 메이지에서 다이쇼로 바뀌던 시기에는 역사에 개입하는 신이라는 관념에 러일전쟁이라는 역사적 사건과 심령주의라는 근대적 치장을 한 종교의 영향이 새롭게 더해졌다. 굳이 대비를 시킨다면 러일전쟁은 니치렌주의에, 심령주의는 오모토교에 더 큰 영향을 끼쳤다. '역사'에 개입하는 초자연에 대한 감수성은 심령주의가 제공한 리얼리티로 강화 혹은 희화화되었다. 또 서양의 족적을 보이는 그대로 좇아온 신생 일본은 수십 년 만에 기독교 강대국인 러시아와 전쟁을 치름으로써 강대국들과 어깨를 나란히 한 듯 보였다. 앞이 보이지 않는 불안은 그 바닥을 알 수 없을 정도로 깊었다. 이런 가운데 국민지도층이 자신들을 이끌어줄 대상을 찾는 과정에서 나온 것이 오모토교와 니치렌주의였다. 이 두 종교는 메이지유신으로 방향이 잡힌 미완의 대업을 이루자고 주장하는 '다이쇼유신론'과 '쇼와유신론'의 근거가 되었다. 데구치 오니사부로와 이시하라 칸지라는 이 대사건들의 중심인물이 신앙인이었던 것은 우연이 아니다. 특히 이시하라 칸지의 경우는 신앙에 기초해 세계사에 남을 대사건을 일으켰다고 하지 않을 수 없다. 이것들을 이해하기 위해서는 '역사에 개입하는 신'이라는 셈족 계통 일신교 세계의 정통 관념을 고려할 필요가 있다.

이 글을 집필하던 중에 바로 셈족 계통의 일신교 세계에서 '충격적인' 자폭 테러사건이 일어났다. 2001년 9월 11일에 시작해 현재도 진행 중인 이 분쟁은 인류사에 남을 만한 큰 사건이다. 이 사건이 2001년에 일어난 것도 앞으로 어떻게 이야기될 지 상상이 간다. 다음 시대를 기다릴 것도 없이 이미 '21세기 첫 해'라는 표현이 사용되었고, 어떤 사람은 테러범도 그렇게 생각했으리라고 상상한다. 적어도 당사자가 그런 연상을 했음은 틀림없다. 물론 '11'이라는 숫자의 일치를 포함해 숫자 맞추기가 이런 중대한 사건의 이유라는 것은 유언비어 차원의 이야기에 불과하지만 끊이지 않는 화제이기도 하다.

이 글에서 다룬 1920~30년대 일본에서도 제2차 세계대전과 직결된다는 의미에서는 세계사에 남을 큰 사건이 일어났고, 그 주변에서는 이번과 마찬가지로 대중매체를 통해 낱말풀이와 숫자 맞추기를 포함해 유언비어가 넘쳐났다. 상당히 이질적이긴 하지만 역사에 개입하는 종교라는 점에서 당시 일본과 오늘날의 세계를 부분적으로는 겹쳐서 볼 수도 있다. 이번 사건에 대해 미국에서 '가미카제 공격', '진주만'이라는 단어가 반사적으로 사용되었고 '제3차 세계대전'까지 언급되었듯이 제2차 세계대전과의 연상이 동떨어진 것은 아니다. 두 시대를 대조함으로써 각기 역사의 교훈을 찾을 수도 있다. 진부하게 개인의 감상을 말하지는 않겠다. 다만 마지막으로, '그것은 내가 약할 그때에 오히려 내가 강하기 때문입니다'[75]라는 성경의 사도서간에 나오는 말처럼 현세의 야심이 깨진 듯 보일 때 빛난다고 하는 종교의 역설을 지적하고 싶다. 이 역설은 이 글에서 논한 시기의 오모토교나 니치렌주의에 정확히 들어맞는다. 현재 진행 중인 분쟁은 앞으로 어떻게 될 것인가.

---

75 표준새번역 『성경』, 고린도후서 12장 10절.

제3부 문화의 모더니즘

학교음악은 어떻게 '국민'을 만들었는가
식민지의 표상

학교음악은 어떻게 '국민'을 만들었는가[1]

니시지마 히로시 西島央[2]

1. 학교음악을 통한 '국민'의 편성

"어머! 선생님도 이 노래 아세요? 그럼 같이 불러요!"

일본 학생들이 한국 대학생들과의 합동 사회조사를 앞두고, 한국 학생들에게 '일본' 문화를 소개하기 위해 초등학교에서 배웠던 〈기구를 타고 어디까지든 氣球に乗ってどこまでも〉이라는 노래를 연습하고 있을 때였다. 나도 그 노래를 알고 있다고 말했다. 나는 선생이고, 그들은 '일본'의 여러 지역에서 온 학생들이기 때문에 평소에는 서로 입장이

---

1 이 글은 강현정이 번역하였다.
2 수토首都대학 준교수. 교육사회학·음악교육학 전공.

다르지만, 함께 노래를 부름으로써 같은 일원이라는 감각을 공유했다. 즉, 한국이라는 '국가國家'를 의식하면서 '일본인'으로서의 일체감을 공유했던 것이다.

음악, 특히 노래가 사람들을 한데 모으는 힘, 요컨대 사회통합 기능을 가지고 있다는 것은 현존하는 거의 모든 '국가國家'에 국가國歌가 있다는 사실에서도 알 수 있다. 또한 그 기능에 관해 베네딕트 앤더슨Benedict Anderson은 이렇게 지적했다.

> 국경일에 부르는 국가國歌를 예로 들어보자. 아무리 가사가 진부하고 곡이 평범해도 국가를 부르면서 동시성을 경험한다. 정확히 동시에, 서로 모르는 사람들이 같은 멜로디에 맞추어 같은 가사를 노래한다. 이것은 제창이다. (…중략…) 얼마나 사심 없이 느껴지는가! 우리는 우리가 노래하고 있는 바로 그 순간에 다른 사람들도 우리와 똑같은 노래를 부르고 있다는 것을 알고 있다.[1]

굳이 이를 인용하지 않더라도, 우리는 예전부터 사람들이 집단을 형성하는 공동체의 제례와 의식 등에 음악을 사용했다는 것에서 그 기능을 경험적으로 알고 있다.

21세기를 살아가는 우리가 내셔널 아이덴티티—자신이 속한 '나라國'의 '국민'이라는 의식이나, 같은 '나라'에 사는 사람들이 공유하는 '국민'으로서의 일체감—를 강하게 의식하게 만드는 것이 단지 '국가國家'라는 공동체를 상정하여 제례나 의식儀式 때 부르는 국가國歌만은 아니다.

20세기에 과학기술의 발달과 함께 다양한 미디어를 통해 '국가國家' 단위의 정보가 항상 제공되었다. 예를 들면 같은 음악을 라디오, 레코드, CD 등을 통해 일상생활에서부터 광범위한 영역에 이르기까지 반복하여 청취하는 것이 가능해졌다. 따라서 여러 세대世代가 공유하는 히트곡 등도 역시 '국민'으로서의 일체감을 제공하는 것이라고 할 수 있다. 나아가 신문이나 텔레비전 등 문자나 영상에 의한 시각정보는 뉴스와 일기예보, 각지에서 화제가 되는 정보를 제공함으로써 '일본'이라는 것을 확실히 각인시키고, 자신이 '일본인'이라는 의식을 갖게 하는 데에 한 몫을 하고 있다.

그리고 무엇보다 20세기 '국가國家'의 형태는 '국민국가'가 주류를 이루었다. "'국가'란 국경선으로 구별되는 일정 영역 내에서 주권을 가지고, 그 안에 사는 사람들이 내셔널 아이덴티티를 공유하는 것이다"라는 말은 지난 100년 동안 너무나 익숙하고 자명한 것이 되어 버렸다.

1) 근대 '일본'의 형성

돌이켜보면 19세기 말부터 20세기 초, 즉 메이지기부터 쇼와 초기에 '일본'이라는 땅에서 살았던 사람들은, 21세기를 사는 우리처럼 스스로를 '일본인'으로 의식하거나 서로 '일본인'이라고 인식하는 등의 내셔널 아이덴티티를 분명하게 가지고 있지는 않았다. 따라서 메이지유신 이후에 몇 번의 내전과 대외 전쟁을 통해 국경선을 확정해나가면서 '국민국가'를 형성하던 당시 '일본'은 그 땅에 사는 사람들의 내셔널 아이덴티티를 구축하는 것이 급선무였다.

이 과제에 몰두하던 일본이 아직 과학기술이 발달하지 않은 단계에서 주목한 것이 학교였다. 근대에 등장한 학교는 일반적으로 사람들이 교양을 익히고 취업에 필요한 기술과 지식을 체득하는 등의 권리를 보장하는 장이었다. 그러나 한편으로 학교는 '국가'가 그 권력이 미치는 범위에 사는 사람들을 한데 모아 규율과 훈련을 시행할 준비된 장치이기도 했다. 그리고 그 안에서 사람들의 의식 속에 '일본인'으로서의 내셔널 아이덴티티를 형성하기 위해 음악을 이용했다.

일본 학교음악에서 수업을 통해 시행된 창가교육―창가唱歌―의 역사는, 제도적으로 소학교 교과에 창가과목이 설치된 메이지 5년(1872)의 '학제' 공포公布로까지 거슬러 올라간다. 그러나 이는 단지 외국의 교과과정을 모방한 것으로 이 과목의 필요성까지는 잘 몰랐기 때문에 "당분간 이 과목은 가르치지 않는다"는 단서가 붙어 있었다. 실제로 창가교육을 시작한 것은 이자와 슈지伊澤修二가 음악 조사계를 설치한 1879년경부터이다. '메이지 14년(1881) 소학교 교칙강령明治十四年小學校教則綱領'에 교육내용이 규정되면서 최초의 교과서인 『소학 창가집小學唱歌集』이 출판되었다.

또 하나의 학교음악은 경축일·대제일 의식용 창가, 즉 식가式歌이다. 이는 메이지 20년대 전반에 교육칙어나 '소학교 경축일·대제일 의식규정小學校祝日大祭日儀式規程'에 의해 소학교의 의례적 조직화가 논의되고 있을 때 중요한 역할을 하면서 등장했다. 메이지 20년대 초반인 1888년(메이지 21) 이래 3대 축일[3] 축하식을 행하는 훈령訓令에 따라서 "오늘 11월 13일의 아침이여. 집집마다 아침 해처럼 빛나는 히노마루日の丸[4]가 펄럭이고, 칠백여 명이 유쾌하게 합창하니……"[2] "창가를 연주한 후에 조칙을 봉독한다"[3]고 되어 있다. 야마모토 노부요시山本信良 등에 따르면, 의식에 따라 구성은 다양했으나 의식을 행할 때 이미 식가를 어느 정도 부르기 시작했다고 한다.[4] 그리고 1891년(메이지 24)에는 '소학교 경축일·대제일 의식규정'에 따라 의식 때마다 식

---

3 옛 3대 경축일로 사방배四方拜, 기원절紀元節, 천장절天長節을 말한다. 나중에 명치절明治節이 추가되어 4대 축일이 되었다.
4 일본의 국기. 일본 법률상으로는 일장기라고 부르지만 예부터 일반적으로 히노마루라고도 부른다.

가를 부르는 것이 제도화되었다. 이미 1893년에 『경축일·대제일 가사 및 악보』에 준하여 〈기미가요君が代〉[5], 〈칙어봉답勅語奉答〉, 〈1월1일一月一日〉, 〈원시제元始際〉[6], 〈기원절紀元節〉[7], 〈신상제神嘗祭〉[8], 〈천장절天長節〉[9], 〈신상제新嘗祭〉[10]의 8곡이 식가로 제정된다.

메이지 20년 전후에 근대 '일본' 학교교육의 방향을 정한 초대 문부대신 모리 아리노리森有礼는, 교육을 통해 사람들의 신체를 포착하여 규율하고 훈련함으로써 '국민'으로 편성시키기 위해 소학교에서 아동을 "도구"5)로 삼는 시책을 채택했다. '메이지 24년(1891) 소학교 교칙대강明治二十四年小學校教則大綱'은 창가교육의 목적을 "쉽게 가곡을 부름과 동시에 음악의 미를 분별할 수 있는 덕성의 함양을 요지로 한다"고 정했다. 또 '소학교 경축일·대제일 의식규정'에는 "학교장과 교원 및 학생들은 각 경축일과 대제일에 해당하는 창가를 합창한다"라고 하여 의식을 행할 때 식가를 제창하도록 정해 놓았다. 이렇듯 학교음악은 모리 아리노리의 시책을 실현하는 하나의 도구였던 것이다.

그러나 학교라는 장치에서 사용된 음악은 소위 '위로부터' 새롭게 만들어진 창가나 식가라고 하는 음악을 이용해 사람들의 신체를 포착하여 규율하고 훈련했지만, 그렇다고 각지에 사는 사람들이 메이지 이전부터 가지고 있던 고유의 음악 즉, 민요를 억압하거나 배제한 것은 아니다. 오히려 '국민국가' 형성기에 기반이 취약했기 때문에 '아

271

5　현재 일본 국가. 원래는 헤이안平安시대에 지어진 와카和歌였다가 메이지 시대에 곡을 붙여 국가로 취급하였다. 이후 1999년에 '국기 및 국가에 관한 법률'에서 국가로 제정되었다.
6　일본 황실이 매년 1월 3일에 황위의 시초를 축하하는 제례
7　『일본서기日本書紀』에 전해지는 진무神武천황의 즉위일로 정해진 축일.
8　천황이 10월 17일에 거행하는 추수감사의 궁중행사. 햅쌀로 빚은 술과 그 밖의 음식물을 이세신궁에 바친다.
9　천황의 탄생을 축하하는 날로 1868년 제정되었다.
10　11월 23일에 행하는 궁중행사. 천황이 햇곡식을 천지의 여러 신에게 바치고 친히 먹기도 하는 궁중의 제사. 지금은 근로 감사자의 날로서 국민 축일이 되어 있다.

래로부터' '일본' 각지에 사는 사람들의 이런 저런 생활과 정경, 심정을 헤아려 몇 번이고 다듬어서, 민요를 대체할 '국민'의 음악 또한 만들어내고 있었다.

예를 들어 〈항구港〉[11]의 가사는 다음과 같다.

항구

하타노 타리히코旗野十一郎

1

하늘도 항구도 밤에는 맑고

달빛에 늘어가는 배 그림자

거룻배가 드나들어 떠들썩하네

밀려오고 밀려가는 파도는 황금빛이네

2

숲을 이룬 돛대에

꽃처럼 보이는 깃발 표지

짐 싣는 노랫소리는 떠들썩하니,

항구는 언제나 봄이로구나

쇼와 전기에 활약했던 음악교육가인 이노우에 타케시井上武士는 이 노래에 대해 "많은 국민들이 부르는 이것이야말로 명실공히 국민노래라고 할 수 있다"고 이야기 했다.[6] 이 노래는 '일본' 각지 어디에서나 볼 수 있는 바닷사람들의 생활을 헤아려, 몇 번이고 다듬어 완성한 '국민' 창가로 만들어져 보급된 것이다.

---

11 하타노 타리히코 작사, 요시다 신타吉田信太 작곡.

또한 학교교육 현장에서는 "덕성 함양을 요지로 한다"는 목적과 잘 부합하도록 "학급 전체가 제대로 부를 수 있게 한다"는 목표로 수업이 구성되었다. 아동의 규율과 훈련이라는 '국가'의 의도보다 창가를 교육하는 교육자의 의도가 두드러졌다. 예를 들면 메이지 후반부터 쇼와 초기에 활동한 음악 교육가인 다무라 토라조田村虎藏는 종래의 창가가 사회나 가정과는 무관하게 서양식으로 되어 있으므로 '일본' 아동의 정서에 적합하지 않다고 생각했다. 그는 1916년에 열린 전국 음악 교원 협의회에서, 메이지 30년대에 아동에게 적합한 언문일치 창가를 만들자, "아이들의 찌푸린 얼굴은 웃는 얼굴로 바뀌고, 눈을 반짝이며 명랑한 마음으로 합창했다"고 보고했다.[7] 또한 이시카와현石川縣 사범학교 부속 소학교가 내놓은 교수법 해설서에도 교재 선택에 대해 "그들이 마음으로 노래하여, 진정한 기쁨과 교양을 얻을 수 있는 것이어야만 한다. 그러므로 아동의 생활환경에서 노래의 소재를 구하여 시화詩化하고, 미화한 동요 등이 가장 적합하다"라고 쓰여 있다.[8] 모두 창가 교육을 위해서라는 목적이 두드러졌지만 그 때문에 요청된 창가는 "아동에게 적합한", "아동의 생활환경에서 노래의 소재를 구한"이라고 하듯이 '아래로부터' 사람들의 이런 저런 생활이나 정경을 헤아려 몇 번이고 다듬어 완성한 음악, 예를 들면 〈항구〉 같은 것이었다.[9]

273

2) '국민국가'의 내셔널 아이덴티티
─네이션Nation의식과 컨트리Country의식

당시 '일본'은 왜 '위로부터'의 음악과 '아래로부터'의 음악이라는 두 개의 음악을 필요로 했을까. '국민국가'란 도대체 무엇인가 하는 지점으로 돌아가 그 지점에서부터 내셔널 아이덴티티에 관해 생각해 보기로 하자.

'국가 = 정치 공동체'라는 '국민국가'는 21세기의 오늘날에야 자명해진 것일 뿐, 결코 오래된 것도 당연한 것도 아니다. 이것은 19세기 후반부터 20세기에 걸쳐 세계적인 주류가 된 민주주의라는 정치 이데올로기와, 자본주의 또는 사회주의라는 경제 이데올로기가 그 실현을 위해 규모나 인적 자본의 면에서 '국민국가'라는 방식을 필요로 했기 때문에 마련된 정치 공동체의 하나의 모델에 불과하다.

앞서 말했듯이 '국민국가'라는 것은, 일반적으로는 국경선으로 구획된 일정한 영역에서 주권을 갖추고 그 안에 살고 있는 사람들이 내셔널 아이덴티티를 공유하는 '국가'를 말한다. 그러나 정치 공동체가 민족이나 언어, 역사성을 배경으로 한 아이덴티티를 공유하는 자연발생적인 공동체라는 점에서는 역사상 수없이 존재해 왔지만, 그것이 일정한 영역 안에서 주권을 갖추고 있어야 할 필연성은 없었다.[10] 다시 말해 '국가' 그 자체는 존재하는 것이 아니며 실태로서는 일정한 영역 내에서 기능하는 제도나 장치의 총체에 불과하다. '국민'은 그러한 전체 구조를 '국가'로 상상하고 있을 뿐이다. 실제로 역사책을 뒤져보면 '국민국가'와 같은 형식의 정치 공동체가 근대 이전에는 드물었다는 사실을 쉽게 알 수 있다. 현존하는 많은 '국가'들 조차 예를 들면 미국이나 중국, 전후 독립을 쟁취한 아시아나 아프리카 등의 다민족·다부족으로 이루어진 '국가'들은 역사적으로 볼 때, 아이덴티티를 공유하는 자연발생적인 공동체의 연장선 위에서 국경선에 의해 구획된 일정한 영토와 그 안에 사는 사람들이 있었던 것은 아니다.[11] '국민국가'라는 '국가'의 형태는 17세기경부터 나타난 서유럽 특유의 현상에 지나지 않는다. 이렇게 생각하면 '국민국가'라는 것은 많은 경우 국경선과 내셔널

아이덴티티의 자의성을 은폐한 '의사擬似 공동체'라고 볼 수 있다.12)

이런 특징을 전제할 때, '국민국가'가 위의 조건을 만족시키기 위해서는 두 개의 '국민' 편성 원리를 필요로 하게 된다. 하나는 '위로부터'의 국민통합으로, 제도나 장치의 총체에 불과한 '국가'를 현실에 존재하는 공동체라고 상상하게 만드는 것이다. 이를 위해 정치·경제적 동일성 같은 이데올로기가 동원된다. 또 다른 하나는 '위로부터'의 국민통합의 전제가 되는 '아래로부터'의 국민통합이다. 이는 사람들이 일정한 영역과 역사를 기반으로 하는 유일한 공동체라고 상상하도록 언어적·영역적·문화적 요인이 서로 부합하는 생활양식의 동일성에 기반한다.13) 내셔널 아이덴티티에도 이 두 가지의 '국민' 편성 원리에 대응하는 두 가지 측면이 있다. 여기서는 그 두 가지 측면을 네이션의식과 컨트리의식이라 가정하고 다음과 같이 정의한다.

'네이션의식'이란, 복수의 정치 공동체 사이에서 타자에게 자신을 내보일 때, 예를 들면 공권력에 의해 만들어진 이데올로기나 전통 등의 특징을 헤게모니로서 인지할 수 있는 차원이다. 구체적인 지표로는 제도, 의례, 전통 등이 포함된다. 이것들은 다른 정치 공동체와의 뚜렷한 구별을 위해 사용되는 국민 일체성의 의식이며, 여기에는 정치 공동체의 주권과 국경선에 대한 의식이 내재되어 있다.

'컨트리의식'이란, 사람들이 자신이 생활하는 곳과 그 이웃을 자연발생적인 공동체라고 여기며 자신이 그 구성원이라는 의식을 가질 때, 언어적·영역적·문화적 요인이 만든 생활양식이 동일하다는 것을 시각, 청각 등을 통해 감각적으로 의식하는 차원이다. 구체적인 지표로는 상징적인 의미가 없는 일상에 포함되는 것으로 틀에 박힌 듯이 형성되는 전근대적 공동체의 인간관계와 그 요소들을 생각할 수 있다. 여기에는 집단 내의 언어, 문화적 전통, 생활양식과 같은 문화적 속성을 공유한다는 의식이 내재되어 있다.

물론 현실에서는 이러한 의식이 두 개로 나뉘어 있지도 않고 어느 것이든 한 쪽의 의식만으로 충족되는 것도 아니다. 양자가 상호 보완되어야 사람들은 '국민국가'에 대한 내셔널 아이덴티티를 비로소 확립할 수 있게 된다. 결국 사람들이 '의사 공동체'에 불과한 '국민국가'를 그들이 속한 유일한 정치 공동체로 받아들이기 위해서는, '위로부터'의 이데올로기나 제도, 장치에 의해 네이션의식을 가져야 할 뿐 아니라, 그들 사이에서 언어, 생활양식, 종교, 전통이라는 문화나 상징을 공유하는 컨트리의식을 획득하는 것도 필요한 것이다.14)

이렇게 '국민국가'의 내셔널 아이덴티티가 형성되는 과정을 살펴보면, 당시 '일본'에서 네이션의식을 얻기 위해 '위로부터' 사람들을 포착하고, 규율하고, 훈련을 실시하고, 동원하기 위해 사용된 음악과, 컨트리의식을 얻기 위해 '아래로부터' 사람들의 생활이나 정경, 심정을 헤아려 만든 음악이라는 두 가지 음악이 있었기 때문에 그것이 가능했음을 알 수 있다. 또한 서로 대비되는 그 두 가지 음악이 모두 학교라는 동일한 공간에서 같은 방법으로 실천되었기 때문에, 교묘하게 학교문화로 통합되어 사람들을 '국민'으로 편성할 수 있었다.

다음 장에서는 다이쇼 후기부터 쇼와 원년(1926) 무렵에 나가노현長野縣 다카토高遠 주변의 심상尋常소학교나 국민학교 초등과를 다닌 사람들의 설문조사와 인터뷰를 살펴볼 것이다. 학교음악과 관련된 이들의 기억을 통해 실제로 '국가'가 학교음악으로 사람들의 신체를 포착하여 규율하고 훈련함으로써, 그들을 '국가'의 '국민'으로 편성해 갔다는 것을 살펴보고자 한다.15)

2. 다카토 지역의 학교음악과 내셔널 아이덴티티 획득 과정

메이지부터 패전까지의 기간 중, 다이쇼기에서 쇼와 초기는 어떤 의미에서 학교교육이 가장 안정되었던 시기라 할 수 있다. '메이지 33년(1901) 소학교령'에 의해 심상소학교 의무교육이 제도상 전면적으로 실시되었고, '메이지 40년(1908) 소학교령'은 지금까지 이어지는 소학교 6년제를 확립했다. 취학률 역시 1902년에 남녀 평균 90%를 넘었고, 1909년에는 98%로 이 시기에 '전국민교육國民皆學'이 거의 달성되었다고 볼 수 있다. 다이쇼기에는 임시 교육회 등에서 개혁에 대한 제안을 많이 내놓았으며, 다이쇼 데모크라시[12]와 연동한 신교육 운동을 비롯해 관민 모두 학교교육의 충실에 힘쓰게 되었다.

이 시기에 학교음악 부분에서도 내실을 도모하는 움직임이 전개되었다. 가설加設 과목13으로 취급 받았던 심상소학교의 창가과목이 '메이지 40년(1908) 소학교령'에 의해 필수과목으로 바뀌었으며,16) 국정교과서는 아니지만 문부성에서 편찬한 『심상소학교 창가』가 1911년부터 1914년에 걸쳐 학년별로 순차적으로 발행되었다. 또 교육현장에서는 축음기의 보급으로 제도에도 없는 음악 감상교육鑑賞教育까지 도입한 심상소학교도 있었다. 이미 민간에서는 『붉은 새赤い鳥』 등의 잡지에 의해 동요童謠운동이 활발했기 때문에 그 영향으로 창가교육도 발전해 갔다.

---

12 다이쇼 시대에 민주주의와 자유주의를 추구하는 경향과 사조를 총칭. 정치면에서는 호헌 운동을 시작으로 보통 선거와 언론, 집회, 결사의 자유를 요구하고, 외교면에서는 침략전쟁과 식민지배의 중단을 요구하는 의견이 나왔다. 사회면에서는 남녀평등, 부락민 차별철폐, 노동자의 단결권과 파업권을 쟁취하려는 운동이 벌어졌다. 문화면에서는 자유교육의 쟁취, 대학의 자치권 쟁취운동 등이 있었다.
13 오늘 날의 선택 과목에 해당한다.

이러한 시대 배경 속에서 현재 나가노현 이나부(伊那部) 다카토마치高遠町, 당시의 다카토마치, 가와미나미河南, 나가후지長藤, 산기三義, 후지사와藤澤村에는 각 마을마다 심상소학교가 하나씩 있었다. 당시 교육선진현이었던 나가노현은 이미 '북쪽엔 마쓰시로松代, 남쪽엔 다카토'라고 불렸을 만큼 학교교육이 번성했던 곳으로 학교음악 부분도 예외는 아니었다.

당시 창가교육의 모습을 학교사學校史와 설문조사 및 인터뷰를 통해 살펴보자.

다카토 심상고등소학교에서는 1923년에 "정서를 배양하는 인간교육에 힘을 모을 것"이라는 교직원회의 뜻에 따라 피아노와 축음기를 구입하여 감상교육을 도입하고 독자적인 창가집을 만들어 그 창가집으로 돌림노래나 합창지도를 했다.[17] 이러한 움직임은 다른 학교에서도 발견된다. 가와미나미 심상고등소학교나 후지사와 심상고등소학교도 "특히 (〈마왕〉 등의) 음악을 들으면서 상상할 수 있는 수업 등이 즐거웠다"(가와미나미, S4, E)[18]는 말처럼 축음기를 이용한 감상교육이 행해졌다. 또한 후지사와 소학교에는 모교 출신의 명사가 그랜드 피아노를 기증하기도 했다(후지사와, S6, I).

창가 수업은 대부분 담임이 맡았으며 주 1회 2시간 정도 창가실에서 행해졌다.[19]

쇼와 4년(1929)에 부임한 어느 교사의 자서전에는 나가후지 심상고등소학교의 창가실 모습이 다음과 같이 묘사되어 있다.

1학년 교실의 서쪽은 2학년 교실이고 그 옆에 공작실, 그 다음에 창가실이 있었다. 긴 걸상과 오르간이 놓여있고 창가 시간에 앉을 자리는 번호순으로 정했다.[20]

다카토 소학교의 창가실에는 발성연습을 하기 위해 아에이오우의 입 모양을 흉내 낸 그림이나 음악가의 초상이 걸려 있었다. 그리고 오르간 이외에도 실로폰, 캐스터네츠, 미하루스[14] 같은 악기와 오선 칠판, 메트로놈 등의 교재와 기재도 놓여있는 등 당시로서는 꽤 질 높은 교육환경이 마련되어 있었다.[21]

이렇게 다카토 주변의 소학교에서는 제도상 요구되는 수준 이상의 창가교육이 실시되었다.

다른 한편으로 다카토 마을은 산골짜기에 위치하고 있어서 이나(伊那)나 스와(諏訪)로 빠지는 길을 확보하는 것이 정치적으로 중요한 과제였듯이 교통이 불편하여 대중문화 보급이 다른 지역보다 늦었다. 따라서 음악을 비롯한 문화 측면에서는 학교교육이 더욱 큰 영향을 끼쳤다.

1) 생활·정경·심정의 균일화–창가에 의한 컨트리의식의 형성

창가 수업이 아동의 신체를 포착하는 방법은 그 특별한 수업구성에 있었다.

〈자료1〉은 메이지 말기부터 다이쇼 초기에 확립된 교수법에 기초한 해설서에 나타난 창가과목 학습지도안의 일례이다.

---

14 캐스터네츠를 간략화 시킨 음악 교육용 캐스터네츠.

〈자료1〉 과목별 학습지도 자료 및 실제 학습지도안
(소학교육연구회 편, 「심상소학교 4년생, 창가과」, 『소학교육사小学教育社』, 1917, 158~165면)

제목 〈가을 풍경秋景〉 제2학기 제8·9·10주 4시간(2시간)

요지 가을의 아름다운 모습을 노래하여 자연을 가까이 하고, 유쾌한 정감과 미감을 함양한다. 또 악보를
보고 부를 수 있도록 연습하는 것을 요지로 한다.

(…중략…)

제1차시 학습 지도안(10월 25일 목요일)

(…중략…)

방법

준비

1. 호흡연습
천천히 호흡하기 2회, 숨을 빨리 들이 마시고 천천히 내뱉기 2회.

2. 발성연습 바장조 3화음으로

3. 음계연습
보통음계 외에 바장조 불규칙음계
1234 | 565 - 레 | 5432 | 151 ‖

4. 음정연습
5 - 13 | 5 - 63레 | 2 - 34 | 565 - |
3 - 42 | 3 - 65레 | 3 - 5 - | 1 - ·0 ‖

5. 학습지도 사항 알림
오늘부터, 요즘처럼 아름다운 가을의 정취를 노래한 〈가을풍경〉이라는 곡을 배워봅시다.
오늘은 먼저 악보만 배워보겠습니다.
(가을 풍경과 관련하여 적절한 문답을 한다)

학습지도

1. 악보읽기
1) 악보를 죽 훑어보고 지금까지 배운 것과 다른 점을 발견한다. 약하게 소리를 내야 하는 곳에서
크게 소리를 내는 것에 주의를 기울인다.
2) 음표의 종류와 의미, 실제의 소리 등에 대한 질의응답을 통해 복습한 후 한 소절 안에 있는 음표들
을 살펴보고 4박자가 되는 것을 찾아본다.
3) 아동이 악보를 읽어 보도록 한다.

2. 시창視唱
1) 반주 2회
아동으로 하여금 조용히 듣게 하고, 두 번째 반주에는 작은 소리로 함께 노래하게 한다.
2) 제창
가. 기본 5음을 소리 낸 후, 틀린 곳을 정정해준다.

280

나. 노래를 시작한다.
3) 반주 혹은 선창
앞에서 한 제창에 대한 짤막한 평가를 한 후, 반주를 한 번 들려주거나 노래를 한 번 불러준다.
4) 나누어 부르기
가. 왼쪽에 앉은 아동들이 노래를 부른 후 잘못된 곳을 바로 잡는다.
나. 오른쪽에 앉은 아동들이 노래를 부른 후 잘못된 곳을 바로 잡는다.
5) 제창

연습
1. 나누어 부르기
4분단으로 나누어 한 줄씩 교대로 노래를 부른 후 잘못된 곳을 바로 잡는다.
2. 제창
〈등대〉를 연습한다.
3. 독창(시간이 남으면)
4. 제창(시간이 남으면)
〈가을 풍경〉 악보를 연습

'학습지도'나 '연습' 단계에 주목해 보면 제창이 많이 사용되었다는 것을 알 수 있다. 이것은 창가과목 특유의 수업 구성이다. 국어과목이나 다른 교과목의 경우에는 먼저 아동 전체를 대상으로 수업을 한 다음, 아동 개개인의 학습 활동에 주목하는 형태로 진행된다. 즉, 한 사람 한 사람의 학습과 그 달성을 목표로 하는 수업으로 구성되었다. 이에 반해 창가과목의 경우, 교사가 먼저 시범을 보인 후 제창을 할 뿐 아니라 단원의 마지막에 "모든 아동이 다 같이 아름답게 노래하는 것에 주의하여"22) 한 번 더 제창을 했다. 즉 학급단위로 노래를 부르는 음악행동 중심의 수업으로 구성되어 있었다.

이러한 수업구성은 다카토 주변의 소학교에서도 비슷했다. 설문조사의 대답을 몇 개 살펴보자.

제일 먼저 곡의 기초인 도레미파솔라시도를 연습했다. (후지사와, S2, E)

선생님이 가사의 내용을 알려주고 먼저 노래를 부르셨습니다. 음표 읽는 법, 계명, 음명 등 몇 번씩 악보를 보는 훈련을 하고나서야 노래 부르기에 들어갔습니다. (다카토, S2, E)

다 같이 노래를 부를 때도 있고 혼자 부를 때도 있지만 다 같이 부르는 시간이 많았습니다. (나가노, T12, E)

선생님이 먼저 노래하고 학생들이 선생님을 따라 부른 후, 대강 처음부터 끝까지 부를 수 있게 되면 오르간에 맞춰 몇 번씩 반복해서 외웠습니다. (나가후지, T14, E)

3학년 때인 것 같다. 〈봄의 소천春の小川〉을 배울 때 선생님께서 가사가 붙은 악보를 나눠 주시고 악보에 있는 계명을 가르쳐 주신 후에 가창지도를 하셨다. (나가후지, S4, E)

① 악보를 그린 괘도를 칠판에 걸거나, 칠판에 악보를 그려 놓았다. ② 선생님이 오르간을 치면서 부르고 ③ 학생들이 한 소절씩 부른다. ④ 주의할 곳 등을 설명하고 ⑤ 다 같이 합창한다. (나가노, S6, E)

다카토 주변의 소학교에서도 교수법의 해설서 등에 표시된 학습지도안과 거의 같은 방식으로 진행되었다. 자세히 보면 수업 초반에는 음계 연습이나 발성 연습이 행해졌다. 그리고 이어지는 가창 지도는 교사가 한 소절씩 먼저 부르고, 아동이 그 뒤에 따라 부르는 연습을 반복하여 최종적으로 하나의 곡을 모두 부를 수 있게 된다. 그리고 마지막에 다 함께 제창하면서 마무리하는 방법이 취해졌는데, 이런 방식이 메이지 시대에 주류를 이루었다.

인터뷰에서는 음계 연습이나 발성 연습을 한 것을 기억하지 못하는 사람도 있었지만 "한 소절씩, 선생 다음 학생 순으로 진행하여, 마지막에 다 같이 제창한다. 한 학년 한 학급 63명이 다 같이 노래를 불렀다"(가와미나미, T9, I)는 것처럼 대부분의 사람들은 가창 연습이 한 소절씩 직접 가르치는 방법으로 진행되었다는 것과 몇 번씩 제창을 했다는 것을 기억하고 있었다.

창가 수업은 개인보다 학급 전체가 우선되는 방식으로 구성되었다. 제창을 반복함으로써 아동들은 모두 같은 노래를 알게 되고, 그것을 다 같이 불렀다는 것을 기억하고 신체화했다. 즉 같은 창가를 기반으로 신체가 포착되고 있는 것이었지만 이 창가의 제창이 달성한 기능은 여기에만 그치지 않는다.

창가 수업에서 배운 것 중 좋아하는 노래를 물었을 때, 하나같이 오늘날까지도 계속 부르고 있거나, 초중학교에서 의무적으로 모두 함께 배웠던 창가를 들었다. 그러나 좋아하는 이유나 추억은 조금씩 달랐다. 인터뷰 결과, 그 특징은 크게 네 가지로 나눠진다.

① 일상생활과 연관된 경우

좋아하는 창가의 이유나 추억으로 가장 많이 언급된 것은 일상생활과 연관된 경우였다.

쇼와 3년(1928)에 태어난 여성은 〈봄의 소천〉, 〈안개 낀 달밤おぼろ月夜〉 등 계절감이 넘치는 것을 좋아하는 창가로 꼽았다. 특히 봄을 제재로 한 창가를 좋아했던 것 같다. 봄을 제재로 한 것이 좋은 이유는 그녀가 농가에서 태어났고, 현재도 농업에 종사하기 때문이라고 했다. "농가라서 겨울을 지내고 봄이 되면 기쁘다. '이제부터'라는 즐거움과 기쁨을 느낀다. 지금도 직접 밭에서 농사일을 할 때는 〈안개 낀 달밤〉 등을 부른다(가와미나미, S10, I)." 이렇게 어렸을 적 느꼈던 봄의 즐거움은 잊혀지지 않는 것 같다.

다이쇼 13년(1924)에 태어난 남성 역시, 좋아했던 창가 중의 하나로 〈봄의 소천〉을 들었는데 그 이유는, 풀로 배를 만들어 논의 수로에 띄워 보내는 경쟁을 하며 친구들과 놀았던 추억과 연관되어 있었다. 또 일상생활과도 밀접한 관계를 가지고 있었다. 그러나 〈안개 낀 달밤〉을 좋아하는 이유는 '학교의 추억과 연관되어 있는 경우'(후술)로 선생님이 열성적으로 가르쳤기 때문에 특히 기억에 남는다고 했다(후지사와, S6, D).

② 학교의 추억과 연관된 경우

창가가 학교에서 배운 것이기 때문에 학교 시절의 추억과 연관시켜 좋아하는 창가를 드는 경우가 있다.

다이쇼 원년(1912)에 태어난 여성은 인터뷰를 부탁한 조사 대상자의 이웃인데, 옛일을 잘 기억한다고 하여 소개 받았다. 창가에 얽힌 그녀의 기억은 소학교 운동회 때의 기억과 연관되어 있다. 〈항구〉, 〈자연의 미天然の美〉, 〈황성의 달荒城の月〉 등의 창가를 들며, 이 창가들을 운동회 때 율동의 반주곡으로 사용했던 것과 그 율동 동작까지 기억하고 있었다. 운동회에서 달리기를 할 때 항상 일등이었기 때문에 좋은 추억으로 간직하고 있으며 그것과 서로 호응하여 위에 언급한 창가를 좋아하는 창가로 뽑았다(나가후지, T8, D).

쇼와 2년(1927)에 태어난 남성은 학교와 관련된 추억이긴 하지만 다소 좋지 않은 기억과 함께 좋아하는 창가를 들었다. 그는 2학년 때 매년 3월에 학교행사로 열리는 창가대회에서 〈토끼うさぎ〉를 독창했다. 무대에 올라가 사람들 앞에서 노래한 것이 처음이라 눈앞이 캄캄해져서 겨우 노래했다고 한다(가와미나미, S9, D).

③ 꿈이나 동경과 연관된 경우

적은 수이긴 하지만, 〈바다ゥ*ミ*〉나 〈나는 바다의 아이我は海の子〉처럼 나가노현에서는 절대 볼 수 없는 정경을 다룬 창가를 드는 경우도 있다.

쇼와 5년(1930)에 태어난 여성은 〈바다〉, 〈항구〉, 〈스키ㅈキー〉를 좋아하는 창가로 들었다. 이 창가들은 선생님의 추천곡이었고, 〈마을의 대장간村の鍛冶屋〉 등과 같이 생활과 밀접한 창가를 부르는 일은 적었다고 한다. 나가노현에는 바다가 없고, 당시 신슈信州 남부에서는 신슈 북부처럼 스키를 타지 못하고 스케이트를 탔기 때문에 바다나 스키에 강한 동경을 가지고 있었다고 한다. 바다와 관련해서는 6학년 때 니가타新潟縣 출신 선생님이 모두를 데리고 바다에 갔는데, 그때 거의 날다시피 달려가서 제일 먼저 바닷물을 맛보았다고 한다(나가후지, S12, I).

④ 취미나 기호와 연관된 경우

취미나 기호와 연관된 경우로, 공무원 가정에서 태어난 여성이 〈다이난코우大楠公〉,[15] 〈신록의 피리青葉の笛〉[16] 등 역사적 사실을 제재로 한 창가를 든 경우나(기타, S9, I), 후에 음악 교사가 된 남성이 〈황성의 달〉, 〈가마쿠라鎌倉〉 등 단조의 창가를 들었던 경우(가와미나미, T13, I) 등이 있었다.

이처럼 좋아하는 창가가 학교에서 제창했던 창가라 하더라도, 그 배경에는 각각 다른 가정환경, 경험, 취미, 기호 등이 있으며 그것들과 창가가 연관되어 있다는 것을 알 수 있다.

이 함의를 어떻게 생각하면 좋을까. 사실 이런 창가 가사에는 다음과 같은 특징이 있다.[23]

---

15 가마쿠라 시대에서 남북조시대에 걸쳐 활동한 무사. 겐무의 신정 설립자로 활약.
16 다카쿠라高倉 천황이 애지중지 한 피리.

첫째, 구어체로 되어 있다. 식가는 문어체 가사도 많았는데, 창가는 의성어나 의태어로 정경이나 심정을 표현하는 경향이 강했다. 이렇게 구어체로 된 창가는, 노랫말이 묘사하는 생활이나 정경, 심정을 아동이 이해하기 쉬웠다.

둘째, 놀이나 연중행사, 노동 같은 일상생활, 주거환경을 둘러싼 자연이나 계절을 주제로 하고 있다. 일견 '국가'와는 무관하게 사람들의 생활이나 정경이나 심정을 묘사한 듯한 이 창가들은 정치사회를 주제로 하지 않은 비정치성 때문에, 오히려 한 층 더 강한 어떤 종류의 이데올로기를 내재할 수 있었다.

셋째는 익명성이다. 이 창가를 언급하는 사람들에게, 가사가 묘사하는 생활이나 정경, 심정이 일반화·보편화되고 동시에 그것들이 각각의 일상생활의 장면에서 개별적으로 나타난다. 따라서 가사 속에서 그것과 닮은 자신이 알고 있는 생활이나 정경, 심정을 중첩시켜 감정을 이입하는 것이 가능했던 것이다.

넷째, 인간의 동작은 일인칭으로 표현하고 생활이나 정경은 친근한 말이나 방언을 사용하여 표현했다는 점이다. 이런 어휘들은 사람들이 자연스럽게 서로 연결되어 있다는 운명적인 비선택성을 나타낼 수 있었다.[24]

'국민국가' 형성에 뒤늦게 합류한 '일본' 같은 '국가'가 그 땅에 사는 사람들의 동의를 얻어내는 것이 어떻게 가능했는지에 대하여, 그람시는, 사람들은 자신들의 것이 아닌 공권력이나 지식인의 세계관을 차용하여 그것을 빌어 버린다고 밀한 바 있다. 즉, 사람들은 자신들의 세계관을 가지지 않은 채 공권력의 세계관에 지배되는 것이다. 그러나 그 "세계관은 뛰어난 정신에 의해 정교하게 다듬어진 것이 아닌데, '현실'은 못 배운 사람, 가난한 사람들에 의해 표현된다"고 하며,[25] 따

286

라서 세계관이란 사람들의 민요나 상식을 몇 번씩 다듬어 완성된 것일 뿐이라고 파악했다.

'구어체', '놀이·연중행사·노동이라는 일상생활, 주거환경을 둘러싼 자연이나 계절', '익명성', '일인칭, 친근한 어휘나 방언'. 바로 이러한 요소를 가진 창가야말로, '일본' 각지에 사는 사람들의 민요를 대체하고, '아래로부터' 사람들 각각의 생활이나 정경·심정을 끄집어내어 몇 번씩이나 다듬어 완성한 음악, 즉 사람들에게 컨트리의식을 만들기 위한 음악이었던 것이다.

이런 창가를 만든 이유가 다무라 토라조의 생각처럼, "아동에게 있어 부르기 쉬운 창가를"이라는 교육적인 배려에 의한 것이든, 〈봄의 소천〉이나 〈안개 긴 달밤〉을 좋아하는 이유가 농가에서 태어났기 때문이라거나, 어렸을 때 놀았던 경험 혹은 학교 선생의 열성적인 지도 때문이든, 이 창가들은 분명 한 사람 한 사람에게 있어 유일무이의 징치 공동체인 '일본'의 생활이나 정경, 심정을 표상하고 있었다.

이렇게 창가는 그들의 개별 생활이나 정경, 심정을 균일화하여 표상하고, 제창을 통해 그들에게 자신들이 서로 같은 공동체의 일원이라는 느낌을 주면서 컨트리의식을 확립시켜 나가는 기능을 달성했다.

2) 제도·장치의 총체인 '국가'의 실체화
─ 식가式歌에 의한 네이션의식의 형성

경축일·대제일 의식은 메이지 20년대에 도입된 이래, 학교교육에서 중요한 부분을 담당하였다. 각 소학교에서는 '소학교 경축일·대

287

제일 의식 규정'에 기초한 의식이 실시되었다. 야마모토 노부요시 등에 따르면, 다이쇼기에는 식가를 포함한 형식이 의식의 기본형식으로 보급되어 있긴 했지만, 학교 전체 차원의 의식을 실시하지 않고 학급 조회에 그치는 학교들도 있어서, 의식을 실시하는 형태나 구성은 학교 마다 가지각색이었다고 한다. 의식을 철저히 하도록 엄격하게 강화되기 시작한 것은 쇼와 12년(1937)에 시작된 국민정신 총동원 운동 이후의 일이다.26) 그러나 '소학교 경축일·대제일 의식규정'에서 기본형이 제시된 것 이외에 구체적인 의식 순서는 각 부府나 현縣에 맡겨졌고, 전국 수준에서 상세하게 의식 순서의 기준을 세운 것은 1941년에 나온 '예법요항礼法要項' 정도이다.

경축일·대제일 의식에서도 반복 제창을 통해 아동의 신체를 포착하는 방식을 취했지만, 그 기능은 창가의 경우와는 다소 차이가 있다. 〈자료2〉는 '예법요항'에 제시된 경축일·대제일 의식 순서이다.

〈자료2〉 '예법요항' 쇼와 16년(1941) 4월 1일 문부성 발보發普 52호 통첩별책

제6장 경축일

1. 경축일에는 국기를 게양하고 궁성을 향해 절하여 축하와 경의를 표한다.

2. 기원절·천장절, 메이지절 및 1월 1일에 행하는 학교 의식은 다음의 순서와 방식을 따른다. 천황폐하, 황후폐하 사진의 덮개를 걷는다. 이때, 일동 상체를 앞으로 숙여 경의를 표한다 / 천황폐하와 황후폐하의 사진에 대해 최고 경례를 올린다 / 국가를 제창한다 / 학교장이 교육에 관한 칙어봉독을 한다 / 참례자는 봉독의 시작과 동시에 일동 상체를 앞으로 숙여 배칭하고, 봉독이 끝날 때 경례를 한 후 원래의 자세로 돌아간다 / 학교장이 훈화를 한다 / 당일 의식용 창가를 부른다 / 천황폐하, 황후폐하의 사진에 덮개를 씌운다 / 이때 일동 상체를 앞으로 숙여 경의를 표한다.

3. 천황폐하와 황후폐하의 사진을 보관하지 않은 학교는 다음의 순서에 따라 의식을 행한다.

궁성을 향해 절한다 / 국가를 부른다 / 학교장이 교육에 관한 칙어봉독을 한다 / 학교장이 훈화를 한다 / 당일 의식용 창가를 부른다.

4. 의식에 참례하는 자는 복장을 정돈하고 용모를 단정히 하며, 시종일관 진심을 다한다.

5. 식장에 들어올 때는 가볍게 한 번 고개를 숙인다. 식을 거행할 때는 특별한 경우를 제외하고는 드나들지 않는다.

6. 의식의 시작과 끝에 일동 경례를 한다.

[주의]

1. 천황폐하의 사진은 식장의 앞쪽 정 중앙에 받들어 올린다. 황후폐하의 사진은 천황폐하의 사진 왼쪽(마주 봤을 때 오른쪽)에 받들어 올린다.

2. 칙어등본勅語謄本은 함에서 꺼낸 후 작은 뚜껑이나 대에 얹어 식장의 상좌上座에 둔다.

3. 칙어봉독을 할 때 봉독자는 용모와 복장에 특히 주의하고, 사전에 손을 깨끗이 한다(프록코트, 모닝코트 및 화복和服을 입은 경우, 장갑은 착용하지 않는다). 칙어등본은 주의를 기울여 신중히 취급하고, 봉독 전후에 삼가 받들도록 한다.

4. 칙어봉답가를 부를 경우, 학교장 훈화 전에 한다.

5. 사진을 받들어 올린 경우, 칙어봉독이나 훈화 등은 사진 앞을 피해서 하고 불가피할 경우 정면 중앙에서 한다.

6. 황후폐하 탄신과 태후폐하 탄신을 축하하는 의식을 행할 때에는 대체로 축일 의식에 준하는 순서와 방식으로 한다 / 요배식遙拜式[17]과 칙어봉독식, 입학식, 졸업식 또는 기념식의 모든 의식에 관해서도 위와 같다.

7. 학교 이외의 단체 행사는 적당히 각 항에 준하여 행한다.

289

---

17 멀리서 절함.

이를 보면, 천황과 황후의 사진에 최고 경례를 한 후에 국가를 부르고, 경우에 따라서는 학교장이 칙어를 봉독한 후에 〈칙어봉답〉을 부르고 학교장의 훈화 뒤에 당일 의식용 창가를 부르는 등, 반복하여 식가를 제창하도록 했다는 사실을 알 수 있다. 이렇게 식가를 제창하는 일은 4대절뿐 아니라 각종 의식과 행사 때마다 몇 번씩 실행되었다.

이러한 의식은 다카토 주변의 소학교에서도 마찬가지로 거행되었다. '예법요항'이 나온 무렵에 소학교에 다녔던 사람들을 대상으로 한 설문조사에서, 의식 당일이나 식가를 연습할 때의 추억을 몇 가지 살펴보자.

> 식 당일에는 체조장에 전교생이 줄을 맞추어 섰고, 교장선생님이 교육칙어를 봉독한 후에 전교생이 선생님의 피아노에 맞춰 각각의 식에 맞는 식가를 합창했다. (다카토, S12, E)

> 식전式典 때는 흰 장갑을 낀 교감선생님께서 정중하게 칙어함을 교장선생님께 전달했다. 그리고 국가와 각각의 식에 맞는 노래를 부르고 홍백만쥬를 받아서 돌아갔다. (다카토, S16, E)

> 전교생이 매우 긴장하여 입장했고, 교장선생님의 교육칙어 봉독이 반드시 있었다. 이어 교장의 훈화와 촌장의 축사 후 전교생이 봉축가를 제창했다. 4대절 중 유독 천장절 때는 마을에서 전교생에게 맛있고 큰 라쿠간[18]을 나누어 주었다. 그래서 지금까지도 확실히 그때가 즐거운 시간이었다고 기억한다. (가와미나미, S17, E)

이상은 다카토 주변에 있는 소학교에 다녔던 사람들의 대답이다. 그러나, 지금은 다카토마치에 살지만 다른 소학교에 다녔던 같은 현

---

18 붉은 메밀가루, 찹쌀가루, 콩가루, 보릿가루 등에 설탕, 물엿을 섞고 소금과 물을 조금 넣어 반죽한 다음 틀에 찍어 말린 과자.

의 다른 지역이나 다른 현의 사람들이 기억하는 의식의 모습도 마찬가지이다.

의식의 분위기는 긴장 일색이었습니다. 교육칙어는, 교정에서 식을 행할 때는 봉안전[19]에, 강당에서 행할 경우에는 중앙 무대 안쪽의 문 안에 안치되어 있었습니다. 흰 장갑을 낀 교장선생님께서 정중하게 교육칙어를 꺼내어 힘있게 낭독하셨습니다. 교직원 뿐 아니라 촌장님과 군인들이 앞 쪽에 나란히 서 있었습니다. 우리 같은 아이들은 홍백의 '라쿠간'이나 만쥬를 받는 것이 즐거웠습니다. (나가노, S13, E)

4대절 때는 하오리하카마[20]를 입고 나갔다. 모닝코트에 흰 장갑을 낀 교장선생님이 엄숙한 표정으로 봉안전에서 천황천후의 어진영 덮개를 걷고 교정에는 국기를 게양했다. 식가와 〈기미가요〉가 항상 들려왔다. (나가노, S13, E)

식이 거행되기 이삼 일 전에는 조례 때마다 식가를 연습했던 것 같아요. 피아노 반주는 음악선생님이, 지휘는 남자 선생님이 담당하여 몇 번씩 연습을 했습니다. 강당에는 자색 휘장이 쳐져있었고, 교장선생님께서 흰 장갑을 끼고 교육칙어를 받쳐든 모습이 선명하게 기억납니다. 수업은 쉬고, 모두 외출복을 입었던 것 같습니다. (기타, S14, E)

이렇게 창가과목의 수업구성을 기억했던 것에 비해 식가 제창을 포함한 의식 전체 구성의 세부 사항을 훨씬 잘 기억하고 있다. 한편, 창가의 경우에는 각각 다를 수밖에 없는 생활이나 정경, 심정을 가사

---

19 제2차 세계대전이 끝날 때까지 학교에 천황, 황후의 사진과 교육칙어 등을 안치하던 건물.
20 일본 전통 기모노.

가 균일하게 표상하여 신체를 포착하고 있는데 반해, 식가는 다음의 예들과 같이 가사가 표상하는 것과의 연관은 적었다.

> 미코시바御子柴 선생님의 클라리넷 반주에 맞추어 노래를 했는데 무엇을 불렀는지는 생각나지 않습니다. (다카토, S18, E)
>
> 모두 미코시바 선생님의 클라리넷에 맞춰 노래했던 것은 기억하지만, 가사는 잘 모릅니다. (다카토, S14, E)
>
> 대강 암기하여 뒤에서 입모양만 맞추면 그럭저럭 끝이 났다. (…중략…) 가사의 의미를 알고 부른 사람은 거의 없었다. (…중략…) '조약돌이 바위가 되어'라니, 바위가 조약돌이 되는 것인데 거꾸로 여서 나도 〈기미가요〉의 가사가 이상하다고 생각한다. 그런데 이것을 사회인이 되어서야 '이상하다'는 것을 알았다. (다카토, S14, I)

야마모토 노부요시 등은 식가가 "의식의 존엄함을 높여" "사람들의 심정에 감동을 부여"하여 충군애국의 이념을 강화시키려는 움직임이라고 고찰했다.27) 그렇다면 오직 제창의 반복을 통해서만 사람들의 신체를 포착했던 것일까? 어떻게 제창을 통해 신체를 포착하는가. 이에 대해 이프 투안Y.F.Tuan은, 제창 소리는 그 소리가 들리는 범위를 가득 채워 그 공간에 있는 사람들을 감싸기도 하고, 음의 리듬이 심장의 고동이나 호흡과 같은 생명의 맥박을 재생산함으로써 감정을 강하게 자극하여 음악이 자아내는 일종의 고양감에 의해 그 공간에 있는 사람들이 일체감을 공유하기 때문이라고 지석한다.28) 주로 강당에서 행해지는 엄숙한 의식 중에 반복되는 식가의 제창은 아동의 신체를 포착하여 그 공간에 모인 사람들에게 일체감을 주는 데 충분했을 것이다.

그러나 여기서 주목할 것은 식가의 제창과 함께 떠오르는 의식의 기억과 추억이 매우 획일적이라는 점이다. 의식이나 식가의 기억과 추억에 관한 대답을 정리하면 다음의 일곱 가지 항목으로 집약되며, 응답자들은 이 중 3~6개 정도 중복되는 대답을 했다.

① 〈기미가요〉 등의 식가를 제창한 것
② 어진영이나 교육칙어와 관련된 일련의 동작
③ 모닝코트와 흰 장갑 같은 교장의 복장이나 태도의 특징
④ 지휘나 반주를 하는 음악선생의 복장이나 태도의 특징
⑤ 엄숙한 분위기였던 점
⑥ 좋은 옷을 입고 의식에 참여했던 것
⑦ 라쿠간이나 만쥬를 받았던 것

즉 학년과 학교가 다르더라도 식가와 의식에 관해 동일하게 기억하고, 비슷한 추억을 이야기한다는 것이다. 나아가 그것이 학교 안이든 밖이든, 학교라는 장치를 통해 식가나 의식과 직접 관계되는 추억으로 한정된다는 점도 중요하다.

'일본'이라는 '국가'의 영역 내에 있으면 어느 지역, 어느 소학교, 몇 학년이든 상관없이 전부 천황·천후의 어진영이 있고, 교육칙어가 읽혀지고, 라쿠간을 배급받는다. 그 공간에 모인 사람들은 식가 제창을 반복한다. 이런 기억과 직결되는 식가는 제도나 장치의 총체에 불과한 '국가'를 아동 앞에 실체화했다. 식가는 제창의 반복에 의한 규율과 훈련을 통해 그들을 동일한 '국민'으로 한데 모으는 '위로부터'의 음악, 다시 말해 네이션의식을 구축하기 위한 음악이었던 것이다.

원래 식가란, 노래하면서 그 가사에 담긴 이데올로기나 가치관을 이해하여 내면화함으로써 충군애국의 정신을 함양하는 목적임에도

불구하고, 그 가사의 의미를 모르고 부르거나 노래하는 흉내만 내도, 식이 끝난 후에는 라쿠간을 즐기게 된다. 식가를 통해 모든 사람들 앞에 동일한 '국가'가 모습을 드러내는 것이다.

이렇게 하여 식가는, 제도나 장치의 총체에 불과한 '국가'를 일련의 의식을 통해 사람들 앞에 실체화한다. 또한 식가 제창 그 자체를 포함한 일련의 실천을 반복함으로써 사람들의 신체를 포착하고, 그 공간에 모인 사람들이 모두 같은 '국민'이라는 점을 느끼게 하여 네이션의식을 확립시키는 기능을 달성했던 것이다.

3) 교사를 매개로―컨트리의식과 네이션의식에서 내셔널 아이덴티티로

앞서 살펴본 바와 같이 창가를 통해 컨트리의식이, 식가를 통해 네이션의식이 각각 형성되었다. 그러나 그것만으로 내셔널 아이덴티티를 확립할 수 있었을까. 사실 창가와 식가를 통한 포착은 각각 정 반대의 방식으로 행해졌다.

> 창가 수업은 모두 즐거워했다. 어려운 것을 생각할 필요 없이 선생님과 함께 부르기 때문에 자연히 온화한 분위기가 되었다. 통학 길에 모두 큰 소리로 노래를 부르며 사이좋게 통학했다. (산기, S2, E)
>
> 〈기미가요〉나 4대절 때 부르는 노래와 〈봄의 소천〉 같은 창가는 완전 별개였다. 식가는 함부로 노래하거나 읊조리거나 하는 일이 절대 없었다. 가끔 생각날 때는 있어도 입 밖으로 소리 내어 부르는 경우는 거의 없다. 소학생 때도 보통은 입 밖으로 소리 내지 않았고, 엄숙한 것이라고 생각했다. (가와미나미, S10, I)

이처럼 경우에 따라 대립하는 요소를 포함한 컨트리의식과 네이션의식의 방향을 일치시키기 위해서는 또 하나의 요소가 필요했다.

그 요소는 바로 창가와 식가 모두 학교라는 같은 장소에서 교사에 의해 제시되고 평가되는 학교지식 혹은 교육실천—학교문화—이라는 것이다.

학교음악을 교육하는 구체적인 실천 장면으로 창가지도의 예를 들고자 한다. 우선 음악을 지도할 때 어떤 점에 주의해야 하는지를 해설서의 창가부분에서 살펴보자. 구체적인 학습지도의 예는 당시 높은 평가를 받은 고마쓰 히로코小松ひろ子의 해설서29)에서 발췌했다.

〈비둘기鳩〉—아동들은 이미 알고 있는 노래일 수록 많은 부분을 틀리게 부른다. 이 노래 역시 그 중의 하나로, 점음표가 아닌 곳을 '비—둘기, 모—두가, 사—이좋게' 등 마치 점이 붙은 것처럼 부른다. 이런 실수는 교사가 재빨리 인지하고, 올바른 창법을 제시하여 먼저 보여주면 바르게 고칠 수 있다.

〈연못의 잉어池の鯉〉—아동이 모두 모여 노래할 때, 특히 정리 단계에서 소리를 내거나 소리의 끝 부분이 고르지 않은 것을 용납해서는 안 된다. 이는 연습 때에도 가장 주의해야 할 부분이다. (…중략…) 마무리도 마찬가지이다. 한사람이라도 길게 연장하거나 혹은 침착하지 못한 아동이 있으면 노래를 아름답게 끝마칠 수 없다. 이럴 경우에는 몇 번이든 하나 된 음을 낼 수 있을 때까지 연습한다. (…중략…) 이런 일은 창가를 부를 때 뿐 아니라, 크게 보면 단체생활을 할 때 도덕적인 문제로까지 이어지므로 등한시해서는 안 된다.

〈히로세 중좌廣瀬中佐〉—8분 음표가 2번 연속해서 나오는 곳은 점음표가 되기 쉽다. 또 급해서 한 개는 빨리 불러버리므로 차분함이 없다.

이상에서 알 수 있듯이 창가 지도에서는 리듬이나 템포를 중시했고 제창할 때는 전원이 하나 되어 노래하도록 강력히 요구했다. 이것들은 노래를 부를 때 중요한 음악적인 요소이다. 그러나 여기서 중요한 것은 전원이 하나 되어 노래한다는 음악적인 요소가 단체생활의 도덕, 즉 신체적인 포착을 동반하는 규율·훈련적인 가치를 실현하는 것으로 의미지어진다는 점이다.

한편 식가의 경우는 어떨까. 다음은 이노우에 타케시井上武士가 국민학교 식가 지도의 기본방침으로 제시한 10가지에서 발췌한 것이다.[30]

◎ 음정이나 리듬을 정확히 지켜 부르게 할 것. 음정이나 리듬이 틀리거나, 애매한 곳이 있어서는 안된다. 충분한 주의를 기울여야 한다.

◎ 철저히 연습할 것. 노래하는 동안에 음정이 내려가거나, 합창이 뒤죽박죽되어서는 안 된다. (…중략…) 가장 큰 원인은 연습이 철저하지 않아서 가사도 완벽히 외우지 못한 아동의 마음속에 일종의 불안이 생기는 것이다. 이렇게 되면 정신이 흐트러져서 음정이 내려간다. 따라서 전교 차원의 연습을 하기 전에 먼저 각 학급 각 학년 교실에서 철저한 연습을 진행하는 것이 매우 중요하다.

◎ 템포(속도)에 주의 할 것. 템포가 너무 늦으면 안 좋게 끝나는 일이 많다. 식가는 템포가 느릴수록 엄숙해서 좋다고 하는 사람도 있지만 올바른 템포로 긴장된 느낌을 표현하는 것이 식가의 취지와 부합한다.

이렇게 리듬이나 템포를 맞추어 모두 하나 되어 부르는 것을 중시하는 철저한 연습이 요구되었다. 그리고 당연한 이야기지만 식가의 경우도 역시 음악적인 요소가 규율·훈련적인 가치와 연결되어 그것을 실현하는 것으로 생각하고 있다.

이렇게 비교해 보면, 가창 지도의 배후에는 규율·훈련적인 의도가 담겨있으나 지도 자체는 창가와 식가 모두 음악적 요소를 중시했다.

이런 점에서 음악적 요소의 교육 달성을 통해 그 의도 역시 실현될 수 있다고 생각했다는 것을 알 수 있다.

그러나 실제 창가교육 장면에서는 어떻게 지도했을까. 다카토 소학교에서 근무한 두 명의 교사를 살펴보자.[31]

미코시바 테쓰시御子柴鐵史는 쇼와 14년(1939)부터 19년(1944)까지 다카토 소학교에서 근무했다. 음악 전공은 아니지만, "클라리넷을 잘 부는 것이 인상적이었다"(다카토, S14, E), "피아노 외의 소리를 들은 것이 강렬한 인상으로 남아 있어서 확실히 기억한다"(다카토, S17, I) 등, 사람들은 미코시바 테쓰시를 클라리넷 연주와 연관시켜 뚜렷하게 기억하고 있었다. 그의 창가 수업에 대해서는, "나는 잠시 이나伊那의 학교에도 다녔는데, 미코시바 선생님처럼 자상하게 음악을 가르쳐주는 선생님은 이나에는 별로 없었습니다"(다카토, S14, I)라고 하는 등 높게 평가하고 있다. 학교 밖에서도 "미코시바 선생님은 종종 클라리넷을 불면서 지도했습니다. 봄소풍을 가기도 하고 오랑산五郎山에도 매년 올랐는데 〈시나노信濃의 나라〉나 〈다카토 창가〉를 불렀습니다. 미코시바 선생님이 클라리넷을 불고 그에 맞춰 모두 노래하곤 했어요"(다카토, S12, I)라는 것처럼 행사 때도 클라리넷으로 반주하는 등 학교 내 음악활동에서는 리더격인 존재였다. 행사 때와 마찬가지로 의식 때에도 "미코시바 선생님의 클라리넷에 맞추어 노래했습니다"(다카토, S14, E)라고 이야기하듯 미코시바 테쓰시는 클라리넷을 사용하여 식가의 반주도 맡았다.

야노 미치오矢野路雄는 패전 직전인 쇼와 20년(1945)에 다카토 소학교에 근무했다. 그가 전후 다카토의 음악교육에 온 힘을 쏟았기 때문에 마을의 많은 사람들은 다카토의 음악 교사 중 그를 최고로 꼽았다. 그러나 전후에 힘쓴 것이 무색하게 겨우 반년 사이에 그에게는 '지니~'라는 별칭이 붙었는데 그 이유는 가창 지도의 영향이 컸던 것 같다.

〈바다에 가면〉 악보[21]

그가 의식이나 행사 때 부르는 〈바다에 가면 海行かば〉을 가르칠 때, "'지니~' 이 부분을 반복해서 엄격하게 가르쳤다. 그래서 후에 이 선생에게 '지니~'라는 별칭이 생겼다"(다카토, S17, E)고 한다.

이것을 좀 더 상세하게 살펴보자.

"음악 시간 내내 그 선생님이 〈바다에 가면〉만 부르게 했던 기억이 납니다. 그런데 '바다에~가~면'하고서 '지~니'하는 부분이 틀려서 또 한 번 부르고, 학급 전원이 반복해서 불렀어요. 그런데 또 틀렸다고 하고 아무튼 엄청 났어요. 그래서 기억에 남아요, 아주 선명하게. 사소한 부분인데도요. '지~니'하는 부분이요, 그게 아니라 이거라고 하면서 ……. 이상하게 그 부분만 몇 번씩 계속 반복해서 불렀던 기억이 나요 ……."(다카토, S16, I)

---

21 〈바다에 가면〉
바다에 가면 물에 잠긴 주검들.
산에 가면 풀숲의 주검들.
천황님 곁에서 죽을 지니~.
돌아보지 않으련다.

야노 미치오가 그렇게까지 '지니~'의 점음표 리듬에 신경 쓰면서 〈바다에 가면〉을 반복 연습시킨 이유는 무엇이었을까. 그는 인터뷰에서 답하기를, 나가노 사범학교를 다닐 때 선택 과목으로 음악을 택했는데, 그때 은사에게 철저한 지도를 받은 것이 후에 자신의 지도에 영향을 미쳤다고 했다. 그중에서도 리듬의 중요성을 매우 중시하여, '지니~' 부분의 리듬을 아동에게 느끼게 하려고 했다고 한다.

질 높은 창가 수업을 실시하는 미코시바 테쓰시는 학교 행사 등에서 아동이 노래할 때 학교에서밖에 볼 수 없는 클라리넷을 불고, 의식 때도 마찬가지로 아동은 그의 클라리넷 반주에 맞추어 식가를 불렀다. 사범학교 때 은사의 영향으로 리듬 지도를 중시하는 야노 미치오는 식가 지도에 있어서도 리듬 지도에 역점을 두어 반복 연습을 시켰다. 서로 대립적인 요소를 포함한 창가와 식가도, 규율·훈련적인 의도를 가진 반복적인 연습도, 아동 앞에서는 클라리넷에 의한 반주나 리듬 지도라는 형태로 교사에 의해 제시되고 평가되는 학교 지식이나 교육실천—학교문화—으로 명시된다. 이때 개별 생활이나 정경, 심정의 균일화도, 제도나 장치의 총제에 불과한 '국가'의 실체화도, 그 두 가지가 대립하는 것도, 제창에 의한 신체의 포착도 모두 학교문화의 배후로 숨어버리고, '국가'와 사람들 사이에 생겨날 수 있는 긴장감은 교사라는 매개에 의해 해소되어 버린다.

표면적으로는 교사의 평가에 응해야 하는 학교 지식을 배우고 교육을 실천하는 장으로 편입되어 학교문화에 적응해 가는 것이, 잠재적으로는 사람들로 하여금 창가와 식가의 제창을 통해 신체를 포착하고, 컨트리의식과 네이션의식의 방향을 일치시켜 내셔널 아이덴티티를 확립시킴으로써 '국민'으로 양성해 나가는 계기가 되어 준 것이다.

3. 맺음말 — 학교음악에 의한 '국민'의 형성

'국민국가' 형성기의 '일본'이 그 땅에 사는 사람들에게 내셔널 아이덴티티를 형성하기 위해 학교음악에 기댄 방법은, 지금까지 자주 논의되었던 것처럼 '위로부터'의 음악에 의해 민요를 억압·배제하여 가사에 담긴 이데올로기나 가치를 내면화 시키는 것이 아니었다.[32] 그 방법이란 첫째로, 컨트리의식과 네이션의식의 형성을 도모한 것이다. 즉, 창가를 통해 각지에 사는 사람들의 생활이나 정경, 심정을 '아래로부터' 균일화하였으며, 식가를 통해 제도나 장치의 총체인 '국가'를 '위로부터' 실체화해 보여주었다. 둘째로, 레이몬드 윌리엄스[R. Williams]가 공정 이데올로기나 가치가 사람들에게 받아들여지는 세계관이 되어 가는 과정에 대해, 실천되고 경험될 때마다 점점 확신의 정도가 깊어진다고 서술한 것처럼, 제창의 반복이라는 실천을 통해 사람들의 신체를 포착한 것이다. 셋째로, 교사가 학교 지식이나 교육실천 ─ 학교문화 ─ 으로서 사람들 앞에 내셔널 아이덴티티를 제시하고 평가해 보이는 것이었다. 이때 내셔널 아이덴티티를 형성하여 사람들을 '국민'으로 통합하려고 하는 '국가'의 의도는 은폐되고, '국가'와 사람들 사이에 생겨날 긴장감은 교사라는 매개에 의해 해소되었다. 교사의 교육 의지가 강하면 강할수록 '국가'의 '국민' 통합 의도는 보다 깊게 은폐되었다.[33]

이렇게 근대 '일본' 땅에 살았던 사람들은 학교에서 교사의 지도 아래 창가와 식가의 제창을 반복 실천함으로써 신체를 포착당하고, 균일화된 '일본'의 생활이나 정경, 심정, 실체화된 '국가'를 학교 지식 ─ 학교문화 ─ 으로 수용해 감으로써 '국민'으로 편성되었다.

● 이 원고는 헤이세이 9년도(1997)~헤이세이 10년도(1998) 과학연구비 보조금, 헤이세이 13 년도(2001) 과학연구비 보조금(치바대학 교육학부 혼다 사호미 조교수 대표)에 의한 연 구 성과의 일부이다.

식민지의 표상[1]

쓰보이 히데토 坪井秀人[2]

들어가며

근대 일본이라는 틀에서 식민지 표상을 고찰할 때, 류큐琉球(현재의 오키나와)나 아이누를 둘러싼 내국 식민지화 문제는 뒤로 밀려나곤 한다. 아이누 등 소수 민족에 관한 의제는 민속학이나 인류학의 범주엔 독립 항목으로 설정되어있지만, 식민주의 담론에서는 이들이 근대 이전 일본 제국 내부에 포섭되었다는 이유로 주변화되었다. 내국 식민지화 문제는 노동력 공급을 위해 일본으로 강제 이주된 조선인 즉 자이니치在日에 관한 주제와도 일맥상통한다. 하지만 이는 조선반도나 만주, 타이

---

1 이 글은 윤광옥, 한윤아가 번역했다.
2 1959년 생. 나고야대학 비교문학과 교수. 주요 저서로『소리의 축제声の祝祭』,『감각의 근대─소리·신체·표상感覚の近代─声·身体·表象』등이 있다.

완 또는 인도네시아 등 식민지 문제에 가려져 소홀히 다루어져왔다. 특히 홋카이도北海島에서 쫓겨나 강제이주 당했다가 러일전쟁 이후 러시아에 대한 일본의 승리를 계기로 다시 가라후토樺太로 귀환한 아이누인들, 혹은 가라후토로 강제이주 당했다가 아시아태평양전쟁이 끝난 뒤에도 돌아오지 못하고 남겨진 조선인들과 같이 국경선 변경에 따라 농락당해온 마이너리티들은 주변화의 압력을 가장 많이 받았던 사람들일 것이다. 테사 모리스-스즈키Tessa Morris-Suzuki는 『변경에서 바라본 근대―아이누와 식민주의』[3]를 통해 이 문제에 관한 이론적이고 실증적이면서 정밀한 분석을 시도했다. 이 글이 고고한 빛을 발하는 이유는 국경선에 의해 가려졌던 마이너리티들을 국경 양쪽(구체적으로는 일본과 러시아―소비에트)의 관점으로부터 구해내고자 했기 때문이다.

식민주의 문제를 거론하다보면, 일단 그것을 거론하는 자의 주체 위치와 책임에 대해 물음을 던지게 된다. 옛 종주국을 구성했던 주체의 자손, 즉 일본국적을 가진 일본인(이를 정의하기는 매우 까다롭지만)으로서 식민지 조선이나 식민지 타이완 혹은 류큐, 아이누에 관하여 아무런 죄의식 없이 말하기는 힘들다. 하지만 그렇다고 해서 옛 종주국민들의 자손은 식민주의를 '말할 수 없다'고 몰아버린다면, 이는 더욱 심각한 책임의 방기로 이어질 것이다. 억압하고 차별했던 자의 자손이 억압당하고 차별받은 자와 동일화 될 수 없다는 사실이, 그에 대해 '말할 수 없다'는 것을 의미하지는 않는다. 이러한 인식을 전제로 본고에서는 테사 모리스-스즈키의 연구 성과를 참고하면서, 내국 식민지화의 문제를 일본 세국의 체제에 속한 지의 시각으로 재검토하고자 한다. 이렇게 시각을 한정시키는 이유는 그래야만 '일본인' 논자가 그

---

3 임성모 역, 『변경에서 바라본 근대―아이누와 식민주의』, 산처럼, 2006.

책임을 묻는 자기비판의 입장에 접근하는 것이 가능하기 때문이다. 구체적으로 기타하라 하쿠슈北原白秋(1885~1942)의 시가詩歌와 기행문의 예로 시작하여 동시대의 문학적 표상이나 언설로 시야를 확대해 고찰해보고자 한다. 기타하라 하쿠슈는 스스로를 '국민시인'이라 칭한다. 이는 자신이 단카短歌·시와 더불어 민요·동요 등의 가요까지, 근대 일본 거의 모든 운문 장르에 주도적 역할을 했다는 자부심에서 비롯된 것이다. 특히 그의 가요는 야마다 코사쿠山田耕作[4] 등에 의해 작곡되었으며, 교육이나 출판·방송미디어 등을 통해 오늘날까지 국민들에게 막강한 영향력을 미치고 있다. 기타하라 하쿠슈의 업적을 비판적으로 성찰하고자 하는 본 작업은 우리 자신의 감성규범이나 감성공동체를 역사적으로 재검토하고, 대상화하는 일로 이어질 것이다.

1. 남만 취미와 '일본의 발견' – 기노시타 모쿠타로

기타하라 하쿠슈는 말년인 1939년에 『구름과 시계雲と時計』를 저술했다. '여행 수필'이라는 부제와 함께 「가라후토樺太·홋카이도北海道 편」, 「타이완台湾·오가사와라 섬小笠原島 편」, 「만주·조선滿·鮮 편」, 「호쿠신北信·에치고越後 편」, 「기타칸토北關東 편」, 「이즈伊豆·하코네箱根 편」, 「간사이關西 편」, 「규슈九州 편」으로 구성되어있다. 『구름과 시

---

4 야마다 코사쿠山田耕作(1886~1965) 작곡가 겸 지휘자. 일본어 억양을 살린 멜로디의 작품을 많이 발표했다. 일본 초기에 관현악단을 만드는 등 서양음악 보급을 위해 노력했다. 서양에 이름이 알려진 최초의 일본인 음악가이다.

계』는 하쿠슈 자신이 일본 제국의 영토에 남긴 문학자로서의 족적을 기행문과 시가로 재구성한 작품이다. 기타하라 하쿠슈 이전 세대의 기행문 작가로 다야마 가타이田山花袋[5]를 들 수 있는데, 역시 걸출한 존재다. 그는 기행문에서 세밀한 풍경 묘사와 원근감을 기술했고, 이는 하쿠분칸博文館에서 『대일본지지大日本地誌』 편찬에 종사했던 경험과 연관 지을 수 있다. 그에 비해 기타하라 하쿠슈의 시가나 가요, 산문은 대체로 여행자의 기분이나 정취에 근거하고 있어, 다야마 가타이만큼의 묘사나 원근감에 대한 집착을 기대할 수는 없다. 하지만 여행을 안내하는 무리들과 함께 도호쿠東北에서 규슈까지 일본을 구석구석 누빈 다야마 가타이의 작업과 비교해도 『구름과 시계』는 질적으로나 양적으로 손색이 없다. 『구름과 시계』의 구성을 보면 알 수 있듯이 하쿠슈는 타이완, 조선 등의 식민지와 가라후토나 오가사와라 등, 영유권이나 국경선을 둘러싸고 일본 본토와 미묘한 역사적 관계가 있는 지역에도 갔다. 물론 기타하라 하쿠슈 이외에도 외지外地를 여행하면서 체류 생활을 한 문학자 표상의 예라면 얼마든지 들 수 있지만, 특별히 그의 여행과 표상에 주목하려는 이유는 다음과 같다. 다야마 가타이의 경우, 묘사나 기술이 실제 답사에 따른 정보나 지리적인 견지로 뒷받침되는 시각적 재현을 꾀한 것에 반해, 기타하라 하쿠슈의 문체는 가요의 음악성이나 율동성을 농밀하게 풍김으로써 풍토에 대한 여행자의 순수한 시선을 연출하고 있다. 그로인해 기타하라 하쿠슈의 작품은 다야마 가타이의 기행문보다 더욱 폭넓은 문학적침투성을 가질 수 있었다.

근대 이후에도 시가詩歌들은 줄곧 여행을 주제로 하였으며 머물렀

---

5 다야마 가타이田山花袋(1872~1930) 소설가. 『이불』, 『시골선생』 등의 작품을 발표하였으며, 일본 자연주의 사조의 대표적 작가 중 한 사람이다. 뛰어난 기행문 작품들이 남아있다.

던 땅의 지방색을 표출하고, 역사적인 내포 의미를 보여준다. 그러나 하쿠슈의 경우에는 순수하게 땅의 풍물과 노는 모습을 연출하면서, 땅과 땅을 노래하는 시어의 관계를 한층 더 상위의 체계로 재구성해 갔다. 상위 체계란, '국어'를 응축적으로 체현한 '시'가 국체환상의 원형을 형성한다는 것이다. 그가 1910~30년대를 통해, 언령言靈[6]이 육신화한 나라의 국민시인으로서 길을 걸어간 궤적이 그대로 이러한 재구성과정과 대응한다. 시가·가요의 리듬에 맞춰 풍경이미지가 물결치고, 그 흔들림이 정적인 묘사나 기술을 역동성의 체계로 재편성해 간다. 역동성의 체계는 곧 '시'의 권력 체계 그 자체이다.

여행하는 시인 기타하라 하쿠슈의 시작은 고향의 재발견이었다는 사실에 주의를 기울일 필요가 있다. 1907년 여름, 하쿠슈가 요사노 히로시与謝野寬, 기노시타 모쿠타로木下杢太郎[7], 요시이 이사무吉井勇, 히라노 반리平野万里 등 『샛별明星』의 젊은 동인들과 기독교 남만南蠻[8] 유적을 방문하기 위해 규슈여행을 갔을 때, 「다섯 켤레의 구두五足の靴」(『도쿄니로쿠신문東京二新六聞』, 1907.8.7~9.10)라는 기행문을 "다섯 명의 동행五人づれ"이라는 필명으로 연재했다. 여러 명의 필자가 쓴 이 글은 남만유적탐방에 대해 미묘한 온도차를 보인다. 이 책에는 저마다 남방유적에 대한 다른 생각들이 들어 있지만, 그럼에도 불구하고 공통된 점은 이들 젊은 문학청년들이 아마쿠사天草·시마바라島原의 풍물을 '이국화'해서

---

6 고대 말에 깃들여져 있다고 믿어졌던 영적인 힘.

7 기노시타 모쿠타로木下杢太郎(1885~1945) 의학자, 시인, 작가. 동경제국대학 의과대학 재학 중 친구인 기타하라 하쿠슈와 함께 시를 썼다. 남만적·기독교적·탐미적 정서를 지닌 현란한 시풍의 작품을 썼으며, 같은 경향의 소설과 희곡도 썼다. 이후 의학에 전념하여 나병癩病의 권위자가 되었다. 모리 오가이森鴎外의 영향을 받은 기노시타 모쿠타로는 모리 오가이 연구에도 큰 족적을 남겼으며, 교육과 미술사·기독교 역사 연구를 포함한 문학 활동도 왕성하게 했다.

8 일본 무로마치室町시대 말기에서 에도江戸시대에 해외 무역 대상인 동남아시아와 그곳을 경유하여 도래한 포르투갈과 스페인 사람이나 서양 문물을 가리킴.

한 달 정도의 여행을 모험이야기 비슷하게 만들어보려 했다는 사실이다.[1] 대부분 치기에 가득 차 효과를 보지 못했지만, 막부군과 싸웠던 소년 아마쿠사 시로天草四郎를 "최고의 천재"로 여겨, 그의 모험에 가득 찬 행적을 '시'로 포착하려고 했던 것은 시사하는 바가 크다. "한편으로는 나가사키長崎, 히라도平戸 근방에서 급속하게 유입된 외국문명, 돌아온 표류자의 이야기, 아름다운 남만국의 도자기 같은 것, 혹은 소년의 다감한 이목에 시적 동경을 환기했을지도 모른다."

규슈 여행으로 말미암아 기노시타 모쿠타로와 기타하라 하쿠슈가 초기에 이른바 '남만 취미'의 시편이나 희곡을 활발하게 썼다는 것은 주지의 사실이다. 모쿠타로는 『일본 그리스도교사日本西教史』 『일본성인선혈유서日本聖人鮮血遺書』 『남만사흥폐기南蛮寺興廃記』 등의 기독교 관계 서적과 우키요에나 에도 에혼江戸繪本[9]을 우에노에 있는 도서관에서 빌려와 하쿠슈 등과 "발효發酵", 즉 시작詩作에 심취했다.[2] 이후에 나온 『기노시타 모쿠타로 시집』(1930)에서 「아마쿠사구미天草組」, 「흑선黒船」, 「아마쿠사あまくさ」 등의 작품과 기타하라 하쿠슈의 『사종문邪宗門』(1909) 등이 이에 해당된다.

사람도 오고 이양선도 오는구나,
검은 구름을 내뿜으며, 까마귀를 닮았구나.
웃음도 멈추었고, 배에 탄 사람들도
모두 까맣구나, 모자도 바지도

이 달콤한 포도의 섬에,

---

9 삽화를 주로 한, 에도시대 통속 이야기 책.

무화과가 넘쳐나는 언덕들에,

무엇을 보는가, 천리경으로.

의심 많은 북국인.

— 기노시타 모쿠타로, 「흑선」

이 시에는 남만 병풍에서 본 듯한 남만인에 대한 시각적 이미지가 소박하게 묘사되어 있기는 하지만, 기타하라 하쿠슈의 「사종문비곡邪宗門秘曲」과 같은 농후한 엑조티시즘은 부족하다. 그럼에도 불구하고 이국인에 대해 호기심과 불안(회의)의 시선을 던지는 자(일본인)를 "북국인"이라고 규정함으로써, 이국異國・남만南蠻・남방南方을 구별하는 것이 흥미롭다. 「흑선」이라는 제목도 근대 막부 말기 개국 당시의 흑선 이미지를 암시하고 있다. 일본에서 기독교 연구가 시작된 것은 1890년경이며, 그 이후 무라카미 나오지로村上直次郎, 신무라 이즈루新村出의 연구가 기노시타 모쿠타로 등의 남만 취미에 대한 관심을 촉진시키는 토양을 조성했다.3) 하지만 모쿠타로가 참조한 문헌에는 기독교를 배척한 에도시대의 소위 배야서排耶書4)가 포함되어 있었다. 따라서 그들의 남만 취미란, 서방의 이인異人과 그 문화에 대한 호기심과 동경의 시선 그리고 그들을 기괴한 사종邪宗의 야만인으로 보는 시선이 뒤얽힌 양의성을 엑조티시즘으로 표상하기 위해 교묘하게 이용한 것이다. 예를 들어 『남만사흥폐기南蠻寺興廢記』는 남만인인 "우라칸ウルカン 선교사破天連"의 생김새를 다음과 같이 동물적으로 즉 야만으로 묘사했다.

키는 구척이 넘고 몸통에 비해 머리가 작고, 얼굴은 붉고 눈은 동그랗고 코가 높고, 옆에서 보면 어깨가 솟아서 귀에 닿고, 말의 이빨같이 이는 눈보다 희고,

손톱은 곰의 수족을 닮았으며, 머리카락은 쥐색이며, 외양이 천하고 비둘기 울음처럼 무슨 말을 하는지 분간하기 어려우며 박쥐 날개를 펼친 것 같은 모습이 몹시 고약하다.[5]

본디 '남만南蠻'이라는 단어의 기원은 중국에서 유래한 것으로, 일본에서는 예로부터 아마미奄美[10] 이남의 동남아시아를 가리키는 단어였다. 『남만사흥폐기南蠻寺興廢記』에서는 스페인, 포르투갈 등의 국가에 종속되어 있는 "마카오亞媽港·필리핀呂宋 등"이 일본의 남방에 위치하니, 그곳에 남만인이 왕래하면서 생활했던 것을 단어의 어원으로 보고 있다.[6] 두 말할 필요도 없이 16세기 일본에 유입된 기독교 남만문화가 도래한 배경에 스페인, 포르투갈이 패권을 다퉜던 대항해시대가 있었다. 거기에는 두 국가가 실체가 없는 분할선(15세기 말 토르데시야스조약[11]에 의한)을 그어 나누어 가지려 한 근대 식민지주의적인 세계 분할의 원형이 있다. 남만인에 대한 호기심과 모멸의 시선은 그대로 남방 식민지에 전사되어, 남만과 남방이 상호 결합한 듯한 '서양Occident = 동양Orient'의 표상이 형성되었다. 기노시타 모쿠타로 등이 시마바라·아마쿠사로 여행한 것이나, 그들의 상상력이 기독교 관련 서적에 의해 촉발된 것도 이러한 이중의 오리엔탈리즘이었던 것이다. 20세기 초 근대의 시각으로 도입되었던 '남만 취미'는 더욱 복잡한 함의를 가지고 있다. 예를 들어 앞의 「흑선」이라는 시의 제목은 남만에서 온 배이면서 동시에 막부 말기 페리[12]의 흑선을 연상시킨다는 점도 중요

---

10 가고시마鹿児島현과 오키나와沖縄현 중간에 위치해 있는 아마미군도奄美群島의 거점도시이다.

11 1494년 6월 7일 스페인 북부 도시 토르데시야스Tordesillas에서 포르투갈과 스페인 사이에 체결된 조약.

12 매슈 캘브레이스 페리Perry, Matthew Calbraith(1794~1858) 미국의 군인. 1853년 동인도 함대

한 실마리로 파악해야 할 것이다.

우선 기독교 금지령을 계기로 에도시대의 쇄국체제가 확립되었지만, 이는 대항해시대 서구열강의 세계 분할에 대해 문을 닫은 것을 의미하지 않는다. 오히려 쇄국체제 밖에서 벌어지는 열강의 구획 과정을 강렬하게 의식하였고, 동시에 이를 욕망하는 무의식을 구축했다. 식민지가 되지 않거나, 식민지를 가지지 않겠다거나 하는 선택 가운데 일본 쇄국체제가 나오지 않았다는 것은 명백하다. 오히려 일본인 자신이 식민지화되는 것에 대한 공포와 더불어 아시아나 남방에 식민지를 획득해가는 서구의 시선과 욕망을 내면화시킨 것이 쇄국체제의 유산이 아니었을까. 페리의 내항으로 말미암아 쇄국의 빈틈으로 '제2의 남만 취미'라고 부를 수 있는 욕망과 시선이 뿜어져 나온 것은 아닐까.

더욱이 남만인(서구)에 의한 '일본의 발견'을 일본인 스스로 의사적擬似的으로 추체험하고 내재화시켰다는 오리엔탈리즘의 자기투영도 앞서 말한 것과 관련해서 고려할 필요가 있다. 기노시타 모쿠타로는 남만시南蠻詩·희곡의 창작열이 식은 후, 1920년대 전반의 유럽 체류 시절의 견문이나 조사를 기초로 기독교역사연구에 착수하게 된다. 그가 맨 처음 맡은 작업은 문자 그대로 「일본의 발견日本の發見」(『부인공론婦人公論』, 1926.1)이라는 제목의 논고였다. 다네가시마種子島를 기점으로 포르투갈인이 어떻게 일본을 발견했는지, 교섭사의 단서를 문헌에서 찾아나갔다. 물론 '일본의 발견'의 내재화는 사후적으로 행해질 수밖에 없다. '발견된 일본(인)'의 자화상은 소급적·수동적으로만 가시화되었기 때문이다. 콜럼버스의 '신대륙(아메리카) 발견'이라는 표현을 이상하다고 여기는 미국인은 그렇게 많지 않을 것이다. 왜냐하면 흑인이나 마이너리

311

사령관 때 군함 4척을 이끌고 일본의 우라가浦賀에 입항하여 개국 통상을 강요하고, 이듬해 양국의 화친 조약을 맺었다.

티인 선주민족先住民族들, 혹은 이민자나 소수민족에 속한 사람들 이외의 백인 대부분은 자신들을 발견한 주체로서 또한 발견자의 자손(서구인·백인)으로 동일시하기는 했어도, 발견된 객체로써 자기를 인식하는 것은 드물었기 때문이다. 역으로 일본에서 서양이 발견해주기를 쭉 기다린 것 같은 기원起源 이야기가 (일본인에 의해 사후에) 재구성되었다는 것 또한 이상하지 않다. "우리 일본은 신대神世부터 나라였지만, 구라파인의 입장에서 보면, 발견된 나라이다."(기노시타 모쿠타로, 「일본의 발견」)

일본은 신대 이래 지속된 국가였지만, 신국일본神國日本 자체는 "구라파인들의 눈"을 통해 발견되고 인정받기를 기다려야 했다. 그리고 일본은 "구라파인의 눈"을 내면화하며 '발견의 이야기'를 류큐나 아이누에게 전가한 것이다.

312

2. '고향의 발견'과 오리엔탈리즘 -『사종문』, 『추억』

메이지 말기(1900년대 말)부터 기타하라 하쿠슈, 기노시타 모쿠타로 등이 규슈여행을 계기로 남만 취미를 문학으로 표현하기 시작했고, 이는 다이쇼기 이후 기독교 연구의 진전과 더불어 『봉교인의 죽음奉教人の死』 등 아쿠타가와 류노스케芥川龍之介의 '남만적인' 소설과 이국정서를 주제로 제작된 가와카미 스미오川上澄生의 판화 등에 계승되었다. 특히 이 시기 '남만 취미'의 특징은, '남만' 도래기라는 삼백 년 전의 시간으로 단숨에 되돌아가는 것이 아니라, 막부말기의 개국 및 메이지의 문명개화 시대를 끼워 넣어 중계translator하고 있다는 점에서 흥미롭다. 가와카미 스미오의 판화 등은 이러한 점에서 매우 전형적인 예이다. 메이지를 회고하는 시선이 로쿠메이칸鹿鳴館으로 상징되는 것처럼, 이 시기 남만 취미는 성급하게 일그러진 서구화, 근대화로서의 문명개화에 대한 호기심과 향수어린 시선을 포함하고 있다. 남만 취미라는 모드mode는 남만도래기(16~17세기) / 쇄국기 / 막말개국—문명개화기 등 세 시대 각각에서 보이는 서양에 대한 복합적인 욕망을 전제로 하여, 메이지 말—다이쇼기의 시점에서 그 복합성을 회고하는 복잡한 형태로 이루어져 있다. 서양문화와 같은 수준을 실현했다고 자부하는 근대의 입장에 서서, 과거 일본인이 서양에 대해 품은 감정과 편견을 비추어보는 것은 서양에 대한 편향되고 야만적인 거리감 자체를(반쯤은 자학적으로) 엑조티시즘의 대상으로 삼는 것과 연결된다. 남만인의 풍모와 풍속의 '야만'에 매료되었던 것과, 이것에 홀렸던 과거의 일본인의 시선과 욕망의 '야만'이 동시에 엑조티시즘의 대상이 된 것이다. 오리엔탈리즘의 자기내화, 즉 근대화의 기원에 '남만'이라는 것이 사후적으로 구축되어갔다는 것은 확실히 아이러니이다.

기노시타 모쿠타로는 "남만과 화란인(네덜란드 인) 취미, 에도의 우키요에 취미, 인상파의 양식—이것들이 우리들의 남만문학의 기조였다"[7]라고 썼고, 고답파parnassian[13]와 상징파 시의 영향도 남만 취미의 한 요소로서 첨가되었다. 근세 초기의 남만과 에도(우키요에), 그리고 근대 프랑스(인상파) (…중략…) 지역, 시대, 유파가 모두 잡다하게 절충적으로 섞였다. 도쿄에 에도를, 일본에 프랑스를 치환했던 것에서 보이는 것처럼[8], 남만 취미의 모드에는 모든 이국적인 양식을 동원하여

---

13 프랑스 근대시의 한 유파로, 고답파의 시풍은 감상적인 심정 토로를 일삼던 낭만파 시에 대한 반동으로 생겨났으며, 제2제정시대의 풍조인 과학존중의 실증주의를 반영하여, 냉엄한 이지적 시작태도로 언어의 정치성精緻性과 조탁미彫琢美를 지향하고, 몰개성没個性·객관성·무감동을 신조로 하였다.

'지금 여기'의 현전성을 초극시키려는 야심이 들어가 있다. 기노시타 모쿠타로는 우키요에, 에도의 음악과 연극을, 전통이라든지 고전이라든지 하는 '국민주의'가 아닌 '엑조티시즘의 한 분자'로 인식하고, "우키요에는 오히려 에드몽 드 공쿠르[14]나 율리우스 쿠르트,[15] 클로드 모네 혹은 에드가 드가 등을 통해 비로소 음미하게 된다"라고 했다. 그래서 그가 기타하라 하쿠슈 등과 함께 관여했던 '판의 모임'에서 "메이지 초기 엑조티시즘의 잔재가 시타마치下町풍의 우키요에 취미에 달라붙어", "스미다隅田강은 센강, 아르노강에 해당 된다"라고, 이것은 "제2의 작은 '로쿠메이칸 시대'였다"라고 솔직하게 회상한다.[9] 문명개화를 향한 회귀와, 서구에서 역수입한 자포니즘을 매개로 한 에도의 발견. 이것은 이소다 코이치磯田光一가 '판의 모임' 그룹의 성격을 "지방청년이 발견한 '도쿄의 시타마치'[10]"라고 간파했던 것과 긴밀하게 연결되어 있을 터이다. 그래서 그것은 (에도 사투리를 동경하여) 도쿄사람에 동화되려했던 기타하라 하쿠슈가 『다섯 켤레의 구두』의 여행을 계기로 고향 야나가와柳河를 시의 풍경으로 '발견'한 것과 호응한다.

나는 바란다. 말세의 이단교 크리스탄 제우스의 마법.
흑선의 카피탄[16]을, 붉은 털(화란인)의 불가사의한 나라를
새빨간 유리구슬을, 향기 짙은 안쟈베이루[17],

---

14 에드몽 드 공쿠르Edmond de Goncourt(1822~1896) 19세기 후반 프랑스의 사실주의 자연주의 문학대표 작가. 만년에 「우타마로歌麿」(1891), 「호쿠사이北斎」(1896) 등을 써서 일본 예술을 소개하는데 힘썼다.

15 율리우스 쿠르트Julius Kruth(1870~1945) 미술비평가. 1910년에 일본 우키요에 작가 중 한 사람인 도슈사이 샤라쿠東洲斎写楽의 작품을 모아 「샤라쿠Sharaku」를 출판하였다. 우키요에 연구가로서 뿐만 아니라 일본문화를 소개한 연구가이다.

16 선장.

17 네덜란드어, 강한 향기를 내는 카네이션의 일종.

남만의 산토메 비단을, 또한 아라키[18], 친타[19]의 술들을.

「사종문 비곡」(1908) 제1연. 이 시의 주제는 마지막 5연에 쓰여 있는
바, 신부神父와 예수를 향해 '극비' 혹은 '기이한 연분홍색 꿈'을 달라는
기도이다. '극비'라고 해도 여기에 무언가 실체가 있을 리 없다. 기노
시타 모쿠타로도 "하쿠슈의 시는 사상(의 논리)적 연결이 없는 소위 언
어의 샐러드이다. 우리들은 그것을 자수의 뒷면에 비유했다"[11]라고
기타하라 하쿠슈의 남만 취미의 본질을 갈파했는데, 이 시의 경우도
전부 실체 없는 어휘를 여기저기 끼워 넣고 있다. 유리구슬, 얀쟈베이
루, 아라키, 친타, 다라니(기도문), 파라이소(파라다이스)……. 이 정도만
골라 나열해도 알겠지만, '도미니카'(도미니크 수도회의 의미) 한 단어만
빼고 본래 가타가나로 표기해야 하는 단어를 전부 난해한 한자, 히라
가나로 표기하고 특히 어려운 한자를 써서 시각적 효과를 두드러지
게 한 텍스트이다. 물론 한자를 조형성과 의미성이라는 이중성으로
활용한 표기방법은 기타하라 하쿠슈의 독자적인 전매특허는 아니지
만, 그는 이런 활자의 이중적 효과로 황당무계하게까지 보이는 남만
취미의 성향을 아주 자연스럽게 끄집어내고 있다. 이 시에는 현미경
과 망원경, 전기 등 새로운 광학기술을 풍속으로 받아들이고 있지만,
이것들을 진화한 문명의 표징으로 투영하는 것은 아니다. 합리주의
와 과학의 소산이 아닌 불길한 힘을 기대하게 하는 '마법'이자, 오리엔
탈리즘의 시선으로 투사된 야만적인 것의 표징인 것이다. '말세의 이
단교'란 기노시타 모쿠타로가 「남만사 문 앞」의 색조로 상정했던 유
럽의 세기말 데카당스(즉 진화의 끝인 퇴화 = 말세)의 분위기와 거의 같다.

315

18 네덜란드에서 온 자극적인 증류과실주.
19 적포도주.

시에서 표현한 '나'의 바람이란 근대 세기말 동시대의 모드인 퇴폐에 투신하는 것이다. 그러나 한자표기의 결과로 생긴 비교秘敎적인 태도가 퇴폐에 투신하는 몸짓마저 희화화시키고 만다. 텍스트와 독자 사이에 생기는 이런 웃음이 남만 취미의 핵을 이루는 오리엔탈리즘을 상대화하는 것은 아니다. 데카당스가 근대 안에서 야만을 자기 발견하는 것이라고 한다면, 이는 독자에게 텍스트가 그리는 퇴폐의 몸짓에 웃음을 촉구하면서 동시에 야만적인 것을 초월하여 웃도록 만들기 때문이다.

『사종문』 가운데 앞에 쓴 규슈여행이 직접적으로 반영된 것은 「아마쿠사 아가서天草雅歌」,[20]라는 제목의 장에 있는 작품들이다. 시집의 퇴폐적인 풍을 주요 흐름으로 한 「붉은 반주朱の伴奏」, 「빛과 인상外光と印象」의 작품들에는 지금까지 고찰한 남만 취미의 문제가 보다 농밀하게 나타나있다. 「빛과 인상」 안에는 규슈여행의 다음 해에 처음 나온 「꽃의 그림자華のかげ」(『자연自然』, 1908.5)라는 시가 있다. 이 시는, 수미首尾에 무더위 가운데 탁한 늪에 핀 하얀 연꽃을 묘사하고, 중간 부분에서는 선한 금욕세계를 상징하는 꽃의 그림자에서 연상되는 번뇌의 지옥도를 생생하게 그리고 있다.

여기를 지나 거리를 걷는 자여,

고행하는 브라만 사문沙門이여, 혹은

생가죽을 벗기는 친다리[21]의 무딘 칼날의 색,

---

20 큐슈의 아마쿠사 섬 지방의 성서에 나오는 '아가서'를 붙인 이름.
21 인도의 카스트 밖의 가장 낮은 계급에 딸리는 종족. 대개 도살, 닭치기, 고기잡이, 사냥 따위를 직업으로 하는 천민이다.

때때로 불에 감싸인 노예들

석유통을 땅에 던지며 날선 눈물을 흘려도,

이 가뭄은 언제 끝날런지. 이것이 바로,

굶주림에 지쳐 떨어진 천축 말기의 고통.

　그 후 「계절풍氣候風」, 「황열병의 고통熱黃疸の苦痛」, 거대한 코끼리 무리를 모는 「창을 휘두르는 토인槍揮ふ土人」과 화약 수레를 헐떡이며 끄는 「니그로 식민병殖民兵の黑奴」 등 그림으로 그린 듯 판에 박힌 오리엔탈리즘 이미지가 잇달아 겹쳐진다. 소재로 쓰인 것은 말할 것도 없이 남만(서양)이 아닌, 서양(영국)에 의해 식민지화된 인도이다. 브라만과 도살업을 하는 찬다라와 화형을 당하는 노예의 묘사에 카스트제도와 불가촉민제ouscaste[22]에 대한 의식은 분명하게 나타나지만, 텍스트 구성상 무자비한 풍토와 병의 이미지, '토인'과 '흑인노예(니그로)'가 표상되어 있다는 점은 후발성(야만)으로 인한 피지배, 피식민지화는 필연적인 것이라는 논리를 은근히 전제하고 있다. 또한 청련靑蓮의 꽃 색인 '백'은 "피처럼 탁해진" 연못의 색(피와 선혈은 『사종문』에 자주 나오는 어휘)[12], 도살을 위한 '칼날의 색', 비늘구름의 구리빛깔, '황열'로 괴로운 땅의 '유자색', '흑노'가 끄는 화약 수레의 '흑색' 등 다양한 '유색'과 대비되는 서양백인의 피부색을 상징할지도 모른다. 그렇다면 시의 화자의 위치가 문제가 된다.

　상술한 것처럼 텍스트가 지시하는 퇴폐와 야만적인 것을 초월하여 웃도록 유도되는 시와 독자의 관계를 보자면, 거기서 독자는 야만을

---

22 사회계급에서 추방된 사람.

비웃는 주체와 동화되도록 요구되지만, 비웃음의 대상인 야만에 동화하는 것은 거의 상정되지 않는다. 「꽃의 그림자」의 화자 / 독자도 텍스트의 골격을 구성하는 수미首尾의 부분, 즉 하얀 연꽃의 때 묻지 않은 세계(서양 백인을 흉내 낸)에 시점을 의탁하여, 인도의 하층사회를 깔보는 구도를 모방하는 것으로 봐야 한다. 이러한 시선에 연민과 동정은 따르지만 풍자와 반항의 계기는 찾아낼 수가 없다. 대상이 서양일까 아시아일까는 상대적인 사항으로, 본질적인 문제가 아니다(오히려 문제가 될 법한 것은 일본만이 여기서 제외되고 있다는 점이다). 서양에서 온 이인에게 눈길을 준 「사종문 비곡」도, 인도의 '극빈층'의 사람들을 향한 시선을 담은 「꽃의 그림자」도, 이런 의미에서 같은 형태를 취하고 있다. 이것은 서양도 아시아(남아시아 / 동남아시아 / 동아시아)도 '남만' 즉 야만이라는 커다란 범주에 포섭되어 균질화 되어버린 것에 기인한다. 문명개화에 대한 향수어린 시선으로 후진국의 '야만'이 서구 선진국의 '문명'의 계몽을 받아들인다는 공식적인 구도를 뒤집어, 서구 근대의 '문명'을 이색적이며 기이한uncanny(익숙한 낯섦) '다름'으로, 근대화되지 않은 전통의 시각에서 '야만'으로 반전시킨다. 바다 저쪽에서 밀어닥친 문명, 즉 야만을 받아들이는 '우리들'의 욕망과 풍속도 엑조티시즘으로서 대상화시켰다.

이렇게 남만 취미가 고향의 재발견과 연결되는 양상은 전방위적인 국민시인 기타하라 하쿠슈의 그 후 궤적과 어느 정도 연결된다. 『사종문』에 이어 간행된 시집 『추억思ひ出』(1911)의 서문 「나의 성장わが生ひたち」은 그런 의미에서도 하나의 기원이 된 작품이었다. "나의 고향 야나가와는 물의 마을이다. 그리고 스산한 폐시廢市의 하나이다"라는 너무나 잘 알려진 구절이다. 이 '폐시'라는 단어는 "물의 마을 야나가와는 마치 물에 떠있는 회색의 관과 같다"라고 변주되어, 고향의 재발견이 단순히 고향에 대한 회상이나 회고, 유년을 사모하는 노스탤지어와는 차원이 달라진다. 이는 본질적 의미의 '발견', 즉 지금까지 살펴보았던 남만 취미와 같은 엑조티시즘의 유형에 근거하는 것을 시사한다. 몰락하고 내버려진 고향에 대해 깊은 애착을 가지고 있지만, 그 이상으로 자기 출신지(향토)이기도 한 곳을 이질적이고 낯선 곳uncanny으로 보는 시선에는 역설의 범위를 넘어서는 강렬하고 독특한 고향관이 나타난다. 특히 기타하라 하쿠슈가 태어난 곳인 오키노하타沖の端에 관한 몇 개의 기술을 살펴보자.

> 이 때(7, 8월─인용자주), 바다와 가장 가까운 오키노하타의 어부 쉼터에는 남녀 할 것 없이 반나체로 빨간 수박을 탐하고, 석탄산의 강한 냄새 속에서 낮잠을 자고, 밤에는 병마 퇴치의 주문으로 황폐해진 거리에서, 혹은 물가의 버드나무 그늘 아래로 평상을 들고 나와서 화려한 불꽃을 쏘아 올린다. 그래서 쓰러져가는 집들의 램프 그림자 아래에서 죽음에 임박한 콜레라 환자는 두려운 듯 이불에서 기어 나와, 조금씩 으스레하게 사그라지는 오색 불꽃의 꼬리에 피로한 눈동자를 모은다.

야나가와 거리와는 풍속이 조금 다른 오키노하타는 롯큐(어부)의 거리이다. 그러나 "따뜻해지면 물고기를 잡고, 바람이 부는 날은 놀고, 비 오면 자고, 배가 고프면 먹고, 술을 마시며 월금月琴을 타고, 밤이 되면 여자를 안는" 젊은 어부들의 생활은 특별히 내세울 만큼 진기한 것은 아니다. 그럼에도 불구하고 기타하라 하쿠슈가 서술한 위의 인용문에서 볼 수 있는 것처럼, 오키노하타의 공간을 일종의 괴기스러운 야만의 이계異界로 변용시켜 민속학적이고 인류학적인 시선, 즉 이른바 오리엔탈리즘의 시선에 노출시키고 있는 느낌마저 든다.[13] 여기에는 "종교를 유희에 결부시켜, 놀고 즐기는 가운데 어렴풋이 희미한 슬픈 감정을 이어가고 있다." 신앙이란 타자와 공유되지 않는다면, 외부 시각으로는 그저 하나의 풍속으로 보이는 경우가 많다. 기노시타 모쿠타로나 기타하라 하쿠슈 등이 남만 취미라는 모드에 기독교 사료의 담론을 수사적인 차원에서 흡수시킨 것은 이러한 까닭이다. 그리고 민중이 일상적으로 한 해의 신앙의 결실인 하레의 날[23]에, 금욕의 규율을 해체하여 놀고 즐기며 스스로를 해방하는 풍습도 외부인에겐 단순한 풍속으로 간주되기 쉽다. "음력 11월 신란親鸞[24] 큰스님의 기일(고슈키御正忌)이 되면 7일 낮 7일 밤의 법요로 절마다 종소리가 울려 퍼진다. 아침 법회 때, 젊은 남녀는 새벽녘 거리의 돌길을 딸깍딸깍 걷는 소리를 내고, 기일에 참배하세 (…중략…) 라는 음란한 노래가 흘러나오면 밀회의 즐거움을 부처님 앞에 기도한다." 이러한 정토진종의 고슈키호온코御正忌報恩講에[25]에 관한 서술을 시로 살린 것이 다음의 「롯큐」라는 시이다.

> 고슈키 참배하러가세.
> 정인情人이 머리단장하고 기다린다.
>
> 고슈키 참배하러가세.
> 새벽녘 절로 향하는 오솔길에
>
> 종이 울린다. 종이 울린다.
> 만나서 눈물 흘릴 때 종이 울린다.

---

23 '하레의 날'은 고기, 술, 떡 등을 마음껏 먹을 수 있는 축제일이다.
24 정토진종淨土真宗의 창시자(1173~1262)
25 고슈키호온코御正忌報恩講는 신란親鸞의 기일을 전후로 하여, 종조宗祖의 은덕을 기리는 법요를 여는 것을 가리킨다.

야마다 코사쿠는 1922년 이 시에 곡을 붙였고, 『시와 음악』이라는 잡지에 그 악보를 발표했다. 이는 이 잡지에 발표된 기타하라 하쿠슈와 야마다 코사쿠의 합작품 중 가장 뛰어난 작품에 속한다. 「나의 성장」에서 서술한 것처럼, 밀회를 향한 조급한 게다 소리가 절에 참배하러 가는 돌길에 울리고, 여기에 새벽녘의 종소리가 더해진다. 피아노 오른손 반주에서 고음의 스타카토가 그 소리들을 담아 표현한 것임을 단박에 알 수 있다. 작곡자인 야마다 코사쿠가 "메에랑캉(참배하러가세)의 '캉'은 종소리인 '캉'을 연상시킨다"[14]라고 지시한 것처럼 기타하라 하쿠슈의 텍스트 자체가 언어의 음가를 고려한 것임을 짐작할 수 있다. 야마다 코사쿠는 또한 "이것은 극히 예술가곡적인 특성을 가진 민요이다. 영적인 동시에 지극히 육적인 요소를 풍부히 가지고 있다"[15]며 스스로 자작 연주의 어려움을 이야기하는데, 야마다 코사쿠의 이러한 평가는 실로 시사적이다. 「나의 성장」이든, 「롯큐」이든 기타하라 하쿠슈는 시나 산문을 통해 고향 야나가와의 야만을 야릇하면서도 그리운, 영육일체의, 깨끗함과 더러움이 하나라는 퇴폐의 이미지로 반영했고, 야마다 코사쿠는 이를 "예술가곡적인 특성을 지닌 민요"라고 단적으로 설명했다. 따라서 여기에서는, 예술적인 것과 세속적인 것의 융합에 초점을 맞추고 그것을 '예술가곡적인 민요'라고 파악했다는 점이 중요하다. 『추억』에 실린 「롯큐」를 비롯한 '야나가와 풍속시'에는 "과부와, 안마사와 / 안마사와 / 과부와, 노에のうえ, 밀감밭에서부터, 얀사노호이やんさのほい, 어젯밤 도망갔던, 빠이토코즈이즈이ばいとこずいずい,[26](「사랑의 도피道ゆき」)와 같이, 양식이나 주제 모두 민요로 불려도 좋을만한 작품도 포함하고 있다. 그러나 여기서 '민요'

---

26 히라가나로 쓰인 부분은 추임새에 해당한다.

라는 장르 개념은 세속(야만)을 바라보는 예술(문명)의 시선에서 생겨나는 것으로, '민民'이 곧 세속이라는 개념에서 비롯된 것은 아니다. 민중의 노래를 듣고 기록하거나 모방하는 주체는 '민요'라는 장르를 지명하여 분류하는 입장이고, 노래를 부르는 주체의 외연에 위치하며, 양자는 교차하지 않는다. 이러한 이해를 전제로 「롯큐」를 비롯하여 '야나가와 풍속시' 류의 작품들이 방언을 많이 이용한다는 사실을 지적하고 싶다. 「변덕氣まけれ」이라는 시의 경우는 전형적인 예이다.

> 만나러 왔단 말이오.
> 햇빛 속에 내리는 빗속에서도
> Odan mo iya, Tinco Sa!
>
> 억지로 헤어진 그 후에
> 미련이 남은 모란은 다시 피었다.
> Odan mo iya, Tinco Sa!

이 시에는 작자의 주가 붙어있다. 첫 행의 어미(ちの)는 '옛스러운 말'로 "왔다, 왔단 말이오"를 뜻한다. 반복되는 로마자 표기의 절구에서 'Odan'은 '나', 'Tinco Sa'는 감탄사로, 전체의 뜻은 '아아 싫어라'의 뜻이다. 이 둘 모두 '야나가와 방언'이라고 해설하고 있다. '야나가와 풍속시'는 야나가와 방언의 대다수를 로마자 표기로 넣었고, 거의 모두가 각주로(표준일본어로) 자가번역되어 있다. 시어들의 표기와 번역을 보면, 텍스트가 의미에 앞서 발성을 넌지시 강조함을 알 수 있다. 이시를 민요로 노래했다고 해도 이질감은 없을 것이다. 텍스트는 주(표준어 역)가 붙음으로써 작자에게서 자립하고, 독자에게는 관찰과 호기

심의 시선을 불러일으킨다. 즉, 여기에도 남만 취미의 패턴이 드러난
다. 'Odan mo iya, Tinco Sa!'라는 이질적인(야만적인) 소리, 말하자면 번
역되어야 하는 외국어의 소리이다. 단어들의 의미가 이해되지 않는
이유는, 방언이라서가 아니라 의미를 이해할 수 없는 소리로(알파벳으
로) 표기되어 있기 때문이다.16) 「나의 성장」에는 여름의 정오, 거리의
수로에서 여성이 빨래하는 광경에 '일종의 이국적인 정서의 작은 일렁
임'를 느낀다는 대목이 있는데, 기타하라 하쿠슈가 고향인 야나가와에
서 이국정서를 찾아낸 것은 방언인 야나가와 말을 외국어로서 재현하
는 것과 같다. 여기에서 기타하라 하쿠슈가 『추억』이 출간된 지 20년
이 지난 후 발표한 다음의 글을 살펴보는 것도 흥미로울 것이다.

> 나란 인간은 고대 일본과 조선, 지나, 남양, 혹은 네덜란드 문화의 잡종이다.
> 나는 그렇게 뒤섞인 토속 전설 언어 사이에서 자라났고, 오히려 같은 일본의 도
> 호쿠東北지방과는 인연이 먼 아이였다. 단지 에도시기 민요 동요가 본격적으로
> (사투리로 조금 변형되었지만) 불리며 보편적인 속요가 된 것은, 다이묘의 참근
> 교대27와 교통발달 덕분이다. 어쨌든 젊은 내가 야나가와의 순연한 방언만을
> 써서 그 향토의 민요를 처음으로 다른 가요로 만들었다면, 어쩌면 규슈 밖 사람
> 들은 제대로 이해하기 어려웠을지도 모른다. 그래서 내가 수많은 민요를 일본의
> 표준 가요어조로 번역했다. 다행히 내가 일본인인 까닭에 문어에도 가요어에도
> 일본민족으로서 정신과 전통을 몸에 익히는데 그렇게 큰 어려움은 없었다.

　이것은 김소운 역 『조선민요집朝鮮民謠集』(1929)에 기타하라 하쿠슈
가 덧붙인 서문의 일부이다. 인용소절보다 앞부분에서 기타하라 하

---

27 에도시대 막부가 시행했던 다이묘 통제책으로 다이묘들을 1년 걸러 에도에 출사出仕시
　킨 제도. 그들의 처자는 인질로 에도에 거주시켰다.

쿠슈는 '한韓(조선)'의 이름이 자신들 야나가와의 아이들에 있어서는 도쿄의 이름보다 더욱 친근한 존재로, 원양어업의 경로이자 매개인 한국이 "가까운 바다 건너라는 기분이 든다"라고 쓰고 있다. 위에서 주목해야 할 점은, 우선 기타하라 하쿠슈가 스스로의 기원을 "고대 일본과 조선, 지나, 남양, 혹은 네덜란드 문화의 잡종인 것"이라고 혼종 문화적(크레올) 성격으로 인식하고 있다는 것과, 그리고(그럼에도 불구하고) 자신의 가요작품은 야나가와 방언을 배제하고 혹은 야나가와 방언을 일본의 표준적인(표준어에 의한―저자 주) 것으로 '번역'했다는 점을 서술하고 있다는 것이다. 쓰시마해협을 끼고 조선이나 중국, 남양까지 넓혀가는 동지나해 문화권에 공간적으로 가까움으로 인해 거기에 소속감을 느끼는 크레올로서의 자기인식은, 일본(일본인, 일본문화)의 경계를 상대화하는 감성을 뒷받침하는 것이다. 이는 '일본민족으로서 정신과 전통을 몸에 익힌'다는 국민시인으로서의 사명감으로 어떠한 저어함도 없이 수평으로 이동할 수 있는 점에서, 그 인식의 한계도 있다고 할 수 있다. 앞서 보았던 남만 취미에서 오리엔탈리즘의 자기 내화의 문제도 그것과 관계가 있다. 하다못해 기타하라 하쿠슈의 경우 자신의 지연혈연적인 기원에 뿌리 내린 토속성을 적극적으로 언어화하면서, 언어표상의 과정에서 고향과 토속성을 이국화 즉, 타자화했던 것이다. 그래서 '토속'은 타자화의 과정으로 한정된다. 한정된 '토속' 그것은 바로 '야만'이라고 부를 수 있다.

3. 내부가 된 이국異國 – 기타하라 하쿠슈의 오가사와라 체험

『사종문』,『추억』에 이어지는 시가집『오동나무 꽃桐の花』을 출판했던 기타하라 하쿠슈는 1914년, 이 책 중「애상편」에서 다루었던 스캔들의 상대인 유부녀와 결혼하여, 도쿄에서 멀리 떨어진 오가사와라 치치지마父島로 떠난다. 원래 태평양에 떠있는 무인도였던 오가사와라는 근대가 열리던 시기에 영미일 세 나라 사이의 영토변경이 일어났던 섬이다. 하와이계 주민을 이주시킨 후, 우라가浦賀에 내항했던 페리가 흑선을 일시 정박시켰다는 의미에서도(그래서 전후의 본토 복귀까지의 과정도 더해서) 일본 근대사에서 상징적인 의미를 갖고 있는 섬이기도 하다. 메이지 이후 일본인의 입식入植과 섬에 사는 미국인의 귀화가 진행되었지만, 기타하라 하쿠슈의 눈에 비친 오가사와라는 아열대의 기후를 가졌으며 인종적인 잡종혼효雜種混淆의 역사를 남겼던, 분명히 일본에 내재하는 이국이었다.『하쿠슈 소품』(1916) 등에서 그린 오가사와라 체험이란, 남방인인 자신도 놀랄만큼 작렬하는 빛과 열기, 덩치 큰 흑인이나 푸른바다거북과 접촉하는 것을 의미하며, 이는 곧 압도적인 '이질성'과 해후하는 것이다.『구름과 시계』에도 수록된「바다거북正覺坊」,(『하쿠슈 소품』)이라는 산문에는, 유구한 바다거북에 대해 "르콩뜨 드 릴의 풍은 아니지만, 불감 · 무각 · 적막세계를 표현한다"라고 평하는 대목이 있다. 이것은 우에다 빈上田敏의『바다 파도소리海潮音』를 거쳐 앞에 언급한「꽃의 그림자」등에 영향을 주었다는[17] 프랑스 고답파의 대표 시인 르콩뜨 드 릴Leconte de Lisle의 오리엔탈리즘에 대한 동조를 나타내는 부분이다.[18] 다이쇼기 기타하라 하쿠슈의 신비주의는 전년도에 미사키三崎에 머문 것과『료우진히쇼梁塵秘

抄』[28]를 발견한 홍분과도 관계있다고 할 수 있지만, 반년 간 오가사와라에 머문 '이국' 체험이 그 기조를 마련했다는 점에서 의미가 크다. 『진주초眞珠抄』(1914)의 일부, 그리고 『백금 팽이白金之獨樂』(1914)는 신비주의의 최초 성과이다. 그러나 이런 신비주의 성격의 시들이 『하쿠슈 소품』 등에 기록된 풍토의 이질성과 어떻게 만났으며, 그로 인한 갈등을 정면으로 다룰 수 있었는가라는 문제가 남는다.

『백금 팽이』는 『사종문』, 『추억』의 어두운 퇴폐와는 대조적으로 밝고 조화로운 세계, 즉 '화창함'이 키워드가 된다. 예를 들어 앞에 쓴 「바다거북」에서도 "화창하고 화창한, 뭐라 말할 수 없이 화창한 오가사와라의 어느 초여름 날이다"라고 환기시키며, 이러한 분위기는 『백금 팽이』에도 주조를 이루고 있다.

> 화창하게, 전율한다.
> 화창하게, 나는 혼자서
> 화창하게, 전율한다.
> 화창하게, 날도 저문다.
>
> ― 「화창한 날 가슴 떨림麗日悸音」 중에서

> 빛이 반짝이는 하늘 풍경을
> 찬란하게 물고기는 날아갈 수 있으리
>
> 화창하게, 시방법계十方法界
> 간격에 격한 바다 물고기

---

28 료우진히쇼梁塵秘抄는 헤이안 시대 편집된 가요집이다. 고시라카와 천황이 편집한 것으로 당시 대중들 사이에서 유행하던 '이마요今樣'라는 가요를 모은 것이다.

수미대산須彌大山도 날아 넘으리

광휘의 깊음이여

—「물고기魚」 중에서

　우주적인 불교 어휘와 한자가 섞인 가타카나 표기의 이색적인 외양은 논외로 하고, 여기에서 보이는 것은 맑은 날씨 이상의 낙천적인 '화창함'이다. 시집 『추억』에까지 이어진 퇴폐와 그로테스크함은 깨끗하게 씻겨나갔음을 알 수 있다. 오가사와라의 강렬하게 쏟아지는 빛을 촉매로 하여, 하쿠슈의 시가와 가요는 급격하게 일본으로 회귀하는 경향이 심해졌다고 말할 수 있다. 도쿄에서 천 킬로미터 떨어진 일본 안의 '이국'에 대한 체험이 그의 내면에 강고한 일본이라는 나라와 말, 민족을 추동했다. 다이쇼기의 기타하라 하쿠슈의 업적은 야마다 코사쿠 등의 작곡가와 협업하여 동요, 민요 등 자신의 가요창작을 확대하면서, 국시나 아동자유시, 동요의 첨삭지도에 힘을 기울여 국민적인 시가, 가요의 운동을 바닥에서 끌어올렸다는 것이다. 여기에 그의 '화창한' 기분처럼, 그가 남만 취미나 고향 야나가와에서 꿈꾸었던 '야만'이 좋게든 나쁘게든 탈취탈색된 것은 말할 것도 없다. 그가 『지상순례地上巡禮』『아르스ARS』 등 연달아 시잡지의 간행을 주재해나갈 때, 하기와라 사쿠타로萩原朔太郎, 무로 사이세이室生犀星 등 젊은 세대의 시인들이 그의 곁에 모여들었다. 신비주의를 통해 기타하라 하쿠슈는 카리스마 넘치는 우두머리의 위치로 자리매김 되었는데, 이는 『지상순례』(1914.10)에 게재된 다음의 「영롱촌언玲瓏寸言」이라는 시에서도 잘 나타난다.

낭랑한 목소리를 내어라

황홀한 듯이 홀린 마음의 어려움이 있으니. 사람도 홀린 마음은 신도

홀리는 마음이로다.

영롱해라. 천지 일월의 마음을 가진 종의 교조도 가르쳐주시었다.

명령형의 단어가 마치 염불처럼 잇달아 풀어진다. 일종의 컬트적인 태도이다. 말년에는 고신도古神道[29]의 신도를 자칭하기에 이르는 기타하라 하쿠슈가 일찍부터 시가의 언어와 종교적 신비주의의 일체화에 신탁한 부분이 보인다.

'영롱'은 기타하라 하쿠슈에 있어서 '잉여'를 다듬어 깎은 후지산의 형태처럼, 변용될 수 없는 '매우 안정된' 상태를 말한다. 이것은 자연과 우주와 그것을 바라보는 표현자의 관계가 안정적이라는 뜻이고, 이러한 "영롱"을 보증하는 것이야 말로 일본(인)의 전통적인 미학이다. 다른 부분에는 "일본인은 어떻게 해도 일본인", "말라르메는 당연히 상징주의자이며, 마쓰오 바쇼는 그렇지 않다"라고 하는(서구상징주의를 가상의 적으로 하는) 노골적인 일본회귀의 언설이 보인다. 이것은 동시기의 하기와라 사쿠타로의 글 「애국시론愛國詩論」 및 "정죄시淨罪詩편" 등에 큰 영향을 주고 있다.[19] 말라르메라고 하는 이름을 배척하며 마츠오 바쇼 혹은 『료우진히쇼』, 그 외의 일본 전통시에 상징주의를 대체해버리는 맥락이 기타하라 하쿠슈, 하기와라 사쿠타로 사이에 공유되고 있다. 그러나 이러한 말라르메에 대한 평가에는 이미 문명개화를 야만시하는 어떤 남만 취미의 코드와 일본이라는 영역이 덧칠되어, 그 영역에 내재화된 '남만'적인 것이 불필요해진다. 예를

---

29 고신도古神道는 일본 신도의 원류인 6세기 이전의 일본신앙을 말한다.

들어 민요가 방언이나 후렴구의 고유함이 서로 다름에도 불구하고 '국민의 소리'라는 공통성에 의해 일본이라는 영역 구석구석에 침투한다는 환상, 혹은 동요운동이 메이지 창가교육의 유산을 교묘하게 접수하여 구어, 표준어, 반주보에 따른 소리의 평준화를 국가적으로 성립시킨다는 환상—이러한 환상을 의사현실화하기 위해서는 최소한 '일본'이라는 닫힌 영역만이 있으면 된다.

물론 19세기 후반이래로 일본의 국경선은 계속 변동되어 닫힌 영역의 경계선이 불확실해지자, 여기에 '영역'과 '영토'의 의미로 다시 정정된 제국주의적 해석이 개입된다. 팽창되는, 혹은 확정할 수 없는 영토의 이미지는 닫힌 영역을 닫힌 영역으로 만들 수 없다는 모순을 만들고, 따라서 닫힌 영역을 동요시키는 이질성이 나타나게 된다. 여기에 필요로 하는 수단의 하나가 민족적, 언어적, 문화적인 동화정책이고, 동화의 논리는 새삼스럽게 지방, 외지에서 '야만'을 발견하는 시선을 요구한다. 보이지 않았지만 억지로 드러나게 했던 '야만'을 자의적으로 소거하는 과정(이전엔 존재했지만 현재는 소멸된 야만)을 바탕으로 동화의 전략은 충분한 효과를 얻었다. 오리엔탈리즘의 자기내화는 보다 복잡한 형식으로 발전하게 된 것이다.

329

4. 가라후토 여행과 근대작가 – 이와노 호메이를 비롯하여

앞서 언급했던 기타하라 하쿠슈의 『구름과 시계』에는 만주·조선·타이완 등 외지(식민지)의 장도 들어있는데, 여기에서 가장 눈길을 끄는 것은 「가라후토·홋카이도 편」이다. 이것은 1925년 8월, 철도성 주최의 가라후토 관광단에 참가하여 가라후토 여행을 취재한 기행문 『후렛프·토릿프フレップ・トリップ』[30](1928)에서 발췌한 것이다. 기타하라 하쿠슈의 기행문 중에 『후렛프·토릿프』는 하나의 여행기록을 책 한 권으로 정리한 유일한 작품이다. 산문과 시가 섞여 있고, 때때로 미래 파적인 것이라 말할 수 있는 독특한 문체까지[20] 담겨, 강한 존재감을 드러낸다. 물론 『후렛프·토릿프』를 여기에서 언급하려는 이유는 그 것 때문만은 아니다. 방문했던 가라후토라는 땅이 역사적으로 갖는 특수한 의미와 변경으로 쫓겨난 사람이라는 존재에 대해 하쿠슈가 '국민'의식을 공유했는지에 관한 의문이, 이 글의 배경으로 작용했다.

조선 등, 일본 제국에 의한 침략과 식민지화, 탄압이 당사국 간의 일 대일 관계 속에서 행해지던 지역과는 달리, 가라후토의 경우는 러시아–소련과 일본 두 나라 사이에서 농락당한 지역이다. 즉 가라후토-지시마 교환조약(1875, 러시아가 영유), 러일전쟁 후의 포츠머스 조약(1905, 북위 50도 이남의 남가라후토를 일본이 영유), 러시아 혁명 후 시베리아 출병(1918, 가라후토 전도를 일본군이 점령), 일소기본조약(1925, 국경선의 재확정. 남가라후토를 일본이 영유), 아시아태평양전쟁에서 소련의 침전과 일본의

---

30 후렛프フレップ는 붉은 열매를, 도릿프トリップ는 검은 열매를 뜻한다. 툰드라 지대 관목에서 따온 이 제목은 「기타하라 하쿠슈의 여행」을 가리킨다. 국경지역을 둘러본 뒤 묘사한 이국적인 정취와 풍경이 살아 숨 쉬는 기행문이다. 이 글에서는 가라후토 고유의 느낌과 억양을 살리기 위해 '붉은 열매·검은 열매' 대신 『후렛프·토릿프』라고 번역했다.

패전(1945. 가라후토 전도를 소련이 영유) 등, 상황에 따른 일・러(소련) 관계에 의해 가라후토의 영유가 두 나라 사이에서 변동되었다. 게다가 남북간의 일직선으로 국경선이 그어져, 분할과 통합을 반복해왔다. 기타하라 하쿠슈가 1925년 8월에 가라후토를 여행했을 때는, 마침 시베리아 출병 이래 북가라후토를 점령했던 일본군이 같은 해 일소 기본조약에 의거하여 철수한 직후였다. 기타하라 하쿠슈의 가라후토 여행의 북쪽 한계도 북위 50도로 재확정된 국경, 즉 당시 일본 제국 영역의 북방한계였다. 국경에는 일본 측에서 국화무늬를 조각해 넣은 화강암으로 된 국경표시가 세워져 있었다. "우리나라에서 육지에 있는 국경선은, 가라후토 섬의 북위 50도 지점뿐이다(이와노 호메이, 「가라후토 이야기樺太の話」, 『중학세계中學世界』, 1910.3). 이는 이와노 호메이岩野泡鳴가 이렇게 기록한 후, 수개월 뒤 이루어진 '한국합병'까지 그대로 유지되었다.

아라사와 카츠타로荒澤勝太朗『가라후토 문학사樺太文學史』(艸人舍, 1986~87)와 기하라 나오히코木原直彦 『가라후토문학 여행樺太文學の旅』(共同文化社, 1994)이 대부분 밝혀주고 있는 것처럼, 기타하라 하쿠슈가 가라후토에 가기 전에 이미 많은 문인・문학자들이 그 곳을 방문했다. 주요 인물로는 1900년대에 시가 시게타카志賀重昂, 노구치 우조野口雨情, 야나기타 쿠니오柳田國男, 이와노 호메이 등이 있다. 1920년대에 들어서면서부터는 미키 로후三木露風, 미야자와 켄지宮澤賢治 등이 가라후토에 건너갔다. 이들 중 『남양시사南洋時事』를 출판하여 일본의 영토문제에 관여했던 시가 시게타카는 러시아와의 국경확정작업에 종사했고, 기타하라 하쿠슈처럼 민요・동요시인이었던 노구치 우조도 시가 시게타카와 같은 시기에 북위 50도선까지 여행했다. 노구치 우조는 「가라후토 동해안의 토인樺太東海岸の土人」(『신소설新小說』, 1910.3)이라는 글에서, 포로나이幌內강 유역의 소수민족(우조가 말한 '가라후토 토인') 니브히족(길랴크

Gilyak), 윌타족(오로크Oroks)의 습속에 대해 썼고, 그들과 러시아 상인 사이에 물물교환 교역이 성립되어 있다는 등 흥미로운 관찰을 했지만, 그들을 "구제하기 어려운 미개한 백성"이라고 단정 지었다. 1923년 미야자와 켄지의 경우는 도요하라의 오지제지王子製紙(업계 최대 기업으로 후에 후지제지富士製紙와 합병하여 제지업계 독점체제를 만들었다.)에 제자의 취업을 의뢰하는 여행이었고, 죽은 지 얼마 안 된 누이 토시의 혼의 자취를 찾는 여행이기도 하여 「오호츠크 만가オホーツク挽歌」라는 시를 짓기도 했다. 기타하라 하쿠슈가 여행가기 바로 이 년 전의 일이다.

이 중에서 정치가의 입장으로 여행했던 시가 시게타카를 제외하면, 이와노 호메이의 가라후토 체험은 조금 특수한 부류에 속한다. 『방랑放浪』(1910)의 서두를 보면, "다무라 요시오는 가라후토에서 자신에게 벅차고 익숙하지 않은 사업을 하여, 그 일의 착수 전부터 친구들이 염려했듯이, 보기 좋게 실패해서 거의 빈털터리의 몸이 되었고, 도망치듯 홋카이도로 돌아가 버렸다"라고 쓰며 자신의 체험을 반영했다. 이것이 '호메이 5부작'에서 반복되는 가라후토 체험의 기억이 반추된 결과라고 해도, 호메이의 가라후토 행보는 문학자가 아닌 사업가(게 통조림 사업)로써 나아가려는 계획에 기반하고 있었다. 호메이의 상황을 살펴보자.

요시오는 문학으로 도쿄 문학계에 어느 정도 이름을 알렸지만, 노력에 비해 대가가 작은 원고생활에 싫증이 났기 때문에 사업을 시작했으나, 결국 실패를 했다. 하지만 이 실패가 실패로 그쳐버린다면, 결국 싫증난 원고생활로 돌아간 수 밖에 없다. 지금 이것이 괴로워 어떻게 해서든 기어이 통조림 사업을 계속 이어가야 할 것인지, 아니면 다른 사업을 찾아봐야 할지라는 생각에 가슴을 태우고 있다.

『방랑』을 통해 살펴본 것과 거의 흡사한 내용이 린센쇼텐판 『이와노 호메이전집岩野泡鳴全集』에 새로 수록되어있던 「시인문호보다 게 통조림 제조업자가 되고 싶었던 이와노 호메이의 통조림이야기」(『홋카이도 실업實業之北海』 창간호, 1909.9)라는 글에서도 이야기되고 있다. 통조림 사업의 가능성이 컸고, 경기가 아주 좋았던 시절인지라 금전목적도 있었지만, "문학 사회"로부터 이탈하는 것과 투기적인 수산가공업으로 진출하는 것을 등가로 연결시켰던 점에서 호메이의 본모습을 볼 수 있다. 호메이는 외국무역을 염두에 두고 이 사업을 시작했다. 미국을 대신할 수 있는 게 어장으로 가라후토 서해안을 생각했다. 『발전』(1912)에는 요시오가 "오만무례한 미국"에 대해 상품판매로 보복하기 위해 게 통조림 사업에 대해 야망을 말하는 구절이 있다. "우리 북단의 새로운 점령지"로 진출한 이 사업은 북극탐험을 떠나는 것보다 "장렬과 유쾌"를 느끼게 한다. 즉 따분한 "원고생활"("문학 사회")로는 충분치 않았던 '모험'에 대한 욕망을 해소할 것을 기대했다. 조셉 콘래드Joseph Conrad 등의 선례를 가져올 것도 없이, '모험'과 '탐험'은 식민주의적인 지향을 보여주는 이야기유형이다. 따라서 호메이—다무라 요시오는 문학을 초극한 사업이자 모험을 향한 야망을 재차 문학(소설·시)을 통해 빚어낸 것이다. 그래서 모험은 여기에서도 '야만'을 욕망한다. 이를테면 『발전』에는 요시오가 매독, 부락민, 한센병 등과 관련된 차별을 하나의 원동력인 것처럼 활용하여 오토리라는 애인을 향한 애증을 하나하나 들어서 써대고 있는 장면이 반복되고 있는데, 여성을 둘러싼 이러한 차별의 시선과 사기꾼과 같은 식민주의적 시선은 짝패가 된다고 생각할 수밖에 없다. 사실, 호메이는 「가라후토 통신樺太通信」(『도쿄니로쿠신문東京二六新聞』, 1909.6.29~1909.7.7. 두 해 전 같은 신문에 앞서 말한 「다섯 켤레의 구두」가 연재되었다)와 「아이누 이야기アイヌの話」

333

(『취미趣味』, 1910.2~3) 등에서, 아이누와 니브히 등 소수민족을 "열등인종", "토인土人"21)으로 노골적으로 폄하하는 언설을 반복했는데, 질병, 위생에 관한 취약성이나 더러움의 이미지는 소설에 나타난 여성상의 유형과 대응하는 것으로 볼 수 있다. 다음과 같은 아이누 여성을 노래한 시가 남아있는 것도 그러한 관점에서 다시 검토해 볼 수 있다.

> 아, 아이누의 딸, 작은 여자아이여.
> 저 패잔인종, 열등종족의 사이에서도
> 너와 같은 미인이 나올 수 있는가?
>
> ―「계집아이めの子」, 『사랑의 백골戀のしやりかうべ』, 1915.

이와노 호메이는 "어차피 너희 무리들은 멸망의 운명을 가진, 게다가 거의 멸망으로 임박한, 열등인종이 아닌가? 일부러 토인 학교를 설립하여 교육을 한다 해도 무엇을 위한 것인가?"라고 홋카이도 아이누에 대한 일본의 동화정책에 정면으로 의문을 제기하면서(이는 제정 직후의 '홋카이도 구토인보호법北海道舊土人保護法'의 경우를 의식한 것이라 할 수 있다)22) 아이누어와 유카르31 등 "아이누에게만 영원히 남는 문예"를 보전해야 할 것을 주장했다(이상 「아이누 이야기」). 물론 이와노 호메이의 동화주의 비판은 기나세 타카시木名瀬高嗣가 지적한 것처럼,23) 당시 정책의 방향성과 본질적으로 배치되는 것은 아니다. 아이누 언어와 문예를 그 민족적 성체성으로부터 분리할 수 있는 것으로 생각하여, 일본인 기원론과 일본의 '국민' 문화의 자료나 재산목록으로써 보전하고, 아이누 자

---

31 아이누족 사이에 구전되어 내려오는 장편의 민족 서사시. 아이누어로 '사곡(詞曲)'의 뜻.

신의 정체성 문제에는 아무런 관심은 갖지 않았기 때문이다.

　기나세 타카시는 이러한 아이누 멸망의 서사화(아이누의 '문학화')를 의제로 삼을 때, 긴다이치 쿄스케金田一京助의 아이누 연구를 사례로 들고 있다. 가라후토 아이누인 야마베 야스노스케山辺安之助의 반평생 이야기를 듣고 취합해 편찬한 『아이누 이야기』(1913)라는 책은 긴다이치의 아이누 연구의 실마리이다. 야마베 야스노스케의 반평생은, 가라후토-지시마 교환조약으로 러시아령이 된 가라후토에서, 대다수의 가라후토 아이누와 같이 홋카이도 쓰이시카리對雁로 강제이주당한 것에서 시작한다.24) 이시카리石狩의 어장에서 청년기를 보낸 후, 러시아가 지배하는 고향으로 귀환, 거기에서 맞은 러일전쟁에서는 일본군에 종군하고, 전후에는 '토인 학교' 건설을 진행, 이야기의 정점이 되는 1910년에는 시라세노부白瀬矗 등의 '남극탐험'에 가라후토의 개를 기부하고 참가했다는, 자못 파란만장한 모험이야기이다. 하지만 이는 곧 국경선의 변경으로 농락한 삶이자, '토인'을 벗어난 '황민' 동화를 연출했던 마이너리티 사람들의 비극의 축도로도 이해될 수 있다(야마베는 내지에서부터 투기를 목적으로 홋카이도·가라후토를 방문한 호메이와 같은 일본인에 대한 통렬한 비판도 서슴치 않았다).

　그러나 『아이누 이야기』에서 그 이상으로 눈에 띄는 것은 그 집필과정을 반영한 특이한 표기방식이다. 긴다이치는, 일본어가(아이누어보다) 유창한 야마베에게 아이누어로 이야기시키고, 다시 이를 자신이 일역하여, 재차 야마베에게 아이누어로 통역시키는 과정을 반복했다. 결국 이 책은 긴다이치가 아이누어를 직접 번역하는 과정을 통해 완성된 것으로 그러한 이중언어적인 성립과정을 반영하여, 일본어역의 본문에 직역한 아이누어 원문을 가타가나를 써서 후리가나를 붙인 표기를 취한다. 이를테면 아래와 같이 쓰고 있다.

335

アツスイ,アン,バー,アン,ネト,バケ, クス, ナー,アツスイ,モンリ, オルンペ, アニ, ライ,アン,アナツカ, ピリカ, ナハ,
一旦拾つた私の体を以て今一度國家の事業に働いて死んだら、本望だと

アン,ラム クス ネイラ, アナツカ ナンキヨラ,バハノ, ウマ, パイエヲスイ,アン
思ふ、から、どうしても、南極まて、皆と一所に行きたい[32]

독자에게는 가나가타 표기의 원문을 책 말미의 가라후토 아이누어의 문법해설과 로마자 표기의 어휘집을 참조해가면서 읽을 수 있도록 배려했다. 그러나 이러한 독해방식은 아이누어에 각별한 관심이 없는 한 꽤 어려워, 긴다이치의 의도와는 달리 가타가나에 의한 음독 표기는 의미를 해석할 수 없는 일본어와 외국어 사이에 끼어 공중에 뜬 '소리'로, 엑조티시즘(오리엔탈리즘)의 대상이 되는 결과를 초래했다. 호메이도 「아이누 가요」 등에서 유카라에 관심을 보였고, 그 원어의 울림(소리)을 가타가나로 표기하여 기록하고 있다. 그래서 이 '소리'를 구별하여 의미를 주는 것은 일본어라는 문자이다. 문자를 갖지 못한 아이누가 부르고 이야기하는 구비문학이, 긴다이치 쿄스케와 치리 유키에知里幸惠 등의 노력으로 문자로 남아 전승되어 왔다. 반면 이와노 호메이, 기타하라 하쿠슈 등 내지에서 방문한 시인들의 산문이나 시에 나타난 일본어의 평준화된 음률과 문자의 경우,25) 일본어와 로마자를 빌려와 아이누어의 '소리'에 대응시켰지만, 폭력적으로 음이 소거되거나, 일본어＝국어의 계조(코드)에 성조를 억지로 맞추기 위해 (마치 엑조티시즘처럼) 흡수되었다. 전국 지방색을 분류, 통합하는 민요운동의 틀에 그런 '가타가나'는 힘없이 편입되었다.

그러나 『아이누 이야기』를 출판했던 하쿠분칸은, 같은 해에 서두에 언급했던 『대일본지지』의 제9권에 다야마 가타이를 참여시켜 「홋

---

32 해석은 다음과 같다. "일단 몸을 얻었으니, 한번 국가의 사업에 종사하다 죽는 것이 진정 바라는 바였기 때문에, 어떻게든 남극까지 모두 함께 가고 싶다."

카이도 및 가라후토北海道及樺太」편으로 간행(속간된「류큐 및 타이완琉球台灣」으로 전권 완결)한 것 외에, 내외 각지의 여행기, 탐험서적들을 다수 간행했다. 요미우리신문 기자인 마쓰가와 모코가 4년 전에 간행한 『가라후토 탐험기樺太探險記』(1909)도 그 하나로, 호메이의 가라후토 행과 거의 동시기의 탐험기이다. "망국민"으로서 남가라후토에 잔류했던 러시아인, 야마베처럼 샤모[33] 사회에 동화된 센도쿠다이로우치千德太郎治26)라는 아이누와의 해후 등, 흥미로운 이야기가 포함되어 있다. 이야기의 중심은 제목에서 보이듯이 개썰매를 타고 조난되었다가 표류되었다가 하는 등 로빈슨 크루소의 '모험 소설' 못지 않은 '탐험'담이다. 신문기자답게 사망기사를 포함, 자신의 행동이 신문지면에 게재되는 것을 가상으로 설정하여, 근대의 활자미디어에 담긴 여행기, 탐험기의 전형을 보여주고 있다. 또 그는 주변에 있으면서 중앙 미디어와 소통하는 것을 의식하였고, 이는 기타하라 하수큐에게도 동일하게 보이는 점이었다. 이러한 지지地誌나 여행기 기획의 연장선상에 『후렛프 · 토릿프』도 포함될 수 있다. 이 기회의 지향이 민요운동과 함께 다이쇼기 담론의 주요 흐름의 하나인 지방주의의 사조와 맞닿아있지만, 결국 이는 국민주의적인 공통성의 또 다른 모습이란 점에 주의를 기울일 필요가 있다.

---

33 아이누인이 일본인을 가리키는 말.

5. 가라후토, 타이완 - 시인의 식민지 여행

앞서 몇 가지 예를 통해 살펴본 바와 같이 『후렛프·토릿프』에는 볼거리 정보를 미리 추려서 제공해주는 가라후토 여행기의 풍부한 선례가 있다(이 책에 존 바첼러John Batchelor에 대한 언급도 있다). 따라서 기타하라 하쿠슈가 참가한 가라후토 관광단의 패키지여행에도 가라후토의 문화나 풍속에 관한 대표적 관광지들이 빠짐없이 들어있다. 그 여정은 대략 다음과 같다.

> 요코하마橫浜→오타루小樽→야스베쓰安別(국경)→마오카眞岡(가라후토의 펄프 공장)→'다란도마리多蘭泊'(아이누마을)→혼토本斗→마오카眞岡→고누마농장小沼農場(러시아인의 집)→도요하라豊原(가라후토청廳·러시아인 거리·가라후토신사神社)→오도마리大泊→시스카敷香(소수민족의 조정경기競漕·호로나이천幌內川의 툰드라 지대)→가이효 섬海豹島(물개)
>
> ( )안은 관광 상품

마오카[34]까지는 증기선인 고마마루高麗丸를 타고, 거기서부터 혼토까지는 철도(가라후토사이센樺太西線)로, 마오카로 되돌아와서는 자동차로 몇 번이나 타이어에 펑크를 내면서 도요하라로 갔고, 오도마리부터는 다시 고마마루로 이동했다. 국경표시, 제지공장, 잔류 러시아인, 호로나이 강변의 소수민속 거주지, 가이효 섬 등, 이들은 모두 일본령 가라후토의 전형적인 관광명소다. 예를 들어, 다야마 가타이田山花袋가

---

34 마오카眞岡는 일본 영유였던 가라후토(남가라후토)에 존재했던 지역이다. 현재의 러시아 연방 사할린 주 홀름스크에 해당한다.

하쿠분칸에서 펴낸, 외지外地가 포함된 전국여행가이드 책자인『여행
旅』(1917)의 가라후토 항목(다른 지역에 비해 생생하게 기술되지 않았지만)과
비교해봐도 분명하다. 위에서 말한 이와노 호메이의 저작이나 마쓰가
와 모코의『가라후토 탐험기』와도 중복되는 행선지가 많다. 기타하라
하쿠슈는 가라후토에 도착하기 전부터 미리 무엇을 볼 것인지 정해
놓은 듯하다(단, 마오카에서 도요하라까지의 자동차 여행은 관광단에서 빠져나와
같이 갔던 시인 요시우에 쇼료 일행과 개별 행동). 그야말로 패키지여행이라
부를 만하지만, 그의 태평한 행동은 조금 독특한 구석이 있었다.

고마마루에서 기타하라 하쿠슈가 사용한 선실은, 일찍이 관부연락
선으로 사용될 당시 조선총독이 쓰던 "방이 셋 딸려있는 사치스러운"
특등실이었다. 그는 다른 선객들로부터 강제로 빼앗은 '지나복'을 입
고 자신을 "조선의 임금"이라고 부르게 했다(갑판 위에서 그런 차림으로 찍
은 사진이 권두화로 실렸다).『후렛프・토릿프』에는 가라후토 지역을 '식
민지'라 칭하는 부분이 여러 군데 등장한다. 물론 (남)가라후토는 일본
제국이 러일전쟁 승리로 획득한 식민지이다. 이를 테면 전 세계 식민
지에 관한 상세한 자료를 모은 후카오 코타로深尾幸太郎의『식민지대감
植民地大鑑』(1917)에도 가라후토는 조선이나 타이완 등과 마찬가지로 일
본 식민지 항목에 들어가 있다. 하지만 대외전쟁을 계기로 영유하게
되었다 하더라도 가라후토는 타이완이나 조선과는 사정이 다르다. 적
어도 가라후토는 일본 영토(식민지)가 된 기원이 극히 애매하다. 따라
서 여기에는 가라후토를 이미 식민지로 간주하는 시각이 교묘하게 감
추어져 있는 셈이다. 그 때문에 아이누나 선주민들을 '토인'으로, 지배
의 대상조차 못되는 '보호'의 대상으로 만들었다. 그들은 확실히 제국
의 변방으로 내몰리고 갇히게 되었다. 기타하라 하쿠슈와 가라후토
관광단 사람들이 의도적으로 이를 은폐하려고 했던 것으로 볼 수는

없지만, 조선총독이 사용했던 특등실에 머물며 '지나복'을 입은 시인 기타하라 하쿠슈가 북쪽 끝 식민지를 '관광'한 여행 기록27)이 바로 『후렛프 · 토릿프』라 할 수 있다. 호사로운 여행은 모험담을 모방했지만, 그 자체가 모험이 될 수는 없었다. 이 여행에서 하쿠슈와 관광단은 호로나이 강변에 사는 오로크족이나 니브히족 같은 소수민족 사람들과 접하면서 그들을 "무지"하고 불결한 "연민"의 대상으로 보았다. 그러나 가라후토 아이누와 접촉한 것은 그저 다란도마리를 통과하면서 차장 너머로 아이누 마을을 본 것이 전부였다. 야마모토 타로山本太郎는 앞서 말한 바와 같이 이 작품의 모던한 문체를 높이 평가한다. 하지만 그것은 식민주의의 아이러니에 대한 식민지주의(자)의 둔감함과 맞바꾼 것이다.

'암컷이 왔다.'
일제히 포효하는,
경천동지驚天動地할 대환희, 정욕情慾의 세계.
그것을 보고 수천 마리 수컷 물개의 무리가 파도처럼 몰려든다. 둔중한 거구가 밀리고 밀리는 포복匍腹의 추태가 벌어지는 이때, 일시에 흥분한 흑갈색 무리들이 땅을 울리며 솟아올라 빛나는 향염香艶의 방전체放電體가 된다.
성급한 놈들이 바다 속으로 줄지어 뛰어든다.
놀랍도록 민첩하고 날렵하구나. 놀랍도록 가벼운 몸놀림이구나.
물보라가 일고 일고 일어나네.
모래 밭에서 펼쳐지는 난투. 포효, 포효, 포효,
갸오, 와오, 가오, 우와아아아, 와오, 오오오.

『후렛프 · 토릿프』에서 모더니즘이 가장 잘 드러나는 곳은 맨 마지막 부분에 나오는 가이효 섬의 엄청난 물개 무리에 대한 묘사일 것이다. 기타하라 하쿠슈는 마지막에 위와 같이 〈할렘harem의 왕〉이라는 제목으로 영화 시나리오 형식의 '시네포엠cinepoem'까지 썼다.[28] 이는 그야말로 '야만'이라는 표상의 집대성으로, 그가 차별적으로 기록해온 '토인'들의 이미지와 연결시켜 생각해보면 이 부분이야말로 『후렛프·토릿프』의 정점이라고도 말할 수 있다. 기타하라 하쿠슈로서는 이례적일 정도로 기묘한 표상이다. 이것은 그가 시각표상의 영역을 심도 있게 다루지 못했다는 것을 반증한다. 그것은 공허한 모더니즘과 더불어 작품 곳곳에 산문이 구어口語적인 가요조로 바뀌어가는 것, 혹은 일본의 민요를 흥얼거리거나 논의하는 장면이 끈질기게 재현되는 부분과도 연관된다. 리듬을 지키는 것이 곧 '일본인, 즉 국민'이라는 초월적 비논리로 귀결된다.

기타하라 하쿠슈는 요시우에 쇼료에게 "결국 일본은 일본이다. 일본인은 일본인이다"라고 하며, "황실을 받드는" 자신을 피력했다. 이것은 그가 오가사와라에서 돌아와 덧붙인, "일본인은 어떻게 하든 결국 일본인"(「영롱촌언」)을 되풀이 한 것이다. 그 리듬은 아이누인 등 소수민족 사람들의 언어 리듬과 어우러지지 않는다. 소수민족 사람들의 언어는 일본인도 외국인도 아닌 '토인'의 언어로 처음부터 망각되었다. 시집 『물개와 구름海狗と雲』(1929)에는 가라후토 여행에서 얻은 몇 편의 아이누어 가요를 흡수한 「늙은 아이누의 노래」 등이 포함되어 있다. 이 시집에는 고대어조로 된 '고대신송古代新頌' 여러 편이 실려 있는데, 권두에 실린 유명한 시 「수상水上」도 하나의 예이다. 이를 통해 "일본 고대 신도의 정신을 근대에 새롭게 재창조하는 데" 기획의도가 있음을 알 수 있다. 그런 까닭에 기타하라 하쿠슈가 언령言靈의 힘으로 부활을 기원하는 고대신의 이미지로 "사라져 가는" 아이누에 대한 만가, 「늙은 아이누의 노래」를 포섭한 것이다.

『후렛프·토릿프』에는 거의 무시당한 '토인'과는 대조적으로 패망한 나라의 백성인 '외국인', 백인 러시아인에 대한 기술도 있다. 관광단 일행이 러시아인의 집에 무례하게 난입한 장면을 보면, 러시아인 집안에는 러일전쟁 당시 일본 석판화 "요양療陽 점령군 대전투의 그림"과 "천황폐하와 황후폐하 밑에 섭정궁과 비妃의 초상" 족자, 니콜라이 황제·황후의 "명함판 크기의 (…중략…) 어진영"이 장식되어 있었다. 앞에서 설명한 마쓰가와 모코의 『가라후토 탐험기』에도 그리스도상과 니콜라이 황제의 초상화를 벽에 걸어둔 러시아인 가정에 대한 묘사가 나온다(후대에 다니자키 준이치로谷崎潤一郎의 『세설細雪』에도 백인 러시아인의 가정에 러시아 황제 부처와 천황 부처의 '어진영'이 나란히 걸려있는 것을 목격하는 장면이 있다). 일본 천황과 황태자의 초상화가 러시아인들 집에 걸려있는 데에는 이유가 있다. 기타하라 하쿠슈가 여행한 때와 같은 시기에 황태자 히로히토裕仁(다음해 황위를 계승)의 가라후토 행차가 있어서 기타하라 하쿠슈 일행의 관광단은 황태자의 행차에 맞춰 급히 여정을 변경했다. 황태자 행차의 "봉영奉迎"을 위해 시스카敷香의 소수민족을 쫓아낸 일도 기술되어 있듯이, 러시아인들이 일본 천황에 대한 공순恭順을 표현하기 위한 일종의 증거로 '요양 점령군인 대전투의 그림'이나 '어진영'을 장식했다고 추측할 수 있다. 하쿠슈 일행은 고누마 농장에서 전날 황태자의 "어좌소御座所"였던 곳을 우연히 방문해서, 황태자가 먹고 남긴 양고기를 먹으면서 감격의 "만세"를 불렀다. 희화적인 묘사가 석시 않은 『후렛프·토릿프』 가운데서두 도요하라의 가라후토 신사참배 장면과 함께 가장 상징적인 장면일 것이다.

하쿠슈가 황태자가 행차한 곳을 의도적으로 따라다닌 것은 아닐까. 황태자는 행차 첫날 오도마리의 오지제지 공장을 방문했고, 다음

날 도요하라에서는 운동장에서 "오로크족, 길랴크족 등의 천막생활, 순록 경주, 아이누 토인의 음악과 무용 등을 흥미롭게 관람하며 미소를 지으셨다." 그 다음날 고누마의 농사시험장에서 "섬에서 나는 재료로 만든 음식을 오찬으로 드셨다."[29] 황태자와 기타하라 하쿠슈가 먹은 양고기가 '유월절過越 제물'이 된 어린양처럼 식민지 가라후토에 흐르는 수많은 눈물의 죄를 대신했던 것일까. 일본을 통치하는 신이 되어버린 인물과 국어(일본어)를 통합하는 국민시인을 자칭한 시인[30] 앞에서 가라후토의 소수민족들은 그들에게 동화되겠다는 표정을 강요당했을 것이다. 그러나 신과 시인은 그 표정에 응답하지 않았다. 왜냐하면 두 사람은 모두 '야만인'이 아니었기 때문이다.

기타하라 하쿠슈의 여행은 그 후에도 만주·타이완·조선과 외지外地로 이어졌다. 만주여행의 경우도 그가 죽은 해에 간행된 아동을 위한 작품집 『만주지도滿州地圖』(1942)에 반영되어 있지만, 무엇보다 1934년 타이완총독부(타이완교육회)의 초빙으로 방문한 타이완 여행이 가장 눈길을 끈다. 총독부 문교국장 야스다케 마사오安武直夫가 하큐슈를 초빙한 목적은 타이완 소년가·타이완 청년가와 민요의 작사를 의뢰하기 위한 것이었다. 타이완 여행 체험은 기타하라 하쿠슈 생전에 『후렛프·토릿프』처럼 한 권의 책으로 정리되지는 않았다. 다만 그를 타이완에서 맞이했던 야노 호진矢野峰人이 후년에 『화려한 섬 풍물지華麗島風物誌』(1960)라는 책으로 편집한 일련의 기행문에, 하쿠슈가 의뢰받아 지은 「타이완 소년행진가」, 「타이완 청년가」와 민요 「린토우부시林投節」와 그 외 관련된 시들이 수록되어 있다. 하쿠슈에 대한 극진한 환영은 『타이완니치니치신보臺灣日日新報』(1934.7.20) 문예란 1면에 '하쿠슈 특집호'를 기획한 것에서도 알 수 있다. 이 특집호는 타이페이제국대학臺北帝國大學에서 교편을 잡고 있던 야노 호진과 시마다 킨지島田謹二가 장문의 비평을 쓰고, 『타이완니치니치신보』에서 편집을 맡고 있던 시인인 니시카와 미치루西川滿 등이 하쿠슈에게 바치는 시를 실었다. 야노 호진과 시마다 킨지의 글은 타이완과 하쿠슈의 관계에 대해 그다지 언급하지 않았지만, 야노 호진이 쓴 「대시인을 받들어 환영함詩宗敬迎」이라는 글 말미에 "무미건조하고 사막 같은 타이완과 이 땅에 살고 있는 우리에게 하쿠슈의 시는 앞으로 새로운 빛과 의미를 갖게 될 것이다"라고 말하고 있어, 시인을 맞이하는 사람들의 심정을 헤아려볼 수 있다(야노호진도 시마다 킨지도 가타하라 하쿠슈를 '시왕詩王'이라 불렀다).

이러한 분위기 속에서 하쿠슈 측도 가라후토 여행 때와 같은 들뜬 모습은 보이지 않았다. 타이페이臺北에 도착해서 그가 가장 먼저 방문한 곳이 타이완신사臺灣神社라는 것도 그런 사실을 말해준다. 신사에 참배한 기타하라 하쿠슈는 감격의 눈물을 흐느끼며, "이번 일은 그야말로 평생의 영광이라고 할 만큼 황송하다"[31]고까지 썼다. 이렇게 감격해하는 이유는, 이 신사가 1895년 일본의 타이완 영유領有에 저항하는 독립운동을 탄압하던 때 타이난臺南에서 병사한 기타시라카와노미야 요시히사北白川宮能久친왕의 "영령英靈"을 기리기 위해 건립한 곳이기 때문이다. 이 타이완신사는 "재빨리 흉악한 도적을 신속하게 정복해서, 우리 황실의 위세와 명망을 떨치고, 우리 국체의 광화光華를 빛나게 하고, 새로운 판도의 영유를 공고하게 하여 우리 신민의 기상을 떨치신"[32] 기타시라카와노미야의 업적을 칭송하기 위해 건설한 곳이다. 하지만 사실은 근위사단징近衛師團長이었던 그의 병사病死는 일본군의 손해 가운데에서도 치명적이면서 굴욕적인 것이었다. 그렇기 때문에 오히려 이후 총독부를 중심으로 기타시라카와노미야의 공적을 알리고, 영웅화(신격화) 시키는 작업이 진행되었다. 가라후토 등도 포함해 해외식민지 신사神社건설에는 저마다 다양한 배경이 있을 터이지만,33) 타이완신사에는 특별히 정치적인 의미가 들어있었다. 말하자면 기타시라카와노미야는 일본제국주의 실책을 반전시킨 비극의 영웅, 식민지주의의 제신祭神으로 이용된 것이다. 하쿠슈의 감격이 이와 같은 정치성에서 비롯된 것은 아니다. 그는 신사에 다음과 같은 말을 올렸다.

> 식민의 조상신, 『일본서기日本書紀』와 『고사기古事記』로부터 전해오는 신이시여, 새로운 영토의 수호신이 되어, 나라를 세우고 이 섬에 영원한 평안을 지켜주소서. 여기에 언령言靈의 영험으로, 우리가 문閩, 월粵, 번蕃35의 무리를 하나로 대통일을 이루게 해주소서. 여기에 일본 시가의 정통을 믿고, 이를 계승하려는 미천한 소인이 삼가 예를 올립니다.

기타하라 하쿠슈 자신이 "일본 시가의 정통"과 연결되는 것과 식민지화된 "이 섬사람"이나 "번인蕃人"(선주민)이 "황화 즉 동화되었다는 것은, 의심할 여지 없이 문자 그대로 한 몸을 이루었다는 의미이다. 시인의 언어는 총독부나 타이완신사의 대변인 역할을 차고 넘치도록 발휘했다. 남만유적탐방으로 시작된 그의 여행은 여기에 이르러 '남만'적인 것과 '기이함'을 떨쳐버리고, 거의 완벽하게 순수한 기호로 정제되고 완전해졌다고 할 수 있다. 기타하라 하쿠슈가 타이완에 남긴 다음과 같은 글에서 그 흔적을 볼 수 있다.

> 씩씩한 소년, 국어여, 노래여,

---

35 타이완의 소수민족을 가리킨다.

길이여, 우리들은 가로수 길이다,

모두 모여 늠름하게, 신사를 향해,

여름이다, 축제다, 우리는 섬이다.

소년이여, 소년이여,

타이완 소년이여.

— 「타이완 소년행진가臺灣少年行進歌」 끝 부분

저자 주

마르크스주의와 내셔널리즘

1) 大日方純夫, 『경찰의 사회사警察の社会史』, 岩波書店, 1993.

2) 信夫清三郎, 『일본정치사 3日本政治史 3』, 南窓社, 1980(岡本宏, 「다이쇼 데모크라시와 내셔널리즘－지방정치로 본 일단면大正デモクラシーとナショナリズム－地方政治にみる一断面」, 德本正彦 외 편, 『내셔널리즘의 동태－일본과 아시아ナショナリズムの動態－日本とアジア』, 所収, 九州大学出版会, 1989에서 재인용).

3) 山田盛太郎, 『일본 자본주의 분석－일본 자본주의에서 재생산과정 파악日本資本主義分析－日本資本主義における再生産過程把握』, 岩波書店, 1934.

4) ゲオルゲ・L・モッセ, 佐藤卓己・佐藤八寿子 역, 『대중의 국민화－나치즘에 이르는 정치 심볼과 대중문화大衆の国民化－ナチズムに至る政治シンボルと大衆文化』, 柏書房, 1994.

5) 『세외 이노우에공 전기 제5권世外井上公伝 第五巻』, 原書房, 1968.

6) 大日方純夫, 『경찰의 사회사警察の社会史』, 岩波書店, 1993.

7) 加藤哲郎, 『코민테른의 세계상－세계 정당의 정치학적 연구コミンテルンの世界像－世界政党の政治学的研究』(青木書店, 1991) 중에서 加藤 자신이 번역한 글 인용.

8) エリック・ホブズボーム, 河合秀和 역, 『20세기의 역사－극단의 시대 상二〇世紀の歴史－極端の時代 上』, 三省堂, 1996.

9) 大杉栄, 「자기획득의 운동自己獲得の運動」, 『노동운동労働運動』, 1919.10.6.

10) 大杉栄, 「지식인 계급에게 호소한다知識階級に与ふ」, 『노동운동労働運動』, 1920.1.1.

11) 山川均, 「중산계급 멸망론中産階級滅亡論」, 『개조改造』, 1920.12.

12) 無署名, 「노동자가 보는 노동문제労働者の観たる労働問題」, 『신고베新神戸』, 1918.10.15.

13) 無署名, 「국운과 노동문제国運と労働問題」, 『노동자신문労働者新聞』, 1919.11.15.

14) 無署名, 「하라 내각에 묻는다原内閣に質問あり」, 『노동자신문労働者新聞』, 1920.4.15.

15) 有島武郎, 「잡담雑信一束」, 『우리들我等』, 1922.3.

16) 위의 글.

17) 福本和夫, 「유럽의 무산계급 정당조직 문제의 역사적 고찰欧州における無産者階級政党組織問題の歴史的考察」, 『마르크스주의マルクス主義』, 1925.4.

347

18) 위의 글.

19) 위의 글.

20) 栗原幸夫,『프롤레타리아 문학과 그 시대プロレタリア文学とその時代』, 平凡社, 1971.

21) 福本和夫,「당면한 임무当面の任務」,『마르크스주의マルクス主義』, 1926.7.

22) 栗原幸夫,『프롤레타리아 문학과 그 시대プロレタリア文学とその時代』, 平凡社, 1971.

23) 日本共産党中央委員会,『일본 공산당 70년 상日本共産党の七〇年 上』, 新日本出版社, 1994.

24) 大日方純夫,『경찰의 사회사警察の社会史』, 岩波書店, 1993.

25) 위의 책.

26) 岩井忠熊,『근대 천황제의 이데올로기近代天皇制のイデオロギー』, 新日本出版社, 1998.

27) 荻野富士夫,『쇼와 천황과 치안유지체제昭和天皇と治安維持体制』, 新日本出版社, 1993.

28) 山川均,「방향전환의 위험성方向転換の危険性」,『마르크스주의マルクス主義』, 1924.6.

29) 『山田郎,『대원수 쇼와천황大元帥 昭和天皇』, 新日本出版社, 1994.

30) 위의 책.

31) 荻野富士夫,『쇼와 천황과 치안유지체제昭和天皇と治安維持体制』, 新日本出版社, 1993.

민속학과 향토사상

1) 岩竹美加子 編訳,『민속학의 정치성民俗学の政治性』, 未来社, 1996.8, 35면.

2) 『민간전승론民間伝承論』, 共立社書店, 1934.8. "지금까지 민간전승 연구는 그 조사자가 향토인이 아닌 경우가 많았기 때문에 미흡한 점이 상당히 많았다. 일국민속학이 완성되기 위해서는 먼저 향토연구가 향토인에 의해 정밀하게 이루어지지 않으면 안 되는 이유가 여기에 있다"(全⑧68)는 사고 방식에서 이를 엿볼 수 있다.

3) 차이를 더 큰 공동성(문화, 전통, 일본 등)으로 회수시켜 버리는 '민속학'적 비판의 시각에서 볼 때, 방법론 차원으로 비판을 확장하는 것이 틀린 것은 아니다. 그러나 그것은 '조사하려하고', '알려하고', '쓰는' 것 자체가 억압받기 쉬운 상황으로 논의를 일반화시켜 버릴 위험성을 갖고 있다. 사실 이것은 통제가 안 되는 상황에서 지나치게 남용되어, 비판이 없었던 때보다 더 무기력한 정체로 이어질 우려가 있다. 마쓰다 모도지松田素二는 '라이팅 컬처Writing Culture' 혁명의 진행 속에서 나타난 '상퀼로트sans-culotte(프랑스 혁명 당시 파리를 중심으로 의회 밖에서 독자의 정치운동을 전개한 도시 민중—역주)'들의 폭주를 적확하게 비판하였다. 이 일군의 '포스드모던파'는 실험적인 민족지民族誌의 시도조차 미온적인 타협의 산물이라고 '숙청'해 버림으로써 관념상으로는 인류학을 일거에 해체시켜 버렸다. 그들에게 있어 모든 '사실'은 '허구'에 지나지 않으며, 온갖 경험적 실제는 "회의의 대상조차 되지 않는 해체되어야만 하는 허구"에 불과했다. "이리하여 모든 경험, 모든 본질, 모든 권력 작용을 거절하는 끝없는 허무가 문화연구의 주역이 되었다."(松田素二,『저항하는 도시抵抗する都市』, 岩波書店, 1999, 224면)

4) 공통성을 찾기에만 치우쳐있다는 지적 자체는 민속학 내부에서 이미 야나기타 쿠니오의 주권론이나 수첩조사를 비판하는 과정에서 전개되었다. 그러나 이것은 야나기타를

비판한 논리가 너무 엉성하고, 마찬가지로 폭력적인 추상이라는 점에서 민속학 자체가 유죄 선고를 받았던 때 야나기타의 민속학은 일본 민속학이 아니라는 논리로 문제를 살짝 회피하는 정도의 심리적 안전장치 역할 밖에 하지 못했다.

5) 家永三郎, 「이와모토 요시테루『야나기타 쿠니오의 농정학』을 둘러싼 잡감岩本由輝『柳田国男の農政学』をめぐって雜惑」, 『사회과학 방법社会科学の方法』10, 2, 御茶の水書房, 1977.2, 7면.

6) 「음식물과 심장食物と心腸」(1932), 『음식과 심장食物と心腸』, 創元社, 1940.4.

7) 「향토연구와 향토교육郷土研究と郷土教育」(1933), 『국사와 민속학国史と民俗学』, 六人社, 1944.3.

8) 이 말은『타이완민속民俗台湾』3, 12(1943.12) 좌담회 「야나기타 쿠니오 씨에 관하여柳田国男氏を囲みて」의 부제에 나타난다. 야나기타 쿠니오 자신이 타이완에는 다양한 민족이 있기 때문에 "대동아권 민속학을 전개하는데 있어 좋은 연습대상이다"(4면)라고 말했다. 가와무라 미나토川村湊의 『「대동아민속학」의 허와 실「大東亜民俗学」の虚実』(講談社, 1996.7)은 이 한마디에 주목하여 비교민속학의 억압자라는 비판을 전개하였다. 그러나 '대동아'라는 말 자체가 갖는 전후에 찍힌 낙인 그대로, '일국민속학' 비판 논리를 말만 바꿔 사용하는 데 지나지 않는다는 점에서 단선적이다. 동시기의 다양한 글에서 자주 등장한 '대동아'라는 말이 사용된 맥락을 검토하는 작업이 반드시 필요하다. 예를 들면, 『불의 옛날火の昔』 3판(1948.2)에서 개정 4판(1950.9) 사이에 '대동아권 안의大東亜圏内の'라는 말을 신중하게 바꾼 것의 의미도, 은폐라는 호기로운 결론을 내리기 전에 검토할 필요가 있다. 가와무라 미나토가 『「대동아민속학」의 허와 실』 마지막 부분에서 전망한 '대동아민속학의 해체'가, 요컨대 "동아시아 안에 병행적으로, 결코 우열 관계도 아닌, 지배·피지배 관계도 아닌, 관심과 흥미를 가지고 진전시킨 '학적学的' 창조의 분야"(237면) 창설이라는 인식은 분명 옳다. 또 가와무라 미나토가 "문화의 전파나 영향 관계를 생각할 때, 이것을 상하 우열의 관계로 즉흥시켜버리는 것은 잘못이며, 또 어떤 국가, 어떤 민족의 사상事象을 끄집어내, 그것을 전체적인 문화의 구조체에서 '절취하여' 예증하는 것은 특히 신중해야만 한다"(13면)고 전제하는 것에 대해서도 이의가 전혀 없다. 가와무라 미나토는 야나기타 쿠니오의 학문에 대해 엄격한 요구를 하고 있다. 그러나 나는 이러한 요구에 실린 가와무라 미나토의 기대와 향토연구라는 학문에 대한 고집스러운 야나기타의 기대가, 가와무라 미나토의 생각만큼 이질적이거나 거리가 먼 것이라고 생각하지 않는다.

9) 특히 천황제에 관해 인용한 부분은 일부러 속임수를 썼다. 야나기타가 말한 본래의 맥락은 '교육칙어'로도, '신민양성臣民養成'으로도, '존귀한 중심 의식'으로도 설명하기 어려운 부분이 있는데, 그 때문에 향토연구나 향토교육이 필요하다고 보고 있다. 따라서 이러한 인용은 단순한 단어 채집이라는 의심이 든다.

10) 이시이 마사미石井正己는 여러 번에 걸쳐 철저한 수정을 거친 새로운『야나기타 쿠니오 전집柳田国男全集』(筑摩書房, 1997.10부터 간행 중) 편집위원의 한 사람으로 교정을 담당했다. 그는 이런 소모적인 '이데올로기 논쟁' 때문에 텍스트의 발생학적 연구가 정체되었다고 보았다. "1990년대에 들어와 야나기타 쿠니오는 누구나 한마디씩 하는 비판의 대상이 되었다. 그러나 비판하는 자도, 옹호하는 자도, 야나기타 쿠니오의 전체상을 조금도 파악하지 못하고 있다"(「텍스트로서의 야나기타 쿠니오テクストとしての柳田国男」, 『민속학을 이해하다民俗学がわかる』, 朝日新聞社, 1997.12, 67면)라고 하였다.

11) 야나기타 쿠니오의 '식민지주의'에 관한 무라이 오사무村井紀의 이데올로기 비판은 설령 논증이 어느 정도 결여되었다 하더라도, 국가 비판의 문제 설정 측면에서는 여전히 유효하다. 그러나 논증 방법도, 비판과 검증의 전망도 제시하지 않았다는 점에서 선동에 불과하다는 사실을 우리들은 과연 얼마나 자각하고 있었을까. 더욱 무라이 오사무가 「무의식적인 위선無意識なる偽善」,『계간 야나기타 쿠니오 연구季刊柳田国男研究』 5 (白鯨社, 1974.4)에서 스스로 논했을 정도로 '형용사 과잉'에 주의를 기울였다면 그 정도까지는 이르지 않았을 것이다.

12) 佐藤健二,『역사사회학의 방법歴史社会学の作法』, 岩波書店, 2001, 77~79면.

13) 모든 것을 담았다고 보기에는 다소 문제가 있지만, 지금까지 야나기타 쿠니오의 방대한 텍스트에 대해 이보다 나은 공개적 검색 도구는 없기 때문에 이를 통해 확인할 수밖에 없다. '일국민속지학'이란 말은 3곳에서 나온다. 그 중 정본 제24권 63면과 정본 제25권 478면에 대하여 이 말이 쇼와 6년(1931)과 쇼와 19년(1944)의 논고에서 사용되었다고 하는 것은 경솔하다. 이 두 곳은 단행본 수록 텍스트와 그 말이 맨 처음 나온 텍스트를 부주의하게 하나로 묶은 결과이기 때문에 재수록으로 취급해야 한다. 다시 말해 정본이 채용한 편집 방침으로 보아도 이것은 동일한 것으로 보고 별개로 간주해서는 안 된다.

14) 『민간전승론民間伝承論』에서 야나기타 쿠니오가 직접 집필한 부분은 서론과 제1장뿐이라고 여겨, 정본에서는 제2장 이하를 수록하지도 않았다. 따라서 색인 역시 제2장 이하에서는 '일국민속학'이란 말을 싣지 않았다.

15) 민속학 저작이라고 한 이유는 민속학 이전에 다루어진 농정학도 그 기본 골격이 민속학과 다르지 않다는 점에서 취급되었기 때문이다. 佐藤健二,『역사사회학의 방법歴史社会学の作法』, 岩波書店, 2001, 2장 77~79면 참조.

16) 「향토연구와 향토교육郷土研究と郷土教育」(1933),『국사와 민속학国史と民俗学』, 六人社, 1944.3.

17) 이 방법론 측면에서 제기된 비판은, 국내외를 불문하고 일관되게 준수되고 있는지, 현재의 직관적 사실 이외의 자료를 빌리지 않았는지, 관찰과 실험 등에 의한 많은 자료 수집, 정확한 분류, 면밀한 비교에 근거해서 법칙을 발견하고 있는지, 대상의 비중이 주관에 의해 변하지 않는 일관된 가치 평가를 가지는지 등(全⑧25~26), 근대 과학의 고지식하기까지 한 기본적인 태도를 이야기하고 있다. 오늘날 포스트모던적 관점으로 그 근본을 낡은 근대 과학주의라고 이름 붙인 것만으로 그것을 뛰어넘은 것처럼 말하는 담론은 방법론이 가져야할 위상을 잘못 이해한 것이다.

18) 『국사와 민속학国史と民俗学』(1944.3)을 단행본으로 발행하면서 쓴 '서론'(全⑭)에서, 십 수 년 전에『향토연구의 장래郷土研究の将来』를 쓸 때만 하더라도 민속학과 민족학이라는 두 학문을 쉽게 접속시킬 수 있는 것으로 낙관하였다고 회고했다. 따라서 당시의 '완전한 분업'을 계속되는 문제 상황으로 보았다. 민족학이 '관립 연구소와 공인된 학회'를 갖추며 제도화된 것에 비해 민속학은 불확실한 미래의 효용밖에 없다고 야나기타가 생각했던 점도 흥미롭다.

19) 정본에 수록된 텍스트에서 이 '하나의 민속학'은 '하나의 세계민속학'으로 바뀌었다. 이러한 조치의 근거를 텍스트를 통해 확인하지는 못했지만, 세이조대학 민속학연구소成城大学民俗学研究所가 소장한 가장본家蔵本 등에 야나기타 쿠니오 자신이 정정하여 기입한 것

도 있지 않았을까.

20) 이 문제는 전후 이시다 에이이치로石田英一郎와의 관계에서 다시 한 번 다루어지게 된다.

21) 우선 제목에 '향토' 또는 '향토연구'라고 한 논고들을 고찰의 단서로 삼았다. 야나기타 쿠니오 학문이 향토라는 말을 어떻게 자리매김 했는가를 본격적으로 고찰하기 위해서는 많은 준비가 필요하다. 왜냐하면 텍스트 내부에서는 이것이 거의 보통명사로 사용되기 때문에 상당히 힘든 작업이다. 솔직히 빠진 것이 많아 만족스럽지 않은 정본 색인조차도 그 관련어(예를 들면, 향토완구鄕土玩具, 향토교육, 향토연구, 향토예술, 향토사, 향토지鄕土誌, 향토인, 향토조사, 향토지리, 향토무용鄕土舞踊, 향토문예 등)는 너무 많아서 그 하나하나를 찾기도 벅차다. 여기에서는 본격적인 내용분석에까지 이르지 못했다.

22) 예를 들면, 편집자가 쓴 무기명의 「향토연구의 기운鄕土硏究の気運」(1913.6)(全㉔276), 「도호쿠와 향토연구東北と鄕土硏究」(1930.6)(全㉘301), 「향토연구의 장래鄕土硏究の将来」(1931.9)(全⑭128~130) 등.

23) 반드시 야나기타 쿠니오가 썼다고는 단정할 수 없다는 것, 다시 말해 『향토연구』 편집자가 쓴 무기명의 글이 새로운 『야나기타쿠니오 전집柳田国男全集』에 수록된 것을 이상하게 생각할 지도 모른다. 이러한 수록의 논리에 대해서는, 새롭게 주의를 기울여 '전집'이란 원래 어떤 기능을 담당해야 하는 자료 집성인가라는 전제부터 논할 필요가 있지만, 가장 기초가 되는 방침에 대한 설명은 『야나기타쿠니오 전집』 제24권 「향토연구鄕土硏究」 해제(662~668면)를 참조

24) 「오사카 향토연구大阪の鄕土硏究」, 『향토연구鄕土硏究』 2-9, 1914.11.

25) 「향토연구라는 문자鄕土硏究という文字」, 『향토연구鄕土硏究』 3-1, 1915.3.

26) 「향토연구의 두 세월鄕土硏究の二星霜」, 『향토연구鄕土硏究』 2-12, 1915.2.

27) 『민속예술民俗芸術』 4-5, 1931.9. 이 「발간사発刊の言葉」는 야나기타 쿠니오의 「향토과학에 대하여鄕土科学に就いて」(全㉘414~420) 해제 자료로 전문이 인용되어 있다.

28) 이 시기 향토교육에 대한 연구는 교육사 분야를 중심으로 많았지만, 한편으로 그 획일성 또한 비판받기 시작하였다. 『향토교육운동 연구鄕土敎育運動の硏究』(思文閣出版, 1998.2)에서 이토 준로伊藤純郎는 문부성 주도의 운동으로 "향토를 교육의 목표로 삼고, 향토에 관한 지식 관념을 부여하고, 향토애를 각성하고, 조국애를 함양하는 것을 주목적으로 한" 것은 민중 교화를 위한 지배정책이라 하면서 부정하고 게다가 "객관적·과학적" 실천을 강조한 향토교육연맹을 "주관적·감정적"으로 향토교육을 추진한 국가와 사범학교 계통의 실천에 대해 대항하는 존재로 평가하는 것이 도식적인 '정설'이 되었다고 한다. 이토 준로는 야나기타 쿠니오의 향토교육론에 기대여 정설 = 이론적 틀을 되풀이 할 뿐인 중앙추종형의 향토교육운동사 인식을 비판하고, 지역의 실태에 대한 관찰과 분석을 진행하였다. 마찬가지로 고쿠니 요시히로小国喜弘의 『민속학운동과 학교교육民俗学運動と学校教育』(東京大学出版会, 2001.12)은 향토에서 그 교육의 실천을 담당했던 사람들을 발굴해서 그 실태를 분석하였다.

29) '향토'라는 제목은 『퇴독서력退読書歴』(書物展望社, 1933.7)에 수록할 때 들어간 것으로, 신문(『岩手日報』, 1926.9.20~10.8 게재)에 제일 처음 그 말을 실을 단계에서는 "책 이야기"라는 간단한 것이었다. 제목이 수정되었다는 점에서 1930년대 향토교육 붐에 대한 의

식을 읽을 수 있다.

30) 小原敏丸, 「남부총서간행에 관하여南部叢書刊行に就て」, 『岩手毎日日報』, 1926.7.23; 小原敏丸, 「다시 남부총서간행에 관하여再び南部叢書刊行に就て」, 『岩手毎日日報』, 1926.9.14~16 게재.

31) 小原敏丸, 위의 글, 1926.7.23.

32) 『고서적 재고 목록 일본지편古書籍在庫目録 日本志篇』(巖松書店古典部, 1928.8)에 있는 서문은 이후 『퇴독서력退読書歴』에 수록됨.

33) 여기에서 인용한 '일본처럼'이라고 예를 한정한 것은, 야나기타 쿠니오가 다른 나라의 상황을 잘 모르면서 내린 속단이며, 또 그것은 단지 수사학적 효과만을 가지고 있을 뿐이라고 말할 수 있다. 그러나 불균등한 인식 그 자체를 발견했다는 점에서 가치가 낮다고는 말할 수 없다.

34) 「향토사연구에 대한 희망郷土史研究に就いての希望」, 『역사교육歴史教育』 5-7, 歴史教育研究会, 1930.9.

35) 주체화라는 관점에서 야나기타 쿠니오가 다이쇼 말기부터 쇼와 초기까지 열성적으로 논한 '향토무용', 특히 그 구경거리 비판에 대해 논하는 것은 이 맥락에서도 중요하지만 아직 준비가 미흡하여 향후 과제로 남기고자 한다.

36) 이런 의미에서 나는 민속학 운동이 '계몽의 프로젝트'였다는 인식에 기본적으로 반대하지 않는다. 나는 『독서공간의 근대読書空間の近代』(弘文堂, 1987)에서 야나기타 쿠니오를 다음과 같은 관점으로 논했다. 야나기타는 "향토를 연구 대상으로 한 것이 아니다" 즉 "향토를 연구하려 한 것이 아니라 향토인 것을 연구하려고 한 것이다"(강조는 원문에 따른 것임, 全⑭145)라고 했다. 나는 이 말을 사고방식으로서의 말의 역할과 중첩시켜 "말을 생각하는 것이 아니라, 말로 무엇인가를 생각한다"라고 하는 방법론의 국면에서 해석했다. 결국 '향토'는 신체의 현장이며 사고의 미디어이다.

37) 야나기타 쿠니오菅沼可児彦, 「향토지편찬자의 주의사항郷土誌編纂者の用意」, 『향토연구郷土研究』 2-7, 1914.9; 미나카타 쿠마구스南方熊楠, 「『향토연구』 기자에게 주는 글郷土研究」の記者に与ふる書」, 『郷土研究』 2-5~2-7, 1914.7~9. 편지를 주고받은 것은 5월이다. 주고받은 서신 전체는 飯倉照平 編, 『야나기타 쿠니오와 미나가타 쿠마구스가 주고받은 서간집柳田国男方態楠往復書簡集』(平凡社, 1976.3) 참조.

38) 그 외에도 원고료 문제나, 전前 편집자인 다카기 토시오高木敏雄를 사이에 둔 마나카타 쿠마구스 논고의 취급을 둘러싼 이견 등 여러 가지 고려해야 할 것들이 있다. 더욱이 미나카타와 야나기타의 논쟁을 공평히 평가하기 위해서는 왕복 서신에 나타난 노골적인 대립 논점을 추적하는 섯만으로는 충분하지 않다. 양쪽 모두 고집 센 인물이고, 또 두 사람 모두 복잡한 문체를 사용했기 때문에 이 토론의 해석 그 자체에 초점을 둔 논고가 필요하다. 이 글에서 확인하고자 하는 것은 소위 논쟁 자체의 평가가 아니라 이 토론을 통해 향토연구가 수행되는 조건이 명확해졌다는 데 있다.

39) 「도쿠시마현의 향토연구徳島県の郷土研究」(全㉔295), 「난키향토연구南紀郷土研究」(全㉔416)에서 지방 민간 잡지에 주목하는 등도, 이러한 관섬에서 생각할 수 있다.

40) 『향토연구郷土研究』 초기부터 힘을 쏟은 '지상문답紙上問答'은 실현되지 못했지만 '단행본으로 만들 계획一冊子となる計劃'(全㉔558)이 1915년(다이쇼4) 7월 무렵에는 있었다. 이 잡지

안에 설정된 기능은『민간전승民間伝承』의 '작은 문제의 등록小さい問題の登録'이라는 이념
에까지 이어진다.

41) 有賀喜左衛門,「민속학의 본질民俗学の本質」,『민속학民俗学』1-3, 岡書院, 1929.9.

42) 佐藤健二·船曳建夫,(対談)「야나기타 쿠니오 만들기 복수의 야나기타 쿠니오가 있다メーキング·オブ·柳田国男 複数の柳田国男かいる」,『지쿠마ちくま』320·321, 筑摩書房, 1997.11·12.

일상성 / 이상성의 문화와 과학

1) 「부현사료 '민속·금령'府県使料 '民俗·禁令'」,『일본서민생활사료집성 21日本庶民生活史料集成21』, 三一書房, 1979. 인용의 경우 가타카나명을 히라가나명으로 구 가타카나 사용을 현대 가타카나 사용으로 고치고 마땅히 구독점을 보충했다. 이하 동일.

2) 『메이지문화전집 20明治文化全集 20』, 日本評論社, 1929.

3) 中野操 編著,『니시키에의학민속지錦絵医学民俗誌』, 金原出版, 1980.

4) 原武史,『다이쇼천황大正天皇』, 朝日新聞社, 2000.

5) 『하라 타카시 일기 5原敬日記 5』, 福村出版, 1965.

6) 主婦の友社 編,『데이메이 황후貞明皇后』, 主婦の友社, 1971.

7) 『메이지문화전집 18明治文化全集 18』, 日本評論社, 1928.

8) 岡田靖雄,『사설마쓰자와병원사私設松沢病院史』, 岩崎学術出版社, 1981; 富田三樹生,『정신병원의 저류精神病院の低流』, 青弓社, 1992.

9) 岡田靖雄他,「사택 감치의 운명私宅監置の運命」,『정신의학精神医学』7권6호, 1965 참조.

10) 河井弥八,『쇼와초기의 천황의 궁중 1昭和初期の天皇の宮中 1』, 岩波書店, 1993.

11) 呉秀三·樫田五郎,『정신병자 사택감치의 실황 및 통계적 관찰精神病者私宅監置ノ実況及ビ其統計的観察』(1918), 創造出版, 1973.

12) 秋田昌美,『성의 엽기모던性の猟奇モダン』, 青弓社, 1994.

13) 羽太鋭治,『성욕 및 생식기 연구와 질병요법性欲及生殖器の研究と疾病療法』, 大東書院, 1920.

14) 『요시야 노부코 전집 1吉屋信子全集 1』, 朝日新聞社, 1975.

15) 川崎賢子,「이슬 맺힌 꽃의 멜랑콜리露おく花のメランコリー」,『이마고イマーゴ』, 1991.8.

16) 唐沢俊一,『미소녀의 역습美少女の逆襲』, ネスコ, 1995 인용.

17) 羽太鋭治,『현대여성의 성욕생활現代女性の性欲生活』, 南海書院, 1928.

18) 「딸, 아내, 그리고 어머니의 위생독본娘と妻と母の衛生読本」,『주부지우主婦之友』, 1937.8 부록.

19) 「소녀들과 죽음의 좌담회少女達と死の座談会」,『부인공론婦人公論』, 1933, 4.

20) 西浦とめ,「대자연의 품으로 돌아간 친구에게大自然の中に還った友に」,『부인공론婦人公論』 1933.4.

21) 豊田春樹,「동성애에 흔들리는 처녀同性愛に散り行く処女」,『부인공론婦人公論』, 1933.10.

22) 杉田直樹,「동성을 사랑하는 마음同性を愛するこころ」, 高良富子,「여자교육과 동성애 문제'女子教育と 同性愛'の問題」,『부인공론婦人公論』, 1933.10.

23) 永嶺重敏,「전전의 여성독서조사戦前の女性読書調査」,『출판문화出版文化』19호, 1988.

24) 田辺聖子, 『꿈속 저 멀리 요시야노부코 상ゆめはるか吉屋信子 上』, 朝日新聞社, 1999에서 인용.

25) 松山巌, 『란포와 도쿄乱歩と東京』, PARACO 출판국, 1984.

26) 加太こうじ, 『쇼와범죄사昭和犯罪史』, 現代史出版社会, 1974.

27) "엽기왕猟奇王", "엽기는 달린다猟奇は走る"는 川崎ゆきお의 『엽기왕猟奇王』(プレイガド ジャーナル社, 1979)을 따름.

28) 「고한록艶恨録」, 前坂俊之 編, 『아베 사다수기阿部定手記』, 中公文庫, 1998.

29) 赤神良譲, 「첨단의 심리학尖端の心理学」, 『현대엽기첨단도감現代猟奇尖端図鑑』, 新潮社, 1931.

30) 栗津潔他, 『아베 사다-쇼와 11년의 여자阿部定-昭和十一年の女』, 田畑書店, 1976.

31) 栗津潔他, 「아베 사다·사카구치 안고 대담阿部定·坂口安吾対談」, 『아베 사다-쇼와 11년의 여자阿部定-昭和十一年の女』, 田畑書店, 1976.

32) 「헌병사령부자료憲兵司令部資料」, 『근대서민생활지 4近代庶民生活誌 4』, 三一書房, 1985.

황화론과 우생학

1) Wilhelm Schallmayer, "Unzeitgemäße Gedanken über Europas Zukunft" in : *Archiv für Rassen-und Gesellschaftsbiologie*, Bd. 11(1914), S.449~456.

2) Wilhelm Schallmayer, "Der Krieg als Züchter" in : *Archiv für Rassen-und Gesellschaftsbiologie*, Bd. 5(1908), S. 364~400.

3) H. Gollwitzer, *Die gelbe Gefahr : Geschichte eines Schlagworts*, Göttingen, 1962(瀬野文教 訳, 『황화론이 란 무엇인가黄禍論とは何か』, 草思社, 1999); 橋川文三, 『황화이야기黄禍物語』, 岩波現代文庫, 2000 등.

4) Walter Goetz Hg., *Briefe Wilhelms II. an den Zaren 1894~1914*, Berlin, 1920, S.10~13; 平川祐一, 「러 시아에 울려퍼진 '황화론'-독일황제 빌헬름이 러시아황제 닉키에게 보낸 편지ロシアにこ だました'黄禍論'-独帝ウィリーから露帝ニッキーへあてた書簡」, 『교양학과기요教養科学紀要』 4, 1971, 29~49면에서 도쿄대학 교양학부 교양학과는 이것을 포함하고 있는 몇몇 서간의 영어원 문을 게재하고 해설해놓고 있다.

5) P. Dehn, *Weltpolitische Neubildungen, Berlin*, 1905, S.169.

6) U. Mehnert, Deutschland, *Amerika und die "gelbe Gefahr" : Zur karriere eines Schlagworts in der Großen Politik, 1905~1917*, Stuttgart, 1995.

7) 위의 책, S.9에서 인용.

8) 위의 책, S.251ff.

9) J.H.Wilson, "The Settlement of Political Affairs in the Far East" in : *Annals of the American Academy of Political and Social Science*, Vol.26(1905), pp.61~74.

10) 竹内好, 「아시아주의의 전망アジア主義の展望」, 『현대일본사상체계 9 아시아주의現代日本思 想体系 9 アジア主義』, 筑摩書房, 1963, 14면.

11) A. Iriye(入江昭), *Pacific Estrangement : Japanese and American Expansion, 1897~1911* Massachusetts, 1972, pp.104~105.

12) K. Kaneko(金子堅太郎), "Japan's Position in the Far East" in : *Annals of the American Academy of Political and Social Science*, Vol.26, 1905, pp.77~82.

13) 松村正義, 『포츠머스의 길－황화론과 유럽의 스에마쓰 켄초ポ－ツマスへの道－黄禍論とヨ－ロッパの末松謙澄』, 原書房, 1987, 188~194면에서 인용.

14) 鈴木善次, 『일본의 우생학日本の優生学』, 三共出版, 1983.

15) 松原洋子, 「우생문제・인구정책편・해설優生問題・人口政策編・解説」, 『성과 생식의 인권문제 자료집성 제15권性と生殖の人権問題資料集成 第15巻』, 不二出版, 2000, 1~7면. 또한 松原洋子・荻野美穂・斎藤光가 펴낸 같은 책 『자료집성資料集成』(전 35권, 2000)은 본문에서도 언급되어있는 海野幸徳 『일본인종개조론日本人種改造論』과 그 밖의 것들을 망라하고 있는, 아주 중요한 책이다.

16) H. Gollwitzer, Die gelbe Gefahr : *Geschichte eines Schlagworts*, Göttingen, 1962. S.219(瀬野文教 訳, 『황화론이란 무엇인가黃禍論とは何か』, 草思社, 1999, 238면).

17) 러일전쟁 당시, 요시노 사쿠조吉野作造는 황화론을 진화하기 위해서 분주했던 스에마쓰 켄초末松謙澄와 가네코 켄타로金子堅太郎와는 대조적으로 '상천생翔天生'이라는 이름으로 「크게 황화론이 일어날지어다人いに黄禍論の起れかし」라는 짧은 기사를 잡지 『신인新人』(1904.11)에 쓰고 있다. 요시노 사쿠조는 여기에서 "우리나라로 하여금 그들이(= 서양인) 아무리 하여도 우리나라의 실력을 존중할 수밖에 없는 지위에 올라가도록 하게" 하기 위해서도 "모든 방면에서 큰 노력이 있어야 하며, 황화론을 크게 일으키지 않으면 안된다"라고 주장한다. 『신인新人』의 같은 호에서는 "チャン・ヨウ・トン"이란 중국인의 글도 일어로 번역되었는데(「지나인의 황화론支那人の黄禍論」) 여기에서는 '황화'라는 말은 의화단사건 때 구미의 신문기자가 만들어낸 것으로, 이런 사건이 일어났던 배경을 잘 고려한다면, '황화'란 백인이 아시아에 초래했던 "황색인종의 재앙"이라는 의미라 할 만하며, "황색인종에 의해 일어나는 재앙" 등은 결코 아니고, "평화로운 아시아인종"이 서양에 필적할 만한 문화적 발전을 이루어 "구미인종을 압도할 때 그때 비로소 세계의 '황금시대'가 도래할 것을 알아야만 한다"는 주장을 전개하고 있다.

18) 제2차 세계대전 이전 조선인의 미국으로의 이민은 중국인이나 일본인에 비교해서 그 수는 현저히 적었다. 이는 다음과 같은 이유로 인한다(R・タカキ, 阿部紀子 石松久辛 역, 『또 하나의 아메리카 드림－아시아계 아메리칸의 도전もう一つのアメリカ・ドリーム －アジア系アメリカ人の挑戦』岩波書店, 1996, 53면 이하). 조선은 1905년에 일본의 실질적 식민지 지배하에 들어가게 된다. 그러자 일본정부는 하와이와 그 외에서 일본인 노동자와 경합하지 않도록 하기 위해서 그리고 미국 내에서 조선독립운동의 조직을 막기 위해서 조선인의 미국 이민을 금지했다.

19) R・タカキ, 阿部紀子 石松久辛 역, 『또 하나의 아메리칸드림－아시아계 아메리칸의 도전もう一つのアメリカ・ドリーム －アジア系アメリカ人の挑戦』, 岩波書店, 1996, 71면.

20) 永井松三, 『미일문화교섭사 5 이주편日米文化交渉史 5 移住編』洋洋社, 1955, 93면.

21) 『일본제국통계연감日本帝国統計年鑑』(내각통계국 편内閣統計局編)에 따라 각 연차를 작성했다. 단, 1937년에 관해서는 『쇼와국세총람昭和国税総覧』(동양경제신보사東洋経済新報社)에 게재된 수치를 대신 사용했다. 또한 여기서 말하는 '재류일본인在留日本人'이란 해당 년도에

해당한 지역에서 생활하던 일본인(항목 '내지인_{內地人}')이며 유학 등의 사람들도 포함하고 있으므로 반드시 '이민_{移民}'에 해당하는 것은 아니다. 또한 공백부분은 해당자가 없다는 것을 반드시 의미하는 것이 아니라 통계적인 범주가 아직 없었기 때문에 불분명한 경우를 포함하고 있다. 1937년의 '관동주_{關東州}'의 수치가 감소한 것은 이제까지 합산되었던 '만철부속지_{満鉄付属地}'의 수치가 '만주국_{満州国}'으로 옮겨져 계산되었기 때문이다. 결국 통계 범주가 바뀐 사실은 그 자체가 일본의 아시아 침략의 구체적인 궤적을 잘 드러내준다.

22) 三輪公使, 「도쿠토미 소호의 역사상과 미일전쟁의 원리적 개시—다이쇼13년 7월 1일 배일이민법실시를 둘러싸고_{徳富蘇峰の歷史像と日米戦争の原理的開始—大正十三年七月一日, 排日移民法の実施をめぐって}」, 芳賀徹 外 編, 『강좌 비교문학 5 서양의 충격과 일본_{講座 · 比較文学 5 西洋の衝撃と日本}』, 東京大学出版社, 1973, 183~210면.

23) G. Perkins, "Reason for Continued Chinese Exclusion" in : *North American Review,* Vol.183, No. 3, 1906, pp.16~17.

24) C. B. Davenport, *Hereditary in Relation to Eugenics*, New York, 1911, p.222.

25) 위의 책, p.221.

26) 위의 책, p.222.

27) 위의 책, p.223.

28) 尾崎秀実, 「동아협동체의 이념과 그 성립의 객관적 기초_{東亞協同体の理念とその成立の客観的基礎}」, 『중앙공론_{中央公論}』, 1939.1; 杉原正巳, 『동아협동체의 원리_{東亞協同体の原理}』, モダン日本社, 1939; 加田哲二, 『동아협동체론_{東亞協同体論}』日本青年外交協会出版部, 1939 등.

29) 橋川文三, 『황화이야기_{黄禍物語}』, 岩波現代文庫, 2000, 221~222면.

30) 中村尚美, 「일본제국주의와 황화론_{日本帝国主義と黄禍論}」, 『사회과학 토론과 연구_{社会科学討究}』第41巻第3号, 早稲田大学社会科学研究所, 1996.

31) H. Samson-Himmelstjerna, *Die Gelbe Gefahr als Moralproblem*, Berlin, 1902.

32) 위의 책, S.282.

33) 후쿠하라 요시에와 데루오카 기도가 유입에 힘썼던 유럽의 '사회위생학'의 계보에 대해서는 졸고 「근대사회와 죽음의 의료화(하권의 1)_{近代社会と死の医療化(下の一)}」, 『사상_{思想}』, 902, 1999.8에 개괄했다. 또한 독일이나 북유럽에서도 '사회위생학'이 우생학과 밀접한 관련이 있다는 것에 대해서는 졸고 「사회적인 것의 개념과 생명—복지국가와 우생학_{社会的なものの概念と生命—福祉国家と優生学}」, 『사상_{思想}』 908, 2000.2를 참조.

34) 海野幸徳, 『사회사업개론_{社会事業概論}』, 1927, 16면.

35) 海野幸徳, 『사회사업이란 무엇인가_{社会事業とは何ぞ}』, 内外出版, 1929, 17면.

36) 위의 책, 6면.

37) 一番ヶ瀬康子, 「사회사업학원리_{社会事業学原理}(1930)」, 吉田久一 編, 『사회복지고전총서 7 운노 코토쿠집_{社会福祉古典叢書7 海野幸徳集}』, 鳳書院, 1981, 620~622면.

38) 菅谷章, 『일본의료정책사_{日本医療政策史}』, 日本評論社, 1977, 116면.

39) 芹沢一也, 「'법'에서 해방되는 권력—범죄, 광기, 빈곤, 그리고 다이쇼 데모크라시_{'法'から解放される権力—犯罪, 狂気, 貧困, そして大正デモクラシー}」, 新曜社, 2001, 176면.

40) 엘버펠드 제도란 1853년에 독일 엘버펠드 시(현재 부퍼탈시의 한 구)에서 도입한 구빈위

356

원제도救貧委員制度(F. Tennstedt, *Sozialgeschichte der Sozialpolitik in Deutschland*, Göttingen, 1981, S.95ff). 이는 각 기독교단체에 의해 지금까지 실천되고 있다. ①적극적(빈민의 내방을 기다리는 것이 아니라 이쪽에서 그곳으로 감) ②지역한정 ③변별(내성적인 자와 뻔뻔한 자, 노동의 욕이 있는 자와 없는 자, 일하지 않는 고령자와 일가친척이 없는 아이 등에 대해 각기 다른 대응을 함) ④교육적(시설을 제공하는 것만이 아니라 노동과 검약을 교육하는 것)이라는 특징을 가진 구빈활동을 탈-종교화하여 제도화 한 것. 위원은 명예직으로 2주간을 최저단위로 하여 임무를 주고(연장가능) 4가족까지 담당하였다. 이 제도의 목적은 구빈을 위해 지출을 절감하는 것으로 따라서 위원의 가장 중요한 임무는 구빈의 대상에서 노동의욕이 없는 자나 게으른 자를 일소시키는 것, 부양의무자를 찾아내서 그 자에게 부양시키는 것이었다. 엘버펠드시의 이 제도는 브레멘(1862)에서 시작되어 뤼벡(1911)에 이르기 까지 독일 내의 총 19개 도시에서 공식적으로 도입되었다(G, Steinmetz, Regulating the Social : *The Welfare State and Local Politics in Imperial Germany*, Princeton University Press, 1933, 159면).

41) 一番ヶ瀬康子, 吉田久一 編, 『사회사업과 방면위원제도社会事業と方面委員制度』(1924), 『사회복지고전총서 2 오가와 시게지로집社会福祉古典叢書 2 小河滋次郎集』, 鳳書院, 1981, 180면.

42) 小河滋次郎, 『사회사업과 방면위원제도社会事業と方面委員制度』, 巖松堂書店, 1924, 229면.

43) 위의책, 252~253면.

44) 위의 책, 258면.

45) 위의 책, 271~272면.

46) 全国社会福祉協議会, 『민생위원제도50년사民生委員制度五十年史』, 全国社会福祉協議会 1968, 77~78면.

47) 厚生省五十年史編集委員会, 『후생성50년사 기술편厚生省50年史 記述編』, 財団法人 厚生問題研究会, 1988, 341면.

48) 위의 책, 343면.

49) 위의 책, 401면.

50) 1945년을 전후로 일본 우생정책의 발전에 대해서는 이미 松原洋子의 「'문화국가'의 우생학-우생보호법과 국민우생법의 단층·文化国家'の優生法ー優生保護法と国民優生法の断層」(『현대사상現代思想』, 1997.4, 8~21면)과 「중절규제완화와 우생정책강화-우생보호법재고中絶規制緩和と優生政策強化ー優生保護法再考」(『사상思想』, 1998.4, 116~136면)에서 구체적으로 검토하고 있다. 또한 전후의 '우생수술'을 되묻는 현재의 운동에 대해서는 졸고 「오명으로 물든 사람들汚名に塗れた人びと」(『미스즈みすず』, 1998.8, 14~22면)과 「복지국가의 우생학ー스웨덴의 강제불임수술과 일본福祉国家の優生学ースウェーデンの強制不妊手術と日本』(『세계世界』, 1999.5, 167~176면)을 참조할 것.

군중群衆 · 민중民衆 · 대중大衆

1) 이하 러일전쟁에 관련된 수치는 海野福寿, 『일본의 역사 18ー청일·러일전쟁日本の歴史 18: 日清·日露戦争』, 集英社, 1992를 참조했다.

2) 井上清, 「현대사의 시점現代史の視点」, 『일본사 연구입문日本史研究入門』 增補版, 東京大学出版会, 1951; 塩田圧兵衛·犬丸義一, 「히비야 소요―메이지기 일본인은 "굴욕강화"를 어떻게 받아들였는가日比谷の焼打―明治の日本人は"屈辱講和"をいかに迎えたか」, 『역사평론歴史評論』 39호, 1952.10 등.

3) 上杉重二郎, 「히비야 소요사건 연구를 위하여日比谷焼打事件の研究のために」, 『역사학연구歴史学研究』 184호, 1955는 앞서 인용했던 『오사카아사히신문大阪朝日新聞』의 「굴욕강화 발언집」에 대해, "그 기사는 자주 인용되어 직공·농민·상인·빈가의 강화조약에 대한 기분을 드러내는 것 같지만, 역시 신문기자의 감각에 의해 정리된 기사이며, 그 자체로 생생히 민중의 기대를 보여주고 있다고 말하기 어렵다"고 지적했다.

4) 中村政則·江村栄一·宮地正人, 「일본제국주의와 인민―9.5 민중폭동(히비야 소요사건)을 둘러싸고日本帝国主義と人民―"九·五民衆暴動(日比谷焼打事件)"をめぐって」, 『歴史学研究』 327호, 1967.

5) 武田晴人, 『일본의 역사 19―제국주의와 민본주의集英社版 日本の歴史 19：帝国主義と民本主義』, 集英社, 1992를 참조했다.

6) 井上清·渡部徹 編, 『쌀 소동 연구米騒動研究』 전5권, 有斐閣, 1959~1962.

7) 간토関東대지진 이래 문화의 대중화에 관해서는 島村 輝, 『주간 아사히백과·세계문학 95 대중의 시대週刊朝日百科·世界文学 95 大衆の時代』, 朝日文化社, 2001 등 다수의 연구가 있다.

오모토교大本教와 니치렌주의日蓮主義

1) ホセ·カサノヴァ, 津城寛文 역, 『근대 세계의 공공종교近代世界の公共宗教』, 玉川大学出版部, 1995, 58~84면; 津城寛文, 「집합적 종교에 동원되는 여러 자원(상)集合的宗教に動員される諸資源(上)』, 『神道宗教』 174, 1998, 84~93면.

2) ルードヴィヒリース, 原潔他 역, 『독일 역사학자의 천황국가관ドイツ歴史学者の天皇国家観』, 新人物往来社, 1988, 140~141면.

3) 八木公生, 『천황과 일본의 근대 상 헌법과 현인신天皇と日本の近代 上 憲法と現人神』, 講談社現代新書, 2001, 44, 47, 86~94면; 八木公生, 『천황과 일본의 근대 하 '교육칙어'의 사상天皇と日本の近代 下 '教育勅語'の思想』, 講談社現代新書, 2001, 8~16면.

4) 시대 구분은 鹿野正直·由井正臣 編, 『근대 일본의 통합과 저항 3 1911년부터 1931년까지近代日本の統合と抵抗 3 一九一一年から一九三一年まで』, 日本評論社, 1982, iii면.

5) 鹿野正直, 『다이쇼데모크라시의 저류―'토속'정신으로 회귀大正デモクラシーの底流―'土俗'的精神への回帰』, NHKブクス, 1973, 27면.

6) 위의 책, 16~21면.

7) 이무라 코지井村宏次의 『심령술가의 향연霊術家の饗宴』(心交社, 1984)이 효시이다. 이치야나기 히로타카一柳広孝의 『콧쿠리상'과 '천리안'―일본 근대와 심령학'こっくりさん'と'千里眼'―日本近代と心霊学』(講談社, 1994)은 이것을 대중문화 안에서 이어받았다. 최근 논집으로는 오다 스스무小田晋 외 편, 『변태 심리와 나카무라 쿄우―다이쇼 문화를 보는 새로운 시

　각 変態心理'と中村古峡－大正文化への新視角』가 있다. 종교학 논문은 일일이 열거하지 않는다.

8) ジャネット・オッペンハイム, 和田芳久 譯,『영국 심령주의의 대두英国心霊主義の抬頭』, 工作舍, 1992, 260면; 田中千代松,『신심령주의 연구－신심령주의·심령연구·초심리학의 계보新霊交思想の研究－新スピリチュアリズム・心霊研究・超心理学の系譜』, 共栄書房, 1971, 212~310면.

9) 柳宗悦,「과학과 인생科学人生」,『야나기무네요시전집 제1권柳宗悦全集 第一巻』, 筑摩書房, 1981, 5~8, 53~63, 114~117면; 柳宗悦,「종교 기적宗教的奇蹟」,『야나기무네요시전집 제2권柳宗悦全集 第二巻』, 筑摩書房, 1981, 385~387, 389~390, 406~414, 435, 444면; 鶴見俊輔,「해설 학문의 위치解説 学問の位置」,『야나기무네요시전집 제1권柳宗悦全集 第一巻』, 750면; 村岡影夫,「즉여의 길即如への道」,『야나기무네요시전집 제2권柳宗悦全集 第二巻』, 月報 5, 2면.

10) 浅野和生,『다이쇼데모크라시와 육군大正デモクラシーと陸軍』, 関東学園大学, 1994, 7~8, 65~66, 75, 86면.

11) 浅野和生,『다이쇼데모크라시와 육군大正デモクラシーと陸軍』, 関東学園大学, 1994, 54~55면.

12) 三好徹·近藤秀樹,「일본 혁명가의 맨얼굴日本的 革命家の素顔」,『일본의 명저 45권 미야자키 토텐·기타 잇키日本の名著 四五巻 宮崎滔天·北一輝』부록, 中央公論社, 1983, 5면.

13) 栗原彬,「일본의 민족종교 천황제日本民族宗教天皇制」, 岩波新書編輯部 編,『쇼와 종언昭和終焉』, 岩波新書, 1990, 201~203면.

14) 松本健一,『데구치 오니사부로－걸출한 카리스마出口王仁三朗－吃立するカリスマ』, リブロポート, 1986, 114면.

15) 鹿野正直,『다이쇼데모크라시의 저류－'토속' 정신으로 회귀大正デモクラシーの底流－'土俗'的精神への回帰』, NHKブクス, 1973, 39, 41~44, 46, 48, 50, 53~54, 59, 70~71, 88, 90면 이하.

16) 松本健一,『데구치 오니사부로－걸출한 카리스마出口王仁三朗－吃立するカリスマ』, リブロポート, 1986, 16~20면.

17) 安丸良夫,『데구치 나오出口なお』, 朝日新聞社, 1977, 6, 93, 100면.

18) 井上章,『광기와 왕권狂気と王権』, 紀伊国屋書店, 1995, 21~27면.

19) 木庭次守 編,『초승달빛 영계이야기 계시의 세계 데구치 오니사부로의 말씀모음新月のかけ 霊界物語啓示の世界 出口王仁三朗玉言集』, 日本文化研究所, 1988, 320, 494면.

20) 津城寛文,『진혼행법론－근대 신도 세계의 영혼론과 신체론鎮魂行法論－近代神道世界の霊魂論と身体論』, 春秋社, 1990, 135~196면.

21) 戴季陶, 市川広 譯,『일본론日本論』, 社会思想社, 1983, 105, 109, 111면.

22) 松本健一,『데구치 오니사부로－걸출한 카리스마出口王仁三朗－吃立するカリスマ』, リブロポート, 1986, 144~145면.

23) 松本健一,『신의 덫－아사노 와사부로, 근대 지성의 비극神の罠－浅野和三朗、近代知性の悲劇』, 新潮社, 1989, 45, 144, 200~201, 224면.

24) 위의 책, 138~144면.

25) 網島梁川,「내가 신을 본 체험予が見神の実験」,『현대일본문학대계 96 문예평론집現代日本文学大系 96 文芸評論集』, 筑摩書房, 1973, 12~16면.

26) 松本健一,『신의 덫－아사노 와사부로, 근대 지성의 비극神の罠－浅野和三朗、近代知性の悲劇』, 新潮社, 1989, 145면.

359

저자 주

27) 木庭次守 編,『초승달빛 영계이야기 계시의 세계 데구치 오니사부로로 말씀모음新月のか
け靈界物語啓示の世界 出口王仁三朗玉言集』, 日本文化研究所, 1988, 53, 55~56, 79~80, 149~150,
251, 344, 454, 458, 465, 477, 484, 486면.

28) 이런 정리는 '재야'에서 작업한 것들이 많다. 예를 들면 中矢伸一,『데구치 오니사부로－
오모토교 내부 신업의 진상出口王仁三朗－大本裏神業の真相』, KKベストセラーズ, 1997.

29) 小室直樹,『쇼와천황의 비극－일본인은 무엇을 잃었는가昭和天皇の悲劇－日本人は何を失った
か』, 光文社, 1989, 99면; 柄谷行人,『종언을 둘러싸고終焉をめぐって』, 福武書店, 1990, 15면.

30) 木庭次守 編,『초승달빛 영계이야기 계시의 세계 데구치 오니사부로의 말씀모음新月のか
け 靈界物語啓示の世界 出口王仁三朗玉言集』, 日本文化研究所, 1988, 69, 168, 350, 360, 394면; 松本
健一,『데구치 오니사부로－걸출한 카리스마出口王仁三朗－吃立するカリスマ』, リブロポー
ト, 1986, 32~38면; 中矢伸一,『데구치 오니사부로－오모토교 내부 신업의 진상出口王仁三
朗－大本裏神業の真相』, KKベストセラーズ, 1997, 41~44면.

31) 木庭次守 編,『초승달빛 영계이야기 계시의 세계 데구치 오니사부로의 말씀모음新月のか
け 靈界物語啓示の世界 出口王仁三朗玉言集』, 日本文化研究所, 1988, 48, 75, 80~84, 126면.

32) 위의 책, 74, 138, 215, 251, 262, 454, 458, 461, 486~487, 488, 493~494면.

33) 西山茂,「일본 근·현대에 있어서 국체론적 니치렌주의의 전개日本の近·現代における国体論的
日蓮主義の展開」, 玉井礼一郎 編,『이시하라칸지선집 1 중국 한커우에서 아내에게 보낸 편
지石原莞爾選集 1 漢口から妻へ(書簡)』, たまいらぼ, 1985, 2~3, 13, 21~22, 25면; 西山茂,「일본
근대와 불교－다나카 치가쿠의 '일본 국체론'을 중심으로日本近代と仏教－田中智学の'日本国体
論'を中心に」,『월간 아가마月刊アーガマ』107호, 1990, 47, 55면.

34) 田中巴之助,『일본 국체의 연구日本国体の研究』, 師子王文庫, 1922, 3~4, 22~24, 70, 72, 77,
138~139, 708, 733면.

35) 入江辰雄,『이시하라 칸지－'영구평화'의 선구자石原莞爾－'永久平和'の先駆者』, たまいらぼ,
1985, 213~215면.

36) 入江辰雄,『니치렌 성인의 대령과 이시하라 칸지의 생애日蓮聖人の大霊と石原莞爾の生涯』, 近
代文芸社, 1996, 1, 7, 10면; 石原莞爾,『최종전쟁론·전쟁사 대관最終戦争論·戦争史大観』, 中公
文庫, 1993, 53면.

37) 石原莞爾,『인류후사의 출발－이시하라 칸지 전후 저작집人類後史への出発－石原莞爾戦後著作
集』, 展転社, 1996, 211면; 入江辰雄, 위의 책, 1996, 12~14, 256~260면.

38) 石原莞爾,『최종전쟁론·전쟁사 대관最終戦争論·戦争史大観』, 中公文庫, 1993, 132면; 入江辰
雄,『이시하라 칸지－'영구평화'의 선구사石原莞爾－'永久平和'の先駆者』, たまいらぼ, 1985,
13~14, 81~82, 259~260면.

39) 玉井礼一郎 편,『이시하라칸지선집 1 중국 한커우에서 아내에게 보낸 편지石原莞爾選集 1
漢口から妻へ(書簡)』, たまいらぼ, 1985, 2~3, 13, 21~22, 25면.

40) 末木文美士,『니치렌입문日蓮入門』, ちくま親書, 2000, 45~46, 54~55면.

41) 石原莞爾,『최종전쟁론·전쟁사 대관最終戦争論·戦争史大観』, 中公文庫, 1993, 54, 143~144면;
石原莞爾,『인류후사의 출발－이시하라 칸지 전후 저작집人類後史への出発－石原莞爾戦後著作集』,
展転社, 1996, 223~227, 244~245면. 게다가 이시하라 칸지의 기일인 8월 15일은 종전일로,

센겐타이샤戎間大社의 제신인 고노하야사쿠야히메의 제일이며, 성모가 승천한 축일이기도 하다. 패전 후 전쟁 포기와 여성적인 천황상을 지지한 이시하라 칸지에 상응하는 기일이다. 실제로 오카와 슈메이가 그렇게 썼다. 大川周明, 「두 명의 법화경 행자二人の法華経行者」, 『改造』 32권 12호, 1951.11, 105면.

42) 玉井礼一郎 편, 『이시하라칸지선집 4 쇼와유신론 / 히틀러의 '나의 투쟁' 비판石原莞爾選集 4 昭和維新論 / マインカンプ批判』, たまいらぼ, 1985, 131, 159, 202~204, 「解説」 309~312면; 石原莞爾, 『최종전쟁론·전쟁사 대관最終戦争論·戦争史大観』, 中公文庫, 1993, 81~83면; 石原莞爾, 『인류후사의 출발―이시하라 칸지 전후 저작집人類後史への出発―石原莞爾戦後著作集』, 展転社, 1996, 42면.

43) 石原莞爾, 『인류후사의 출발―이시하라 칸지 전후 저작집人類後史への出発―石原莞爾戦後著作集』, 展転社, 1996, 81면.

44) 위의 책, 41, 270면.

45) 石原莞爾, 『최종전쟁론·전쟁사 대관最終戦争論·戦争史大観』, 中公文庫, 1993, 72~73면.

46) 石原莞爾, 『인류후사의 출발―이시하라 칸지 전후 저작집人類後史への出発―石原莞爾戦後著作集』, 展転社, 1996, 267~268면.

47) 위의 책, 231~237, 268~270면; 入江辰雄, 『이시하라 칸지―'영구평화'의 선구자石原莞爾―'永久平和'の先駆者』, たまいらば, 1985, 382면.

48) 長谷川義記, 『기타 잇키北一輝』, 紀伊国屋書店, 1969, 42, 57, 141~142, 147, 174, 184~185면.

49) 神島二郎, 「解説」, 『기타 잇키 저작집 제1권 국체론 및 순수사회주의北一輝著作集 第一巻 国体論及び純正社会主義』, みすず書房, 1959, 439면.

50) 長谷川義記, 『기타 잇키北一輝』, 紀伊国屋書店, 1969, 134면. 이 외에 松沢哲成 편, 『사람과 사상 기타 잇키人と思想 北一輝』, 三一書房, 1977, 45, 48, 51, 79면.

51) 松本健一, 「일본적 카리스마의 말日本的カリスマの言葉」, 松本健一 편, 『기타 잇키 신탁일기北一輝 霊告日記』, 第三文明社, 1987, 322면.

52) 田中智学, 『다나카치카쿠 자서전 제3권 내가 지나온 흔적田中智学自伝 第三巻 わか経しあと 三』, 師子王文庫, 1936, 154면.

53) 위의 책, 299, 327면.

54) 松本健一, 『기타 잇키 전설―그 죽음 이후北一輝伝説―その死の後に』, 河出書房新社, 1986, 53, 71면.

55) 大川周明, 「두 명의 법화경 행자二人の法華経行者」, 『改造』 32권 12호, 1951.11, 105~111면; 佐高信, 『황사의 낙토―이시하라 칸지와 일본인이 본 꿈黄沙の楽土―石原莞爾と日本人が見た夢』, 朝日新聞社, 2000, 280~285면.

학교음악은 어떻게 '국민'을 만들었는가

1) Benedict Anderson, 白石隆·白石さや 역, 『상상의 공동체想像の共同体』, リブロポート, 1987, 249면.

2) 下野私立教育会,『시모쓰케 사립교육회 잡지下野私立教育会雜誌』59, 1889.1.

3) 『사이타마 교육 잡지埼玉教育雜誌』87, 1890.12.

4) 山本信良·今野敏彦,『근대교육의 천황제 이데올로기近代教育の天皇制イデオロギー』2, 新泉社, 1987.

5) 森有礼,「사이타마현 심상사범학교에서의 연설埼玉県尋常師範学校における演説」, 大久保利謙編,『모리아리노리 전집 제1권森有礼全集 第一巻』, 宣文堂書店, 1972, 484면.

6) 井上武士,『창가의 연구수업唱歌の研究授業』, 賢文館, 1939, 123면.

7) 日本教育音楽協会 編,『우리나라 음악교육사本邦音楽教育史』4, 音楽教育書出版協会, 1934.

8) 石川県師範学校附属小学校 編,『과별 학습지도법의 최근 경향最近思潮各科学習指導法』, 明治図書, 1925, 454면.

9) 물론, 창가 중에도 '위로부터'의 음악의 특징을 가지는 것도 있다. 이점에 대해서는 졸고「상상의 '일본'想像の'にっぽん'」,『교육학연보4教育学年報 4』, 世織書房, 1995을 참조.

10) 村上泰亮,『반고전의 정치경제학反古典の政治経済学 上』, 中央公論社, 1992.

11) 歴史学研究会 編,『국민국가를 묻다国民国家を問う』, 青木書店, 1994.

12) 藤田英典,「교육의 공공성과 공동성教育の公共性と公同性」,『교육학연보 2教育学年報 2』, 世織書房, 1993.

13) 鬼頭清明, 歴史学研究会 編,「국민국가를 소급하다国民国家をさかのぼる」,『국민국가를 묻다国民国家を問う』, 青木書店, 1994.

14) 네이션의식과 컨트리의식에 대한 보다 상세한 이론적 고찰은 졸고「학교음악의 국민통합기능学校音楽の 国民統合機能」,『도쿄대학 교육학부 정기간행물東京大学教育学部紀要』34, 1994을 참조.

15) 나가노현 다카토마치 지역에서 실시한 조사는 다음의 두 가지다. ①은 필자가 개인적으로 실시한 조사이다. ②는 치바대학 교육학부 혼다 사호미本多佐保美 조교수가 대표인 초등학교 예능과芸能科 음악에 관한 연구 프로젝트에 필자도 참여하여 실시했던 것이다. 자료의 사용을 흔쾌히 승낙해 주신 혼다 사호미本多佐保美 조교수와 연구회 멤버들에게 감사드린다.

① 심상소학교 시절의 창가교육에 관한 조사

ⅰ) 설문조사 개요

조사 실시 시기 : 1998년 6월

조사대상자 : 다이쇼 9년도(1920) 소학교에 입학한 자부터 쇼와 14년도(1939)에 입학한 자까지.

샘플 사례 수 : 300개.

추출방법 : 연령별 주민대장에 의거한 무작위 계통추출

조사방법 : 우편 발송법

회수 개수 : 113개(회수율 : 37.7%)

ⅱ) 인터뷰조사 개요

인터뷰조사는 설문조사에 회답한 자 중 인터뷰조사를 승낙한 조사 대상자 14명을 대상으로 1998년 가을에 실시했다. 실제 인터뷰 현장에는 배우자나 친구 등이 참가한 경우도 있었기 때문에, 조사 대상자의 총 수는 30명 이상이 되었다.

　② 초등학교 시절의 음악교육에 관한 조사

　　 i) 자료조사

　　　 다카토 소학교에 보존되어 있는 국민학교 당시의 문서자료 열람·촬영에 의한 수집

　　 ii) 설문조사

　　　 조사 실시 시기 : 2001년 1월~2월

　　　 조사대상자 : 쇼와 12년도(1937) 소학교에 입학한 자부터 쇼와 17년도(1942)에 입학한
　　　 자까지.

　　　 샘플 사례수 : 650개

　　　 추출방법 : 연령별 주민대장에 의거한 무작위 계통추출.

　　　 조사방법 : 우편 발송법

　　　 회수 개수 : 218개(회수율 33.5%)

　　 iii) 인터뷰 조사 개요

　　　 인터뷰조사는 설문조사에 회답한 자 중 인터뷰조사를 승낙한 조사 대상자 24명을 대
　　　 상으로 2001년 3월에 실시했다.

　　　 또한 ①②와 함께, 녹음으로 된 자료와 노트에 기록한 자료를 병용했다.

16) 실제 이 시기에는 임의과목으로 한다는 부칙이 남아있다. 이 부칙을 삭제하고 정식으로
　　 필수화 한 것은 1926년 「메이지14년 소학교령」 개정 때이다.

17) 信州高遠学校百年史編集委員会, 『신슈다카토학교 백년사信州高遠学校百年史』 7, 信州高遠
　　 学校百年史刊行委員会, 1972.

18) 설문조사 자료, 인터뷰 자료에는 괄호 안에 소학교명과 입학연도, 자료 출처를 첨부했다.
　　 소학교명은 5개 마을에 대해서는 학교명을, 5개 마을 이외에 대해서는 나가노현 현 내에
　　 있을 경우에는 '나가노長野', 현 외의 경우에는 '기타'라고 표기했다. 입학연도는 다이쇼
　　 는 'T', 쇼와는 'S'라고 표기했다. 자료 출처는 설문조사의 경우에는 'E', 인터뷰의 경우에
　　 는 'I'라고 표기했다.

19) 창가과목 수업실시 현황의 상세한 내용은 졸고 「창가교육의 수용·소비와 국민의식에 관
　　 한 사회학적 고찰唱歌教育の受容·消費と国民意識に関する社会学的考察」, 『도쿄대학대학원 교육학
　　 연구과 정기간행물東京大学大学院教育学研究科紀要』 39, 1999을 참조.

20) 北原正幸, 『새싹若萌』, ほおずき書籍, 1998, 80면.

21) 다카토의 창가실 모습에 대해서는, 국민학교 시대의 음악교육에 관한 조사에서 수집했
　　 던 문헌자료, 설문조사, 인터뷰를 고우 하나코国府華子(도쿄예술대대학원 박사과정)가 정
　　 리하여, 일본 음악교육학회 제32회 대회 프로젝트연구 「음악교육사 연구의 재검토(2)音楽
　　 教育史研究の再検討(2)」에서 구두로 발표했던 「음악실의 설비에 대하여音楽室の設備について」를
　　 참고했다.

22) 小松ひろ子, 『교안 중심 창가 교수의 실제안教案中心唱歌教授の実際案』, 교육연구회, 1917, 212면.

23) 네이션의식과 컨트리의식을 엮어 창가 가사의 특징에 대해 더 상세히 논한 것으로는, 「상
　　 상의 '일본'想像の'にっぽん'」, 『교육학연보 4教育学年報 4』, 世織書房, 1995를 참조.

24) 白石隆·白石さや 역, 『상상의 공동체想像の共同体』 8장.

25) Antonio Gramsci, 山崎功 감수, 『그람시 선집 3グラムシ選集 3』, 合同出版社, 1962, 280면.

26) 山本信良·今野敏彦, 『근대교육의 천황제 이데올로기近代教育の天皇制イデオロギー』 2, 新泉社, 1987; 山本信良·今野敏彦, 『다이쇼·쇼와교육의 천황제 이데올로기 1大正·昭和教育の天皇制イデオロギー1』 8, 新泉社, 1976.

27) 山本信良·今野敏彦, 위의 책, 1987.

28) YiFu Tuan, 阿部一 역, 『개인공간의 탄생個人空間の誕生』 6, せりか書房, 1993.

29) 小松ひろ子, 『교안 중심 창가 교수의 실제안教案中心唱歌教授の実際案』 6, 교육연구회, 1917.

30) 井上武士, 『초등학교 예능과목 음악 정의国民学校芸能科音楽精義』 3-6, 教育科学社, 1940.

31) 두 교사에 대해서는, 국민학교 시대의 음악교육에 관한 조사에서 수집했던 문헌자료, 설문조사, 인터뷰를 후지이 야스유키藤井康之(도쿄대학원 박사과정)와 가쓰야 사치코勝谷祥子(도쿄예술대학 비상근강사)가 정리한 것을 참고했다.

32) 이런 방식으로 논의한 대표적인 것으로는 園部三郎·山住正己, 『일본 아이들의 노래日本の子どもの歌』, 岩波書店, 1962; 唐沢富太郎, 『교과서의 역사教科書の歴史』, 創文社, 1956 등이 있다.

33) 이것은 이데올로기보다 헤게모니라고 생각하면 이해하기 쉬울 것이다. 헤게모니를 보고, 이 점에 대해 이론적·실증적으로 고찰한 것으로서 졸고 「헤게모니 장치로서 창가과목의 성립과정ヘゲモニー装置としての唱歌科の成立過程」, 『교육사회학연구教育社会学研究』 60, 東洋館出版社, 1997을 참조

식민지의 표상

1) 노다 우타로野田宇太郎는 기타하라 하쿠슈 일행이 아마쿠사天草에서 두꺼비를 통째로 삼킨 큰 뱀과 맞닥뜨렸을 때의 기록에 대하여, "아프리카의 미개지 탐험이라도 하는 듯한, 대활극이라도 일어난 듯한 글쓰기"라고 빈정거렸다(『일본탐미파문학의 탄생日本耽美派文学の誕生』, 河出書房新社, 1975, 45면).

2) 木下杢太郎, 「메이지 말기의 남만문학明治末年の南蛮文学」, 『해석과 감상解釈と鑑賞』, 1942.5, 참조

3) 柊源一, 「해설解説」, 『기리스탄(기독교문학집 1吉利支丹文学集 1)』, 平凡社(東洋文庫), 1993, 참조

4) 메이지 시대, 국가주의가 대두한 1890년 전후에 활발하게 복간되었다. 海老沢有道, 『기독교남만문학입문キリシタン南蛮文学入門』, 教文館, 1991, 263면 참조

5) 「남만사흥폐기南蛮寺興廃記」, 江戸文学研究会 編, 『에도이야기江戸物語』, 三星社, 1915, 2~3면.

6) 위의 글, 5면.

7) 木下杢太郎, 「메이지 말기의 남만문학明治末年の南蛮文学」, 『해석과 감상解釈と鑑賞』, 1942.5.

8) 기노시타 모쿠타로 자신의 작품의 경우, 프랑스 근대예술운동뿐 아니라, 독일·오스트리아의 세기말 예술(후고 폰 호프만스탈, 리하르트 슈트라우스 등)이 짙게 투영되어있다. 남만 취미를 구현했던 대표작인 희곡 「남만사 문 앞南蛮寺門前」(1909)에서는, 교회 내 들려오던 음악을 "독일 근세 데카당스한 음악"이라고 표현하고 있어 이를 유추할 수 있다.

9) 木下杢太郎, 「'판의 모임'과 '옥상정원'·'パンの会'と'屋上庭園」, 『일본문학강좌 9권 신시문

학편日本文学講座 九券 新詩文学篇』, 改造社, 1934.

10) 磯田光一, 『사상으로서의 도쿄－근대문학사론 노트思想としての東京－近代文学史論ノート』, 国文社, 1978, 60면.

11) 木下杢太郎, 「메이지 말기의 남만문학明治末年の南蛮文学」, 『해석과 감상解釈と鑑賞』, 1942.5.

12) 『사종문邪宗門』에서 피의 은유에 관해서는 다음 책을 참조할 것. 横木德久, 「'피'의 변천－시집 『사종문』'血'の変遷－詩集『邪宗門』」, 『기타하라 하쿠슈－근대시의 토폴로지北原白秋－近代詩のトポロジー』, 思潮社, 1989.

13) 야마모토 타로山本太郎는 「나의 성장わが生ひたち」의 인용구절 앞뒤를 발췌하여, 그 문체가 가네코 미츠하루金子光晴의 『말레이－인도기행マレー－蘭印紀行』과 유사성을 갖는다고 지적하고 있다. 야마모토가 『말레이－인도기행』을 떠올렸던 것은, 「나의 성장」에 숨어있는 오리엔탈리즘적 무의식을 감지하고 있었기 때문은 아니었을까. 山本太郎, 『하쿠슈 편력白秋めぐり』, 集英社, 1982, 62~65면 참조.

14) 山田耕筰, 「해설解説」, 『야마다 코사쿠 명가곡전집 제1권山田耕筰名歌曲全集 第一券』, 日本放送出版協会, 1950; 『야마다 코사쿠 저작전집 1山田耕筰著作全集 1』, 岩波書店, 2001, 432면.

15) 위의 글; 위의 책.

16) 기타하라 하쿠슈는 『추억思ひ出』 시편과 같은 시기, 1909년에 미술잡지 『마음方寸』에 시 전체를 로마자로 써서 발표하기도 했다. 따라서 로마자 운동과의 관계 등을 고려해서 시를 해석해야 한다. 이에 관해서는 별도의 논고가 필요하다.

17) 『일본 근대문학대계 28 기타하라 하쿠슈 집日本近代文学大系 28 北原白秋集』(角川書店, 1970, 528면)에서 가와무라 마사토시阿村政敏가 쓴 '주석'을 참조.

18) 『바다 파도소리海潮音』에 번역되어 있는, 에밀 베르하렌이 쓴 르콩뜨 드 릴에 대한 소개문에는 '불감부각不感無覚', '적멸위락寂滅為楽' 등의 단어를 그의 사상적 키워드로 소개하고 있다.

19) 『노트 2ノート二』(『하기와라 사쿠타로 전집 제12권萩原朔太郎全集 第一二券』, 筑摩書房版, 1977)에 담긴 「애국시론愛国詩論」에는 "일본을 넘어선 일본이란 없고, 서양의 미美라 할지라도 일본에는 미치지 못하고, 하물며 일본의 시에도 미치지 못하고, 베를렌느, 말라르메 같은 무리든 큰 인물이든, 아직껏 물질의 핵심을 알지 못한다"라고 기술하고 있다. 다만, 시와 단가短歌라는 장르의 차이를 의문시하지 않았던 하쿠슈와는 달리, 사쿠타로는 이러한 문학적 내셔날리즘을 표방하는 것이 새로운 시에 대한 열정과 신고금 전통시에 대한 칭송 사이에 균열을 만들어내었다고 보았고, 그 시기 『노트』에는 그러한 갈등의 흔적이 생생하게 보인다. 오히려 「애국시론」과 동시대 경관론 내셔널리즘과의 관계에 대해서는 다음 책을 참조할 것. 쓰보이 히데토坪井秀人, 『하기와라 사쿠타로 론－"시"를 열다萩原朔太郎論－"詩"をひらく』, 和泉書院, 1989.

20) 기타하라 하쿠슈의 조카인 시인 야마모토 타로山本太郎는, 『후렙프·토릿프フレップ·トリップ』의 문체에 관하여 미야자와 켄지宮沢賢治 등과 비교하면서, 그 참신함에 몇 차례 오마쥬를 바쳤다. 山本太郎, 『언령－메이지·다이쇼의 가인들言霊－明治·大正の歌人たち』, 文化出版局, 1973; 山本太郎, 『하쿠슈 편력白秋めぐり』, 集英社, 1982; 山本太郎, 「『후렙프·토릿프』의 문체－그 약동미에 대하여『フレップ·トリップ』の文体－その躍動美について」, 『하쿠슈 전집

제19권白秋全集 第一九券』, 岩波書店 참조.

21) 나카무라 준中村淳은, 본래 특정한 지역을 가리키지 않는 '토착민'이라는 중립적인 의미조차 가지고 있지 않았던 '토인'이라는 용어와 그 개념의 변모에 관하여, 국어사전과 국정교과서를 중심으로 분석했다. 그는 메이지 말부터 다이쇼 초기에 걸쳐서 '토인' = 아이누 = '야만인'이라는 이미지가 형성되었다는 것을 다음의 책에서 밝히고 있다. 中村淳,「'토인'론－'토인'이미지 형성과 전개·土人'論－'土人'イメージの形成と展開」, 篠原徹 編, 『근대 일본의 타자상과 자화상近代日本の他者像と自画像』, 柏書房, 2001. 나카무라는 "'토인'은 항상 '교화'의 대상으로서 국가의 주변에 위치하며, 그들이 교화의 진행과 더불어 '토인'에서 벗어나게 되면, 주변지역에서 새로운 '토인'이 발견된다"(108면). 이렇게 새로운 주변화가 진행되면, '토인－아이누', '번인－타이완 선주민'이라는 이항대립에서 전자인 '토인'은 남양군도 영유와 더불어 남양으로 옮겨가게 된다고 한다. 다만, 1899년의 '홋카이도 구토인보호법'이 제정되고, 그 법이 100년 가까이 존속됨에 따라, 아이누는 '(구)토인'과 고정적으로 연결되어 편견은 개선되지 않는다. 이 법과 관련된 '보호'와 그것이 배경화된 '멸망'의 이데올로기에 대해서는 다음의 책들을 참조할 것. 테사 모리스－스즈키, 임성모 역, 『변경에서 바라본 근대－아이누와 식민주의』, 산처럼, 2006; 小林陽一, 「'보호'라는 이름의 지배－식민지주의의 어휘'保護'という名の支配－植民地主義のボキャブラリー」, 小林陽一·紅野謙介·高橋修 編, 『미디어·표상·이데올로기－메이지30년대의 문화연구メディア·表象·イデオロギー－明治三十年代の文化研究』, 小沢書店, 1997; 木名瀬高嗣, 「아이누 '멸망'론의 양상과 근대 일본アイヌ'滅亡'論の諸相と近代日本」, 篠原徹 編, 『근대 일본의 타자상과 자화상近代日本の他者像と自画像』, 柏書房, 2001. 덧붙여서, 식민주의의 맥락에서 '토인'이라는 범주를 고찰할 경우, 그들이 조선인·중국인을 포함한 '본국인'과 외국인의 경계 위치(또한 주변)로 내밀렸던 것도 유의해야 한다. 기타하라 하쿠슈가 여행했던 시점인 1925년 판『가라후토 요람樺太要覧』(가라후토청 발행. 『후렛프·토릿프フレップ·トリップ』에 의하면, 하쿠슈 일행이 마오카에서 환영을 받았을 무렵에 이 책을 받았다)의 '종족별 현주호구'에는 '본방인'(내지인, 조선인) / '토인'(아이누, 니브히, 오로크, 기린) / '외국인'(중국인, 러시아인 등)으로 분류하고 있다.

22) '홋카이도 구토인보호법' 제9조는 "홋카이도 구토인의 부락을 이룬 장소에는 국고의 비용으로 소학교를 설립한다"이다. 홋카이도청 내무부 자료「구토인에 관한 조사」(1918)를 보면 홋카이도 아이누의 소학교 취학률은 1901년의 40%에서 1907년 80%가 되었고, 1910년대에는 90% 이상으로, 일본 전도의 취학 상황과 거의 같아졌음을 알 수 있다. 또한 1925년 판『가라후토 요람樺人要覧』(가라후토청 발행)에 의하면, 가라후토에는 1909년에 최초의 '토인 교육소'가 설치되어, 1925년 시점까지 6개 학교가 개교했다. 모든 학교에 1명의 교원만이 배치되었다.

23) 木名瀬高嗣, 「아이누 '멸망'론의 양상과 근대 일본アイヌ'滅亡'論の諸相と近代日本」, 篠原徹 編, 『근대 일본의 타자상과 자화상近代日本の他者像と自画像』, 柏書房, 2001

24) 홋카이도청 내무부 자료「구토인에 관한 조사」(1918)에, "메이지 11년, 가라후토1내, 삿포로札幌군 쓰이시가리対雁촌에 이주시킨 다수를 위해, 1월 이곳에 토인교육소를 설립했다. 이 학교가 가라후토 토인학교의 효시이다"라고 쓰고 있다. 야마베도 여기에서 일본의 학

교교육을 받았다.

25) 이와노 호메이岩野泡鳴는 「아이누 이야기アイヌの話」에서 "아이누문학에 가능한 정확하게 원어발음 그대로 로마자 혹은 가나를 써 붙이는 것이 급선무다"라고 주장하고, 이 때 단어 마다 구점句点을 찍는 것이 아니라, 공간을 떼어 원어발음에 딱 맞게 행을 바꿀 것을 제안했다. 이것은 호메이 자신의 시작詩作방법에도 적용되어, 단어의 음조를 최소 로 단위화하여, 평준화하려는 의도로 이해될 수 있다.

26) "이미 완전히 일본인인 척 하면서, 이름도 센토쿠타로지로千徳太郎治라고 붙이고, 아이누 이름은 가지고 있지 않았다. 자신의 딸에게도 하루春라는 이름을 붙여 주었다." 센토쿠는 후에 스스로 『가라후토 아이누 총화樺太アイヌ叢話』(市光堂, 1929)라는 책을 지었다.

27) 『후렛프·토릿프フレップ・トリップ』가 최초로 연재 발표된 잡지 『여성女性』에는 일본 외지나 해외를 여행한 기행문이 동시기에 여럿 게재되어 있다. 연재 첫 회(1925.12)에는 北沢新次郎, 「조선·만주를 돌아다니며鮮満を一巡して」가 실린 외에도, 吉江喬松, 「남유럽의 하늘南欧の空」, 谷崎潤一郎, 「상하이 교류기上海交流記」, 大谷光瑞, 「지중해 여행기地中海遊記」 등의 기행문에 힘써, 독자의 지지를 얻으려는 자세가 엿보인다.

28) 기타하라 하쿠슈의 가라후토 여행과 같은 시기(1925.8)인 황태자 행차에 즈음해서 문부성에서 파견된 활동사진반이 가이효 섬海豹島에 들어와, 물개와 바닷새의 서식상황을 영화필름에 담았다. 필름 자체에 대해서는 알려져 있지 않지만, 사진 몇 장이 실려 있는 문부성 보통학무국 사회교육과 안내서 『북해의 뛰어난 볼거리 가이효 섬北海の奇観 海豹島』(1925.9)를 통해 그 내용을 대략 짐작할 수 있다.

29) 『가라후토청 시정 삼십년사 하樺太庁施政三十年史 下』, 樺太庁, 1936(原書房版復刻), 1701면.

30) 기타하라 하쿠슈와 관련된 이러한 위치에 대해서는 아래의 책을 참고하기 바란다. 坪井秀人, 「국어·국시·국민시인－기타하라 하쿠슈와 하기와라 사쿠타로国語·国詩·国民詩人－北原白秋と萩原朔太郎」, 『문학文学』, 1998 가을호 하쿠슈의 오가사와라 체험과 타이완 방문에 관해서도 들어있다.

31) 北原白秋, 「타이페이 빛나는 태양 소묘 제1일台北白日素描 第一日」, 『개조改造』, 1934.12(『구름과 시계雲と時計』, 『화려한 섬의 풍물잡지華麗島風物誌』 수록). 이하 타이완신사에 관한 기타하라 하쿠슈의 연설은 이에 의거한다.

32) 「국비로 타이완에 신사를 건설하라는 건의안国費を以て台湾に神社を建設するの建議案」, 貴族院, 1896(『타이완신사지台湾神社誌』, 1916년에서 인용).

33) 佐藤弘毅, 「전전의 해외신사 일람戦前の海外神社一覧」(『신사본청교학연구소기요神社本庁教学研究所紀要』, 1997.3, 1998.2)에 상세한 데이터가 있다. 그 외 中島三千男, 「해외신사 '연구서설'海外神社'研究序説'」, 『역사평론歴史評論』, 2000. 6도 참조.

* 기타하라 하쿠슈北原白秋, 기노시타 모쿠타로木下杢太郎, 이와노 호메이岩野泡鳴의 텍스트에 대해서는 각각 岩波書店版 『하쿠슈 전집白秋全集』, 岩波書店版 『기노시타 모쿠타로 전집木下杢太郎全集』, 臨川書店版 『이와노 호메이 전집岩野泡鳴全集』에 의거했다. 또한 '가라후토樺太'(현 사할린) 등의 지명에 대해서는 거론되고 있는 시대의 호칭을 기준으로 했음을 양해해주시기 바란다.